भारतीय ग्राम श्रृंखला-II

ग्रामीण विकास:

परिप्रेक्ष्य, नीतियाँ और कार्यक्रम

ग्रामीण भारत के जीवन के विविध आयामों से सम्बन्धित विद्वत्तापूर्ण और अनुसन्धानपरक आलेखों से बनी यह पुस्तक अपने आप में अनूठी है। इसका एक स्पष्ट कारण तो यह है कि इसमें भारत के गाँवों के जीवन के विविध आयामों से सम्बन्धित आलेख सम्मिलित हैं, और दूसरा कारण यह है कि यह पुस्तक स्वतन्त्रता प्राप्ति के बाद के भारत के ग्रामीण जीवन में गत्यात्मक परिवर्तनशीलता की तस्वीर प्रस्तुत करती है। इस पुस्तक के अध्यायों को पढ़ते हुए हमें स्वतन्त्रता प्राप्ति के बाद के आरम्भिक दशकों में भारतीय गाँवों की स्थिति, जातियों की भूमिका और उनमें हो रहे परिवर्तन के बारे में जानकारी मिलती है। बाद के अध्यायों में साठ, सत्तर और अस्सी के दशक में राज्य द्वारा निर्मित नीतियों के कारण ग्रामीण जीवन में होने वाले बदलावों का अनुभवसिद्ध अध्ययन प्रस्तुत किया गया है। इसी तरह, कई अन्य अध्याय उदारीकरण और भूमण्डलीकरण के दौर में भारतीय गाँवों की दशा और दिशा को प्रदर्शित करते हैं। इस पुस्तक के संकलित आलेखों में सामाजिक एवं लैंगिक संरचनात्मक परिवर्तन, सामुदायिक विकास, ग्रामीण विद्युतीकरण, हरित क्रान्ति, ग्रामीण राजनीति जैसे पहलुओं से भारतीय ग्रामीण जीवन के विविध आयामों का अध्ययन प्रस्तुत किया गया है।

इस पुस्तक में विशेष :

• संरचनात्मक परिवर्तन • सामुदायिक विकास कार्यक्रम • ग्रामीण विद्युतीकरण के सामाजिक परिणाम • ग्रामीण भारत में हरित क्रान्ति एवं सामाजिक असमानताएँ • ग़रीबी हटाओ • एकीकृत ग्रामीण विकास कार्यक्रम के क्रियान्वयन की राजनीति • दुग्ध क्रान्ति और ग्रामीण भारत • शक्ति, राजनीति और ग्राम स्तर के संगठन • लोकतन्त्र का एक रूप • आन्ध्र प्रदेश के गाँवों में ग़रीबी में वृद्धि • भारत में ग्रामीण ग़ैर–खेतिहर रोज़गार

वाणी प्रकाशन

EPW
Economic&PoliticalWEEKLY

TATA TRUSTS

भारतीय ग्राम श्रृंखला–II

ग्रामीण विकास:

परिप्रेक्ष्य, नीतियाँ और कार्यक्रम

सम्पादक

सुरिन्दर एस. जोधका

सह–सम्पादक

कमल नयन चौबे

वाणी प्रकाशन

EPW
Economic&PoliticalWEEKLY

TATA TRUSTS

4695, 21-ए, दरियागंज, नयी दिल्ली 110 002

फ़ोन : +911123273167 फ़ैक्स : +911123275710

शाखाएँ

अशोक राजपथ, पटना 800 004, बिहार

कॉफ़ी हाउस कैम्पस, महात्मा गांधी मार्ग, इलाहाबाद 211 001, उत्तर प्रदेश

महात्मा गांधी अन्तरराष्ट्रीय हिन्दी विश्वविद्यालय, वर्धा 442 001, महाराष्ट्र

सुल्तानिया रोड, मोतिया पार्क, भोपाल 462 001, मध्य प्रदेश

www.vaniprakashan.in

marketing@vaniprakashan.in

sales@vaniprakashan.in

BHARTIYA GRAM SHRINKHLA-II
GRAMEEN VIKAS : PARIPREKSHYA, NEETIYAN AUR KARYAKRAM
Editor : Surinder S. Jodhka
Co-Editor : Kamal Nayan Chaubey

ISBN : 978-93-89012-81-1
Social Science

प्रथम संस्करण 2019

मूल्य : ₹ 350

प्रस्तुत संकलन हिन्दी माध्यम से इकोनॉमिक ऐंड पॉलिटिकल वीकली के कुछ ख़ास अनुसन्धानों को विश्वविद्यालय के छात्रों और शोधार्थियों से परिचित करवाने का ध्येय रखता है। पिछले कई दशकों से ईपीडब्ल्यू में कुछ विशिष्ट क्षेत्रों में प्रकाशित आलेखों में से गिने-चुने आलेखों को इस पुस्तक में संकलित किया गया है। एक वरिष्ठ अकादमिक ने इस पुस्तक को तैयार किया है जिन्होंने इसकी प्रस्तावना भी लिखी है। ईपीडब्ल्यू इस संकलन में शामिल लेखकों का आभार व्यक्त करता है कि उन्होंने हमें अपने आलेखों की पुनःप्रस्तुति की अनुमति दी। टाटा ट्रस्ट के अनुदान की सहायता से इस संकलन का प्रकाशन सम्भव हुआ है। ईपीडब्ल्यू टाटा ट्रस्ट का भी आभार व्यक्त करता है।

सिटी प्रेस, दिल्ली-110 095 में मुद्रित

वाणी प्रकाशन का लोगो मक़बूल फ़िदा हुसेन की कूची से

शब्द–संक्षेप

(नोट : इस पुस्तक में जहाँ भी किसी विस्तृत पद को संक्षिप्त रूप में पहली बार व्यक्त किया गया है, वहाँ कोष्ठक में उसका विस्तृत रूप भी लिखा गया है। आगे इस पुस्तक में प्रयुक्त कुछ शब्द–संक्षेप और उनके अर्थ को प्रस्तुत किया गया है)

बीडीओ	:	ब्लॉक डेवलपमेंट ऑफिसर
भाजपा	:	भारतीय जनता पार्टी
सीडीपी	:	कम्युनिटी डेवलपमेंट प्रोग्राम
माकपा	:	मार्क्सवादी कम्युनिस्ट पार्टी
डीआरडीए	:	डिस्ट्रिक्ट रूरल डेवलपमेंट अथॉरिटी
डीपीडीसी	:	डिस्ट्रिक्ट प्लानिंग ऐंड डेवलपमेंट कौंसिल्स
ईजीएस	:	इम्प्लॉयमेंट गारंटी स्कीम
एचवाईवी	:	हाई यल्डिंग वैरायटी
एचवाईवीपी	:	हाई यल्डिंग वैरायटी (सीड्स) प्रोग्राम
आईएएपी	:	इनटेंसिव एग्रीकल्चर एरियाज़ प्रोग्राम
आईएडीपी	:	इनटेंसिव एग्रीकल्चरल डेवलपमेंट प्रोग्राम
आईआरडीपी	:	इंटिग्रेटेड रूरल डेवलपमेंट प्रोग्राम
पीएसीएस	:	प्राइमरी एग्रीकल्चर क्रेडिट सोसायटी
एमएफएएलए	:	मार्जिनल फार्मर्स ऐंड एग्रीकल्चरल लेबर एजेंसी

एमजीएनआरईजीएस (मनरेगा)	:	महात्मा गाँधी नैशनल रूरल इम्प्लॉयमेंट गारंटी स्कीम
एनएबीएआरडी	:	नैशनल बैंक फ़ॉर एग्रीकल्चर ऐंड रूरल डेवलपमेंट
एनसीएईआर	:	नैशनल कौंसिल फ़ॉर एप्लाइड इकोनॉमिक रिसर्च
एनडीडीबी	:	नैशनल डेयरी डेवलपमेंट बोर्ड
ओजीसीएस	:	ऑयलसीड्स ग्रोवर्स को–ऑपरेटिव सोसायटीज़
एसएफडीए	:	स्मॉल फार्मर्स डेवलपमेंट एजेंसी

सह–सम्पादक की क़लम से

ग्रामीण भारत के जीवन के विविध आयामों से सम्बन्धित विद्वत्तापूर्ण और अनुसन्धानपरक आलेखों से बनी यह पुस्तक अपने–आप में अनूठी है। इसका एक स्पष्ट कारण तो यह है कि इसमें भारत के गाँवों के जीवन के विविध आयामों से सम्बन्धित आलेख सम्मिलित हैं, और दूसरा कारण यह है कि यह पुस्तक स्वतन्त्रता प्राप्ति के बाद के भारत के ग्रामीण जीवन में गत्यात्मक परिवर्तनशीलता की तस्वीर प्रस्तुत करती है। इस पुस्तक के अध्यायों को पढ़ते हुए हमें स्वतन्त्रता प्राप्ति के बाद के आरम्भिक दशकों में भारतीय गाँवों की स्थिति, जातियों की भूमिका और उनमें हो रहे परिवर्तन के बारे में जानकारी मिलती है। बाद के अध्यायों में साठ, सत्तर और अस्सी के दशक में राज्य द्वारा निर्मित नीतियों के कारण ग्रामीण जीवन में होने वाले बदलावों का अनुभवसिद्ध अध्ययन प्रस्तुत किया गया है। इसी तरह, कई अन्य अध्याय उदारीकरण और भूमण्डलीकरण के दौर में भारतीय गाँवों की दशा और दिशा को प्रदर्शित करते हैं। इस पुस्तक में संकलित आलेखों में वर्ग, जाति और जेंडर जैसे पहलुओं से भारतीय ग्रामीण जीवन के विविध आयामों का अध्ययन प्रस्तुत किया गया है। हालाँकि यह दावा नहीं किया जा सकता कि इसमें देश के सारे प्रदेशों के ग्रामीण जीवन का अनुभव सम्मिलित है, लेकिन यह अवश्य है कि पुस्तक का दायरा काफ़ी विस्तृत है, और यह सिर्फ़ देश के किसी एक भाग की तस्वीर ही प्रस्तुत नहीं करती है, बल्कि इसमें अलग–अलग प्रदेशों का अनुभव पाया जा सकता है।

इस पुस्तक में संकलित शोध–आलेखों की विशिष्टता उनके द्वारा अपनायी गयी अध्ययन–पद्धति भी है। अधिकांश शोध–आलेख अपनी अध्ययन–पद्धति को स्पष्ट रूप से अभिव्यक्त करते हैं। जिन आलेखों में साफ़ तौर पर ऐसा नहीं किया गया है, वहाँ भी पाठक लेखक की लेखन–पद्धति से ग्रामीण जीवन के किसी विषय से सम्बन्धित व्यवस्थित

अध्ययन के सूत्र पा सकते हैं। निश्चित रूप से, जो आलेख पचास के दशक में लिखे गये, वर्तमान में उनकी स्पष्ट सीमाएँ रेखांकित की जा सकती हैं, लेकिन ये आरम्भिक दौर में गाँवों के अध्ययन के स्वरूप और उनसे सम्बन्धित मुद्दों के बारे में महत्त्वपूर्ण अन्तर्दृष्टि प्रदान करते हैं। असल में, ये शोध–आलेख पाठकों और विशेष रूप से समाज विज्ञान में अनुसन्धान करने की चाह रखने वालों को अध्ययन–पद्धति के सन्दर्भ में महत्त्वपूर्ण अन्तर्दृष्टि प्रदान करते हैं।

हक़ीक़त यह है कि इस पुस्तक की तरह ही अन्य अनुसन्धानपरक पुस्तकों को हिन्दी में लाने की आवश्यकता है। विकासशील समाज अध्ययन पीठ (सीएसडीएस) में अभय कुमार दुबे के कुशल नेतृत्व और मार्गदर्शन में समाज विज्ञान से सम्बन्धित बहुत–सी पुस्तकें हिन्दी में प्रकाशित हुई हैं, इनमें अनूदित, सम्पादित, मौलिक अनुसन्धान की पुस्तकों के साथ ही साथ समाज विज्ञान की प्रतिष्ठित जर्नल *प्रतिमान* के प्रकाशन का विशेष रूप से उल्लेख किया जा सकता है। हिन्दी में इस प्रकार की पुस्तकें आने से ज्ञान का लोकतन्त्रीकरण होता है, अर्थात् ज्ञान समाज के उन तबकों तक भी पहुँचता है, जो भाषागत बाधा के कारण अंग्रेज़ी में प्रकाशित इस प्रकार की पुस्तकें नहीं पढ़ पाते हैं। मैंने *इकोनॉमिक ऐंड पॉलिटिकल वीकली* और 'वाणी प्रकाशन' द्वारा प्रकाशित *भारतीय नीतियों का सामाजिक पक्ष* का सह–सम्पादन का काम भी किया है, और विशेष रूप से उत्तर भारत के विविध विश्वविद्यालयों के छात्र–छात्राओं ने उस पुस्तक को अत्यन्त उपयोगी पाया है। मुझे यह उम्मीद है कि यह पुस्तक भी न सिर्फ़ विद्यार्थियों को भारत के ग्रामीण जीवन के बारे में हुए अनुसन्धानपरक अध्ययनों से अवगत करायेगी, बल्कि आम पाठक, ज़मीनी स्तर पर काम करने वाले कार्यकर्त्ता और गाँव स्तर पर सक्रिय युवा आदि भी गाँव और ग्रामीण जीवन के बदलते स्वरूप के बारे में ज़्यादा व्यवस्थित और गहन समझ बना पायेंगे।

हमने यह प्रयास किया है कि पुस्तक की हिन्दी प्रस्तुति की भाषा सहज और सरल रहे। यह अवश्य है कि कई बार दुरूह अवधारणाओं को अभिव्यक्त करने के लिए कुछ–एक ऐसे पारिभाषिक शब्दों का प्रयोग किया है, जिन्हें अमूमन हिन्दी की बोलचाल में इस्तेमाल नहीं किया जाता है। मसलन, पदसोपान (हायरार्की) ऐसा ही एक शब्द है। इसी प्रकार के

कई अन्य शब्दों का उल्लेख किया जा सकता है। लेकिन मूल रूप से अंग्रेज़ी में लिखे गये समाज विज्ञान और उससे सम्बन्धित अवधारणाओं को किसी भारतीय भाषा में लाने के प्रयास में हमें इस तरह की कुछ जटिलताओं का सामना करना ही पड़ेगा। लेकिन आवश्यकता के अनुसार ऐसे शब्दों के आगे कोष्ठक में उनके अंग्रेज़ी शब्दों का भी उल्लेख किया गया है, जिससे पाठक उस अवधारणात्मक शब्द के बारे में ज़्यादा स्पष्टता से समझ बना सकें। इसी तरह, अंग्रेज़ी में अमूमन बहुत से शब्द–संक्षेपों का प्रयोग किया जाता है। पहली दफा ऐसे शब्द–संक्षेप आने पर हमने कोष्ठक में उनका विस्तृत रूप बताया है, और उसके बाद उसी संक्षिप्त रूप का प्रयोग किया है।

असल में, अपनी पहले की पुस्तकों और कई अनुवादों के माध्यम से मेरी यह भी कोशिश रही है कि हिन्दी में समाज विज्ञान की एक ऐसी भाषा का विकास हो जिसमें अवधारणात्मक रूप से कठिन विमर्श भी आसानी से किया जा सके। मुझे यह उम्मीद है कि यह पुस्तक विद्यार्थियों, अनुसन्धानकर्त्ताओं और ज़मीनी स्तर पर काम करने वाले कार्यकर्त्ताओं को भारत के ग्रामीण जीवन के जटिल आयामों से परिचित करायेगी और उनमें इन मुद्दों के बारे में ज़्यादा गहन और साफ़ तरीक़े से विचार करने की क्षमता का विकास करेगी। मेरा यह दृढ़ विश्वास है कि हिन्दी में और अन्य भारतीय भाषाओं में समाज विज्ञान लिखे जाने की आवश्यकता है, और इसके साथ ही इस तरह की उच्च स्तरीय पुस्तकों को अंग्रेज़ी से हिन्दी और अन्य भारतीय भाषाओं में प्रस्तुत करने का व्यवस्थित प्रयास किया जाना चाहिए। इससे दीर्घकालिक रूप से ज्ञान का लोकतन्त्रीकरण होगा, और लोगों की विभिन्न विषयों के सन्दर्भ में आलोचनात्मक तरीक़े से विचार करने की प्रवृत्ति में बढ़ोतरी होगी।

—कमल नयन चौबे

अनुक्रम

प्रस्तावना 13
—सुरिन्दर एस. जोधका
(अनुवाद : कमल नयन चौबे)

अध्यायों की रूपरेखा 47
—कमल नयन चौबे

संरचनात्मक परिवर्तन 57
—राल्फ़ एच. रिट्ज़लेफ़

सामुदायिक विकास कार्यक्रम 73
—बलदेव राज नायर
(अनुवाद : विवेक रत्न)

ग्रामीण विद्युतीकरण के सामाजिक परिणाम 87
—टी. एन. वलूनजकर

ग्रामीण भारत में हरित क्रान्ति एवं सामाजिक असमानताएँ 99
—डी. एन. धनाग्रे
(अनुवाद : इन्द्रजीत कुमार झा)

ग़रीबी हटाओ 118
—नीलकण्ठ रथ
(अनुवाद : इन्द्रजीत कुमार झा)

एकीकृत ग्रामीण विकास कार्यक्रम के क्रियान्वयन की राजनीति 144
—कुलदीप माथुर

दुग्ध क्रान्ति और ग्रामीण भारत 163
—शान्ति जॉर्ज
(अनुवाद : अशोक कुमार)

शक्ति, राजनीति और ग्राम स्तर के संगठन 181
—शंकर दत्ता
(अनुवाद : अशोक कुमार)

लोकतन्त्र का एक रूप 199
—सीवन एंडरसन, पैट्रिक फ्रैंकोइस, अशोक कोतवाल और अश्विनी कुलकर्णी

आन्ध्र प्रदेश के गाँवों में ग़रीबी में वृद्धि 215
—अनिरुद्ध कृष्णा, महेश कपिला, शरद पटनायक, महेन्द्र पोरवाल, कृष्णपाल सिंह और वीरपाल सिंह

भारत में ग्रामीण ग़ैर–खेतिहर रोज़गार 241
—पीटर लैनजोवुव और अबूसलेह शरीफ़

लेखक परिचय 287

अनुवादक परिचय 290

भूमिका और आभार 291

प्रस्तावना

सुरिन्दर एस. जोधका

आर्थिक संवृद्धि और विकास से सम्बन्धित प्रचलित परिकल्पना में तक़रीबन सार्वभौमिक रूप से यह माना जाता है कि लोगों को गाँवों को छोड़कर शहरों की ओर जाना अर्थात् शहरीकरण की प्रक्रिया परिवर्तन और विकास की प्रक्रिया के आगे बढ़ने का मुख्य संकेतक है। दरअसल, उत्तरी गोलार्द्ध के आर्थिक रूप से विकसित देशों में ऐसा हुआ भी है, जहाँ बीसवीं सदी के उत्तरार्द्ध तक 'ग्रामीण' क्षेत्र तक़रीबन ग़ायब ही हो गया। पश्चिम विश्व से उभरकर आने वाले विकास चिन्तन के अधिकांश तरफ़दार दक्षिणी गोलार्द्ध के विकासशील देशों में भी इसी तरह का विकास होने की भविष्यवाणी करते हैं। एशिया और लैटिन अमेरिका के कुछ देशों में आर्थिक परिवर्तन के हाल के अनुभव इस बृहद् परिकल्पना की पुष्टि करते हैं।

बहरहाल, हर स्थान पर ऐसी ही स्थिति नहीं रही है। रेखीय प्रगति के लोकप्रिय सिद्धान्तों द्वारा जनसांख्यिक परिवर्तन के स्वरूप के बारे में प्रस्तुत विचारों के विपरीत यह प्रक्रिया ज़्यादा विविधतापूर्ण और जटिल रही है। भारत इसका एक अच्छा उदाहरण है। पिछले दशकों में भारतीय अर्थव्यवस्था में महत्त्वपूर्ण संरचनात्मक बदलाव हुए हैं, जिससे खेती में लगातार गिरावट आयी है।[1] यहाँ की जनसांख्यिक प्रक्रिया में अनुमानित दिशा में परिवर्तन नहीं हुआ है। पिछले सौ वर्षों में भारत में शहरी क्षेत्र का काफ़ी तेज़ी से विस्तार हुआ है, लेकिन असीम या सापेक्षिक सन्दर्भों में 'ग्रामीण' क्षेत्र का संकुचन नहीं हुआ है। इसके विपरीत, 'ग्रामीण' क्षेत्र में भी लगातार वृद्धि हो रही है, और इसकी वृद्धि की गति शहरी क्षेत्र की तुलना में थोड़ी ही कम है। दूसरे शब्दों में, यद्यपि पिछले सौ वर्षों में भारत के ग्रामीण क्षेत्र की सामाजिक, आर्थिक और राजनीतिक जीवन की संरचना में कई बुनियादी बदलाव हुए हैं, फिर भी, समकालीन भारत में 'ग्रामीण' एक अवशिष्ट या ख़त्म होती श्रेणी नहीं है।

यह बात आँकड़ों से काफ़ी स्पष्ट हो जाती है। मसलन, भारत की स्वतन्त्रता प्राप्ति के समय यहाँ की कुल जनसंख्या में शहरी जनसंख्या का अनुपात तक़रीबन 17 प्रतिशत था और 2011 में यह 31 प्रतिशत से थोड़ा ही ज़्यादा है। यदि हम असीम आँकड़ों के सन्दर्भ में विचार करते हैं तो यह संवृद्धि और ज़्यादा आश्चर्यजनक लगती है। इस अवधि में भारत की शहरी जनसंख्या के आकार में तक़रीबन पाँच गुना वृद्धि हुई। 1951 में शहरी जनसंख्या 62 मिलियन थी, जो 2011 में बढ़कर 377 मिलियन हो गयी। पिछले सौ वर्षों में आधिकारिक रूप से घोषित शहरी क्षेत्रों में भी काफ़ी वृद्धि हुई है। 1901 में ऐसे क्षेत्रों की संख्या 1,827 थी, 1951 में यह 2,843, 2001 में 5,161 तथा 2011 में 7,935 हो गयी। इस अवधि में ग्रामीण जनसंख्या के आनुपातिक आकार में कमी आयी, किन्तु सम्पूर्ण रूप में भारत के बृहद और विविधतापूर्ण ग्रामीण क्षेत्र में रहने वाले लोगों की संख्या में कई गुना वृद्धि हुई। 1951 में 298.6 मिलियन लोग ग्रामीण क्षेत्रों में रहते थे, 1971 में इनकी संख्या बढ़कर 480 मिलियन तथा 2001 में 742 मिलियन हो गयी। 2011 की जनगणना के अनुसार, भारत के पाँच लाख से भी ज़्यादा गाँवों में 833 मिलियन लोग निवास करते थे। 2011 में ग्रामीण जनसंख्या का आकार 1951 की तुलना में तक़रीबन तीन गुना ज़्यादा हो गया था। रोचक बात यह है कि पिछले दशकों में सिर्फ़ ग्रामीण जनसंख्या के आकार में ही बढ़ोतरी नहीं हुई है, बल्कि आधिकारिक रूप में घोषित गाँवों की संख्या भी लगातार बढ़ी है। 1901 में इनकी संख्या 5,67,000 थी, 2001 में यह 6,38,588 और 2011 में 6,40,867 हो गयी।

जनसांख्यिकीय आँकड़ों से आगे[2]

'ग्रामीण' और 'शहर' लोगों की रिहाइश को वर्गीकृत करने वाले जनसांख्यिक या प्रशासनिक श्रेणियाँ नहीं हैं। जैसा कि ऊपर संकेत किया गया है, विकास और आधुनिकीकरण की मुख्यधारा की समझ में रिहाइशों की इन दो श्रेणियों को सामाजिक संघटन के भिन्न रूपों या प्रकारों के रूप में देखा गया है। आधुनिक समय में पूरी दुनिया में सामाजिक, आर्थिक और सांस्कृतिक जीवन की परिकल्पना में इस द्विभाजन का केन्द्रीय स्थान रहा है। अमूमन जहाँ 'ग्रामीण' क्षेत्र को 'परम्परा' का गढ़ माना जाता है, वहीं शहरी क्षेत्रों को आधुनिकता का प्रतीक माना जाता है। ग्रामीण और शहरी

समाजशास्त्र की लोकप्रिय पुस्तकों से यह बात सामने आती है कि एक ग्रामीण रिहाइश या एक गाँव सिर्फ़ आकार में ही छोटा नहीं होता है; असल में इसके सामाजिक और आर्थिक संगठन की प्रणाली भी सरल होती है। दूसरी ओर, शहर जनसंख्या के मामले में गाँव से ज़्यादा बड़ा होता है, और यह एक बुनियादी रूप से अलग तरह की अर्थव्यवस्था, संस्कृति और मानकीय व्यवस्था के आधार पर संगठित होता है। आधुनिक शहर जीवन की जटिलता का प्रतीक है, जहाँ विभिन्न जातीय समूहों और संस्कृतियों से जुड़े लोगों का समूह एक साथ निवास करता है। किन्तु इन समूहों के बीच कोई गहरा जुड़ाव नहीं होता है।

मुख्यधारा की पुस्तकों के इस दृष्टिकोण में हमेशा ही यह माना जाता है कि ग्रामीण आर्थिक जीवन खेती के आसपास संगठित है। खेती यहाँ के लोगों की जीविका का एक स्रोत है। यह माना जाता है कि खेती करने वाले किसानों के सांस्कृतिक जीवन के केन्द्र में भी भूमि ही होती है। दूसरे शब्दों में, एक ठेठ किसान के लिए खेती एक जीवन–शैली है। एक किसान अपने परिवार के सदस्यों के साथ भूमि के जिस टुकड़े पर खेती करता था, वह उसकी जीविका का स्रोत होती थी, तथा उसमें पहचान और जुड़ाव का बोध भी भरती थी। यह उसे समुदाय और अपने गोत्र समूह की पुरानी पीढ़ी के लोगों के साथ भी जोड़ती थी। गाँव का आकार छोटा होने के कारण वहाँ रहने वाले लोग एक–दूसरे को नज़दीकी रूप से जानते थे तथा प्रत्येक घर के अतीत को याद रखते थे। यहाँ तक कि एक गोत्र से न जुड़े होने पर भी, वे एक समुदाय के रूप में एक–दूसरे से जुड़े हुए थे तथा उनमें एकता और सहभागी पहचान की भावना थी। ग्रामीण क्षेत्रों में एक अलग तरह की परिवार व्यवस्था भी थी, जिसमें एक छत के नीचे बहुत से परिवार संयुक्त रूप से रहते थे, तथा व्यापक सगोत्रता परिवार के व्यक्तिगत सदस्यों के जीवन को एक आकार देने में सक्रिय भूमिका निभाती थी (मसलन देखें, देसाई 1969)।

इसके विपरीत, शहरी आर्थिक और सांस्कृतिक जीवन काफ़ी भिन्न है यद्यपि शहर में उद्योग और व्यवसाय को जीविका का प्रमुख स्रोत माना जाता है, लेकिन शहरों के निवासी विभिन्न प्रकार के काम करते हैं। गाँव की तुलना में शहर ज़्यादा विभेदीकृत और असमान होते हैं। ऐतिहासिक रूप से, शहरों में ही आधुनिकता और वैयक्तिकता का जन्म हुआ। यह एक रैडिकल बदलाव था, जिसने सामुदायिक जीवन के जुड़ावों को काफ़ी

कमज़ोर बना दिया, या ऐसे जुड़ाव तक़रीबन ख़त्म ही हो गये। स्वकेन्द्रित और एजेंसी युक्त या चुनाव करने वाले व्यक्तियों ने इसका स्थान ले लिया। इस तरह शिक्षा, पेशा, सामाजिक वर्ग, व्यक्तिगत पसन्द और उपभोग के आसपास शहरी पहचान का निर्माण हुआ।

रोचक बात यह है कि गाँव और शहर के बारे में सिर्फ़ लोकप्रिय परिकल्पनाओं में ही ग्रामीण और शहरी क्षेत्रों को इस रूप में प्रस्तुत नहीं किया गया है। असल में, बहुत से समाज वैज्ञानिक चिन्तकों द्वारा मानव समाज के बारे में किये गये क्लासिकल सैद्धान्तीकरण में भी इस द्विभाजन ने अत्यन्त महत्त्वपूर्ण भूमिका अदा की है। साथ ही, समकालीन नीतिगत और राजनीतिक परिकल्पनाओं में भी इस द्विभाजन की जड़ें काफ़ी गहरी हैं।

पश्चिमी विश्व में ग्रामीण समाजशास्त्र और 'ग्रामीण' का अध्ययन

पश्चिमी यूरोप के समाजों में आधुनिक समय की दो महान क्रान्तियों अर्थात् फ्रांसीसी क्रान्ति और औद्योगिक क्रान्ति के कारण काफ़ी सारे परिवर्तन हुए और नयी चुनौतियाँ सामने आयीं। इसी पृष्ठभूमि में पश्चिमी यूरोप में समाजशास्त्र के अनुशासन का उभार हुआ। फ्रांसीसी क्रान्ति के कारण–समानता, आज़ादी और बन्धुत्व जैसे मूल्यों के नये समूह सामने आये, वहीं औद्योगिक क्रान्ति ने आर्थिक और सामाजिक जीवन को संगठित करने की प्रणालियों में दूरगामी परिवर्तनों की शुरुआत की। आधुनिक उद्योग की स्थापना से श्रमिक उत्पादक कार्यों की ओर आकर्षित हुए, जिसके कारण नये औद्योगिक शहरों का विकास हुआ। इन्हीं परिवर्तनों के परिणामस्वरूप समाजशास्त्र के अनुशासन का जन्म हुआ। अमूमन समाजशास्त्र को परिभाषित करते हुए यह कहा जाता है कि यह 'मानव समूहों और समाजों का अध्ययन है, *जो औद्योगीकृत दुनिया के विश्लेषण पर विशेष बल देता है'* (गिडेन्स 1989 : 732; शब्दों पर ज़ोर जोड़ा गया है)।

पश्चिमी पूँजीवादी विश्व ने अपनी सबसे बुनियादी आत्म–छवि में ख़ुद को 'किसानों से रहित दुनिया' के रूप में परिभाषित किया। आरम्भिक समाज सिद्धान्त की विकासवादी योजना में समाजों को 'आधुनिक' और 'पिछड़े' के रूप में परिभाषित किया गया। इसका अर्थ यह भी था कि अवधारणा के स्तर पर ग्रामीण जनसंख्या को 'अतीत के अवशेषों'

(शानिन 1987 : 468) की मिश्रित श्रेणी का अवशेषीकृत भाग मात्र बना दिया गया है।

निस्सन्देह, पश्चिमी दुनिया की विचारधारात्मक आत्म–छवि में इस महत्त्वपूर्ण बदलाव और आर्थिक जीवन में 'ग्रामीण' क्षेत्र की भूमिका में कटौती हुई। इसके बावजूद 'ग्रामीण' पश्चिमी समाज के सामाजिक और जनसांख्यिक भूदृश्य से विलुप्त नहीं हुआ। बीसवीं सदी के मध्य तक औद्योगीकृत देशों में भी जनसंख्या का एक बड़ा अनुपात ग्रामीण क्षेत्रों में निवास करता था, और इसका राजनीतिक प्रभाव भी था। ग्रामीण और शहरी क्षेत्रों के बीच बढ़ती असमानता तथा शहरी केन्द्रों की ओर ग्रामीण जनसंख्या के पलायन की सम्भावना ने नीति–निर्माताओं और राजनीतिक अभिजनों को गहरी चिन्ता में डाल दिया। दूसरे शब्दों में, पश्चिम के तेज़ी से विकसित होते औद्योगिक देशों में शासन सँभालने वाले लोग भी ग्रामीण क्षेत्रों में हो रहे परिवर्तनों की उपेक्षा नहीं कर पाये (गालेस्की 1972 : 1)। इसी सन्दर्भ में संयुक्त राज्य अमेरिका में ग्रामीण समाजशास्त्र के विशिष्ट उप–अनुशासन का जन्म हुआ।

अन्य बातों के अलावा, उन्नीसवीं सदी के आख़िर में अमेरिका के लम्बे गृह युद्ध ने ग्रामीण क्षेत्रों में गम्भीर 'कृषि संकट' की स्थिति पैदा कर दी। ग्रामीण क्षेत्र गहन मन्दी का शिकार हो गये थे। किसान संगठनों ने इस समस्या को हल करने के लिए संघीय सहायता की माँग की। बुनियादी रूप से, इसी संकट के प्रतिक्रिया स्वरूप में एक व्यावहारिक अनुशासन के रूप में ग्रामीण समाजशास्त्र अस्तित्व में आया (न्यूबी 1980 : 10)। 1908 में अमेरिकी राष्ट्रपति थियोडोर रूजवेल्ट ने कंट्री लाइफ़ कमीशन (ग्रामीण जीवन आयोग) का गठन किया, जिसने इस उप–अनुशासन को आगे बढ़ने में महत्त्वपूर्ण भूमिका अदा की। अध्ययन के व्यावहारिक क्षेत्र के रूप में 'ग्रामीण समाजशास्त्र' की मुख्य चिन्ता अमेरिकी किसानों की सामाजिक और आर्थिक समस्याओं को समझने और उनका निदान करने से सम्बन्धित थी। इसमें 'सामुदायिक जीवन' की आन्तरिक संरचना तथा ग्रामीण जनसंख्या के बदल संघटन से सम्बन्धित प्रश्नों पर ज़्यादा ध्यान दिया गया (श्वार्जवेलर 1984 : xi)। यूरोप में भी, द्वितीय विश्व युद्ध के बाद इसी तरह के दृष्टिकोण के साथ ग्रामीण समाजशास्त्र का विकास हुआ (गालेस्की 1972 : 2)।

यह स्पष्ट है कि ग्रामीण समाजशास्त्र का उभार अमेरिकी किसानों को

प्रभावित करने वाले सामाजिक और राजनीतिक संकट और राष्ट्रीय स्तर की राजनीतिक प्रक्रिया में उनके प्रभाव के कारण सामने आयी समस्याओं के सन्दर्भ में हुआ। लेकिन इस उप–अनुशासन ने ख़ुद को ग्रामीण समाज के एक विज्ञान के रूप में देखा, और इसने अपने विषय पर अद्वितीय तरीक़े से ध्यान दिया, मानो यह अन्य सभी विषयों से पृथक् हो। दूसरे शब्दों में, इसने ग्रामीण समाज को शेष देश के राजनीतिक और आर्थिक जीवन से एकीकृत नहीं माना, या फिर इसे एक व्यापक समाज के एक भाग के रूप में देखा। जैसा कि ए. आर देसाई ने लिखा है :

> *सभी ग्रामीण समाजशास्त्री यह स्वीकार करते हैं कि समुदाय का सामाजिक जीवन दो विशिष्ट भागों–ग्रामीण और शहरी में बँटा हुआ है। यद्यपि ये भाग आपस में अन्तःक्रिया करते हैं, लेकिन प्रत्येक दूसरे से पर्याप्त रूप से अलग है।*
>
> *ये सभी यह मानते हैं कि ग्रामीण क्षेत्र के सामाजिक जीवन की विशेषताएँ और प्रवृत्तियाँ ख़ास तौर पर इसी से जुड़ी हुई हैं...और...इसलिए वे इसे शहरी क्षेत्र के जीवन से बिल्कुल ही अलग करते हैं।*
>
> *...ग्रामीण समाजशास्त्र का मुख्य लक्ष्य ग्रामीण सामाजिक संगठन, इसकी संरचना, और विकास की वस्तुनिष्ठ प्रवृत्तियों का एक वैज्ञानिक, व्यवस्थित और व्यापक अध्ययन करना होना चाहिए तथा इसे इस प्रकार के अध्ययन के आधार पर ग्रामीण क्षेत्र के विकास के नियमों की खोज करनी चाहिए। (देसाई 1969 : 9)*

इसी तरह, ग्रामीण समाजशास्त्र की एक अन्य पुस्तक में ग्रामीण सामाजिक जीवन की विशिष्ट प्रकृति पर बल दिया गया है। लेखक यह तर्क देते हैं कि 'ग्रामीण जीवन की तुलना शहरी जीवन से करके इसकी विशिष्ट विशेषताओं को स्पष्ट रूप से रेखांकित किया जा सकता है' : '...गाँव की संस्कृति शहर की संस्कृति से बिल्कुल ही अलग है। शहरों की सामाजिक संरचना तुलनात्मक रूप से बड़ी, अवैयक्तिक और जटिल होती है; ग्रामीण समुदाय छोटे होते हैं, एक–दूसरे से निकटता से जुड़े होते हैं और इनका संगठन सरल होता है' (नेल्सन 1984 : 14)।

कई विद्वानों ने ग्रामीण और शहरी क्षेत्रों को भिन्न प्रकार के समाज मानने वाले दृष्टिकोण की आलोचना की है, तथा इस बात पर बल दिया

है कि दोनों के बीच एक सातत्य (कॉन्टिन्युम) है (रेडफील्ड 1947)। वहीं, सैद्धान्तिक रूप से, अभी भी ग्रामीण समाजशास्त्र सामाजिक परिवर्तन की द्वि ध्रुवीय अवधारणाओं में फँसा हुआ है। इसमें 'ग्रामीण' को 'शहर' के विपरीत माना जाता है, और 'ग्रामीणता' (स्टैलिटी) की परिकल्पना एक स्वायत्त या एक अद्वितीय यथार्थ के रूप में की गयी है (बोनानो 1989)। यह माना जाता है कि इसे व्यापक, सामाजिक, ऐतिहासिक, और राजनीतिक सन्दर्भ से पृथक् रखकर ही समझा जा सकता है (वही : ix)।

विद्वानों ने अन्य समस्याओं का भी उल्लेख किया है। मानव सभ्यता में कई तरह की रिहाइशें रही हैं। जिस प्रकार के बड़े, मध्यम और छोटे आकार के शहर होते हैं, उसी तरह कई प्रकार के 'ग्रामीण' रिहाइशी क्षेत्र भी होते हैं। तेज़ी से वैश्वीकृत होती दुनिया में 'ग्रामीण' और 'शहरी' क्षेत्रों के बीच का समाजशास्त्रीय अन्तर क़ायम रखना और ज़्यादा कठिन हो गया है। इस दौर में दूरसंचार और मास–मीडिया ने शहरों और ग्रामीण क्षेत्रों के बीच के पुराने अन्तर को तक़रीबन मिटा दिया है। पश्चिमी देशों में ग्रामीण समाजशास्त्र का उप–अनुशासन भी पहचान के संकट का सामना कर रहा है, क्योंकि ग्रामीण क्षेत्रों में रहने वाले लोगों की संख्या में लगातार गिरावट हो रही है (फ्राइड लैंड 1982 : 590)।

भारत में 'ग्रामीण' क्षेत्र का अध्ययन

समकालीन भारत के इतिहास में गाँव के विचार को महत्त्वपूर्ण स्थान प्राप्त है। यह उन मुख्य श्रेणियों में से एक थी, जिसके द्वारा अंग्रेज़ औपनिवेशिक शासकों और राष्ट्रवादी नेतृत्व ने उन्नीसवीं और बीसवीं सदियों में भारत की परिकल्पना की और भारत की छवि को इसके माध्यम से प्रस्तुत किया। भारतीय गाँवों पर इतना ज़्यादा ध्यान दिया गया कि इसे भारत के 'देशज जीवन' का प्रतीक माना जाने लगा। इसे एक ऐसे स्थान के रूप में देखा जाने लगा जहाँ आर्थिक जीवन, सामाजिक संगठन और सांस्कृतिक विश्वासों के स्थानीय स्वरूप का अवलोकन किया जा सकता था। जैसा कि बेते ने लिखा है, '...गाँव सिर्फ़ एक ऐसा स्थान नहीं था जहाँ लोग रहते थे; इसका ऐसा स्वरूप था जिससे भारतीय सभ्यता के बुनियादी मूल्य प्रदर्शित होते थे (बेते 1980 : 108)।

यद्यपि दक्षिण एशियाई क्षेत्र के पूर्व–औपनिवेशिक इतिहास में भी

गाँवों के विस्तृत सन्दर्भ देखे जा सकते हैं, लेकिन अंग्रेज़ों के औपनिवेशिक शासन के दौरान ही गाँव ने पारम्परिक भारतीय सभ्यता की लोकप्रिय परिकल्पना में केन्द्रीय स्थान ग्रहण कर लिया। औपनिवेशिक शासन के दौरान विभिन्न विद्वानों द्वारा विविध प्रकृति का लेखन किया गया, लेकिन 'गाँव गणराज्य की भूमि' के रूप में भारत की रूढ़िबद्ध छवि को व्यापक स्वीकार्यता मिली। जेम्स मिल के पहले के लेखन के साथ चार्ल्स मेटकॉफ की 'भारतीय गाँव समुदाय' की अवधारणा ने ग्रामीण भारत के बारे में बाद में होने वाले लेखन की दिशा तय की। अपनी विस्तृत टिप्पणी में मेटकॉफ ने यह विचार व्यक्त किया कि : '....भारत के गाँव समुदाय छोटे गणराज्य थे, उनके पास अपनी आवश्यकता की तक़रीबन सभी वस्तुएँ थीं, और वे विदेश मामलों में तक़रीबन स्वतन्त्र थे। ऐसा प्रतीत होता है कि जब किसी अन्य चीज़ का अस्तित्व नहीं बचा, तब भी इनका अस्तित्व बचा रह गया। वंश–दर–वंश ढ़हते चले गये; क्रान्ति–दर–क्रान्ति होती रही, लेकिन गाँव समुदाय ज्यों–के–त्यों रहें' (कोहेन 1987 : 213 में उद्धृत)।

हर औपनिवेशिक प्रशासक भारतीय गाँव के बारे में मेटकॉफ के मूल्यांकन से सहमत नहीं था, इसके बावजूद यह सबसे लोकप्रिय और प्रभावशाली विवरण बन गया। औपनिवेशिक विमर्श में गाँव एक आत्मनिर्भर समुदाय था, जहाँ भूमि पर सामुदायिक स्वामित्व था, और यहाँ विभिन्न प्रकार के पेशा करने वाले लोगों के बीच एक कार्यात्मक एकीकरण था। इस सन्दर्भ में इंडेन ने यह लिखा है कि : 'प्रत्येक गाँव एक आन्तरिक विश्व था, एक पारम्परिक समुदाय था और इसकी अर्थव्यवस्था आत्मनिर्भर थी। इसके शासन का स्वरूप पितृसत्तात्मक था, और अपनी सीमा पर यह अन्य विरोधी गाँवों और तानाशाही सरकारों से घिरा हुआ था' (इंडेन 1990 : 133)।

सर हेनरी मेन से लेकर कार्ल मार्क्स तक–तक़रीबन हर किसी ने बग़ैर किसी आलोचना के अपरिवर्तित सामुदायिक रिहाइश के रूप में भारतीय गाँव की रूढ़िबद्ध छवि को स्वीकार किया। जब मार्क्स और एंगेल्स ने *द न्यूयॉर्क डेली ट्रिब्यून* में 'जड़ भारत' पर अंग्रेज़ों के शासन के सम्भावित परिणामों के बारे में लिखा, तो उन्होंने भी भारतीय गाँव की इस रूढ़िबद्ध छवि को स्वीकार किया। इसी सन्दर्भ में उन्होंने यह सोचा कि भारत में अंग्रेज़ों का शासन एक सामाजिक क्रान्ति की स्थिति उत्पन्न कर सकता है। इस तरह, बहुत से सामाजिक सिद्धान्तकार भारतीय गाँव के सामाजिक संगठन को पूर्व–आधुनिक/पारम्परिक समाज का एक क्लासिक उदाहरण मानने लगें।

इसी प्रकार की परिकल्पना से राष्ट्रवादी विमर्श में भी विविध तरीक़ों, से गाँव को प्रामाणिक देशज जीवन का प्रतिनिधि मानने का विचार उत्पन्न हुआ। विभिन्न राष्ट्रवादी नेताओं के बीच अपने विचारधारात्मक रुझानों या राजनीतिक एजेण्डा के आधार पर असहमति और मतभेद थे। लेकिन इसके बावजूद 'गाँव' का विचार एक ऐसी केन्द्रीय श्रेणी बनी रही, जिसके द्वारा 'पारम्परिक' भारतीय सामाजिक जीवन को समझा गया। बहरहाल, अंग्रेज़ प्रशासकों के विपरीत, भारतीय राष्ट्रवादी आन्दोलन के नेताओं के लिए गाँव सिर्फ़ पहले से मौजूद एक सांस्कृतिक संरचना नहीं था। इसके बजाय, यह राजनीतिक का एक स्थान था। वे यह मानते थे कि 'गाँव' 'वास्तविक भारत' का प्रतिनिधित्व करता है। यह एक ऐसे राष्ट्र का प्रतिनिधित्व करता है, जिसे फिर से प्राप्त करने, मुक्त करने और बदलने की आवश्यकता थी। जहाँ गाँधी ने इसे 'प्रामाणिकता' के स्थान के रूप में देखा, वहीं नेहरू यह मानते थे कि गाँव भारत के 'पिछड़ेपन' के स्रोत और स्थान हैं। अम्बेडकर यह मानते थे कि गाँव शोषण का स्थान है जहाँ जाति की संस्था ख़ुद को सबसे क्रूर और अमानवीय रूप में प्रस्तुत करती थी (देखें जोधका 2002)।

औपनिवेशिक शासन से आज़ादी के बाद, गाँव विभिन्न प्रकार के लोगों के लिए रुचि का विषय बना रहा। भारतीय राज्य ने ग्रामीण क्षेत्रों में विकास के कार्यक्रम आरम्भ किये। मीडिया, सिनेमा और टेलीविज़न में भी भारतीय गाँव काफ़ी प्रमुखता से सामने आता है। यह भारतीय समाज का अध्ययन करने वाले समाजवैज्ञानिकों के लिए पसन्दीदा स्थान रहा है। इसने विभिन्न प्रकार के विषयों और प्रश्नों के अध्ययन के लिए पद्धतिशास्त्रीय प्रवेश बिन्दु की भूमिका अदा की है।

ग्रामीण क्षेत्रों का मानवशास्त्रीय विवरण, 'गाँव अध्ययन'

1947 में भारत को औपनिवेशिक शासन से आज़ादी मिली। इसके बाद विकास प्रक्रियाओं की एक नयी शृंखला आरम्भ हुई, जिसने ग्रामीण समाज के अध्ययन का एक पूरी तरह से नया सन्दर्भ उपलब्ध कराया। गाँव और इसकी अर्थव्यवस्था नये राज्य की विकास नीति के सबसे महत्त्वपूर्ण लक्ष्यों में से एक थी। यद्यपि भारत में अर्थशास्त्रियों ने विकास के विमर्श में अग्रणी भूमिका निभाई, किन्तु समाजशास्त्रियों और सामाजिक मानवशास्त्रियों

ने भारत के विभिन्न क्षेत्रों में रोज़मर्रा के ग्रामीण जीवन कीं ज़मीनी हक़ीक़तों की जाँच–पड़ताल कीं। इस पुस्तक के प्रथम भाग के तेरह अध्याय इस प्रकार के अध्ययनों का बेहतरीन उदाहरण हैं।

अमूमन ये सभी अध्ययन प्रत्यक्ष फील्ड–वर्क (क्षेत्र–अध्ययन) पर आधारित हैं। अधिकांश मामलों में यह अध्ययन एक गाँव में किया गया तथा इसमें 'सहभागी पर्यवेक्षण' (पार्टिशिपेंट ऑब्ज़र्वेशन) की पद्धति का उपयोग किया गया है। इनमें सामाजिक मानवशास्त्रियों ने ग्रामीण लोगों के सामाजिक सम्बन्धों की संरचनाओं, संस्थात्मक स्वरूप, तथा विश्वास और मूल्य व्यवस्थाओं के बारे में लिखा है।[3] भारतीय गाँवों का अध्ययन पश्चिम अकादमिक जगत में किसानों के अध्ययन के बारे में जगी नयी रुचि का प्रत्यक्ष परिणाम था। द्वितीय विश्व युद्ध के बाद विऔद्योगीकरण के कारण बहुत से 'नये राज्यों' का उदय हुआ, जिसने समाज विज्ञान की अनुसन्धान प्राथमिकताओं पर गहरा प्रभाव डाला। नये राज्यों के रूप में उभरकर सामने आये 'तीसरी दुनिया' के इन देशों की सबसे महत्त्वपूर्ण विशेषता यह थी कि इनकी जनसंख्या का एक बड़ा हिस्सा जड़ खेतिहर क्षेत्र पर निर्भर था। औपनिवेशिक शासन से आज़ादी के संघर्ष ने भी इन समाजों की 'आम जनता' और 'अभिजनों' के बीच नवीन आकांक्षाओं को जन्म दिया। इनमें से कुछ देशों की आज़ादी के संघर्ष में किसानों ने महत्त्वपूर्ण भूमिका निभाई थी। इसलिए नयी राजनीतिक व्यवस्था का प्राथमिक एजेण्डा यह था कि उनकी 'पिछड़ी' और जड़ अर्थव्यवस्थाओं में परिवर्तन किया जाये। यद्यपि तीसरी दुनिया के देशों की रणनीतियों और प्राथमिकताओं में भिन्नता थी, किन्तु इनमें से अधिकांश देशों में 'आधुनिकीकरण' और 'विकास' साझा कार्यक्रम के रूप में सामने आये।

इसी ऐतिहासिक पृष्ठभूमि में पूरी दुनिया में विकास अध्ययन अकादमिक रुचि के सबसे महत्त्वपूर्ण विषयों में से एक बन गया। इससे यह उम्मीद की जाती थी कि यह सामाजिक–आर्थिक बदलाव के लिए प्रासंगिक आँकड़े और निर्देशात्मक ज्ञान उत्पन्न करेगा। पश्चिमी शक्तियों की भी इस बात में गहरी रुचि थी कि तीसरी दुनिया के विभिन्न देश विकास का कौन–सा 'पथ' चुनते हैं। दरअसल, बेचैनी का सबसे बड़ा कारण यह डर था कि ये देश विकास के समाजवादी रास्ते का चुनाव न कर लें, और इसके बाद मौजूदा 'सोवियत गुट' की ओर न चले जायें।

चूँकि तीसरी दुनिया के लोगों के बहुत से लोग खेती पर प्रत्यक्ष रूप

से निर्भर थे, इसलिए खेतिहर सम्बन्धों की मौजूदा सरंचनाओं को समझने और उन्हें बदलने के तरीक़ों और साधनों को तैयार करने को विकास अध्ययनों में महत्त्वपूर्ण प्राथमिकता के रूप में स्वीकार किया गया। तीसरी दुनिया के ग्रामीण क्षेत्रों में पश्चिम की राजनीतिक रुचि तथा आधुनिकीकरण और विकास सिद्धान्तों के बढ़ते प्रभावों के कारण किसान अर्थव्यवस्थाओं और समाजों के अध्ययन के लिए पश्चिमी देशों द्वारा काफ़ी बड़ी राशि उपलब्ध कराई गयी (सिल्वरमैन 1987 : 11)। सामाजिक मानवशास्त्र के अनुशासन में 'किसान वर्ग' (पीजॅन्ट्री) की अवधारणा प्रचलित हो गयी। एक ऐसे समय में, जब आदिम जनजातियाँ या तो विलुप्त होने की प्रक्रिया में थीं, या पहले से ही विलुप्त हो चुकी थीं, 'किसान–वर्ग' की 'खोज' ने सामाजिक मानवशास्त्र के अनुशासन को एक नया जीवन प्रदान किया (बेते 1974)।

एक सुप्रसिद्ध सामाजिक मानवशास्त्री रॉबर्ट रेडफील्ड ने यह तर्क दिया है कि किसान वर्ग को एक भिन्न प्रकार का सामाजिक संघटन मानना चाहिए। 'किसान समाज और संस्कृति में कुछ आनुवांशिक बातें निहित थीं। यह मानवता की एक ऐसी व्यवस्था है जिसमें पूरी दुनिया में कुछ समानता है' (रेडफील्ड 1965 : 17)। अपने इस विचार को और ज़्यादा विस्तार देते हुए वे लिखते हैं : '...एक किसान ऐसा व्यक्ति है जिसका भूमि के एक टुकड़े पर प्रभावशाली नियन्त्रण होता है, इससे वह परम्परा और संवेदना के बन्धन से लम्बे समय से जुड़ा रहा है। भूमि और किसान एक ही वस्तु, सम्बन्धों के एक पुराने स्थापित निकाय का अलग–अलग भाग हैं' (वही : 19)।

बहरहाल, आदिम जनजातीय समुदायों के विपरीत, किसान समाजों ने अधिशेष (सरप्लस) का उत्पादन भी किया, जिसे अमूमन शहर में शासकों के प्रभावशाली समूह को हस्तान्तरित किया गया (वोल्फ 1966 : 4)। इस तरह, सभ्यताओं के विकास के साथ किसान समाजों का उभार हुआ तथा किसान वर्ग द्वारा उत्पादित अधिशेष ने शहरों के शासक अभिजनों को क़ायम रखा। इसी धारा में लिखते हुए थियोडोर शानिन ने एक ठेठ किसान समाज के लिए 'आदर्श प्रकार' का विकास किया। उनके अनुसार, इसकी चार प्रमुख विशेषताएँ होती हैं, जो दुनिया के सभी भागों में भिन्न स्तरों में पायी जाती थीं। पहली और सबसे प्रमुख विशेषता यह थी कि एक बहुआयामीय सामाजिक संगठन में परिवार उत्पादन और उपभोग की बुनियादी इकाई था। दूसरा, भूमि पर खेती जीविका का प्रमुख साधन था।

तीसरा, एक विशिष्ट पारम्परिक संस्कृति थी, जो किसान समुदायों की जीवन–शैली से जुड़ी हुई थी। चौथा, समुदाय से बाहर रहने वाले एक अभिजन का किसान वर्ग पर प्रभुत्व था (शानिन 1987 : 3–5)।

द्वितीय विश्व युद्ध के बाद पश्चिम में समाज विज्ञान और विकास अध्ययनों में विकसित किसान समाज की अवधारणा, औपनिवेशिक विमर्श में निर्मित भारतीय गाँव की अवधारणा से काफ़ी मिलती–जुलती थी। जैसा कि ब्रेमन ने लिखा है, 'एशिया में किसान अर्थव्यवस्था की सामाजिक बुनियाद के रूप में 'ग्रामीण समुदाय' को चिन्हित किया गया (ब्रेमन 1988 : 1)। दरअसल, भारत के 'गाँव अध्ययन' में रॉबर्ट रेडफील्ड का प्रभाव काफ़ी स्पष्ट है। भारतीय गाँवों के अध्ययन में सबसे लोकप्रिय अवधारणा रेडफील्ड द्वारा प्रस्तुत 'छोटे समुदाय' (लिटिल कम्युनिटी) की अवधारणा ही है।

मानवशास्त्रियों (इनमें से अधिकांश या तो पश्चिम से थे या फिर पश्चिमी विश्वविद्यालयों में प्रशिक्षित भारतीय विद्वान थे) ने यह पाया कि गाँव अध्ययन के लिए एक प्रासंगिक विषय है। इसलिए 1950 के दशक के आरम्भ से उन्होंने क्षेत्र–अध्ययन (फील्ड–स्टडी) करना आरम्भ कर दिया। विभिन्न गाँवों के अलग–अलग विवरण प्रस्तुत करने वाले लघु निबन्ध भारतीय जर्नल द *इकोनॉमिक वीकली* में अक्टूबर 1951 से मई 1954 के बीच प्रकाशित हुए। इस जर्नल का प्रकाशन हाल में ही आरम्भ हुआ था तथा आगे चलकर इसे *इकानॉमिक ऐंड पॉलिटिकल वीकली* के नाम से जाना गया।[4]

समाजशास्त्रियों और सामाजिक मानवशास्त्रियों के साथ कुछ राजनीतिक वैज्ञानिकों, इतिहासकारों और अर्थशास्त्रियों ने भी ग्रामीण जीवन पर विस्तार से लिखा। मानवशास्त्री एक 'मध्यम'–आकार के गाँव को अध्ययन के लिए चुना, वहाँ वे एक से लेकर दो वर्ष की लम्बी अवधि तक रहे। इस पूरी प्रक्रिया के परिणामस्वरूप अन्त में सामाजिक और सांस्कृतिक जीवन का एक 'सम्पूर्ण' विवरण सामने आ पाया। इस प्रकार के अध्ययनों को मानवशास्त्रीय अध्ययन की श्रेणी में डालने वाली मुख्य विशेषता यह थी कि इसमें क्षेत्र–अध्ययन का घटक जुड़ा था और 'सहभागी पर्यवेक्षण' की पद्धति का उपयोग किया गया। पश्चिम के विद्वानों ने आँकड़ों के संग्रहण की इस पद्धति का विकास जनजाति समुदायों के अध्ययन के लिए किया था। गहन क्षेत्र–अध्ययन (फील्ड–वर्क) को सामाजिक मानवशास्त्र की सर्वप्रमुख विशेषता के रूप में देखा जाने

लगा। इसका एक मानकीय स्वरूप उभरकर सामने आया और इसका व्यवहार करने वाले अनुसन्धानकर्त्ताओं को इसी का अनुसरण करना था (बेते 1972; श्रीनिवास 1975)।

सामाजिक मानवशास्त्रियों ने इस तथ्य की ओर संकेत किया है कि क्षैतिज (हॉरिजॉन्टल) जुड़ावों के साथ ही साथ गाँव में एक ऊर्ध्व या लम्बवत (वर्टिकल) जुड़ाव की संरचना भी होती है; मसलन जाति–आधारित व्यवस्था के पदसोपान को इसका उदाहरण माना जा सकता है। यह माना जाता है कि भारत के अधिकांश भागों में एक आम ग्रामीण व्यक्ति के लिए गाँव और जाति उसकी पहचान के प्रमुख स्रोत रहे हैं। विभिन्न विद्वानों ने पहचान के इन दो स्रोतों पर अलग–अलग स्तर तक बल दिया है। मसलन, एम. एन. श्रीनिवास यह तर्क देते हैं कि उनके गाँव के निवासियों में गाँव से जुड़ाव की इतनी मज़बूत भावना थी कि कोई व्यक्ति अपने गाँव के अपमान को अपनी, अपनी पत्नी या अपने परिवार की बेइज़्ज़ती के रूप में देखता था (श्रीनिवास 1976 : 270)। इसी तरह, दुबे इस बात पर बल देते हैं कि :

> *सम्पूर्ण भारतीय उपमहाद्वीप में ग्रामीण समुदायों की कुछ साझा विशेषताएँ हैं। सामाजिक संगठन की एक इकाई के रूप में गाँव गोत्र, जाति और वर्ग से अलग एकजुटता का प्रतिनिधित्व करते हैं।....गाँव में रहने वाले विभिन्न जातियों और समुदायों के लोग इसकी आर्थिक, सामाजिक और कर्मकाण्डीय स्वरूप से, सामान्यतः स्वीकृत परम्पराओं से मान्यता प्राप्त और क़ायम रखे जाने वाले पारस्परिक दायित्वों के जुड़ाव से एक बन्धन में बँधे होते हैं। गाँव के भीतर समूहों और गुटों के अस्तित्व के बावजूद यहाँ के लोग संगठित और सुगठित रूप से बाहरी दुनिया का सामना कर सकते हैं, और वे ऐसा करते भी हैं।*
> (दुबे 1955ख : 202)

सबसे पहले वाइजर ने 'पारस्परिकता' (रेसीप्रोसिटी) की रूपरेखा में भारतीय गाँव में जाति समूहों के बीच के सामाजिक सम्बन्धों की अवधारणा प्रस्तुत की। यह अवधारणा उनकी क्लासिक पुस्तक द *हिन्दू जजमानी सिस्टम* में सामने आयी थी, जो सबसे पहले 1936 में प्रकाशित हुई थी। पारस्परिकता की रूपरेखा का अर्थ यह था कि यद्यपि गाँव का

सामाजिक संगठन पदसोपानीय (हायरार्किकल) है, किन्तु विभिन्न जातियों समूहों के बीच 'अन्तर्निर्भरता' गाँव की चेतना को अभिव्यक्त करती है। इन जातियों के बीच मतभेद थे, किन्तु ग्रामीण समुदाय अन्तर्निर्भरता के कारण एकजुट थे।

बाद में होने वाले अध्ययन ज़्यादा विस्तृत थे और उनमें ग्रामीण समाज में सामाजिक असमानता और भिन्नता के विविध रूपों का लम्बा विवरण था। लेकिन इसके बावजूद इनमें से बहुत से अध्ययनों ने, विशेष रूप से गाँव के सामाजिक जीवन की एकता की अवधारणा तैयार करने के लिए पारस्परिकता की रूपरेखा का उपयोग किया। मसलन, श्रीनिवास ने गाँव के सामाजिक संगठन की बुनियादी विशेषताओं के रूप में 'ज़मींदार और जोतदार के बीच, मालिक और नौकर के बीच तथा साहूकार और कर्ज़दार के बीच' 'लम्बवत (वर्टिकल) जुड़ावों' के अस्तित्व को स्वीकार किया। लेकिन उन्होंने इन सम्बन्धों को अनिवार्य रूप से टकरावयुक्त या शोषणकारी प्रकृति का नहीं माना। इसके विपरीत, इस तरह के जुड़ावों के परिणामस्वरूप जाति समूहों की अन्तर्निर्भरता ने गाँव को परिभाषित किया (श्रीनिवास 1976 : 185)।

बहरहाल, श्रीनिवास, दुबे या वाइजर की तरह हर किसी ने गाँव के जीवन में एकता पर बल नहीं दिया। कुछ मानवशास्त्रियों ने स्पष्ट रूप से गाँव में एकता होने की थीसिस की आलोचना की, वहीं कई अन्य मानवशास्त्रियों ने अपने तर्कों में इस पहलू को भी स्थान दिया कि गाँव के भीतर संघर्ष का अस्तित्व होता है साथ ही, बाहरी दुनिया से गाँव के जुड़ाव में भी संघर्ष निहित है। मसलन, पॉल हिबर्ट ने एक दक्षिण भारतीय गाँव के अपने अध्ययन में यह तर्क दिया कि जाति व्यवस्था ने गाँव को स्थिरता का स्रोत उपलब्ध कराया, लेकिन उन्होंने इस तथ्य को भी रेखांकित किया कि 'गाँव की ऊपर से दिखने वाली एकता में बहुत गहरी दरारें हैं तथा गाँव बहुत से सामाजिक समूहों में विखण्डित है' (हिबर्ट 1971 : 13)। इसी तरह, मजूमदार ने भी इस बात पर बल दिया है कि 'भारतीय स्थितियों में गाँवों को एक सीमित स्तर तक ही एकीकृत सम्पूर्णता, एक जीवनशैली, चिन्तन और भावना के रूप में माना जा सकता की है' (मजूमदार 1958 : 325)।

भारतीय गाँव में सामुदायिक एकता के विचार को प्रश्नांकित करने वाले मानवशास्त्रियों में लेविस और बेली भी शामिल थे। लेविस ने भारत

के 'ग्रामीण समुदाय' की तुलना अमेरिकी पड़ोस से करते हुए यह विचार व्यक्त किया कि :

> *...जाति व्यवस्था गाँव को विभाजित करती है और गाँव में एकजुटता की भावना को कमज़ोर करती है। अमूमन जाति एक विशिष्ट जातीय समूह का प्रतिनिधित्व करती है, जिसका अपना इतिहास, परम्परा और पहचान होती है। और प्रत्येक जाति कमोबेश गाँव के अलग–अलग भागों में निवास करती है...प्रत्येक जाति एक पृथक् छोटे समुदाय का निर्माण करती है। (लेविस 1958 : 314)*

इसी तरह, एफ. जी. बेली ने 'एकता–पारस्परिकता' थीसिस की रैडिकल समीक्षा उपलब्ध कराई, और उन्होंने जाति सम्बन्धों के बल–प्रयोग पर आधारित आयामों को रेखांकित किया (बेली 1960 : 258)। कुछ अन्य विद्वानों ने जजमानी व्यवस्था तथा पारस्परिकता और पदसोपान के मौजूदा मूल्यों की वैकल्पिक व्याख्या प्रस्तुत की। उन्होंने यह तर्क दिया कि प्रभुत्वशाली ज़मींदार आनुवांशिक दायित्वों और पेशागत कर्त्तव्यों का उपयोग पूर्व–पूँजीवादी/सामन्तवादी सम्बन्धों के स्थानीय रूप का स्थायीकरण करने के लिए करते हैं (बीडेलमैन 1959 : 6; ड्जुरफेल्ड्ट और लिंडबर्ग 1976 : 42)। किन्तु इस प्रकार के आलोचनात्मक दृष्टिकोण मोटे तौर पर हाशिये पर ही रहे। 1970 के दशक तक ग्रामीण भारत के बारे में होने वाले समाजशास्त्रीय और सामाजिक मानवशास्त्रीय लेखन पर कार्यवादी दृष्टिकोण (फंक्शनलिस्ट पर्सपेक्टिव) का ही प्रभुत्व रहा।

कार्यवादी दृष्टिकोण के प्रभुत्व के बावजूद 1950 और 1960 के दशक के गाँव अध्ययनों में भारतीय समाज विज्ञान के इतिहास में महत्त्वपूर्ण मील का पत्थर थे। इन अध्ययनों ने औपनिवेशिक प्रशासकों के द्वारा भारतीय गाँव के बारे में बनायी गयी लोकप्रिय रूढ़िबद्ध धारणाओं को चुनौती थी। इन्होंने यह स्पष्ट किया कि औपनिवेशिक शासन द्वारा खेती सम्बन्धी नये क़ानून बनाने से पहले से ही गाँव अपने क्षेत्र की व्यापक अर्थव्यवस्था और समाज से अच्छी तरह से जुड़े हुए थे। इन्होंने यह भी रेखांकित किया कि देश के विभिन्न भागों में गाँव के सामाजिक जीवन के संगठन में क्षेत्रीय भिन्नता है।

हिन्दू धर्मग्रन्थों द्वारा सैद्धान्तीकृत वर्ण व्यवस्था का आदर्शीकृत प्रतिमान ग्रामीण जीवन की ठोस हक़ीक़त से बिल्कुल ही अलग था। निश्चित रूप से, जाति भारतीय गाँवों की एक महत्त्वपूर्ण संस्था थी, तथा बहुत से अध्ययनों में अन्य भिन्नताओं की तुलना में जाति की भिन्नता को वरीयता दी गयी। लेकिन इसके बावजूद, अनुभवसिद्ध अध्ययनों ने यह दिखाया कि यह पूरी तरह से बन्द और सख़्त तरीक़े से परिभाषित व्यवस्था नहीं थी। जाति सम्बन्धी नियम भी विशिष्ट रूप से कर्मकाण्डीय पदसोपान में किसी की स्थिति से तय नहीं होते थे, और इस व्यवस्था में बहुत से नकारात्मक और विवादित क्षेत्र थे। सबसे ख़ास बात यह है कि गाँव अध्ययन ने भारतीय समाज की समाज वैज्ञानिक समझ में क्षेत्र–अध्ययन (फील्ड–वर्क) की उपयोगिता को साबित किया। आंशिक रूप से, गाँव अध्ययनों की सफलता के कारण ही क्षेत्र–अध्ययन को भारत में समाज विज्ञान के अन्य अनुशासनों में सम्मान दिया जाने लगा।

मध्यकालीन भारत के खेतिहर सम्बन्धों और ग्रामीण जीवन पर ऐतिहासिक अनुसन्धानों ने इन सूत्रीकरणों को बढ़ावा दिया। इन अध्ययनों ने यह स्पष्ट किया कि पूर्व–औपनिवेशिक दौर में भी ग्रामीण जीवन की प्रकृति विविधतापूर्ण और विभेदीकृत थी। इतिहासकारों ने पूर्व–औपनिवेशिक खेतिहर अर्थव्यवस्था की सामुदायिक प्रकृति और निजी सम्पत्ति का अभाव होने सम्बन्धी मान्यताओं को प्रश्नांकित किया। उन्होंने अपने अनुसन्धान के माध्यम से यह दिखाया कि सतही तरीक़े से देखने पर ऐसा लगता है कि भूमि पर सामुदायिक नियन्त्रण था, किन्तु भूमि पर अधिकार काफ़ी हद तक विभेदीकृत थे। चूँकि काफ़ी बड़ी मात्रा में भूमि उपलब्ध थी, इसलिए भारत के ग्रामीण क्षेत्रों के अधिकांश भागों में भूमि की ख़रीद–बिक्री नहीं होती थी। किन्तु हर किसी को खेती करने या भूमि से पैदा होने वाले अनाज पर बराबर अधिकार नहीं था। ये अधिकार प्रथाओं पर आधारित थे, या राज्य के आदेश से तय होते थे (नील 1962 : 21)। मुग़ल काल के बारे में लिखते हुए इरफान हबीब ने यह बताया है कि इन अधिकारों को ख़रीदा या बेचा जा सकता था (हबीब 1963 : 154)। 'गाँव अपनी ज़मीन को साझी ज़मीन के रूप में नहीं रखता था। साझी ज़मीन के लिए अधिकारी और सेवक होते थे' (नील 1962 : 21)।

पूर्व–औपनिवेशिक गाँव राजस्व अधिकारियों के माध्यम से केन्द्रीय प्राधिकार (सेंट्रल अथॉरिटी) से जुड़ा हुआ था। 'मध्यकालीन' समय में

भू–राजस्व अधिशेष विनियोग की सर्वप्रमुख पद्धति थी। मुग़ल अधिकारियों ने भू–राजस्व की दर तय करते समय भूमिपतियों के वर्गों के बीच अन्तर किया। ज़मींदारों या मुखिया या राज्य द्वारा अनुग्रह प्राप्त समुदायों के भूमिपतियों को प्रति इकाई कम भू–राजस्व देना होता था (कुमार 1992 : 329–40)।

पूर्व–औपनिवेशिक खेतिहर सम्बन्ध भी संघर्षों और तनावों से मुक्त नहीं थे। जब भी राजस्व की माँग असहनीय हो गयी, तो एक क्षेत्र के किसानों ने बड़े समूहों में ऐसे क्षेत्र में पलायन कर लिया, जहाँ खेती करने के लिए ज़्यादा अनुकूल माहौल था (हबीब 1963; मूर 1966 : 332)। किसान वर्ग द्वारा स्थानीय शासकों के ख़िलाफ़ विद्रोह करने के भी कई उदाहरण मौजूद हैं। किन्तु इनमें से अधिकांश विद्रोह असंगठित थे तथा किसी धार्मिक विचारधारा या किसी बड़े सपने से प्रेरित थे (धनाग्रे 1983 : 29)।

ग्रामीण विकास

1947 में औपनिवेशिक शासन से आज़ादी ने ग्रामीण भारतीय समाज और इसकी खेतिहर अर्थव्यवस्था के इतिहास में कई तरह से नये चरणों का आगाज़ किया। भारतीय राज्य औपनिवेशिक शासन के ख़िलाफ़ एक दीर्घकालिक संघर्ष से उभरकर सामने आया था, जिसमें विभिन्न सामाजिक श्रेणियों के लोगों ने भागीदारी की थी। भारतीय राज्य ने अपनी जड़ और पिछड़ी अर्थव्यवस्था के बदलाव का कार्य भी अपने हाथों में लिया ताकि वह यह सुनिश्चित कर सके कि आर्थिक संवृद्धि के लाभ पर समाज के एक तबके का ही एकाधिकार न रहे। इस पृष्ठभूमि में 'विकास' आर्थिक परिवर्तन की एक रणनीति और नयी शासन–व्यवस्था की विचारधारा के रूप में सामने आया (देखें इस पुस्तक के भाग 2 में संकलित अध्याय)।

बहरहाल, राजनीतिक व्यवस्था में बहुत ही बुनियादी अर्थ में बदलाव हो जाने के बाद भी ज़मीनी स्तर पर औपनिवेशिक शासन के दौरान विकसित हुई संरचनाओं का अस्तित्व बना रहा। एक लम्बी अवधि के दौरान ग्रामीण क्षेत्र में जो स्थानीय हित सामने आये थे, वे राजनीतिक वातावरण के बदल जाने के बाद भी क़ायम रहे। भारत की आज़ादी के आन्दोलन के नेताओं के लिए 'खेतिहर प्रश्न' विचार–विमर्श का एक महत्त्वपूर्ण मुद्दा था। मसलन, इसके आरम्भिक दौर में ही रानाडे और दत्त ने बहुत विस्तार से इस बात पर वाद–विवाद किया कि औपनिवेशिक शासन की समाप्ति

के बाद किस तरह भारतीय समाज और अर्थव्यवस्था को पुनर्संगठित किया जाना चाहिए (देखें जोशी 1987)।

आज़ादी के संघर्ष के आख़िरी वर्षों में 'भूमि प्रश्न' सबसे तीखे वाद–विवाद का विषय बन गया। नियोजन और विकास के विमर्श में भूमि सुधार के प्रश्न ने काफ़ी अकादमिक रुचि और वाद–विवाद को जन्म दिया। खेती में आधुनिकीकरण की शुरुआत करने के लिए इन्हें आवश्यक माना गया। भारतीय राज्य ने भूमि के पुनर्वितरण के माध्यम से खेतिहर सम्बन्धों को नये सिरे से संगठित करने का प्रयास किया, लेकिन इसने ऐसा विस्तृत और रैडिकल तरीक़े से नहीं किया। जोशी ने इन्हें 'आंशिक या अनुभागीय सुधारों' के रूप में वर्णित किया (जोशी 1987 : 56)। भारत सरकार ने अपने राज्यों को यह निर्देश दिया कि वे मध्यवर्ती भूमि अधिकारों को ख़त्म करें, लगान और जोतदारी अधिकारों का नियमन करें, जोतदारों को स्वामित्व अधिकार प्रदान करें, भूमि स्वामित्व की मात्रा की सीमा तय करें, अतिरिक्त भूमि को ग्रामीण ग़रीबों में वितरित करें तथा उनके स्वामित्व को मज़बूती प्रदान करने में सहायता करें। बहुत ही अल्प समय में राज्य सरकारों द्वारा बहुत से क़ानून बनाये गये। थॉर्नर के अनुसार, इन क़ानूनों की संख्या इतनी ज़्यादा थी कि यह कहा जा सकता था कि 'दर्ज़ इतिहास में किसी भी अन्य देश की तुलना में भारत में इतने कम वर्षों में सबसे ज़्यादा क़ानून बने' (थॉर्नर 1956 : 14)।

बहरहाल, इन क़ानूनों का वास्तविक क्रियान्वयन और खेतिहर संरचना पर उनका प्रभाव पूरी तरह से एक अलग कहानी है। अधिकांश क़ानूनों में जानबूझकर कमियाँ छोड़ दी गयी थीं। इनके मदद से प्रभुत्वशाली भूमिपति भूमि दस्तावेज़ों के साथ छेड़खानी कर सकते थे। बहुत से बड़े भूमिपतियों ने कागज़ पर अपनी ज़मीन को अपने रिश्तेदारों में वितरित कर दिया, तथा जोतदारों को बेदखल कर दिया। इस तरह, ऐसे तरीक़ों का प्रयोग करके वे इस क़ानून से बच गये। ठोस 'राजनीतिक इच्छाशक्ति' के अभाव में (जोशी 1976) भूमि सुधार सिर्फ़ उन्हीं क्षेत्रों में सफल हो पाया, जहाँ किसान वर्ग राजनीतिक रूप से गोलबन्द था, और वह नीचे दबाव डाल पाया (राधाकृष्णन 1989)।

कुल मिलाकर भूमि सुधार नाकाम रहा, किन्तु इसे ग्रामीण समाज पर अनुपस्थित ज़मींदारों की पकड़ को कमज़ोर करने में कामयाबी मिली। साथ ही इसने 'प्रभुत्वशाली राजनीतिक और आर्थिक समूहों के रूप में

मज़बूत किसानों और छुटभैये ज़मींदारों' के उभार में सहायता प्रदान की (बेल 1974 : 196)। मसलन, राजस्थान के एक गाँव में 'जागीरों (मध्यवर्ती अधिकारों) का उन्मूलन' सन्तोषजनक नहीं था, लेकिन इसने भू–स्वामित्व के सम्पूर्ण स्वरूप तथा स्थानीय और क्षेत्रीय सत्ता संरचनाओं में काफ़ी बदलाव किया। पूर्व–ज़मींदार राजपूतों के पास अब भूमि सुधार के पहले के दौर की तुलना में काफ़ी कम ज़मीन रह गयी। गाँव की अधिकांश ज़मीन उन किसानों के हाथ में चली गयी, जिन्हें छोटे या मध्यम भूमिपतियों की संज्ञा दी जा सकती थी। एक महत्त्वपूर्ण गुणात्मक परिवर्तन यह हुआ कि अधिकांश ज़मीन पर अब किसान ख़ुद खेती करने लगे तथा जोतदारी की परिघटना में काफ़ी गिरावट आयी (चक्रवर्ती 1975 : 97–98)। बहुत से बड़े भूमिपतियों ने अपनी ज़मीन खोने के डर से या तो अपनी ज़मीन को बेच दिया या फिर इसे इस तरह से पुनर्संगठित किया कि वह भूमि सम्बन्धी क़ानूनों से बच सकें (बाइरेस 1974)।

बहरहाल, ग्रामीण क्षेत्र में पूर्व–'अछूत' जाति से सम्बन्धित लोगों को बहुत कम भूमि मिली। इसी तरह, भूमि सुधार 'जेंडर–अंधता' का शिकार थे। बहुत कम महिलाओं को सम्भावित स्वतन्त्र किसानों के रूप में मान्यता दी गयी। अधिकांश मामलों में लाभार्थी परिवारों में पुरुषों को ही भूमि का मालिकाना पट्टा दिया गया। इस तरह, मुख्य रूप से मध्यम स्तर के जाति समूहों से पुरुषों को ही भूमि सुधारों का लाभ हुआ। ये खेती को अपना पारम्परिक जातिगत पेशा मानते थे। यद्यपि प्राथमिक रूप से परिवार के भीतर भूमि स्वामित्व का विभाजन होने के कारण छोटे और मध्यम आकार के भू–स्वामियों के अनुपात में वृद्धि हुई, फिर भी, भारत में भूमि स्वामित्व की संरचना काफ़ी हद तक असमान बनी रही।

जहाँ यह माना गया कि भूमि सुधार द्वारा ज़मींदारी की समस्या का सामना किया जा सकता है, वहीं किसानों पर साहूकारों की जकड़न को कमज़ोर करने के लिए संस्थात्मक स्रोतों से कर्ज़ देने की व्यवस्था की गयी। पहले इसके लिए उधारदाता संगठनों की और फिर व्यावसायिक बैंकों के राष्ट्रीयकरण के बाद उनकी मदद ली गयी। स्वतन्त्रता प्राप्ति के तुरन्त बाद किये गये एक आधिकारिक सर्वेक्षण से यह निष्कर्ष सामने आया कि अनौपचारिक स्रोतों द्वारा किसानों की कर्ज़ की कुल आवश्यकता के 91 प्रतिशत को पूरा किया जा रहा था (आरबीआई 1969 : 15)। इसका बड़ा हिस्सा (69.7 प्रतिशत) सूदख़ोर साहूकारों द्वारा उपलब्ध कराया जा

रहा था। भारतीय राज्य ने इस हालात को मद्देनजर रखते हुए सहकारी ऋण समितियों के नेटवर्क का विस्तार करने की योजना बनायी। इसके अलावा, व्यावसायिक बैंकों पर पहले 'सामाजिक नियन्त्रण' थोपा गया, और फिर उनका राष्ट्रीयकरण किया गया, और उनसे यह कहा गया कि वे खेतिहर क्षेत्र को प्राथमिकता के आधार पर उधार उपलब्ध करायें। समय बीतने के साथ, ग्रामीण परिवारों की अनौपचारिक स्रोतों पर निर्भरता में काफ़ी कमी आयी है। जहाँ 1961 में कुल उधार आवश्यकता का औसतन 18.4 प्रतिशत संस्थात्मक स्रोतों द्वारा उपलब्ध कराया जा रहा था, वहीं 1981 में यह मात्रा बढ़कर 62.6 प्रतिशत हो गयी (गाडगिल 1986 : 296)।

बहरहाल, यह पूरी कहानी नहीं है। सहकारी ऋण समितियों के मूल्यांकन अध्ययनों से यह पता चलता है कि उन्होंने ज़्यादातर ऋण ग्रामीण समाज के तुलनात्मक रूप से अच्छी स्थिति वाले लोगों को दिया। दूसरी ओर, ग़रीब लोग ज़्यादा महँगे अनौपचारिक स्रोतों पर निर्भर रहें (थॉर्नर 1964; ऑमेन 1984)। इसकी व्याख्या भूमि के पट्टे की तत्कालीन संरचना के आधार पर की गयी (हेरिंग 1977)। इसकी प्रतिक्रिया के रूप में राज्य ने सहकारी समितियों के नौकरशाहीकरण को बढ़ावा दिया। यद्यपि इससे कुछ क्षेत्रों में उधार समितियाँ बड़े भूमिपतियों के नियन्त्रण से मुक्त हुईं, किन्तु नौकरशाहीकरण के कारण भ्रष्टाचार में अत्यधिक वृद्धि हुई, और ये समितियाँ जिनकी सेवा के लिए गठित की गयी थीं, उनके बीच इन समितियों के प्रति उदासीनता बढ़ गयी (जोधका 1995क) और यद्यपि ग्रामीण क्षेत्र के अमीरों ने बैंकों को कभी नियन्त्रित नहीं किया, लेकिन उनके द्वारा दिये जाने वाले उधार का फ़ायदा मुख्य रूप से बड़े किसानों को ही मिला (जोधका 1995ख)। हालाँकि, संस्थात्मक ऋण के ग्रामीण ग़रीब के ख़िलाफ़ निहित पूर्वग्रह होने के बावजूद इसकी उपलब्धता ने हरित क्रान्ति की सफलता में महत्त्वपूर्ण भूमिका निभाई। इसके अलावा, इससे ग्रामीण सत्ता संरचना में पेशेवर साहूकारों के हाशियाकरण में भी सुनिश्चित रूप से मदद मिली।

विकास की एक रणनीति के रूप में, सामुदायिक विकास कार्यक्रम अवधारणात्मक रूप से भूमि सुधार और किसानों को सस्ते संस्थात्मक ऋण उपलब्ध कराने के विचार से काफ़ी अलग था। जहाँ पहले के कार्यक्रमों ने संस्थावादी दृष्टिकोण को प्रदर्शित किया, वहीं सामुदायिक विकास कार्यक्रम ग्रामीण विकास के उत्पादनवादी दृष्टिकोण से सामने आया था।

यह संयुक्त राज्य अमेरिका के खेती विस्तार सेवा से प्रभावित था (दुबे 1958 : 8)। यह एक ऐसे समरसतापूर्ण गाँव समाज की अवधारणा पर आधारित था जिसमें कोई ख़ास आन्तरिक मतभेद या हितों का टकराव न हो (धनाग्रे 1984)। इसमें गाँव के असमान शक्ति सम्बन्धों का बहुत कम उल्लेख किया गया था। इसका लक्ष्य यह था कि खेतिहर उत्पादन में महत्त्वपूर्ण वृद्धि की जाये और बुनियादी सेवाओं में सुधार किया जाये। यह माना गया कि इससे आगे चलकर गाँवों के सामाजिक और राजनीतिक जीवन में बदलाव आयेगा (दुबे 1958)। इसकी बुनियादी मान्यता यह थी कि 'भारतीय किसान अपनी स्वतन्त्र इच्छा और ज़रूरतों के कारण तकनीकी सुधारों को तत्काल ही स्वीकार कर लेगा' (मूर 1966 : 401)।

इस कार्यक्रम की शुरुआत 2 अक्टूबर, 1952 को कुछ चुनिन्दा प्रखण्डों में की गयी, और जल्द ही इसका विस्तार पूरे देश में कर दिया गया। बहरहाल, जिस उत्साह के साथ इस कार्यक्रम की शुरुआत की गयी थी, वह बहुत लम्बे समय तक क़ायम नहीं रह सका। खेतिहर बदलाव के एक ग़ैर–राजनीतिक दृष्टिकोण के कारण सिर्फ़ उन लोगों को मदद मिली, जो पहले से ही गाँवों में शक्तिशाली थे। ग्रामीण अभिजनों के एक छोटे तबके ने अधिकांश लाभों को हड़प लिया।

यद्यपि भारत सरकार द्वारा शुरू किये गये ग्रामीण विकास के आरम्भिक कार्यक्रमों को अपेक्षित कामयाबी नहीं मिली, लेकिन उन्होंने सामाजिक और आर्थिक परिवर्तन की स्थितियाँ तैयार कीं, जिसके कारण देश के कुछ भागों में हरित क्रान्ति हुई। स्वतन्त्रता प्राप्ति के बाद के दौर में आरम्भ किये गये सभी विकासात्मक कार्यक्रमों में हरित क्रान्ति सबसे ज़्यादा सफल हुई है। पूरी दुनिया में इसकी चर्चा हुई है, तथा अकादमिक जगत में भी इस पर काफ़ी विस्तार से अध्ययन और वाद–विवाद होता रहा है। हरित क्रान्ति के कारण खेतिहर उत्पादन में अत्यधिक वृद्धि हुई, जिसने भारत की खाद्य समस्या को तक़रीबन हल कर दिया। इसने भारतीय गाँवों में महत्त्वपूर्ण सामाजिक और राजनीतिक परिवर्तन किये, और एक अर्थ में इसने भारत में 'खेतिहर क्रान्ति' की।

शुद्ध आर्थिक सन्दर्भ में खेतिहर क्षेत्र में प्रति वर्ष 3–5 प्रतिशत तक की संवृद्धि हुई (बाइरेस 1972), यह औपनिवेशिक दौर में होने वाली संवृद्धि (1 प्रतिशत से भी कम) से कई गुना ज़्यादा थी। इसने खेतिहर बदलाव के बारे में पूरी तरह से तकनीकी स्तर पर विचार किया, तथा यह संवृद्धि दर

के बारे में 'रिसाव' (ट्रिकल डाउन) सिद्धान्त पर आधारित था। जानबूझकर 'हरित क्रान्ति' शब्दावली का प्रयोग किया गया, ताकि इसे 'लाल क्रान्ति' से अलग दिखाया जा सके। यह इस दृढ़ विश्वास पर आधारित था कि 'विज्ञान और तकनीक के शान्तिपूर्ण प्रयोग तथा आधुनिकीकरण के आर्थिक लाभों के माध्यम से खेती में परिवर्तन लाया जा सकता है। ऐसा करने से तीव्र परिवर्तन के साथ अमूमन जुड़ी व्यापक उथल–पुथल और अव्यवस्था से भी बचा जा सकता है' (फ्रैंकेल 1971 : v)। इसकी संकल्पना तैयार करने और इसे लागू करने में अमेरिका ने सक्रिय भूमिका निभाई। बहुत से विद्वानों ने यह तर्क दिया है कि उस समय अमेरिका का तीसरी दुनिया की बदलती सामाजिक और आर्थिक स्थितियों में रणनीतिक भू–राजनीतिक हित था, जिसके कारण उसने भारत में 'हरित क्रान्ति' में सहायता की (हैरिस 1987)।

सबसे पहले 1960 के दशक के आख़िर में 'हरित क्रान्ति' शब्द का प्रयोग किया गया। इसका लक्ष्य विकासशील देशों में उच्च उत्पादन करने वाले बीजों के प्रयोग के प्रभावों को वर्णित करना था। लेकिन 'हरित क्रान्ति' सिर्फ़ इस तरह के बीजों के प्रयोग से ही सम्बन्धित नहीं थी। बल्कि यह एक पैकेज के रूप में थी, जिसमें कई अन्य पहलू भी सम्मिलित थे। नये किस्म के बीजों को उर्वरता बढ़ाने वाले कई अन्य कारकों की आवश्यकता थी। मसलन, इनके लिए रासायनिक उर्वरकों, नियन्त्रित सिंचाई की स्थितियों तथा पौधों की सुरक्षा करने वाले रसायनों अर्थात् कीटनाशकों की आवश्यकता थी। इस पैकेज के अन्य घटकों में सस्ता संस्थात्मक ऋण उपलब्ध कराना, अच्छी क़ीमतें देना और बाज़ार की सुविधाएँ उपलब्ध कराना शामिल था। स्थानीय खेतों में नयी तकनीक के प्रयोग का समर्थन करने के लिए नये कार्यक्रम के अन्तर्गत चुने गये क्षेत्रों में बड़ी संख्या में कृषि विश्वविद्यालयों की स्थापना की गयी। फोर्ड फ़ाउण्डेशन के प्रत्यक्ष पर्यवेक्षण में 1961 गहन कृषि विकास कार्यक्रम (इनटेंसिव एग्रीकल्चरल डेवलपमेंट प्रोग्राम – आईएडीपी) की शुरुआत की गयी। आरम्भ में, प्रयोग के तौर पर 14 ज़िलों में इस कार्यक्रम को शुरू किया गया। बाद में, 1965 में गहन कृषि क्षेत्र कार्यक्रम (इनटेंसिव एग्रीकल्चर एरियाज प्रोग्राम–आईएएपी) के अन्तर्गत इसका विस्तार 114 ज़िलों में किया गया (कुल ज़िलों की संख्या 325 थी)।

इसके समर्थकों ने यह तर्क दिया कि नयी तकनीक 'पैमाना तटस्थ'

(स्केल न्यूट्रल) है अर्थात् बड़े और छोटे–दोनों तरह के भूमिपति इसका लाभ उठा सकते थे। लेकिन वास्तविक रूप में इसे लागू करते समय यह पाया गया कि इस तरह के तकनीकी बदलाव कम खेत रखने वाले किसानों के लिए उपयुक्त नहीं थे। दक्षिण भारत में अपने क्षेत्र–अध्ययन (फील्ड वर्क) के दौरान जोआन मेंचर ने यह पाया कि सम्बन्धित कृषि अधिकारी तटस्थ नहीं थे। 'उन्हें यह लगता था कि हरित क्रान्ति को बढ़ावा देने के लिए यह आवश्यक है कि छोटे किसानों की ओर ध्यान न दिया जाये क्योंकि वे वास्तव में उत्पादन में वृद्धि करने में योगदान नहीं दे सकते थे। ये अधिकारी मानते थे कि प्रगतिशील किसान वे हैं जिनके पास ज़्यादा खेत हैं और जिनकी आर्थिक स्थिति अच्छी है (मेंचर 1978 : 239–40)। हालाँकि रोचक बात यह है कि पंजाब के एक अध्ययन ने यह दिखाया है कि छोटे भूमिपति सिर्फ़ नयी तकनीक को अपनाने के लिए ही उत्सुक नहीं थे, बल्कि एक एकड़ की भूमि से होने वाली उनकी आय बड़े किसानों की तुलना में थोड़ी ज़्यादा ही थी (भल्ला और चड्ढा 1983 : 78)।

बहरहाल, छोटे किसानों के लिए हरित क्रान्ति में भागीदारी करने का अर्थ बड़े किसानों की तरह नहीं था। जहाँ बड़े किसानों के पास इतना अधिशेष था कि वे ज़्यादा पूँजी की माँग करने वाली नयी खेती में निवेश कर सकें, वहीं छोटे भूमिपतियों की उधार पर निर्भरता बढ़ गयी, और विशेष तौर पर उन्हें अनौपचारिक स्रोतों से उधार लेना पड़ा। यद्यपि सैद्धान्तिक रूप से नयी तकनीक 'पैमाना तटस्थ' थी, वहीं निश्चित रूप से यह 'संसाधन तटस्थ' नहीं थी (हैरिस 1987 : 231)। नयी तकनीक ने हर किसी को अनिवार्य रूप से बाज़ार में सम्मिलित कर दिया। पारम्परिक खेती के विपरीत, हरित क्रान्ति के बाद की खेती में किसानों को खेती में प्रयुक्त होने वाली प्रत्येक वस्तु बाज़ार से ख़रीदनी पड़ती थी। इसके लिए अमूमन उन्हें व्यापारियों या संस्थात्मक स्रोतों से ऋण लेना पड़ा। ऐसे में, वे भले ही अपनी फ़सल को अपने उपभोग के लिए रखना चाहते थे किन्तु इस ऋण को चुकाने के लिए उनके पास अपनी उपज को बाज़ार में बेचने के अलावा कोई अन्य उपाय नहीं था। उन्हें अपनी फ़सल की कटाई के तुरन्त बाद ही उसे कम क़ीमत पर बाज़ार में बेचना पड़ता था, और बाद में अपने खाने के लिए उन्हें ज़्यादा ऊँची क़ीमत पर अनाज ख़रीदना पड़ता था। इस तरह, भले ही छोटे

किसानों ने नयी तकनीक को अपनाया, लेकिन उनके संसाधन सीमित थे इसलिए वे नये तरीक़े से अन्य स्रोतों पर निर्भरताओं के शिकार हो गयें। दूसरी ओर, इसने अमीर किसानों की आर्थिक और राजनीतिक स्थिति को मज़बूती प्रदान की।

वर्तमान में ग्रामीण भारत

शायद हरित क्रान्ति की सबसे बड़ी उपलब्धि यह थी कि इसने देश को खाद्य सुरक्षा की गम्भीर समस्या को हल करने में समर्थ बनाया। बहरहाल, अनाजों के उत्पादन में महत्त्वपूर्ण वृद्धि होने के बावजूद भारत की जनसंख्या का एक बड़ा हिस्सा ग़रीब और वंचित बना रहा। इसका लाभ ग्रामीण जनसंख्या के कुछ तबकों तक ही सीमित रहा। जब विकास योजनाकारों को 'रिसाव' (ट्रिकल डाउन) सिद्धान्त की सीमाओं का अहसास हुआ तो उन्होंने ग़रीबों के लिए लक्षित–समूह केन्द्रित कार्यक्रम की शुरुआत की। एकीकृत ग्रामीण विकास कार्यक्रम (इंटिग्रेटेड रूरल डेवलपमेंट प्रोग्राम–आईआरडीपी) और बाद में महात्मा गाँधी राष्ट्रीय ग्रामीण रोज़गार गारण्टी योजना (महात्मा गाँधी नैशनल रूरल इम्पलॉयमेंट गारंटी स्कीम–मनरेगा) इसी प्रकार की पहल का उदाहरण हैं।

नयी तकनीक के साथ एक अन्य समस्या यह थी कि सिर्फ़ उत्तरी, पश्चिमी और दक्षिणी राज्यों के चुनिन्दा भागों में ही इनका प्रयोग आरम्भ किया गया। मध्य और पूर्वी भारत में बहुत ज़्यादा खेतिहर संवृद्धि नहीं हुई। दूसरे शब्दों में, हरित आन्दोलन ने विभिन्न राज्यों के बीच क्षेत्रीय असमानता में बढ़ोतरी की।

ग्रामीण विकास के कार्यक्रम के रूप में हरित क्रान्ति में आर्थिक संवृद्धि की अत्यन्त सीमित परिकल्पना थी। आर्थिक परिवर्तन के सामाजिक, राजनीतिक और सांस्कृतिक प्रभावों पर कोई विचार नहीं किया गया था। इसलिए इसकी गति ज़्यादा समय तक क़ायम नहीं रही। 1980 के दशक के मध्य से भारतीय ग्रामीण क्षेत्रों में एक नयी तरह की बेचैनी दिखने लगी। हरित क्रान्ति क्षेत्रों के अधिशेष उत्पादित करने वाले किसानों ने खेती में लगने वाले घटकों में सब्सिडी और अपने उत्पादन के लिए बेहतर क़ीमत तय करने के लिए ख़ुद को गोलबन्द करना आरम्भ कर दिया। उन्होंने यह तर्क दिया कि बाज़ार अर्थव्यवस्था बुनियादी रूप से कृषि क्षेत्र

के ख़िलाफ़ है, तथा यह शहरी उद्योगों और मध्य वर्ग के उपभोक्ताओं के अनुकूल है। उन्होंने यह भी कहा कि शहरों और ग्रामीण क्षेत्रों के बीच असमान शक्ति सम्बन्धों के कारण व्यापार में खेतिहर क्षेत्र को असमान शर्तों का सामना करना पड़ता है, जिसका प्रमाण यह है कि किसान वर्गों पर कर्ज़ का बोझ बढ़ा है।

तक़रीबन एक दशक तक भारत के विभिन्न भागों में किसानों ने ख़ुद को सफलतापूर्वक गोलबन्द किया। यद्यपि नेतृत्व और गोलबन्दी की रणनीतियों के सन्दर्भ में इन आन्दोलनों का स्थानीय चरित्र था, लेकिन उन्होंने विभिन्न क्षेत्रों में अपनी गतिविधियों में समन्वय स्थापित किया। एक अर्थ में उन्हें अपने एजेण्डा को राष्ट्रीय राजनीति में स्वीकृति दिलाने में काफ़ी सफलता मिली। 1980 के दशक के कृषक आन्दोलन ने ग्रामीण लोगों के बीच एक नयी सामाजिक श्रेणी के उदय की ओर भी संकेत किया। यह उन लोगों की श्रेणी थी जो हरित क्रान्ति के बाद समृद्ध हुए थे और जो बाज़ार अर्थव्यवस्था से निकटता से जुड़े हुए थे तथा यह मानते थे कि उनकी किस्मत बाज़ार की स्थितियों से तय होती है। इस श्रेणी के लोगों के बीच गाँव से आगे जाने की आकांक्षा थी। खेतिहर अर्थव्यवस्था सामाजिक और सांस्कृतिक गतिशीलता की उनकी आकांक्षाओं को सन्तुष्ट नहीं कर सकती थी। उन्होंने सत्ता के अपने स्थानीय क्षेत्र अर्थात् गाँवों से बाहर निकलना आरम्भ कर दिया तथा वे राज्य की राजधानी में विधानसभा की ओर जाने लगें। खेती में उन्होंने जो अधिशेष उत्पादित किया था, वह शिक्षा, शहरी व्यापार और अन्य ग़ैर–खेतिहर गतिविधियों में ख़र्च होने लगा (ऑमवेट 1992; रुटेन 1995; उपाध्या 1988)। 1980 के दशक के आरम्भ से इस वर्ग की सामाजिक प्रोफ़ाइल में बदलाव की शुरुआत हो गयी। निम्नलिखित पंक्तियाँ बढ़ती विविधता की इस प्रक्रिया का बेहतरीन वर्णन प्रस्तुत करती हैं :

> *...इस वर्ग के एक परिवार की अपने मूल गाँव में ज़मीन है, जिसमें किराये के मज़दूर, बटाईदार, जोतदार या खेतिहर मज़दूर काम करते हैं, पिता या एक पुत्र इसका पर्यवेक्षण करते हैं; शहर में अन्य पुत्रों द्वारा विविध प्रकार के व्यापार किये जाते हैं; और शायद एक युवा और प्रतिभावान बच्चा डॉक्टर या इंजीनियर या प्रोफ़ेसर होता है। यही वर्ग गाँव*

के ख़िलाफ़ हुए अन्याय के बारे में सबसे ज़्यादा मुखर है।
(बालागोपाल 1987 : 1545)

एक अन्य स्तर पर आर्थिक विकास की प्रक्रिया और गाँवों के व्यापक राजनीतिक और बाज़ार व्यवस्था से बढ़ते एकीकरण से सामाजिक और सांस्कृतिक परिवर्तन सामने आये। पुराना मालिक–ग्राहक सम्बन्ध तेज़ी से विखण्डित होने लगा और इसका स्थान औपचारिक और समझौता आधारित सम्बन्ध लेने लगे, जिसमें पूरी तरह बाज़ार द्वारा लायी गयी वेतन और अदायगी की व्यवस्था ने मध्यस्थ की भूमिका निभाई। जाति आधारित आर्थिक सम्बन्धों की जजमानी जैसी व्यवस्थाओं का भी तक़रीबन पूरे देश में विखण्डन हो चुका है। यदि कहीं मज़दूरी करवाने की पारम्परिक व्यवस्थाओं का उपयोग किया जाता है तो भी वे संरक्षण और दायित्व के पारम्परिक सम्बन्धों को बढ़ावा नहीं देते हैं। जाति की पुरानी विचारधारा का क्षरण होने के कारण दलित समूह ख़ुद को बेहतर वेतन और सामाजिक गरिमा के लिए गोलबन्द करने में सफल हुए हैं। मसलन, पंजाब में बहुत से दलित समूहों ने अपने पुराने जाति–आधारित पेशे को छोड़ दिया। उन्होंने ख़ुद को ग्रामीण/खेतिहर अर्थव्यवस्था से भी दूर किया तथा बन्धुआ मज़दूर के रूप में खेतों में काम करना बन्द कर दिया। इस बदलाव ने उनके भीतर स्वायत्तता की भावना भरी। उनके भीतर एक नयी राजनीतिक चेतना का जन्म हुआ, जिसके माध्यम से उन्होंने अपने अधिकारों की दावेदारी की तथा अपनी विशिष्ट सामाजिक और धार्मिक पहचान को अभिव्यक्त किया (देखें, जोधका 2015)। यहाँ तक कि (कुछ मामलों में) दलित की बढ़ती राजनीतिक दावेदारी के कारण हिंसा और उत्पीड़न की घटनाओं में वृद्धि हुई। इसने दलितों के स्थानीय स्तर की राजनीतिक संस्थाओं में ऊर्जा का संचार किया। इसके बाद के वर्षों में ग्रामीण पंचायतों में अतीत की तुलना में हाशिये के समूहों का प्रतिनिधित्व बढ़ा तथा विभिन्न जातिगत समूहों और हितों का समावेशन हुआ।

ग्रामीण सत्ता संरचना में परिवर्तन स्वतन्त्रता प्राप्ति के बाद भारतीय राज्य द्वारा आरम्भ की गयी विकास प्रक्रिया का एक महत्त्वपूर्ण घटक था। भूमि सुधार के क़ानूनों को लागू करने का एक मुख्य उद्देश्य यह था कि अनुपस्थित ज़मींदारों और भूमिपति अभिजनों की सत्ता को कमज़ोर किया जाये। इसके अलावा, बलवन्त राय मेहता समिति की अनुशंसाओं के अनुसार

1960 के दशक में तीन–स्तरीय पंचायती राज व्यवस्था की स्थापना की गयी। इसका लक्ष्य स्थानीय सत्ता–संरचना का लोकतन्त्रीकरण करना और शासन को विकेन्द्रीकृत करना था। उसके बाद से भारत सरकार द्वारा नियुक्त बहुत–सी समितियों और आयोगों ने इस व्यवस्था के काम की समीक्षा की है। इन समितियों और आयोगों की अनुशंसाओं के आधार पर बहुत–से ऐसे परिवर्तन और सुधार किये गये हैं, जिनसे इस व्यवस्था को ज़्यादा प्रभावकारी बनाया जा सके।

स्वतन्त्रता प्राप्ति के बाद पहले दो या तीन दशकों तक सामने आने वाले अनुभवसिद्ध साहित्य में यह बताया गया कि अधिकांश ग्रामीण भारत में पारम्परिक रूप से प्रभुत्वशाली समूहों की सत्ता अभी भी बरकरार है। विद्वानों ने बार–बार यह रेखांकित किया कि मौजूदा सत्ता–संरचना के निहित स्वार्थी तत्त्व ग़रीब और कमज़ोर लोगों के कल्याण के लिए बनाये गये कार्यक्रमों के क्रियान्वयन में बाधा उत्पन्न कर रहे हैं। जाति के सन्दर्भ में ग्रामीण सत्ता प्रभुत्वशाली जातियों के हाथों में केन्द्रित रही (श्रीनिवास 1955)। वर्ग की रूपेरखा का उपयोग करने वालों ने यह तर्क दिया कि अमीर भूमिपतियों और साहूकारों ने ग्रामीण अर्थव्यवस्था को नियन्त्रित किया (थॉर्नर 1956)। विभिन्न क्षेत्रों के विद्वानों द्वारा किये गये स्वतन्त्र अध्ययनों से यह विचार सामने आता है कि पंचायत भी ग्रामीण भारत के पहले से ही प्रभुत्वशाली समूहों के प्रभाव और शक्ति का एक अन्य क्षेत्र बन गया है।

बहरहाल, 1980 के दशक में ही जाति–पदसोपानों की पुरानी संरचना के विखण्डन के बढ़ने और स्थानीय स्तर पर सत्ता–संरचना के कमज़ोर होने की ख़बरें आने लगीं। राजस्थान में अपने काम के आधार पर ऑलिवर मेंडेलसन ने यह दिखाया कि जहाँ श्रीनिवास द्वारा 1950 के दशक में 'प्रभुत्वशाली जाति' की बात करना सही था, वहीं समकालीन भारत में इस प्रकार के सूत्रीकरणों का कोई ख़ास मतलब नहीं है। अब 'गाँवों में निम्न जातियाँ और यहाँ तक कि गाँवों के अस्पृश्य भी पुराने समय के आर्थिक और कर्मकाण्डीय रूप से उच्च जातियों के प्रभाव में नहीं है' (मेंडेलसन 1993 : 808)। इसी तरह, 'ग्रामीण भारत में भूमि और प्राधिकार (अथॉरिटी) एक–दूसरे से पृथक् हो चुके हैं, और इससे भले ही एक ग़ैर–क्रान्तिकारी किन्तु ऐतिहासिक विकास हुआ है' (वही : 807)। यहाँ तक कि भारत के कम विकसित क्षेत्रों के अनुभवसिद्ध अध्ययनों से भी यह बात सामने आयी है कि भारत में जजमानी व्यवस्था का विखण्डन हुआ है (सहाय 2004)।

1980 के दशक से आर्थिक असमानता, जाति सम्बन्धों और सत्ता सम्बन्धों में परिवर्तन से सम्बन्धित प्रश्नों के अतिरिक्त जेंडर और पारिस्थितिकी से सम्बन्धित सवालों ने भी विद्वानों का ध्यान अपनी ओर खींचा है। एक स्तर पर जेंडर का प्रश्न मान्यता से जुड़ा हुआ है। ग्रामीण सामाजिक परिवर्तन से जुड़े अधिकांश लेखन 'जेंडर अन्धता' का शिकार रहे हैं। अमूमन महिलाओं को ऐसे परिवारों का भाग माना जाता रहा है, जहाँ निर्णय लेने की शक्ति पुरुषों के हाथों में रही है। गाँव के सामाजिक और आर्थिक जीवन में महिलाओं के योगदान को शायद ही कभी उचित मान्यता दी गयी। एक अन्य स्तर पर, ग्रामीण क्षेत्र में विकास की प्रक्रिया का महिलाओं और पुरुषों पर अलग–अलग प्रभाव पड़ा। यहाँ तक कि आज भी अधिकांश मामलों में महिला मज़दूरों को पुरुष मज़दूरों की तुलना में कम वेतन दिया जाता है। अप्रवासन और ग्रामीण जनसंख्या की गतिशीलता की प्रक्रिया का पुरुषों और महिलाओं के लिए अलग–अलग नतीजा सामने आया है (देखें, इस पुस्तक के भाग तीन के अध्याय)।

यह पुस्तक

शायद ग्रामीण भारत के विद्यार्थियों के लिए कोई स्रोत इतना महत्त्वपूर्ण नहीं है, जितना कि *इकोनॉमिक ऐंड पॉलिटिकल वीकली (ईपीडब्ल्यू)* में छपे आलेख। ईपीडब्ल्यू ने ग्रामीण भारत के सम्बन्ध में बहुत से विशेष 'सम्पादकीय', 'टिप्पणियाँ' और 'विशेष आलेख' प्रकाशित किये हैं। इसके साथ ही, इसने इस विषय पर वार्षिक विशेष अंक भी प्रकाशित किये हैं। पहले यह 'रिव्यू ऑफ़ एग्रीकल्चर' (खेती की समीक्षा) तथा बाद में 'रिव्यू ऑफ़ रूरल अफेयर्स' (ग्रामीण मामलों की समीक्षा) शीर्षक से प्रकाशित हुए। इस जर्नल में इस विषय पर प्रकाशित होने वाले 'विशेष आलेखों' या 'समीक्षाओं' की कुल संख्या तक़रीबन 1000 से भी ज़्यादा है। इससे ग्रामीण भारत से सम्बन्धित एक पुस्तक तैयार करने के लिए कुछ प्रतिनिधि आलेखों का चुनाव करना अत्यधिक कठिन हो जाता है। मैंने इस पुस्तक में सम्मिलित आलेखों का चयन करने के लिए ऐतिहासिक दृष्टिकोण का उपयोग करने का प्रयास किया है। इसमें यह ध्यान रखा गया है कि इसमें ऐसे विविध आलेखों को शामिल किया जाये, जो समकालीन समय में ग्रामीण भारत के व्यापक विषय के विभिन्न आयामों का विश्लेषण करते हों। लेकिन ईपीडब्ल्यू में प्रकाशित होने वाले आलेखों के अन्तःअनुशासनात्मक प्रकृति

के कारण यह प्रक्रिया और भी कठिन हो गयी। इसके अलावा, 'ग्रामीण' और 'खेतिहर' के आयाम परस्परव्यापी हैं। यद्यपि इस पुस्तक में संकलित बहुत से आलेख 'भूमि' से उभरने वाले मुद्दों से भी सम्बन्धित हैं, लेकिन यह पुस्तक खेतिहर अर्थव्यवस्था, राजनीति या इसके सामाजिक संगठन के विषय पर प्रतिनिधि सामग्री उपलब्ध नहीं कराती है। इन विषयों पर ईपीडब्ल्यू ने अत्यधिक आलेखों का प्रकाशन किया है।

समाज विज्ञान के विद्यार्थियों और शिक्षकों के अतिरिक्त यह पुस्तक नीति निर्माताओं और नागरिक समाज के कार्यकर्त्ताओं के लिए भी उपयोगी साबित होगी, जो ग्रामीण भारत के बारे में गम्भीर और महत्त्वपूर्ण साहित्य चाहते हैं।

अनुवाद : कमल नयन चौबे

टिप्पणियाँ

1. राष्ट्रीय अर्थव्यवस्था के एक भाग के रूप में खेतिहर आय के हिस्से में काफ़ी गिरावट आयी है। 1950 के दशक में यह देश की कुल आय का तक़रीबन आधा था, किन्तु इक्कीसवीं सदी के दूसरे दशक में यह घटकर 15 प्रतिशत रह गया है।
2. इस प्रस्तावना के कुछ भाग मेरे पहले के लेखन से लिए गये हैं (जोधका 1998, 2003, 2012)।
3. सामाजिक मानवशास्त्रियों द्वारा गाँव अध्ययन के एक व्यापक अवलोकन के लिए देखें–जोधका (1998)।
4. इस पुस्तक के आरम्भिक भाग में इन्हीं निबन्धों में से चुनिन्दा निबन्धों को संकलित किया गया है। एम. एन. श्रीनिवास ने 1955 में प्रकाशित अपनी पुस्तक *इंडियाज विलेजेज़* (मैरीयॉट 1955) में इन निबन्धों की एक ज़्यादा बड़ी सूची को संकलित किया है। यह भी रोचक है कि मजूमदार के *रूरल प्रोफ़ाइल्स का पहला खण्ड* 1955 में ही प्रकाशित हुआ (मजूमदार 1955)। 1955 में ही तेलंगाना क्षेत्र में हैदराबाद के निकट एक गाँव का पहला पूर्ण अध्ययन भी इसी वर्ष प्रकाशित हुआ। यह अध्ययन दुबे द्वारा किया गया था, तथा उनकी पुस्तक का शीर्षक *इंडियन विलेज* था।

सन्दर्भ

बेली, एफ. जी. 1960, *ट्राइब, कास्ट ऐंड नेशन,* बॉम्बे : ऑक्सफोर्ड यूनिवर्सिटी प्रेस।

बालागोपाल,के. 1987, 'ऐन आइडियोलॉजी ऑफ़ द प्रोविंसियल प्रॉपर्टिड क्लास', *इकोनॉमिक ऐंड पॉलिटिकल वीकली,* 22 (36–37) : 1544–46।

बीडेलमैन, टी. ओ. 1959, अ *कॉम्पेरेटिव एनालिसिस ऑफ़ द जजमानी सिस्टम,* न्यूयॉर्क : एसोसिएशन फ़ॉर एशियन स्टडीज़।

बेल, सी. 1974, 'आइडियोलॉजी ऐंड इकोनॉमिक इंटरेस्ट्स इन इंडियन लैंड रिफॉर्म', संकलित : *एग्रेरियन रिफॉर्म ऐंड एग्रेरियन रिफॉर्मिज़म : स्टडीज़ ऑफ़ पेरु, चिली, चाइना ऐंड इंडिया,* सम्पादन : डी. लेहमन, लन्दन : फेबर ऐंड फेबर, 190–220।

बेते, ए : 1972, 'द ट्राइब्यूलेशन्स ऑफ़ फील्डवर्क', *इकोनॉमिक ऐंड पॉलिटिकल वीकली* 7 (31, 32, 33) : 1509–16।

1974, *स्टडीज़ इन एग्रेरियन सोशल स्ट्रक्चर,* दिल्ली, ऑक्सफोर्ड यूनिवर्सिटी प्रेस।

1980, द इंडियन विलेज : पास्ट ऐंड प्रेजेंट', संकलित : *पीजेंट्स इन हिस्ट्री : एसेज इन ऑनर ऑफ़ डेनियल थॉर्नर,* सम्पादन : ई जे. हॉब्सबॉम और अन्य, दिल्ली : ऑक्सफोर्ड यूनिवर्सिटी प्रेस, 107–20।

1996 (1965), *कास्ट, क्लास ऐंड पॉवर : चेंजिंग पैटर्न ऑफ़ स्ट्रैटिफिकेशन इन* तंजौर विलेज, नयी दिल्ली : ऑक्सफोर्ड यूनिवर्सिटी प्रेस।

भल्ला, जी. एस., और जी. के. चड्ढा, 1983, *ग्रीन रिवोल्यूशन ऐंड स्मॉल पीजेंट्स : अ स्टडी ऑफ़ इनकम डिस्ट्रीब्यूशन अमॉन्ग कल्टीवेटर्स, पंजाब,* नयी दिल्ली : कॉन्सेप्ट पब्लिशिंग हाउस।

बोनानो, ए. 1989, *सोशियोलॉजी ऑफ़ एग्रीकल्चर,* नयी दिल्ली : कॉन्सेप्ट पब्लिशिंग हाउस।

ब्रेमन, जे. 1988, *द शैटर्ड इमेज : कंस्ट्रक्शन ऐंड डिकंस्ट्रक्शन ऑफ़ द विलेज इन कोलोनियल एशिया,* कॉम्पेरेटिव एशियन स्टडीज़, वोल्यूम 2, एमस्टर्डम : सेंटर फ़ॉर एशियन स्टडीज़।

बाइरेस, टी. जे. 1972, 'द डायलेक्टिक्स ऑफ़ इंडियाज ग्रीन रिवोल्यूशन', *साउथ एशियन रिव्यू* 5(2) : 99–106।

1974, लैंड रिफॉर्म्स, इंडस्ट्रियलाइजेशन ऐंड मार्केटेड सरप्लस इन इंडिया : ऐन ऐसे ऑन द पॉवर ऐंड रूरल बायस', संकलित : *एग्रेरियन रिफॉर्म एंड एग्रेरियन रिफॉर्मिज़्म : स्टडीज़ ऑफ़ पेरु, चिली, चाइना एंड इंडिया,* सम्पादन : डी. लेहमन, लन्दन : फेबर ऐंड फेबर, 221–61।

चक्रवर्ती, ए. 1975, *कॉन्ट्राडिक्शन ऐंड चेंज : इमर्जिंग पैटर्न्स ऑफ़ अथॉरिटी इन अ राजस्थान विलेज,* दिल्ली : ऑक्सफोर्ड यूनिवर्सिटी प्रेस।

कोहेन, बी. एस. 1987, *ऐन एंथ्रोपोलॉजिस्ट अमॉन्ग हिस्टॉरियन्स ऐंड अदर एसेज,* दिल्ली : ऑक्सफोर्ड यूनिवर्सिटी प्रेस।

धनाग्रे, डी. एन. 1983, *पीजेंट मूवमेंट्स इन इंडिया : 1920–1950,* दिल्ली : ऑक्सफोर्ड यूनिवर्सिटी प्रेस।

'एग्रेरियन रिफॉर्म्स ऐंड रूरल डेवलपमेंट इन इंडिया : सम ऑब्जर्वेशन्स', *रिसर्च इन सोशल मूवमेंट्स, कॉन्फ्लिक्ट ऐंड चेंज* VII (1) : 178–93।

देसाई, ए. आर 1969, *रूरल सोशियोलॉजी इन इंडिया,* बॉम्बे : पॉप्यूलर प्रकाशन।

ड्जुरफेल्ड्ट, जी. और एस. लिंडबर्ग, 1976, *बिहाइंड पॉवर्टी : द सोशल फॉरमेशन ऑफ़ ए तमिल विलेज,* नयी दिल्ली : ऑक्सफोर्ड और आईबीएच।

दुबे, एस. सी. 1955क, *इंडियन विलेज,* लन्दन : रॉटलेज और केगन पॉल।

———, 1955ख, 'अ डेक्कन विलेज, संकलित : *इंडियाज विलेज,* सम्पादन : एन. एन. श्रीनिवास, लन्दन : एशिया पब्लिशिंग हाउस।

फ्रैंकेल, एफ. आर 1971, *इंडियाज ग्रीन रिवोल्यूशन : इकोनॉमिक गेन्स ऐंड पॉलिटिकल कॉस्ट्स,* बॉम्बे : ऑक्सफोर्ड यूनिवर्सिटी प्रेस।

फ्राइड लैंड, डब्ल्यू. एच. 1982, 'द ऐंड ऑफ़ रूरल सोसायटी ऐंड द फ्युचर ऑफ़ सोशियोलॉजी', *रूरल सोशियोलॉजी* 47(4) : 589–608।

गाडगिल, एम. वी. 1986, 'एग्रीकल्चरल क्रेडिट इन इंडिया : अ रिव्यू ऑफ़ परफॉर्मेंसेज ऐंड पॉलीसीज', *इंडियन जर्नल ऑफ़ एग्रीकल्चरल इकोनॉमिक्स* 14(3) : 282–309।

गालेस्की, बोगफ़सलॉव, 1972, *बेसिक कॉन्सेप्ट्स ऑफ़ सोशियोलॉजी.* मैनचेस्टर : मैनचेस्टर यूनिवर्सिटी प्रेस।

गिडेन्स, एंथोनी. 1989, *सोशियोलॉजी.* कैम्ब्रिज : पॉलिटी प्रेस।

हबीब, आई. 1963, *एग्रेरियन सिस्टम्स ऑफ़ मुग़ल इंडिया,* बॉम्बे : एशिया पब्लिशर्स।

हैरिस, जे. 1987, 'कैपिटलिजम ऐंड पीजेंट प्रोडक्शन : द ग्रीन रिवोल्यूशन इन इंडिया'। संकलित : *पीजेंट्स ऐंड पीजेंट सोसायटीज,* सम्पादन : टी. शानिन, लन्दन : ब्लैकवेल, 227–45।

हेरिंग, आर जे. 1977, 'लैंड टेनयोर ऐंड क्रेडिट कैपिटल टेनयोर इन कॉन्टेम्पररी इंडिया', संकलित : *लैंड टेनयोर ऐंड पीजेंट्स इन साउथ एशिया,* सम्पादन : आर ई. फ्राइकेनबर्ग, नयी दिल्ली : मनोहर, 120–58।

हिबर्ट, पी. जी. 1971, कोंडूरु : स्ट्रक्चर ऐंड इंटिग्रेशन इन अ साउथ इंडियन विलेज। मिन्नेपॉलिस : यूनिवर्सिटी ऑफ़ मिन्नेसोटा।

इंडेन, आर 1990, *इमैजिनिंग इंडिया,* ऑक्सफोर्ड : बेसिल ब्लैकवेल।

जोधका, एस. एस. 1995, 'ब्यूरोक्रेटाइजेशन, करप्शन, ऐंड डिपॉलिटाइजेशन चेंजिंग प्रोफाइल ऑफ़ क्रेडिट को–ऑपरेटिव्स इन रूरल हरियाणा', *इकोनॉमिक ऐंड पॉलिटिकल वीकली* 30(1) : 311–32।

1998, 'फ्रॉम ''बुक–व्यू'' टू ''फील्ड–व्यू'' : सोशल एंथ्रोपोलॉजिकल कंस्ट्रक्शन्स ऑफ़ द इंडियन विलेज', *ऑक्सफोर्ड डेवलपमेंट स्टडीज़* 26 (3) : 311–32।

2002, 'नेशन ऐंड विलेज : इमेजेज ऑफ़ रूरल इंडिया इन गाँधी, नेहरु ऐंड अम्बेडकर', *इकोनॉमिक ऐंड पॉलिटिकल वीकली* 37(32) : 3343–54।

2003, 'एग्रेरियन स्ट्रक्चर ऐंड देयर ट्रांसफ़ॉर्मेशन्स', संकलित : *ऑक्सफोर्ड इंडिया कॉम्पेनियन टू सोशियोलॉजी ऐंड सोशल एंथ्रोपोलॉजी,* वोल्यूम II, सम्पादन : वीणा दास, नयी दिल्ली : ऑक्सफोर्ड यूनिवर्सिटी प्रेस।

2006, 'बियोंड क्राइसिस : रिथिंकिंग कॉन्टेम्पररी पंजाब एग्रीकल्चर', *इकोनॉमिक ऐंड पॉलिटिकल वीकली* 41(16) : 1530–37।

2012, 'इण्ट्रोडक्शन' संकलित : *विलेज सोसायटी : रीडिंग्स ऑन द इकोनॉमी, पॉलिटी ऐंड सोशायटी*, सम्पादन : एस. एस. जोधका, हैदराबाद : ऑरियन्ट ब्लैकस्वॉन।

2015, *कास्ट इन कॉन्टेम्परारी इंडिया*, नयी दिल्ली : रॉटलेज।

जोशी, पी. सी. 1976, *लैंड रिफॉर्म्स इन इंडिया : ट्रेंड्स ऐंड पर्सपेक्टिव्स*, नयी दिल्ली : अलाईड पब्लिशर्स।

1987, *इंस्टीट्यूशनल एसपेक्ट्स ऑफ़ एग्रीकल्चरल डेवलपमेंट्स : इंडिया फ्रॉम एशियन पर्सपेक्टिव*, नयी दिल्ली : अलाईड पब्लिशर्स।

लेविस, ओ. 1958, *विलेज लाइफ़ इन नॉर्दर्न इंडिया : स्टडीज़ इन अ देल्ही विलेज*। उरबाना : यूनिवर्सिटी ऑफ़ इलिनॉइस प्रेस।

मजूमदार, डी. एन. (सम्पा.), 1955, *रूरल प्रोफाइल्स (1)*, लखनऊ : एथ्नोग्राफिक ऐंड फोक कल्चर सोसायटी।

1958, *कास्ट ऐंड कम्युनिकेशन इन ऐन इंडियन विलेज*, बॉम्बे : एशिया पब्लिशिंग हाउस।

मैरीयॉट, एम. (सम्पा.) 1955, *विलेज इंडिया : स्टडीज़ इन द लिटिल कम्युनिटी*, शिकागो : द यूनिवर्सिटी ऑफ़ शिकागो प्रेस।

मेंचर, जे. पी. 1978, *एग्रीकल्चर ऐंड सोशल स्ट्रक्चर इनत मिल नाडू : पास्ट ऑरिजिन्स, प्रेजेंट ट्रांसफ़ॉर्मेशन्स ऐंड फ़्यूचर प्रॉसपेक्ट्स*, नयी दिल्ली : अलाइड पब्लिशर्स।

मेंडलसन, ओ., 1993, 'द ट्रांसफ़ॉर्मेशन ऑफ़ अथॉरिटी इन रूरल इंडिया', *मॉडर्न एशियन स्टडीज़* 27(4) : 805–42।

मूर, बी. जूनियर, 1966, *सोशल ऑरिजिन्स ऑफ़ डिक्टेटरशीप ऐंड डेमॉक्रेसी*, मिडिलसेक्स : पेंग्विन।

नील, डब्ल्यू. 1962, *इकोनॉमिक चेंज इन रूरल इंडिया : लैंड टेन्योर ऐंड रिफॉर्म इन उत्तर प्रदेश, 1800–1955*. न्यू हैवेन : येल यूनिवर्सिटी प्रेस।

नेल्सन, लॉरी, 1948, *रूरल सोशियोलॉजी*, न्यूयॉर्क : अमेरिकन बुक कम्पनी।

न्यूबी, एच. 1980, 'ट्रेंड रिपोर्ट : रूरल सोशियोलॉजी', *करेंट सोशियोलॉजी* 28 (स्प्रिंग): 1–41।

ऑमवेट, गेल, 1992, 'कैपिटलिस्ट एग्रीकल्चर ऐंड रूरल क्लासेज इन इंडिया', *संकलित : क्लास, स्टेट ऐंड डेवलपमेंट इन इंडिया*, सम्पादन : बी. बेरबेरोलग्ली, नयी दिल्ली : सेज पब्लिकेशन्स।

ऑमेन, टी. के. 1984, *सोशल ट्रांसफ़ॉर्मेशन इन रूरल बंगाल*, नयी दिल्ली : विकास पब्लिशिंग हाउस।

राधाकृष्णन, पी. 1989, *पीजेंट स्ट्रगल्स, लैंड रिफॉर्म्स ऐंड सोशल चेंज : मालाबार 1836–1982*, नयी दिल्ली : सेज पब्लिकेशन्स।

रेडफील्ड, रॉबर्ट, 1947, 'द फोक सोसायटी', *अमेरिकन जर्नल ऑफ़ सोशियोलॉजी* 53 (जनवरी) : 292–308।

1965, *पीजेंट सोसायटी ऐंड कल्चर*, शिकागो : शिकागो यूनिवर्सिटी प्रेस।

रिजर्व बैंक ऑफ़ इंडिया, 1969, *रिपोर्ट ऑफ़ द ऑल इंडिया रूरल क्रेडिट रिव्यू कमिटी* बॉम्बे : आरबीआई।

रुटेन, एम. ए. एफ. 1995, *फार्म्स ऐंड फैक्टरीज : सोशल प्रोफाइल ऑफ़ लार्ज फार्मर्स ऐंड रूरल इंडस्ट्रियलिस्ट्स इन वेस्ट इंडिया,* नयी दिल्ली : ऑक्सफोर्ड यूनिवर्सिटी प्रेस।

सहाय, गौरांग आर 2004, 'हायरार्की, डिफरेंस ऐंड द कास्ट सिस्टम : अ स्टडी ऑफ़ रूरल बिहार', *कंट्रीब्यूशन्स टू इंडियन सोशियोलॉजी* 38 (1 और 2) : 113–26।

श्वार्जवेलर, एच. के. (सम्पा.) 1984, *रिसर्च इन रूरल सोशियोलॉजी ऐंड डेवलपमेंट,* वोल्यूम I, ग्रीनवीच : जय प्रेस।

शानिन, टी. (सम्पा.) 1987, *पीजेंट ऐंड पीजेंट सोसायटीज,* लन्दन : ब्लैकवेल।

सिल्वरमैन, एस. 1987, 'द कॉन्सेप्ट ऑफ़ पीजेंट ऐंड द कॉन्सेप्ट ऑफ़ कल्चर', संकलित : *सोशल एंथ्रोपोलॉजी ऑफ़ पीजेन्ट्री,* सम्पा. जे. मेंचर. बॉम्बे : सोमैया पब्लिकेशन्स. 7–31।

श्रीनिवास, एम. एन. 1995क. 'द सोशल स्ट्रक्चर ऑफ़ अ मैसोर विलेज'. संकलित : *विलेज इंडिया,* सम्पादन मैकीम मैरियट. शिकागो : यूनिवर्सिटी ऑफ़ शिकागो प्रेस, 1–35।

(सम्पा.). 1955ख. *इंडियाज विलेज.* लन्दन : एशिया पब्लिशिंग हाउस।

1975, 'विलेज स्ट्डीज, पार्टिशिपेंट ऑब्जर्वशेन्स ऐंड सोशिल सांइस रिसर्च इन इंडिया'. *इकोनॉमिक ऐंड पॉलिटिकल वीकली* 10 (33–35)।

1976, *द रिमेम्बर्ड विलेज,* दिल्ली : ऑक्सफर्ड यूनिवर्सिटी प्रेस।

थॉर्नर, डी. 1956. *द एग्रेरियन प्रॉस्पेक्ट्स ऑफ़ इंडिया.* दिल्ली : ऑक्सफोर्ड यूनिवर्सिटी प्रेस।

1964, *एग्रीकल्चरल को–ऑपरेटिव्स इन इंडिया,* बॉम्बे : एशिया पब्लिशर्स।

उपाध्या, कैरॉल बी. 1988, 'द फार्मर–कैपिटलिस्ट्स ऑफ़ कोस्टल आन्ध्र प्रदेश', *इकोनॉमिक ऐंड पॉलिटिकल वीकली* XXIII (27 और 28) : 1376–82, 1433–42।

वाइजर, डब्ल्यू. एच. 1968 (1936), *द हिन्दू जजमानी सिस्टम,* लखनऊ : लखनऊ पब्लिशिंग हाउस।

वोल्फ, एरिक आर 1966, *पीजेन्ट्स,* इंगलवुड क्लिफस, एन. जे. : प्रेंटिस हॉल।

अध्यायों की रूपरेखा

कमल नयन चौबे

भारतीय ग्राम श्रृंखला के इस दूसरे भाग में प्रस्तावना के अतिरिक्त कुल ग्यारह अध्याय हैं। इनमें ग्रामीण विकास से सम्बन्धित परिप्रेक्ष्यों नीतियों और कार्यक्रमों का गहन अध्ययन प्रस्तुत किया गया है। हर शोध–आलेख को पढ़ते समय उसके प्रकाशन वर्ष को ध्यान में रखा जाना चाहिए। ऐसा करने से इन शोध–आलेखों को उनके लिखे जाने के समय के सन्दर्भ में समझने में आसानी होगी। प्रस्तावना में सुरिन्दर एस. जोधका ने स्वतन्त्र भारत में गाँवों के अध्ययन सम्बन्ध में सामने आने वाले विविध मुद्दों और अध्ययन–प्रणाली का विशद विश्लेषण किया है। उन्होंने इस अध्ययन में इन दोनों ही आयामों के सन्दर्भ में होने वाले बदलावों को रेखांकित किया है।

पहले अध्याय में रॉल्फ एच. रिट्ज़लेफ़ ने एशिया में ग्रामीण विकास के बारे में ग़रीबी के सन्दर्भ में विचार करने के विभिन्न दृष्टिकोणों पर विचार किया है, और उन्होंने इस सन्दर्भ में संरचनात्मक दृष्टिकोण की भूमिका रेखांकित की है। ग़रीबी एक जटिल परिघटना है। अभी भी इसके बहुत से प्रमुख आयामों और उनके नीतिगत निहितार्थों पर ध्यान देने और उन पर काम किये जाने की आवश्यकता है। अपूर्ण समझ के कारण नीतिगत स्तर पर आधे–अधूरे प्रयास हुए हैं। लेखक के अनुसार, कुल–मिलाकर यह कहा जा सकता है कि आर्थिक वर्ग, सामाजिक हैसियत और राजनीतिक शक्ति के आयामों से विचार करने पर ग़रीबी या ग़रीब होने के तथ्य का अर्थ यह है कि एक व्यक्ति स्तरीकरण के आर्थिक, सामाजिक और राजनीतिक आयामों के तीन–स्तरीय पदसोपानों में सबसे निचले स्तर पर है। प्रत्येक आयाम में यथास्थिति को क़ायम रखने के लिए मूल्य, मानक

और प्रतिबन्धों के रूप में व्यवहार को सीमित करने वाले शक्तिशाली संयन्त्र हैं। ग़रीबों और उनके साथ ख़ुद को उनके मददगार के रूप में पेश करने वाले लोगों के सामने मुख्य चुनौती यह है कि वे सामाजिक, आर्थिक और राजनीतिक व्यस्वथा में ऐसे हस्तक्षेप करें जो संरचनात्मक असमानताओं को ख़त्म करने तथा समाज में ग़रीबों को प्रभावकारी तरीक़े से सम्मिलित करने में समर्थ हों। सिर्फ़ वर्ग या स्तर के अनुसार आय के वितरण या लोगों द्वारा ग्रहण की जाने वाली कैलोरी पर ध्यान देने से इन अतिरिक्त कारकों की पूर्ण उपेक्षा होती है। इसलिए लेखक इस बात पर बल देते हैं कि ग़रीबी के बारे में एक ऐसे दृष्टिकोण के विकास की आवश्यकता है जिससे विभिन्न कारकों के प्रभाव को समझा जा सके।

दूसरे अध्याय में, बलदेव राज नायर ने सामुदायिक विकास कार्यक्रम के राजनीतिक प्रभावों का परीक्षण किया है। भारत में सामुदायिक विकास कार्यक्रम, 1952 में अपने प्रारम्भ होने के बाद से ही लगातार चर्चा और विवाद का विषय बना रहा है। इस कार्यक्रम के समर्थक मानते हैं कि भारत के ग्रामीण क्षेत्रों में इसके माध्यम से 'मौन क्रान्ति' हो रही है जबकि इसके आलोचक ग्रामीण भारत की समस्याओं पर प्रभाव डालने में इस कार्यक्रम के पूर्णतः विफल होने का दावा करते हैं। बलदेव राज नायर ने मतदान में भागीदारी, कांग्रेस पार्टी को सत्ता में बनाये रखने और देश में लोकतान्त्रिक और ग़ैर–लोकतान्त्रिक शक्तियों के विकास में इस कार्यक्रम की भूमिका का विश्लेषण किया है। इस सन्दर्भ में उन्होंने सामुदायिक विकास कार्यक्रम के अन्तर्गत आये गये निर्वाचन क्षेत्रों के आँकड़ों का अध्ययन किया है। निश्चित तौर पर, सामुदायिक विकास कार्यक्रम ने ग्रामीणों को अनेकों फ़ायदे पहुँचाएँ और इसके साथ ही उनमें यह चेतना पैदा की कि सरकार शासितों के कल्याण के लिए विद्यमान है। हालाँकि, पश्चिम बंगाल राज्य तक सीमित अपने शोध–निष्कर्षों के आधार पर यह कहा जा सकता है कि ग्रामीण विकास कार्यक्रमों की वजह से लोकप्रिय उत्साह और सरकार के लिए बढ़–चढ़ कर राजनीतिक समर्थन सहज तौर पर पैदा नहीं हुए। वस्तुतः, अगर इस कार्यक्रम का संचालन सफलतापूर्वक कहीं किया भी गया तो भी इसके कारण निश्चित तौर पर राजनीतिक समर्थन में वृद्धि नहीं हुई। उपलब्धि सिर्फ़ माँगों को और ज़्यादा बढ़ावा दे सकती है। इसी

प्रकार उम्मीद और उपलब्धि भी एक सर्पिल–रेखा की तरह जुड़कर कार्य करते हैं, जहाँ माँगों की वजह से सरकार की ओर से उन्हें पूरा करने का निर्णय लिया जाता है, लेकिन बदले में यह और ज़्यादा माँगों को जन्म देता है, और किसी भी बिन्दु पर जब ये माँगें पूरी नहीं होती हैं तो परिणाम लोगों द्वारा सरकार से समर्थन खींचना हो सकता है।

टी. एन. वलूनजकर ने तीसरे अध्याय में इस बात की गहराई से पड़ताल की है कि ग्रामीण क्षेत्रों में विद्युतीकरण होने से वहाँ के लोगों के जीवन पर किस तरह का प्रभाव पड़ा। लेखक ने महाराष्ट्र राज्य के चंदा ज़िले का अम्बेगाँव (एक छद्‌म नाम) के अध्ययन के माध्यम से ग्रामीण लोगों के जीवन पर विद्युतीकरण के प्रभावों का अध्ययन किया है। ग्रामीण विद्युतीकरण के कारण पारम्परिक खेती की तुलना में अब प्रकृति, पशु और मानव श्रम पर निर्भरता तुलनात्मक रूप से कम हो गयी, लोग ज़्यादा व्यावसायिक खेती की ओर आगे बढ़ें। इस पूरे विवरण से यह स्पष्ट है कि ग्रामीण विद्युतीकरण ने ग्रामीण जीवन के विविध भागों के आधुनिकीकरण की प्रक्रिया में मददगार भूमिका निभायी। बिजली का खेती, उद्योग और घरेलू स्तर पर उपयोग किया जाने लगा, और इसने परिवार व्यवस्था और मूल्य व्यवस्था पर गहरा प्रभाव डाला। वलूनजकर के अनुसार, विद्युतीकरण के कारण श्रम की बचत होने लगी, जिसने बड़े संयुक्त परिवार और सगे सम्बन्धियों के विस्तृत समूह पर गहन प्रभाव डाला। इसने वैयक्तिकरण और तार्किक फ़ैसला लेने की प्रक्रिया में सहायता उपलब्ध करायी। इस बात की पूरी सम्भावना है कि विद्युतीकरण ग्रामीण क्षेत्रों में शिक्षा का प्रसार करेगा, और इस तरह यह आधुनिकीकरण की प्रक्रिया को बढ़ावा देने में भी सहायक साबित होगा।

चौथे अध्याय में, डी. एन. धनाग्रे ने ग्रामीण भारत में हरित क्रान्ति के प्रभावों और सामाजिक असमनताओं का गहन विश्लेषण प्रस्तुत किया है। इस अध्याय में इस बात को जानने का प्रयास किया गया है कि विकास की यह रणनीति ग्रामीण ग़रीबों के एक बड़े हिस्से को ग़रीबी रेखा से ऊपर उठाने में तथा ग्रामीण भारत में सामाजिक–आर्थिक विषमता को कम करने में सफल हुआ है या नहीं। यह क़वायद द्वितीयक स्रोतों से प्राप्त अध्ययनों के प्रयोग पर आधारित है। 1967 के बाद से भारतीय कृषि

के क्षेत्र में, जब से उच्च पैदावार देने वाली क़िस्मों (बीजों) से सम्बन्धित कार्यक्रम की शुरुआत की गयी। हरित क्रान्ति के अन्तर्गत प्रयुक्त तकनीक के अन्तर्गत कृषि सम्बन्धी मशीनों (श्रम संरक्षण करने में सक्षम तकनीकी के रूप में) के व्यापक स्तर पर प्रयोग, बीज की संकर क़िस्म (उच्च पैदावार वाली क़िस्म), सिंचाई की समुचित व्यवस्था (पानी के स्रोत से खेतों तक पानी ले जाने की व्यवस्था), खाद एवं कीटनाशकों का बड़ी मात्रा में प्रयोग और इसी तरह के प्रयास शामिल हैं। लेखक यह तर्क देते हैं कि हरित क्रान्ति में धनी किसानों के पक्ष में पूर्वाग्रह रहा है क्योंकि वे ही इससे सम्बन्धित महँगे निवेश करने में समर्थ रहे हैं। हरित क्रान्ति वाले क्षेत्रों में कृषि से सम्बन्धित क्रियाकलापों के मशीनीकरण ने भारत में ग्रामीण अमीर किसानों की आर्थिक स्थिति को निःसन्देह मज़बूत किया है। हालाँकि, भूमिहीन खेतिहर मज़दूरों के लिए कृषि प्रौद्योगिकी के आधुनिकीकरण के प्रभाव काफ़ी दूर तक नुकसानदायक रहे हैं। हरित क्रान्ति का मुख्य ज़ोर उत्पादकता और संवृद्धि की ओर रहा है। नीति–निर्माताओं की मुख्य चिन्ता प्रति एकड़ उपज बढ़ाने को लेकर थी। नियोजकों की इन प्राथमिकताओं के पीछे धारणा यह थी कि संवृद्धि अपने आप में पर्याप्त होगी क्योंकि यह अन्तःस्त्रावण प्रभाव (परकोलेशन इफ़ैक्ट) दिखायेगा जिसमें इसका लाभ रिस–रिस कर नीचे तक पहुँचेगा और इससे ग्रामीण भारत में बेरोज़गारी तथा ग़रीबी की समस्याओं को हल करने में मदद मिलेगी। इस परिप्रेक्ष्य की विश्वसनीयता अब समाप्त हो चुकी है।

नीलकण्ठ रथ ने पाँचवें अध्याय में एकीकृत या समेकित ग्रामीण विकास कार्यक्रम (इन्टीग्रेटेड रूरल डेवलपमेंट प्रोग्राम–आईआरडीपी) के प्रभावों का विश्लेषण करते हुए इस प्रश्न पर विचार किया है कि क्या इससे ग़रीबी हटाने में सहायता मिल सकती है। छठी पंचवर्षीय योजना की अवधि के दौरान, बड़ी संख्या में ग्रामीण ग़रीबों की स्थिति में सुधार के लिए एक महत्त्वपूर्ण कार्यक्रम के रूप में इसकी शुरुआत की गयी थी। लेखन में उस पृष्ठभूमि का विंश्लेषण किया है, जिसके अन्तर्गत इस कार्यक्रम की शुरुआत हुई। इसलिए, योजना दस्तावेज़ कहता है, 'कोई भी विकास रणनीति जिसका लक्ष्य बड़ी संख्या में ग़रीबों की स्थिति में सुधार करना हो उसे आवश्यक रूप से उनके लिए नयी उत्पादक सम्पत्ति

बनाने का लक्ष्य रखना चाहिए'। इन परिसम्पत्तियों में, जिनके पास कुछ ज़मीनें हैं उसके लिए सिंचाई की व्यवस्था, बीज और उर्वरक जैसे इनपुट के अलावा बैल और औज़ार, डेयरी और अन्य पशुपालन गतिविधियों के लिए पशु तथा कुटीर उद्योगों और हस्तशिल्पों के लिए उपकरण और प्रशिक्षण आदि शामिल होने थे। इन परिसम्पत्तियों को उपलब्ध करवाने के पीछे मूल रणनीति ग़रीब परिवारों में स्वरोज़गार को बढ़ावा देना था ताकि वे ग़रीबी के स्तर से ऊपर आय अर्जित कर सकें। विभिन्न राज्यों में इसके क्रियान्वयन का परीक्षण करते हुए रथ यह रेखांकित करते हैं कि बड़े पैमाने पर उन लोगों ने इस योजना का लाभ उठाया, जो ग़रीब नहीं थे। इसके अलावा, यह कार्यक्रम ग़रीबों की स्थिति में आमूलचूल परिवर्तन करने में नाकाम रहा। ग़रीबी के उन्मूलन के लिए बहुआयामीय रणनीति की आवश्यकता है। लेकिन मौजूदा स्थिति में सबसे महत्त्वपूर्ण बात यह है कि ग्रामीण क्षेत्रों में सार्वजनिक और निजी दोनों ही स्तरों पर रोज़गार के व्यापक अवसर उत्पन्न किये जायें। इसके बाद अन्य कार्यक्रम ग़रीब लोगों में समर्थ और मेहनती लोगों को अवसर उपलब्ध करायेंगे। संसाधन, संगठन और दक्षता का इस दिशा में उपयोग करने पर आने वाले दशकों में ग़रीबी की समस्या का सामना किया जा सकता है।

छठे अध्याय में, कुलदीप माथुर ने भी एकीकृत ग्रामीण विकास कार्यक्रम की राजनीति का विश्लेषणात्मक अध्ययन प्रस्तुत किया है। इस अध्याय में उनका ध्यान मुख्य रूप से उन कार्यक्रमों पर है जिन्हें विशेष रूप से ग्रामीण ग़रीबी को ख़त्म करने के लिए तैयार किया गया था। स्वतन्त्रता प्राप्ति के बाद आरम्भिक दौर में (1951–52 से 1966–67 तक) विकास के अनुभवों का संक्षिप्त विवरण देने के बाद वे विशेष रूप से चौथी, पाँचवीं और छठी परियोजना में बने कार्यक्रमों पर ध्यान केन्द्रित करते हैं। लेखक हरित क्रान्ति के क्षेत्र में सरकारी संगठनों द्वारा अपनाये गये पेशेवर रुख़ की तारीफ़ करते हैं। विकास की एक विशिष्ट नीति के हितों को पूरा करने के लिए एक लक्ष्य केन्द्रित कार्यक्रम बनाया गया, तथा लाभार्थियों को प्रोत्साहन देने वाली व्यवस्था निर्मित की गयी। न तो आईआरडीपी की योजना सही तरीक़े से बनायी गयी, और न ही इसे ठीक से लागू किया गया, क्योंकि यह पूरा कार्यक्रम प्रभुत्वशाली दृष्टिकोण से बाहर था। इसे

पूरी तरह से नाकाम होने दिया गया, और फिर इसकी नाकामी के लिए असंख्य कारण बता दिये गये। वे यह रेखांकित करते हैं कि ग़रीबी को ख़त्म करने की प्रत्यक्ष कार्रवाईयाँ सिर्फ़ विकास की प्रभुत्वशाली रणनीति का सहायक बनकर रह गयी हैं; और जब तक ऐसी स्थिति रहेगी तब तक इन्हें लागू करने के बारे में कोई ख़ास चिन्ता नहीं की जायेगी। यदि आईआरडीपी जैसे कार्यक्रमों को पूरी तरह सफल बनाना है तो इसके क्रियान्वयन की व्यवस्था को मज़बूत बनाने के लिए पर्याप्त राजनीतिक समर्थन उपलब्ध कराया जाना चाहिए।

सातवें अध्याय में शान्ति जॉर्ज ने भारत में दुग्ध क्रान्ति के प्रभावों की विवेचना की है। इस सन्दर्भ में उन्होंने कई आलोचनात्मक पहलुओं का परीक्षण किया है। शान्ति जॉर्ज मुख्य रूप से इस बात पर बल देती हैं कि भारत में जिस रूप में दुग्ध क्रान्ति सामने आयी है, उससे उसमें उच्च जाति–वर्ग के प्रति एक सहज झुकाव है। इसका कारण यह है कि मिश्रित नस्ल की गायों को ख़रीदने और उनके लिए चारे की व्यवस्था करना आम ग्रामीण परिवार की क्षमता से बाहर होता है, क्योंकि एक देसी नस्ल की गाय की तुलना में इनके आहार और रख–रखाव में ज़्यादा ख़र्च आता है। इसी तरह, दूध की बिक्री में भी कमज़ोर आर्थिक स्थिति वाले और अमूमन छोटी जाति के लोग पिछड़ जाते हैं, और उनके स्थान पर उच्च जाति–वर्ग के लोगों का दबदबा होता है क्योंकि वे बड़ी संख्या में मिश्रित नस्ल की गायें पालते हैं। साथ ही, अमूमन दूध बिक्री के लिए बनी सहकारी समितियों में भी इनका वर्चस्व होता है। लेखिका इस बात पर बल देती हैं कि दुग्ध क्रान्ति का लक्ष्य ग्रामीण ग़रीबों की मदद करना था किन्तु इसने ग्रामीण स्तर पर ग़रीबों और अमीरों के बीच भेद को बढ़ावा ही दिया है। उनके अनुसार, दुग्ध क्रान्ति के साथ यह नारा जोड़ा गया है कि यह 'ग्रामीण ग़रीबों के लिए' है, इसके कारण अक्सर इस कार्यक्रम की अन्तर्वस्तु और तत्त्वों की जाँच नहीं की जाती है, और सिर्फ़ इसके नारे पर ही ज़ोर दिया जाता है।

शंकर दत्ता ने अपने शोध–आलेख में मध्य प्रदेश के तिलहन उत्पादकों की सहकारी समितियों का अध्ययन किया है, और इसके माध्यम से उन्होंने शक्ति, राजनीति और ग्राम स्तर के संगठन के प्रभावों का गहन विश्लेषण

प्रस्तुत किया है। यह अध्याय गाँव में सहकारी संगठनों के कामकाज को प्रभावित करने वाली राजनीतिक गत्यात्मकता को समझने का प्रयास करता है। यह ऐसी बहुत सारी स्थानीय स्तर की संस्थागत व्यवस्थाओं की खोज करता है, जिनकी गाँव के स्तर पर निर्णय लेने में भूमिका होती है तथा जो निर्णय प्रक्रिया को प्रभावित करते हैं। यह उस ऐतिहासिक प्रक्रिया को भी समझने का प्रयास करता है जिसके द्वारा गाँव में इस तरह का सम्बन्ध बनता है, और जिसने शक्ति के आधार और उसके प्रभाव को विभिन्न स्तरों पर स्थायी तौर पर स्थापित किया है। लेखक के अनुसार, भारतीय ग्रामीण व्यवस्था में काफ़ी नीचे आपस में गूँथी हुई पदसोपान की व्यवस्थाएँ मौजूद हैं और जब भी नये संगठनों का निर्माण होता है, वे इन संस्थात्मक प्रबन्धों से प्रभावित होते हैं। इस अध्याय में लेखक ने फील्ड–वर्क के आधार पर अपने तर्क प्रस्तुत किये हैं, लेकिन उन्होंने गाँवों के नाम बदल दिये हैं। वे स्वतन्त्रता प्राप्ति के बाद परिवर्तनों के आधार पर नये समूहों के उभार और पुराने समूहों के साथ उनके उलझाव भरे सम्बन्धों के बीच राजनीतिक गतिशीलता को रेखांकित करते हैं। इस सन्दर्भ में वे प्रत्येक क्षेत्र की राजनीतिक–सामाजिक पृष्ठभूमि और स्थानीय स्तर के कारकों के महत्त्व को समझने पर बल देते हैं।

नौवें अध्याय में, सीवन एंडरसन और अन्य ने महाराष्ट्र में मनरेगा के क्रियान्वयन से सम्बन्धित विविध पहलुओं का अध्ययन किया है, और इस सन्दर्भ में स्थानीय स्तर पर प्रभुत्वशाली शक्तियों की भूमिका का परीक्षण किया है। संविधान के 73वें संशोधन अधिनियम 1992 के पीछे मुख्य प्रेरणा यह थी कि स्थानीय सरकारों को निर्णय निर्माण करने और क्रियान्वयन करने की ज़्यादा ज़िम्मेदारी दी जाये ताकि वे स्थानीय जनसंख्या के प्रति ज़्यादा जवाबदेह बन पाये। मनरेगा इसका परीक्षण करने का सबसे अच्छा उपाय था कि क्या स्थानीय सरकारें इस तरह काम कर रही हैं। यह उम्मीद की गयी थी कि मनरेगा के लिए आर्थिक संसाधन केन्द्र से राज्य सरकारों के पास आयेंगे, और फिर ये राज्य सरकारों से पंचायतों के पास जायेंगे। यह पंचायतों की ज़िम्मेदारी थी कि वे स्थानीय माँगों पर ध्यान देते हुए काम आरम्भ करें। ऊपरी तौर पर ऐसा लगता है कि यह व्यवस्था पंचायतों को काम करने के लिए प्रोत्साहन देती है। ग्रामीण भारत

में 'ग़रीबों का बहुमत है'। वे अपने समर्थन से किसी भी स्थानीय सरकार का चुनाव कर सकते हैं। इसके बदले में, इस सरकार को बहुमत की इच्छा को पूरा करने के लिए काम करना चाहिए। लेकिन इसके बावजूद महाराष्ट्र में मनरेगा के लिए आवंटित राशि का पूरी तरह उपयोग नहीं हुआ। क्या रोज़गार की कोई आवश्यकता नहीं है? या फिर इस माँग का दमन हो रहा है? और यदि ऐसा है तो ऐसा क्यों है? इस प्रश्न का उत्तर देने में समर्थ होने के लिए हमें यह परीक्षण करने की आवश्यकता है कि भारत के विकेन्द्रीकृत लोकतन्त्र में ग्रामीण संस्थाएँ किस तरह से काम कर रही हैं। लेखकों के अनुसार, भले ही मनरेगा को माँग पर आधारित कार्यक्रम के रूप में तैयार किया गया है, और भले ही स्थानीय निवासियों के मन में यह इच्छा है कि उनके इलाके में काम की प्रक्रिया आरम्भ हो, लेकिन उनकी माँग का प्रभावी माँग के रूप में सामने आना, और वास्तव में परियोजना का आरम्भ होना काफ़ी हद तक स्थानीय सत्ता संरचना की प्रभुत्वशाली आवाज़ों पर निर्भर करता है। अमूमन ये आवाज़ें स्थानीय प्रभुत्वशाली जातियों के तुलनात्मक रूप से बेहतर आर्थिक स्थिति वाले किसानों की होती हैं। अपने विश्लेषण से एक स्पष्ट नीतिगत निष्कर्ष निकालते हुए वे इस बात पर बल देते हैं कि ग़रीबी उन्मूलन कार्यक्रम का लक्षित समूह पर सकारात्मक प्रभाव डालने और वांछित नतीजे हासिल करने के लिए यह आवश्यक है कि इसे इस तरह तैयार किया जाये ताकि स्थानीय अभिजन इसका दुरुपयोग न कर पायें।

अनिरुद्ध कृष्णा और अन्य ने अपने शोध–आलेख (दसवें अध्याय) में (अविभाजित) आन्ध्र प्रदेश के तीन ज़िलों के 36 गाँवों का अध्ययन करके यहाँ ग़रीबी में वृद्धि का अध्ययन करते हुए यह रेखांकित करने का प्रयास किया है कि ग़रीबी से बचाव करने वाली नीतियाँ अत्यन्त आवश्यक हैं। उनके अनुसार, ग़रीबी से सम्बन्धित नीतियाँ सिर्फ़ उन्हीं लोगों पर केन्द्रित नहीं हो सकती हैं, जो पहले से ही ग़रीबी का सामना कर रहे हैं। कई ऐसे परिवार होते हैं जो आज ग़रीब नहीं हैं, किन्तु वे ग़रीब हो सकते हैं, उन पर ध्यान देने और उनकी सहायता करने की भी आवश्यकता होती है। वे इस बात पर बल देते हैं कि इस सन्दर्भ में पूरी तरह से सिर्फ़ संवृद्धि पर निर्भर रहने से कुछ नहीं होगा। अपने–आप में संवृद्धि ग़रीबी को

बढ़ावा देने वाले कारकों पर प्रभावकारी नियन्त्रण स्थापित करने का कोई तरीक़ा प्रस्तुत नहीं करती है। इस उद्देश्य को पूरा करने के लिए विशिष्ट सार्वजनिक नीतियों और सार्वजनिक कार्रवाइयों की आवश्यकता होती है। अपने अध्ययन के निष्कर्ष में वे यह रेखांकित करते हैं कि सभी 36 गाँवों में ख़राब स्वास्थ्य, निजी उधार पर उच्च ब्याज दर, विवाह और मृत्यु भोज में होने वाले अत्यधिक ख़र्च जैसे कारकों ने परिवारों को ग़रीब बनाने में महत्त्वपूर्ण भूमिका अदा की है। सिंचाई सुविधाओं के नाकाम होने एवं सूखा पड़ने के कारण भी बहुत से परिवार ग़रीब बन गये। दूसरी ओर, इस क्षेत्र में तीन प्रमुख कारकों ने अमूमन लोगों को ग़रीबी से बाहर निकालने में उल्लेखनीय भूमिका अदा की है : आय स्रोतों में विविधता आना; नयी फ़सलों और नयी तकनीकों के रूप में खेतिहर सुधार तथा विशेष रूप से नये जल संसाधनों के रूप में नवीन संसाधनों की उपलब्धता। इसलिए, ग़रीबी से बाहर निकलने या ग़रीब बनने से भिन्न–भिन्न कारक जुड़े रहे हैं। इन दो भिन्न प्रवृत्तियों का सामना करने के लिए अलग–अलग नीतियों को अपनाने की आवश्यकता है।

इस पुस्तक के ग्यारहवें और अन्तिम अध्याय में पीटर लैनजोवुव और अबूसलेह शरीफ़ ने भारत के ग्रामीण क्षेत्रों में ग़ैर–खेतिहर रोज़गार की उपलब्धता और लोगों की ग़रीबी ख़त्म करने पर उनके प्रभाव का परीक्षण किया है। पारम्परिक रूप से, विकासशील देशों में ग्रामीण परिवारों को ऐसे देखा जाता रहा है, मानो वे विशिष्ट रूप से खेती के काम में ही लगे हों। बहरहाल, अब इस बात के काफ़ी ज़्यादा प्रमाण मौजूद हैं कि ग्रामीण परिवारों के पास आय के विविध (और अमूमन बहुल) स्रोत हो सकते हैं। ग्रामीण परिवार विविध प्रकार की ग़ैर–खेतिहर गतिविधियों में भागीदारी कर सकते हैं, और वे ऐसा करते भी हैं। मसलन, वे व्यापार में वेतन के आधार पर काम करते या स्व–रोज़गार करते हैं। इसी तरह, वे निर्माण और सेवा क्षेत्र के साथ–साथ खेती और खेतिहर मज़दूर जैसी पारम्परिक ग्रामीण गतिविधियों में भाग ले सकते हैं, और वे ऐसा करते भी हैं। विकासशील देशों में इस प्रकार की ग़ैर–खेतिहर आय ग्रामीण परिवारों की कुल आय में अच्छा–ख़ासा योगदान दे सकती है। आँकड़ों के आधार पर ग़ैर–खेतिहर रोज़गार की सम्भावनाओं और आय के विश्लेषण के माध्यम

से लेखक इस बात पर बल देते हैं कि ग़रीबों को इस क्षेत्र के विस्तार से कोई ख़ास फ़ायदा नहीं होता है। शिक्षा के निम्न स्तर, कम सम्पत्ति और निम्न सामाजिक हैसियत के कारण ग़रीब लोग तुलनात्मक रूप से ज़्यादा आकर्षक ग़ैर–खेतिहर पेशे तक अपनी पहुँच बनाने में नाकाम रहते हैं। बहरहाल, लेखक यह भी मानते हैं कि ग़ैर–खेतिहर कार्यों मसलन निर्माण क्षेत्र के काम में वेतन या मज़दूरी के बढ़ने से खेतिहर मज़दूरी की दर में भी वृद्धि हो सकती है और इससे ग्रामीण ग़रीबों को लाभ हो सकता है।

निश्चित रूप से, ये सभी शोध–आलेख ग्रामीण क्षेत्र में ग़रीबी, विकास योजनाओं और उनके क्रियान्वयन से जुड़ी विविध समस्याओं का गहन और अनुसन्धानपरक अध्ययन प्रस्तुत करते हैं। इससे भारत के ग्रामीण जीवन की गत्यात्मकता को ज़्यादा स्पष्टता से समझने में सहायता मिलेगी।

संरचनात्मक परिवर्तन

*एशियाई ग्रामीण विकास में ग़रीबी के सन्दर्भ में एक दृष्टिकोण**

राल्फ़ एच. रिट्ज़लेफ़

ग़रीबी एक जटिल परिघटना है। अभी भी इसके बहुत–से प्रमुख आयामों और उनके नीतिगत निहितार्थों पर ध्यान देने और उन पर काम किये जाने की आवश्यकता है। अपूर्ण समझ के कारण नीतिगत स्तर पर आधे–अधूरे प्रयास हुए हैं। इसलिए सबसे पहले हमें इस प्रश्न का ठीक–ठीक उत्तर उपलब्ध कराना है कि : 'ग़रीबी क्या है?'

अकादमिक अनुसन्धान और सरकारी कार्यक्रमों–दोनों की ही समीक्षा से ऐसे विभिन्न प्रकार के परिप्रेक्ष्य सामने आते हैं जिन्होंने ग़रीबी को परिभाषित करने और इसका सामना करने हेतु नीतिगत हस्तक्षेपों का विकास करने के दृष्टिकोणों को एक आकार प्रदान किया है। प्रत्येक दृष्टिकोण का एक अलग नीतिगत अर्थ है। अपने उद्देश्य को ध्यान में रखते हुए हम इनमें से दो पर संक्षेप में विचार करेंगे।

आमतौर पर प्रयोग में आने वाले एक परिप्रेक्ष्य को ग़रीबी की अवधारणा की एक न्यूनतम आवश्यकता या जीविका दृष्टिकोण कहा जा सकता है। लम्बे समय से ग़रीबी की प्रकृति और सीमा को तय करने तथा सार्वजनिक सहायता कार्यक्रमों के लिए एक आधार की स्थापना करने हेतु विद्वानों और सरकारी एजेंसियों द्वारा इसका प्रयोग किया जाता रहा है। ऐसा प्रतीत होता है कि यह ग़रीबी की आम समझ पर आधारित अवधारणा के अनुरूप है तथा एक मूल्य–मुक्त निर्धारण करने में समर्थ है। इस परिभाषा

---

* *इकोनॉमिक ऐंड पॉलिटिकल वीकली* 13 (51 और 52) : ए–105–ए–118 (दिसम्बर 1978)।

के अनुसार जिन लोगों के पास जीवन की न्यूनतम आवश्यकताओं का अभाव है, वे ग़रीब हैं।

लेकिन इस न्यूनतम को कैसे परिभाषित किया जा सकता है?[1] इस सन्दर्भ में एक प्रमुख दृष्टिकोण यह रहा है कि न्यूनतम को भोजन के उपभोग, या ज़्यादा विशिष्ट रूप से कहें तो कैलोरी या पोषक आवश्यकताओं के सन्दर्भ में परिभाषित किया जाता रहा है। इसके बाद इसे एक विशिष्ट आधार वर्ष के लिए आय के स्तर में तब्दील कर दिया जाता है। किन्तु जाँच–पड़ताल के बाद यह पाया गया है कि विभिन्न स्तरों तथा जीवन और आहार के रूपों के आधार पर पोषक–तत्त्वों की आवश्यकताओं में अन्तर होता है। इस तरह विभिन्न भौगोलिक क्षेत्रों और जलवायु में लोगों के पोषक–तत्त्वों की आवश्यकताओं में भिन्नता होती है। प्रत्येक क्षेत्र और जलवायु में लोगों के रोज़गार, उम्र और लिंग के हिसाब से ऊर्जा की ज़रूरतों में अन्तर होता है। इन पहलुओं के आधार पर न्यूनतम आवश्यकताओं का एक माप या एक सूची तैयार करने के लिए यह आवश्यक है कि प्रथागत व्यवहार पर भी ध्यान दिया जाये। लेकिन ऐसा करने के लिए यह आवश्यक है कि हम पहले से ही ऐसे प्रासंगिक समूह के बारे में फ़ैसला कर लें, जो ग़रीब को ग़ैर–ग़रीब से पृथक् करता है। यह कहा जा सकता है कि ग़रीबी के मापन की एक न्यूनतम आवश्यकता की प्रक्रिया एक चक्रिय तर्क पर आधारित होती है। इस सन्दर्भ में रीन ने यह लिखा है कि :

...ग़रीबी का जीविका मापन यह दावा नहीं कर सकता है कि यह सिर्फ़ पोषक–तत्त्वों की पर्याप्तता के बारे में तकनीकी या वैज्ञानिक परिभाषा पर निर्भर है। मूल्य, वरीयताएँ और राजनीतिक हक़ीक़त जीविका की परिभाषा को प्रभावित करते हैं। फिर भी, एक बार वैज्ञानिक परिभाषा को छोड़ देने तथा वास्तविक उपभोग पर ध्यान देने से जीविका के सन्दर्भ में ग़रीबी का पूर्ण मापन सम्भव नहीं होता है। (रीन 1970 : 61–62)

इसका नतीजा यह हुआ है कि ग़रीबी के मानक के सख़्त या लचीला होने के बारे में अलग–अलग विचार रखने वाले लोगों ने एक ही तरह के आँकड़ों का प्रयोग करके यह दिखाया है कि ग़रीबी या तो महत्त्वपूर्ण समस्या है, या फिर यह बहुत ही तुच्छ समस्या हे।

एशिया में न्यूनतम आवश्यकता दृष्टिकोण से उत्पन्न होने वाले नीतिगत हस्तक्षेप में ऐसे कार्यक्रमों को शामिल किया गया है जिनमें अकाल जैसी

अत्यन्त पीड़ादायक स्थिति के लोगों को सहायता देने का प्रावधान किया गया है या फिर इसमें मूल खाद्य सामग्रियों की क़ीमत को नियन्त्रित करने के लिए क़ीमत नीति या राशन–व्यवस्था के माध्यम से हस्तक्षेप किया गया है, और वास्तविक या अनुमानित अभाव की स्थितियों में अनाजों का आयात किया जाता है। इसमें स्कूल के बच्चों के लिए दोपहर के भोजन जैसे कार्यक्रम भी सम्मिलित होते हैं। इसमें बच्चों को भोजन के माध्यम से न्यूनतम पोषक तत्त्व उपलब्ध कराने पर विशेष ध्यान दिया जाता है। यह उल्लेखनीय है कि ये 'सीधे–सादे' नीतिगत संयन्त्र हैं और इनका प्रभाव विशिष्ट रूप से ग़रीबों तक ही सीमित नहीं रहता है।

ग़रीबी की परिभाषा से सम्बन्धित दूसरा दृष्टिकोण भी न्यूनतम आवश्यकता दृष्टिकोण से नज़दीकी रूप से जुड़ा हुआ है। इसमें आय और ख़र्च के आँकड़ों का उपयोग करके एक ऐसा आय–स्तर तय किया जाता है, जिसे नीचे होने पर किसी परिवार को ग़रीब माना जा सकता है। आय वितरण में लोगों की गहन रुचि रही है जो इस दृष्टिकोण के प्रभाव को दर्शाता है। एक ग़रीबी स्तर को स्थापित करने के लिए प्रति व्यक्ति आय स्तर का व्यापक रूप से उपयोग किया जाता है।[2] कुल मिलाकर इस प्रकार के आँकड़ों में वैसी सीमाएँ नहीं होती हैं, जैसी कि न्यूनतम आवश्यकता दृष्टिकोण के आँकड़ों की होती है। लेकिन इसमें कई कठिनाइयाँ सामने आती हैं। ख़ासतौर पर, इसमें निम्नलिखित मुश्किलें सम्मिलित हैं–क्या मापा जा रहा है, यह मापन कितना सही है और इसमें जिस क्षेत्र को सम्मिलित किया जा रहा है वह कितना व्यापक है, और किस प्रकार परिभाषा की निरन्तरता क़ायम रखी जाये। इसके अतिरिक्त, कोई इस आधार पर भी आय मापन की वैधता पर प्रश्न खड़ा कर सकता है कि आख़िर इसमें किस चीज़ का मापन किया जा रहा है। इस सन्दर्भ में टाउनसेंड ने यह लिखा है कि : 'आय की कोई भी अवधारणा पूरी तरह से समान नहीं होती है। इसके कारण ऐसी कोई व्यापक परिभाषा हासिल नहीं की जा सकती है, जिसमें ऐसी हर आय समाहित हो जो समाज के अल्प संसाधनों के उपयोग पर व्यक्ति के नियन्त्रण को बढ़ाये–''दूसरे शब्दों में, ''दो समयों के बीच में किसी व्यक्ति की आर्थिक शक्ति के एक साथ कुल वृद्धि को समाहित करने वाली परिभाषा देना मुमकिन नहीं है'' (टाउनसेंड : iii)।[3] आय के अतिरिक्त अन्य संसाधनों, मसलन, भूमि और अन्य सम्पदाओं का

स्वामित्व, निजी उपहारों तथा सामाजिक सेवाओं से वस्तुओं के रूप में होने वाली आय को सम्मिलित करने की ज़रूरत है। ग़रीब लोग आय और ख़र्च के पूरी तरह से सही अध्ययन के लिए आवश्यक, व्यवस्थित और विस्तृत रिकॉर्ड उपलब्ध कराने में समर्थ नहीं होते हैं। दूसरी ओर, अमीर लोग अपनी आर्थिक शक्ति को पूरी तरह उजागर नहीं करना चाहते हैं। पारम्परिक रूप से, ग्रामीण विकास से सम्बन्धित नीतिगत हस्तक्षेप में ग्रामीण स्तर पर काम जैसे रोज़गार उत्पन्न करने वाली योजनाओं से प्राप्त होने वाले इसी प्रकार के अनुमानित आँकड़े का प्रयोग किया जाता है। अब अमेरिका में आय क़ायम रखने वाले कार्यक्रमों जैसे रकम स्थानान्तरण की योजनाओं का प्रयोग किया जा रहा है। लेकिन अभी भी ऐसे कार्यक्रम एशियाई सरकारों की पहुँच से बाहर हैं।

निश्चित रूप से, वर्तमान में ग़रीबी को परिभाषित करने के लिए न्यूनतम आवश्यकता और आय–स्तर के अतिरिक्त कई अन्य दृष्टिकोणों का भी प्रयोग किया जाता है। लेकिन ये दोनों दृष्टिकोण यहाँ हमारे उद्देश्य के लिए ग़रीबी मापन के सबसे महत्त्वपूर्ण तरीक़े हैं। यहाँ की गयी टिप्पणियों के बावजूद इस बात की पूरी सम्भावना है कि नीति–निर्माताओं और कार्यक्रम निदेशकों द्वारा इन तरीक़ों का उपयोग किया जाता रहेगा। निश्चित रूप से इनमें से प्रत्येक दृष्टिकोण की कई कमियाँ हैं, जिनका यहाँ उल्लेख किया गया है। लेकिन इनके अलावा भी इन दोनों दृष्टिकोणों और इनसे मिलते–जुलते कई अन्य दृष्टिकोणों की जो ग्रामीण ग़रीबी की हमारी समझ को प्रभावित करती हैं।

पहला, इनमें से प्रत्येक दृष्टिकोण घटाववादी या रिडक्शनिस्ट है, क्योंकि यह ग़रीबी की कुल स्थिति जैसे जटिल परिघटना को ऐसी सूची के सन्दर्भ में मापना चाहता है जो सिर्फ़ एक आयाम (जो अमूमन आर्थिक प्रकृति का होता है) का मापन करता है। इस घटाववाद के कारण एक–दूसरे से पृथक् नीतिगत हस्तक्षेपों की एक पृथक् शृंखला सामने आयी है। अमूमन ये हस्तक्षेप इतने शक्तिशाली नहीं होते हैं कि ये ग़रीबी और असमानता से जुड़ी आर्थिक, सामाजिक और राजनीतिक प्रक्रियाओं और इसकी संस्थात्मक विशेषताओं के प्रतिरोध का सामना कर पायें।[4] समय के साथ, ग्रामीण क्षेत्रों में काम देने के कार्यक्रमों की परिकल्पना की गयी, जिसका नतीजा एक विशिष्ट कार्यक्रम में परिवर्तन के रूप में सामने आया। यह उत्परिवर्तन (म्यूटेशन) दो तरह से हो सकता है। बुरकी[5] ने इस शब्द का प्रयोग एक

ऐसी प्रक्रिया का वर्णन करने के लिए किया है जिसमें अपर्याप्त तरीक़े से तैयार किये गये ग़रीबी कार्यक्रम गुणात्मक परिवर्तन से गुज़रते हैं। इनसे उसी समूह को लाभ होता है जिनके बारे में यह उम्मीद की गयी थी कि उनसे संसाधन लेकर ग़रीब लोगों की मदद की जायेगी। कार्यक्रम उत्परिवर्तन की अवधारणा उस प्रक्रिया का भी वर्णन करती है जिससे काम के लिए ज़िम्मेदार एक एजेंसी कार्यक्रम के उद्देश्यों को पुनःपरिभाषित कर देती है, जो कि या तो विवादास्पद थे या जिन्हें हासिल करना अत्यन्त कठिन था। इसके बजाय, ऐसे लक्ष्य तय किये जाते हैं जो कार्यक्रम के प्रशासकों को हासिल किये जाने लायक लगते हैं।[6] इस तरह, उत्परिवर्तन एजेंसी के उद्देश्यों को सही साबित करने में योगदान देता है।

दूसरा, इस प्रकार के दृष्टिकोण ऐसे नीतिगत हस्तक्षेपों की ओर ले जाते हैं, जिनमें अवशिष्ट (रेसीड्युअल) व्यवहार सम्मिलित होता है। अवशिष्ट व्यवहार की अवधारणा व्यक्तिगत व्यवहार के मॉडल से सामने आती है, जो कि समाज कल्याण के क्षेत्र में और तथाकथित सहायक पेशों में पारम्परिक रूप से मौजूद रही है। यह इस मान्यता पर आधारित होती है कि समस्या की बुनियाद व्यक्ति में किसी प्रकार की विकृति या व्यक्ति द्वारा सामाजिक वातावरण से सम्बन्ध क़ायम करने के तरीक़े में निहित होती है। इसे अवशिष्ट कहा जाता है क्योंकि यह सम्पूर्ण व्यवस्था पर हमला नहीं करता है। इसके बजाय, यह व्यवस्था के उन तत्त्वों या व्यक्तियों पर हमला करता है जिन्हें इससे कोई लाभ नहीं होता है। इनकी समस्याओं को आमतौर पर ठीक तरीक़े से काम करने वाली व्यवस्था के उप–उत्पाद के रूप में देखा जाता है (मेयर 1972 : 38)।

तीसरा, ग़रीबी की न्यूनतम आवश्यकता और आय–स्तर की अवधारणाएँ हस्तक्षेप की क्रमिक–वृद्धि (इनक्रिमेंटलिस्ट) दृष्टिकोण से जुड़ी हुई हैं। यह दृष्टिकोण बदलाव के दायरे को कम करता है, तथा बदलाव का लक्ष्य तय करने वाले सन्दर्भ को सीमित करता है। लिंडब्लूम ने क्रमिक–वृद्धिवाद को परिभाषित करते हुए यह लिखा है कि :

अमूमन–यद्यपि हमेशा नहीं–राजनीतिक रूप से सिर्फ़ वही नीति व्यवहार्य होती है जो मौजूदा नीतियों से क्रमिक–वृद्धि के रूप में या बहुत ही कम भिन्न होती है। पूरी तरह से भिन्न नीतियाँ स्वीकार्य व्यवहार के दायरे से परे होती हैं...। इस प्रकार की रणनीति जहाँ लागू होती है, उसमें

निम्नलिखित विशेषताएँ होती हैं : (1) यह नीति–निर्माताओं के सुपरिचित और प्रसिद्ध अनुभवों के विश्लेषण पर ध्यान केन्द्रित करता है; (2) अपनाये जाने लायक विभिन्न वैकल्पिक नीतियों की संख्या में तेज़ी से कटौती करता है; (3) अपने द्वारा विश्लेषण किये जाने वाले कारकों की संख्या और जटिलता में तेज़ी से कटौती करता है। (1968 : 26–27)।

एक अन्य बिन्दु के सन्दर्भ में (जो हमारे विषय से ज़्यादा प्रत्यक्ष रूप से जुड़ा हुआ है) ब्रेब्रुक और लिंडब्लूम ने यह टिप्पणी की है कि : 'हम यह कहने के काफ़ी क़रीब है कि कई बार जिसे 'छोटे' और 'बड़े' परिवर्तनों के बीच अन्तर के रूप में वर्णित किया जाता है, वह एक दी हुई सरंचना के भीतर संरचनात्मक परिवर्तनों और छोटे परिवर्तनों के बीच अन्तर की तरह है।'[7]

क्रमिक–वृद्धिवाद संचरनात्मक परिवर्तन का प्रतिवाद है। क्रमिक–वृद्धि वाद का अर्थ है, समाज के भीतर वितरण की बुनियादी व्यवस्था को स्वीकार करना, तथा ऐसे नीतिगत हस्तक्षेपों की पहल करना जो व्यवस्था के भीतर सिर्फ़ छोटे–मोटे बदलाव करना चाहते हैं। हैरान करने वाली बात यह है कि एशिया के अल्पविकसित देशों द्वारा ग्रामीण विकास के लिए अभी हस्तक्षेप की जिन तकनीकों का उपयोग किया जाता है, वे मुख्य लोग से हल्के–फुल्के तरीक़े क्रमिक–वृद्धि करने के प्रयास से सम्बन्धित हैं। हालाँकि यह भी सच है कि उन्हें एक व्यवस्थित योजना की रूपरेखा के भीतर लागू किया जा रहा है। भूमि सुधार के प्रयास इस सामान्यीकरण के मुख्य अपवाद हैं, लेकिन अमूमन ये प्रयास सफल नहीं हुए हैं। अधिकांश मामलों में छोटे जोतदारों को तो इसका थोड़ा बहुत लाभ हुआ है, किन्तु सबसे ग़रीब तबकों अर्थात् भूमिहीन मज़दूरों पर इसका बहुत सीमित प्रभाव पड़ा है।

विकसित समाजों में उपयोग किये जाने पर इस प्रकार के हस्तक्षेप चाहे वैध (या अवैध) हो सकते हैं। किन्तु पिछले दो दशकों के अनुभव ने यह दिखाया है कि एशिया के ग्रामीण क्षेत्रों में ग़रीबी और असमानता को ख़त्म करने के लिए अवशिष्ट व्यवहार और क्रमिक–वृद्धि से सम्बन्धित नीतिगत हस्तक्षेपों पर आधारित घटाववादी (रिडक्शनिस्ट) दृष्टिकोणों से कुछ ज़्यादा करने की आवश्यकता है। इस प्रकार के हस्तक्षेप, ज़्यादा से ज़्यादा कुछ लोगों को मौजूदा व्यवस्था के भीतर ऊपर बढ़ने का अवसर उपलब्ध कराते हैं। *संरचनात्मक परिवर्तन का अर्थ है समाज की संस्थाओं*

और प्रक्रियाओं में परिवर्तन। रॉल्स के विचारों को संक्षिप्त रूप से इस्तेमाल करते हुए यह कहा जा सकता है कि इस प्रकार का परिवर्तन प्रमुख सामाजिक संस्थाओं द्वारा बुनियादी अधिकारों और कर्त्तव्यों के वितरण और सामाजिक सहयोग के लाभ के विभाजन के तरीक़ों में बदलाव करता है। यदि ग़रीबी को ख़त्म करना है, और असमानता में कटौती करनी है, तो संसाधनों के वितरण की मौजूदा व्यवस्थाओं तक पहुँच को ज़्यादा सार्वभौमवादी तथा समतावादी बनाने की आवश्यकता है।

ग़रीबी के बारे में संरचनात्मक दृष्टिकोण

किसी भी क्षेत्र में ग्रामीण ग़रीबों की स्थिति में बदलाव करने के लिए पहला आवश्यक कदम यह है कि ग़रीबी का संरचनात्मक सन्दर्भों में परीक्षण किया जाये और उसके बाद सुनियोजित उपाय तय किये जायें। इस प्रकार के विश्लेषण का मार्गदर्शन करने के लिए एक उचित सामाजिक सिद्धान्त की आवश्यकता होती है। आधुनिक समाजशास्त्रीय सिद्धान्त पर दो प्रतियोगी स्कूलों का प्रभुत्व है : पहला, कार्यात्मक सिद्धान्तकार, मसलन, पार्संस और दूसरा टकराव सिद्धान्तकार, मसनल डेरनेडॉर्फ। इस तरह का विभाजन भ्रामक हो सकता है, लेकिन यह याद रखने की आवश्यकता है कि आलोचकों ने कार्यात्मकवादियों को ज़्यादा रूढ़िवादी और यथास्थितिवादी करार दिया है। बहरहाल, कार्यात्मक सिद्धान्त और टकराव सिद्धान्त–दोनों का ही उपयोग संरचनात्मक विश्लेषण के लिए किया जा सकता है। इनमें उपयोग में लाये जाने वाली अवधारणाओं में अन्तर होगा (अर्थात् मूल्य और मानक बनाम विचारधारा आदि), लेकिन संरचनात्मक विश्लेषण में इस्तेमाल किये जाने पर आख़िरी नतीजा एक समान आयेगा। यहाँ मैंने जानबूझकर कार्यात्मक विश्लेषण की बुनियादी अवधारणाओं का चयन किया है। असल में, मैं यह दिखाना चाहता हूँ कि इनका उपयोग संरचनात्मक परिवर्तन की विश्लेषणात्मक रूपरेखा के तौर पर किया जा सकता है। बहरहाल, इस बात को मान्यता देना महत्त्वपूर्ण है कि कार्यात्मक या टकराव किसी भी विश्लेषण के आधार पर एक नियोजित संरचनात्मक हस्तक्षेप के एक व्यवस्थित सिद्धान्त का विकास करने का काम अभी आरम्भ ही हुआ है।

सामाजिक संरचना की अवधारणा का अर्थ है–सामाजिक सम्बन्धों की एक व्यवस्था में हैसियतों और इससे जुड़ी भूमिकाओं का संयोजन। एक

सामाजिक व्यवस्था में *हैसियत* व्यक्तियों की स्थिति होती है। एक हैसियत उसे प्राप्त करने वाले व्यक्ति से भिन्न हो सकती है, और यह सिर्फ़ अधिकारों और कर्त्तव्यों के एक संकलन के बारे में बताती है। एक स्थिति से सम्बन्धित निर्धारित अपेक्षाओं को व्यावहारिक रूप से लागू करने को *भूमिका* के रूप में परिभाषित किया जा सकता है। एक भूमिका हैसियत के गत्यात्मक आयाम का प्रतिनिधित्व करती है। जब एक व्यक्ति हैसियत को निर्मित करने वाले अधिकारों और कर्त्तव्यों को प्रभावी बनाता है, तो वह अपनी भूमिका अदा करता है। भूमिका और हैसियत ऐसी अवधारणाएँ हैं जिन्हें एक–दूसरे से पृथक् नहीं किया जा सकता है, क्योंकि हैसियत के बग़ैर कोई भूमिका नहीं हो सकती है, और भूमिका के बग़ैर कोई हैसियत नहीं हो सकती है।

सामाजिक संरचना को परिभाषित करने वाली एक महत्त्वपूर्ण विशेषता यह है कि इसमें चुनिंदा अन्तःक्रिया होती है, इसका नियमन होता है तथा इस पर विभिन्न प्रकार के सामाजिक नियन्त्रण होते हैं। सामाजिक नियन्त्रण की तीन बुनियादी अवधारणाएँ विशेष रूप से महत्त्वपूर्ण हैं। पहला, *मूल्य*, जो विशिष्ट सामाजिक संरचनाओं के अस्तित्व और महत्त्व तथा एक विशिष्ट सामाजिक संरचना में होने वाले व्यवहारों को वैधता प्रदान करते हैं। दूसरा, *मानक*, जो एक सामाजिक संरचना में व्यक्तियों के बीच अन्तःक्रिया का नियमन करने वाले आचरण की कसौटियों की भूमिका अदा करते हैं। विश्लेषण के किसी भी स्तर पर सामाजिक अन्तःक्रिया पर अपने नियन्त्रण के सन्दर्भ में मानक मूल्यों की तुलना में ज़्यादा विशिष्ट होते हैं। तीसरा, प्रतिबन्ध, इसमें सामाजिक संरचना में व्यक्तियों के व्यवहार को नियन्त्रित करने वाले बहुत सारे सामाजिक उपायों का उपयोग किया जाता है। इसमें पुरस्कार और वंचना–दोनों ही सम्मिलित होते हैं। इस नियन्त्रण के आयामों में भूमिकाओं की स्थापना, व्यक्तियों की भूमिकाएँ स्वीकार करने और निभाने का प्रलोभन तथा अपेक्षित प्रदर्शन से भटकाव पर नियन्त्रण सम्मिलित है।

संस्थानीकरण एक ऐसी अवधारणा है जो सामाजिक संरचना के तत्त्वों को एकीकृत करती है, जिसमें भूमिका, हैसियत, मूल्य, मानक और प्रतिबन्ध शामिल हैं। यह विशिष्ट और स्थायी अपेक्षाओं के बारे में बताता है, जिसमें ये तत्त्व एक इकाई में संयुक्त रूप से सामने आते हैं। जब हम एक देश के किसी क्षेत्र के ग्रामीण इलाके में सामाजिक व्यवस्था के संस्थानीकरण के बारे में बात करते हैं, तो हम असल में वहाँ मौजूद

भूमिकाओं और हैसियतों के कमोबेश स्थायी प्रतिमान का उल्लेख करते हैं (इसमें भूमिपति, जोतदार, बँटाईदार, मज़दूर और कारीगर–इन सभी की सामान्यीकृत भूमिका के साथ इनके अधिकार और कर्त्तव्य जुड़े होते हैं); हम इस व्यवस्था में अन्तर्निहित मूल्यों का उल्लेख करते हैं, जो विश्वास की मौजूदा व्यवस्था के ऐसे तत्त्व होते हैं जो व्यवहार की व्यापक रूपरेखा को प्रभावित करते हैं; हम ऐसे मानकों के बारे में बताते हैं जो आचरण को शासित करते हैं, इसमें समझौता या सम्पत्ति के लिखित क़ानून या काम के सम्बन्धों के बारे में अनौपचारिक प्रथागत नियम सम्मिलित होते हैं; साथ ही, हम ऐसे प्रतिबन्धों का उल्लेख करते हैं जो अनुपालन कराने के लिए उपलब्ध होते हैं, जिसमें वेतन देने, उसकी मात्रा तय करने और सेवाओं को रोकने पर नियन्त्रण शामिल है; इसमें भूमिहीनों द्वारा किये जाने वाले श्रम और भूमिपतियों द्वारा पैसा उधार देने की व्यवस्था पर भी प्रतिबन्ध लगाया जाता है।

सबसे सरलतम रूप में *स्तरीकरण* का अर्थ यह होता है कि किसी भी सामाजिक संरचना में विविध भूमिकाओं और हैसियतों को प्रतिबन्धों की प्राप्ति में भिन्नता के आधार पर वर्णित किया जाता है, तथा इन्हें पदसोपानीय स्तर दिया जा सकता है। एक सामाजिक व्यवस्था में प्रतिबन्धों के वितरण का विवरण सम्पत्ति, शक्ति और सामाजिक प्रतिष्ठा के आवंटन के कथन के रूप में सामने आता है।[8]

ग्रामीण ग़रीबों की स्थिति को बेहतर बनाने के लिए आवश्यक नीतिगत हस्तक्षेपों की हमारी समझ के लिए अवधारणाओं के इस संकलन का क्या महत्त्व है? ग्रामीण समाज़ में ग़रीब विविध प्रकार की भूमिका निभाते हैं। पेशे के स्तर पर वे भूमिहीन मज़दूर, बँटाईदार, जोतदार किसान, सफ़ाईकर्मी आदि हो सकते हैं। लेकिन वे गोत्र, धर्म, कर्मकाण्ड, जातीयता, वर्ग, समुदाय और अन्य पहलुओं से सम्बन्धित अन्य भूमिकाओं में भी सम्मिलित होते हैं। इनमें से प्रत्येक अतिरिक्त भूमिका के साथ एक हैसियत के साथ–ही–साथ अधिकारों और कर्त्तव्यों का एक समूह भी जुड़ा हुआ है। एक आम ग्रामीण व्यवस्था में, विशेष रूप से ग़रीबों के सम्बन्ध हैसियत की असंगतता कम होती है। इसका अर्थ यह है कि हमें शायद ही कोई ऐसी स्थिति मिलेगी जिसमें कोई व्यक्ति एक साथ ऐसी भूमिकाएँ निभा रहा है जो उसकी हैसियत की विशिष्टताओं से काफ़ी अलग हो। ग्रामीण समाज में मौजूद

मूल्य व्यवस्था इन भूमिकाओं और हैसियतों को वैधता प्रदान करती है। व्यवहार को प्रशासित करने वाले आचरण के मानक और प्रतिबन्धों के प्रतिमान भी इन्हें बढ़ावा देते हैं। उल्लेखनीय है कि प्रतिबन्धों के इस प्रतिमान के साथ पुरस्कार और दण्ड जुड़े हुए हैं, जो सामाजिक नियन्त्रण की अन्तर्निहित व्यवस्था का निर्माण करते हैं। ग़रीबों के दृष्टिकोण से हम यह कह सकते हैं कि सामाजिक *स्तरीकरण* की मौजूदा व्यवस्था के भीतर ग़रीबी का *संस्थानीकरण* हो गया है। इन विविध भूमिकाओं के सामूहिक प्रभाव ने सामाजिक स्तरीकरण की विविध व्यवस्थाओं के आधार में ग़रीबी की स्थिति को और पुख़्ता किया है।

जहाँ हर समय उच्चकोटि–अधीनस्थ सम्बन्धों का यह सामूहिक स्वरूप क़ायम रहता है, वहाँ यह आसानी से उच्चता और हीनता की धारणाओं के रूप में सामने आता है। अमूमन इन विभाजनों के सामने आने वाली जातीय विशिष्टताएँ इन्हें बढ़ावा देने का काम करती हैं। इसलिए हम यह कह सकते हैं कि एक भूमिका में बदलाव ग्रामीण क्षेत्र में स्तरीकरण की सम्पूर्ण व्यवस्था के सामने चुनौती प्रस्तुत करता है। हमारी विवेचना से ग़रीबी के संरचनात्मक दृष्टिकोण के दो आधार–वाक्य सामने आते हैं। पहला, ग़रीबी एक संस्थाकृत परिघटना है : ग़रीब लोग अपने समाज के भीतर स्तरीकृत व्यवस्थाओं के समूह का भाग होते हैं, और अमूमन ये प्रत्येक पदसोपान के आधार या सबसे निम्नतम स्थिति से सम्बन्धित होते हैं। एक आयाम में उनकी स्थिति को बदलने की चाह रखने वाले हस्तक्षेपों को इस पर भी ध्यान देना चाहिए कि इससे उनकी अन्य भूमिकाओं में निहित सम्बन्धों पर क्या प्रभाव पड़ता है। ग़रीबों के साथ–ही–साथ अन्य समूहों और वर्गों के स्तरीकरण की स्थिति, वितरण व्यवस्था से उनके सम्बन्ध तथा इसे बढ़ावा देने वाले मूल्यों, मानकों और प्रतिबन्धों पर ध्यान दिया जाना चाहिए। सिर्फ़ ग़रीबों या उनकी स्थिति के एकल आयाम पर ध्यान देकर ग़रीबी को ख़त्म नहीं किया जा सकता है।

इस विवेचना से एक दूसरा महत्त्वपूर्ण तत्त्व भी सामने आता है। इसके अनुसार ग़रीब की स्थिति सिर्फ़ आर्थिक वर्ग को निर्धारित करने वाले कारकों से ही तय नहीं होती है। निश्चित रूप से, आर्थिक कारक महत्त्वपूर्ण हैं, और अधिकांश मामलों में ये एक ऐसे सबसे अहम आयाम होते हैं जिनमें बदलाव करने की आवश्यकता होती है। आर्थिक हस्तक्षेप

आवश्यक हैं किन्तु ये पर्याप्त नहीं हैं। यह ज़रूरी है कि हम ग्रामीण समाज में ग़रीबों द्वारा निभाई जाने वाली अतिरिक्त भूमिकाओं में निहित हैसियत और शक्ति तथा इन भूमिकाओं को बढ़ावा देने वाले प्रतिबन्धों की भूमिकाओं का सामना करें। यदि हम ऐसा नहीं करते हैं तो अच्छी भावना से आरम्भ किया गया एक कार्यक्रम उत्परिवर्तन का शिकार हो जाता है, क्योंकि ग़रीब उन अन्य संसाधनों (इसे 'मूल्यों और मानकों में निहित प्रतिबन्ध' पढ़ें) का सामना नहीं कर पाते हैं जो ग्रामीण समाज में उच्चतर स्थिति में रहने वाले लोगों के पास होता है। ग्रामीण क्षेत्र में काम से सम्बन्धित बहुत–से कार्यक्रम इसलिए नाकाम हो गये क्योंकि इनमें इन तत्त्वों पर ध्यान नहीं दिया गया। हमें ज़्यादा स्पष्टता से यह समझने की आवश्यकता है कि किस तरह स्तरीकरण के विभिन्न आयाम एक–दूसरे पर गहन प्रभाव डालते हैं। ऐसा करने से ही हम यह समझ पायेंगे कि अन्य आयामों पर ध्यान न देकर सिर्फ़ एक आयाम में परिवर्तन करने के लिए आरम्भ किये गये नियोजित हस्तक्षेपों का क्या प्रभाव पड़ेगा।[9] आर्थिक वर्ग के आयामों को आय, सम्पत्ति के स्वामित्व, तथा उत्पादन के साधनों पर नियन्त्रण से एक आकार मिलता है। कुछ अर्थशास्त्री यह दावा करते हैं कि वे यह समझते हैं कि आर्थिक व्यवस्था के भीतर इन तत्त्वों के वितरण में बदलाव करने के लिए हस्तक्षेप के किन साधनों की आवश्यकता है। लेकिन बहुत–से अन्य अर्थशास्त्री यह मानते हैं कि इस दावे को पूरी तरह वैध नहीं माना जा सकता है। विकास से सम्बन्धित साहित्य में अब इस पर ध्यान दिया जाने लगा है कि हम ऐसे नीतिगत साधनों को सामने लाने में नाकाम रहे हैं जो ग्रामीण ग़रीबों की स्थिति में सिर्फ़ थोड़ा–बहुत सुधार न करे, बल्कि उनकी स्थिति को पूरी तरह बदल दे, तथा असमानता के दायरे में कटौती करे। वितरण साहित्य के अपने हाल के सर्वेक्षण में क्लाइन ने इस बात की ओर ध्यान दिलाया है कि मौजूदा आर्थिक नीति के संयन्त्रों में बहुत सारी कमियाँ हैं। वे इस बात पर बल देते हैं कि जल्द से जल्द इसका विकल्प तैयार करने की आवश्यकता है (देखें क्लाइन 1975)।[10] कुछ हद तक नीतिगत हस्तक्षेपों की यह नाकामी इसलिए पैदा हुई है क्योंकि हस्तक्षेप के क्रमिक–वृद्धिवादी दृष्टिकोण तथा हस्तक्षेप के संरचनात्मक दृष्टिकोण के बीच अन्तर नहीं किया गया है। एक संरचनात्मक दृष्टिकोण को अपनाने का फ़ैसला तकनीकी न होकर राजनीतिक होता है।

हम हैसियत और शक्ति सम्बन्धों को बदलने से सम्बन्धित हस्तक्षेपों की समस्याओं के बारे में और भी कम जानते हैं। नियोजन की कुछ ऐजेंसियों ने ही इन परिघटनाओं के बारे में स्पष्ट रूप से विचार किया है। हैसियत की अवधारणा के केन्द्र में आत्म–सम्बन्धी और आत्म के सम्बन्ध में अन्य लोगों की दोहरी धारणाएँ सम्मिलित होती हैं। इस सन्दर्भ में *रेनवाटर* ने लिखा है, '...निम्न वर्ग को नुकसान पहुँचाने वाला मुख्य तथ्य यह है कि... इसमें किसी व्यक्ति के नैतिक महत्त्व पर हमला करने की क्षमता होती है' (1974: 73)। ग़रीबों के सामने हमेशा ही यह ख़तरा मौजूद रहता है। शिक्षा और अन्य संज्ञानात्मक क्षमताओं के न होने के कारण वे शेष समाज के साथ प्रभावकारी तरीक़े से संवाद नहीं कर पाते हैं। एशिया के ग्रामीण क्षेत्रों में एक कार्य–स्थिति के बारे में विभिन्न हैसियत वाले लोगों की प्रतिक्रिया का अध्ययन करने वाला प्रत्येक व्यक्ति यह स्वीकार करेगा कि हैसियत से सम्बन्धित पाबन्दियाँ सबसे महत्त्वपूर्ण समस्या होती हैं। एक भू–स्वामी, विशेष रूप से लाभ कमाने वाला किसान अमूमन साक्षर होता है। उसे यह पता होता है कि व्यवस्था से उसे क्या मिलने की सम्भावना है, और आमतौर पर उसके पास इतना समय और संसाधन होता है कि वह अपने लक्ष्यों को हासिल करने का प्रयास कर सके। जब वह एक सरकारी कार्यालय में जाता है तो वहाँ के अधिकारियों को उसकी माँगों पर ध्यान देना पड़ता है तथा उन्हें सन्तुष्ट करना पड़ता है। लेकिन एक भूमिहीन मज़दूर को, जिसे सहायता की ज़रूरत है, इसकी उलट स्थिति का सामना करना पड़ता है। स्पष्ट रूप से, हैसियत में भिन्नता सेवाओं तक पहुँच और सामुदायिक जीवन में व्यक्ति के भागीदारी के स्वरूप– दोनों को ही प्रभावित करती है।

जहाँ सरकारी नियोजकों ने ग्रामीण क्षेत्र में शक्ति के वितरण के बारे में कभी खुलकर विचार नहीं किया, लेकिन उनके द्वारा किये गये कामों के इस कारक ने काफ़ी प्रभावित किया, और यह तथ्य खुलकर सामने भी आया। इस सन्दर्भ में *प्राधिकार (अथॉरिटी)* और *शक्ति या सत्ता (पावर)* शब्द का अमूमन अदल–बदलकर प्रयोग किया जाता है। दोनों की ही मुख्य विशेषता यह है कि ये व्यक्ति या समूह की ऐसी क्षमता के बारे में बताते हैं जिनके माध्यम से अन्य लोगों के व्यवहार में बदलाव लाया जाता है। ग़रीबों की स्थिति के बारे में एक बात तुरन्त ही स्पष्ट हो जाती है कि ये

शक्तिहीन होते हैं। समाज में शक्ति के प्रयोग के किसी भी पद सोपनों पर ध्यान देने पर यह साफ़ होता जाता है कि इसमें ग़रीबों की स्थिति सबसे नीचे होती है। ये शक्ति का प्रयोग नहीं करते हैं, बल्कि इनके ऊपर शक्ति का प्रयोग किया जाता है।

शक्ति की संरचना के बहुत–से महत्त्वपूर्ण आयाम होते हैं। इसका एक आयाम राजनीतिक भागीदारी है। अमूमन ग़रीब प्रभावकारी तरीक़े से समुदाय के सामूहिक निर्णय लेने की प्रक्रियाओं में भाग नहीं ले पाते हैं (ऐसे बहुत–से उदाहरण मिल जायेंगे जब समुदाय स्तर पर ग़रीबों का प्रतीकात्मक या नाममात्र का प्रतिनिधित्व होता है)। अब राजनीतिक कार्रवाई के दायरे में आमतौर पर अभिजन–आम जनता के विभाजन को स्वीकार किया जाता है, लेकिन यह भी इस तथ्य को पूरी तरह से स्पष्ट नहीं करता है कि आख़िर ग़रीब किस सीमा तक प्रभावकारी राजनीतिक व्यवस्था के दायरे से बाहर है। इस अर्थ में इनकी स्थिति मध्य वर्गों से अलग है जिन्हें अभिजनों द्वारा निर्णय–निर्माण की प्रक्रियाओं में सम्मिलित किया जाता है। इसका एक प्रमाण यह है कि तुलनात्मक रूप से ऐसे संगठनों की कमी है जो ग़रीबों के विशिष्ट हितों का प्रतिनिधित्व करते हैं। एशिया के ग्रामीण क्षेत्रों में आम–सहमति के आधार पर निर्णय लेने की व्यवस्थाएँ काफ़ी प्रचलित हैं। इसके कारण, ग़रीबों को और ज़्यादा नुकसान का सामना करना पड़ता है क्योंकि वे एक समुदाय के भीतर अपनी समस्याओं को स्पष्ट रूप से अभिव्यक्त करने में समर्थ नहीं होते हैं। क्षेत्रीय और राष्ट्रीय स्तर पर उनकी यह क्षमता और भी कमज़ोर हो जाती है। इसके कारण, अमूमन समाज में विभाजन के ख़िलाफ़ और आम–सहमति के लिए दिये जाने वाले तर्क असल में ग़रीबों को वंचना की स्थिति में रखने के तिकड़म होते हैं।

कुल–मिलाकर यह कहा जा सकता है कि आर्थिक वर्ग, सामाजिक हैसियत और राजनीतिक शक्ति के आयामों से विचार करने पर ग़रीबी– या ग़रीब होने के तथ्य–का अर्थ यह है कि एक व्यक्ति स्तरीकरण के आर्थिक, सामाजिक और राजनीतिक आयामों के तीन–स्तरीय पदसोपानों में सबसे निचले स्तर पर है। प्रत्येक आयाम में यथा–स्थिति को क़ायम रखने के लिए मूल्य, मानक और प्रतिबन्धों के रूप में व्यवहार को सीमित करने वाले शक्तिशाली संयन्त्र हैं। ग़रीबों और उनके साथ ख़ुद को उनके मददगार के रूप में जोड़ने वाले लोगों के सामने मुख्य चुनौती यह है कि

वे सामाजिक, आर्थिक और राजनीतिक व्यस्वथा में हस्तक्षेपों के ऐसे प्रकार को तय करें जो संरचनात्मक असमानताओं को ख़त्म करने तथा समाज में ग़रीबों को प्रभावकारी तरीक़े से सम्मिलित करने में समर्थ हों। सिर्फ़ वर्ग या स्तर के अनुसार आय के वितरण या लोगों द्वारा ग्रहण की जाने वाले कैलोरी पर ध्यान देने से इन अतिरिक्त कारकों की पूर्ण उपेक्षा होती है। निश्चित रूप से, इस प्रकार के सीमित नज़रिए पर आधारित नीतिगत हस्तक्षेपों को उत्परिवर्तन का सामना करना पड़ता है।

टिप्पणियाँ

1. मिसाल के तौर पर देखें, ख़ान (1976क)। ख़ान ग़रीबी की न्यूनतम आवश्यकता परिभाषा तय करने में सामने आने वाली अध्ययन–पद्धति सम्बन्धी सभी जटिल समस्याओं को रेखांकित करते हैं। लेकिन इसके बावजूद वे इसी दृष्टिकोण का अनुसरण करते हैं। साथ ही देखें, ख़ान (1976ख), यहाँ उन्होंने यह स्वीकार किया है कि 'एक ऐसी अध्ययन–पद्धति का उभार होना बाकी है, जिस पर सबकी सहमति हो'।
2. मसलन, एशिया में आय के वितरण के हालिया सर्वेक्षण के लिए देखें 'द जापान इकोनॉमिक रिसर्च सेंटर ऐंड काउंसिल फ़ॉर एशियन मैनपॉवर स्टडीज़ 1975; और श्रीनिवासन और बर्द्धन 1974; साथ ही, देखें यूएस डिपार्टमेंट ऑफ़ हेल्थ एजुकेशन ऐंड वेलफेयर 1976; तुलनात्मक आय के आँकड़ों के एक ज़्यादा हालिया संकलन के लिए देखें जैन 1975; उपलब्ध आँकड़ों की सीमाओं के बारे में एक सुरुचिपूर्ण विवेचना के लिए देखें जैन 1975 : xi।
3. यह आन्तरिक उद्धरण टाउनसेंड द्वारा निम्नलिखित लेख से उद्धृत किया गया है : 'मेमोरेंडम ऑफ़ डाइसेंट बाई अ माइनॉरिटी ऑफ़ द रॉयल कमीशन ऑफ़ टैक्सेशन', *रिपोर्ट ऑफ़ द रॉयल कमीशन ऑफ़ टैक्सेशन*, कोमाड 9474, 1955, 8।
4. एडलमन और अन्य (1976) द्वारा हाल ही में अपने तीन हालिया प्रकाशित अध्ययनों के आधार पर लिखे गये समीक्षा लेख में इस बिन्दु को रेखांकित किया गया है।
5. पाकिस्तान और बांग्लादेश में ग्रामीण क्षेत्रों में काम से सम्बन्धित कार्यक्रमों के बारे में उनके विश्लेषण को देखें (बुरकी–प्रकाशन वर्ष अनुपलब्ध : 266)। साथ ही देखें, थॉमस 1974 : 304एफएफ। थॉमस बुरकी की तरह ही अवधारणा का प्रयोग करते हैं तथा उनके योगदान को भी स्वीकार करते हैं।
6. अमेरिका में ग़रीबी कार्यक्रमों के सन्दर्भ में इसके एक प्रमुख उदाहरण के लिए देखें मॉरिस और रीन 1972 : 59एफएफ।
7. इस भिन्नता के बारे में एक उपयोगी विवेचना के लिए देखें मेयर 1972 30–32।
8. यह वर्णन स्मेलसर (1968), विशेष रूप से उनके निबन्ध 'सोशल स्ट्रक्चर, मॉबिलिटी ऐंड इकोनॉमिक डेवलपमेंट' तथा मेयर (1972) के काम पर

आधारित है। एक ज़्यादा जटिल रूप में स्तरीकरण को संगठनों और सामाजिक सामूहिकताओं के पदसोपानीय स्तर तय करने और व्यक्तियों को भी विभिन्न स्तरों में बाँटने के रूप में समझा जा सकता है। इस प्रकार का स्तरीकरण करने वाले समाजशास्त्रियों को अध्ययन–पद्धति से सम्बन्धित जटिल मुद्दों का सामना करना पड़ता है। अनुभवसिद्ध अध्ययन के कुछ मामलों में इन मुद्दों को अभी भी पूरी तरह सुलझाया नहीं जा सका है।

9. नियोजित संरचनात्मक हस्तक्षेप के बारे में आगे विवेचना के लिए देखें मेयर 1972; मिलर और रॉबी 1970: 124–5; और मिलर और अन्य 1967।

10. विकास सिद्धान्त की मौजूदा रूपरेखा के भीतर वैकल्पिक नीतिगत संयन्त्रों के अभाव को अहलूवालिया ने एक प्रचलित फैशन के माध्यम से प्रदर्शित किया है। 'संवृद्धि के साथ वितरण' हासिल करने की एक रणनीति के उद्देश्य से लिखी गयी किताब में अहलूवालिया, नीतिगत हस्तक्षेपों के कुछ विशिष्ट रूपों को प्रस्तावित करते हैं। लेकिन इस प्रस्ताव में उन्हीं उपायों को शामिल किया गया है, जिन्हें क्लाइन द्वारा पहले से ही इन समस्याओं का सामना करने में 'अप्रभावी' उपायों का दर्जा दिया जा चुका है। अहलूवालिया, 1974 के विशेष रूप से पृ. 73–74 की क्लाइन, 1975 के पृ. 390–94 से तुलना करें।

सन्दर्भ ग्रन्थ सूची

एडलमन, इरमा, सिंथिा टेफ़्ट और शेरमन रॉबिनसन, 1976। 'द वन शॉट अटैक', *सीईआरईएस* सितम्बर–अक्तूबर : 17–20।

अहलूवालिया, मोंटेक एस. 1974, 'द स्कोप ऑफ़ पॉलिसी इंटरवेंशन', संकलित *रिडिस्ट्रीब्यूशन विद ग्रोथ* : सम्पादन हॉलिस चेनेरी और अन्य लन्दन : ऑक्सफोर्ड यूनिवर्सिटी प्रेस, 73–90।

ब्रेबुक, डी. और सी. ई. लिंडब्लूम, 1963। *अ स्ट्रैटेजी ऑफ़ डिसीजन : पॉलिसी इवैल्यूएशन एज अ सोशल प्रॉसेस*, न्यूयॉर्क : द फ्री प्रेस।

बुरकी, शाहिद ज़ावेद (प्रकाशन वर्ष अनुपलब्ध), 'द इरैडिकेशन ऑफ़ मास प्रोवर्टी : द पाकिस्तान एक्सपीरियेन्स', संकलित *इफेक्टिव ऐंटी–पोवर्टी स्ट्रैटिजिज़*, सम्पादन, अर्नाल्ड वेमहॉर्नर, बैंकाक : फ्रेड्रिक–इबर्ट–स्टीफटुंग।

क्लाइन, विलियम आर 1975, 'डिस्ट्रीब्यूशन ऐंड डेवलपमेंट : अ सर्वे ऑफ़ लिटरेचर', *जर्नल ऑफ़ डेवलपमेंट इकोनॉमिक्स* I : 359–96।

जैन, शैल, 1975, *साइज डिस्ट्रीब्यूशन ऑफ़ इनकम : अ कॉमपाइलेशन ऑफ़ डेटा*, वाशिंगटन, डीसी : द वर्ल्ड बैंक।

द जापान, इकोनॉमिक सेंटर ऐंड द कौंसिल फ़ॉर एशियन मैनपावर स्टडीज़, 1975, *इनकम डिस्ट्रीब्यूशन, इम्पलॉयमेंट ऐंड इकोनॉमिक डेवलपमेंट इन साउथईस्ट ऐंड ईस्ट एशिया*, 2 खण्ड, टोकियो–मनीला : द जापान इकोनॉमिक रिसर्च सेंटर ऐंड द कौंसिल फ़ॉर एशियन मैनपावर स्टडीज़।

खान, ए. आर 1976ए, 'पोवर्टी ऐंड इनइक्वालिटी इन रूरल बांग्लादेश', मेइमो, वर्ल्ड इम्पलॉयमेंट प्रोग्राम रिसर्च : वर्किंग पेपर, रूरल इम्पलॉयमेंट पॉलिसी रिसर्च प्रोग्राम, डब्लयूईपी 10–6 / डब्ल्यूपी–1, जेनेवा : इंटरनैशनल लेबर ऑफ़िस।

– 1976बी, 'बेसिक नीड्स : ऐन इल्यूस्ट्रेटिव एक्सरसाइज इन आइडेन्टिफिकेशन ऐंड क्वांटिफिकेशन विद रेफरेंस टू बांग्लादेश', मेइमो, जिनेवा : आईएलओ।

लिंडब्लूम, सी. ई. 1968, *द पॉलिसी मेकिंग प्रॉसेस*, एंगलवुड क्लिफ्स, न्यू जर्सी : प्रेंटिस–हॉल।

मेयर, रॉबर्ट आर 1972, *सोशल प्लानिंग ऐंड सोशल चेंज*, एंगलवुड क्लिफ्स, न्यू जर्सी : प्रेंटिस–हॉल।

मिलर, एस. एम. और पी. रॉबी, 1970, 'पोवर्टी : चेंजिंग सोशल स्ट्रैटिफिकेशन', संकलित *द कॉनसेप्ट ऑफ़ पोवर्टी*, सम्पादन : पी. टाउनसेंट, लन्दन : हिनेमन, 124–45।

मिलर, एस. एम., एम. रीन, पी. रॉबी और बी. एम. ग्रॉस, 1967, 'पोवर्टी, इनइक्वालिटी, ऐंड कॉनफ्लिक्ट', *द एनल्स ऑफ़ द अमेरिकन ऐकेडमी ऑफ़ पॉलिटिकल ऐंड सोशल रिफॉर्म*, सितम्बर : 16–52।

मॉरिस, पीटर और मार्टिन रीन, 1972, *डाइलेमाज ऑफ़ सोशल रिफॉर्म*, हार्मण्ड्सवर्थ : पेंगुइन।

रेनवाटर, एल. (सम्पा.) 1974, *सोशल प्रॉब्लेम्स ऐंड पब्लिक पॉलिसी, इनइक्वालिटी ऐंड जस्टिस*, शिकागो : एलडाइन।

रीन, मार्टिन, 1970, 'प्रॉब्लेम्स इन द डेफिनेशन ऐंड मेजरमेंट ऑफ़ पोवर्टी', संकलित *द कॉनसेप्ट ऑफ़ पोवर्टी*, सम्पादन, पी. टाउनसेंड, लन्दन : हिनेमन।

स्मेलसर, एन. जे. 1968, *एसेज इन सोशियोलॉजिकल एक्सप्लेनेशन*, एंगलवुड क्लिफ्स, न्यू जर्सी : प्रेंटिस–हॉल।

श्रीनिवासन, टी. एन. और पी. के. बर्द्धन (सम्पा.) 1974, *पोवर्टी ऐंड इनकम डिस्ट्रीब्यूशन इन इंडिया*, कलकत्ता : द स्टैटिस्टिकल पब्लिशिंग सोसायटी।

थॉमस, जॉन वुडवार्ड, 1974, 'इम्प्लॉयमेंट क्रिएटिंग पब्लिक वर्क्स प्रोग्राम्स : ऑब्जर्वेशन्स ऑन पॉलिटिकल ऐंड सोशल डायमेंशन्स', संकलित *इम्पलॉयमेंट इन डेवलपिंग नेशन्स*, सम्पादन ई. ओ. एडवर्ड्स, न्यूयॉर्क : कोलाम्बिया यूनिवर्सिटी प्रेस।

टाउनसेंड, पीटर, 1970, 'मेजर्स ऑफ़ इनकम ऐंड एक्सपेंडिचर ऐज क्रिटेरिया ऑफ़ पोवर्टी', संकलित *द कॉनसेप्ट ऑफ़ पोवर्टी*, सम्पादन : पी. टाउनसेंट, लन्दन, हिनेमन।

यूएस डिपार्टमेंट ऑफ़ हेल्थ, एजुकेशन ऐंड वेलफेयर। 1976, *द मेजर ऑफ़ पोवर्टी : अ रिपोर्ट टू कांग्रेस ऐज मैनडेटेड बाई द एजुकेशन अमेंडमेंट्स ऑफ़ 1974*, अप्रैल।

सामुदायिक विकास कार्यक्रम

*इसका राजनीतिक प्रभाव**

बलदेव राज नायर

भारत में सामुदायिक विकास कार्यक्रम, 1952 में अपने प्रारम्भ होने के बाद से ही लगातार चर्चा और विवाद का विषय बना रहा है। इस कार्यक्रम के समर्थक उल्लेख करते हैं कि भारत के ग्रामीण क्षेत्रों में इसके माध्यम से 'मौन क्रान्ति' हो रही है जबकि इसके आलोचक ग्रामीण भारत की समस्याओं पर प्रभाव डालने में इस कार्यक्रम के पूर्णतः विफल होने का दावा करते हैं। हालाँकि, निष्पक्ष पर्यवेक्षक ये सवाल पूछते रहेंगे कि—क्या यह कार्यक्रम प्रभावी रहा? क्या यह ग्रामीणों की ज़रूरतों को पूरा कर पाया? ग्रामीण इस कार्यक्रम को किस प्रकार देखते हैं?

कृषक वर्ग की अपेक्षाएँ

हालाँकि इस कार्यक्रम का अन्तर्निहित उद्देश्य भारतीय गाँवों में आमूल परिवर्तन लाना है और भारत का ग्रामीण इक्कीसवीं सदी में पहुँच चुका है। लेकिन इसमें कोई सन्देह नहीं किया जा सकता कि राष्ट्रवादी आन्दोलन के दौरान निर्मित हुई ग्रामीणों की उम्मीदों और अपेक्षाओं की पूर्ति करना कांग्रेस पार्टी के सत्ता में बने रहने के लिए ज़रूरी था। अंग्रेज़ी शासन के विरुद्ध अपने संघर्ष में, कांग्रेस एक प्रभावी जन आन्दोलन सिर्फ़ तभी बन पायी जब उसने अपने संगठन के पीछे कृषक वर्ग को लामबन्द किया। कृषक वर्ग ने अपनी तरफ़ से कांग्रेस का समर्थन किया क्योंकि कांग्रेस की संगठन इनकी माँगों को आवाज़ देने के लिए और भरपूर समर्थन देने के लिए तैयार था और इसके साथ ही वह भारतीय ग्रामीणों की आकांक्षाओं को महसूस कर रही थी।

---

* *इकोनॉमिक ऐंड पॉलिटिकल वीकली* 12 (38) : 1401–10 (17 सितम्बर 1960)।

कृषक आन्दोलनों के नेतृत्व के माध्यम से कांग्रेस कृषक वर्ग के बीच राजनीतिक जागरूकता लायी, एक सम्भावित बेहतर ज़िन्दगी से उन्हें अवगत कराया और बड़े पैमाने पर संगठित राजनीतिक कार्यवाही की शक्ति को उनके समक्ष प्रमाणित किया।

बड़ा सामर्थ्य

एक गतिहीन व पिछड़ी अर्थव्यवस्था जिसमें आम लोग जीवन–निर्वहन के स्तर पर जीवन व्यतीत कर रहे हों, का बने रहना और उस समाज में ऐसे उग्र तत्त्वों की मौजूदगी जो इनसे उपजे असन्तोष का दोहन करने के लिए तैयार हो, कांग्रेस पार्टी के सत्ता में बने रहने के लिए घातक साबित हो सकता था।

सामुदायिक विकास कार्यक्रम का राजनीतिक उद्देश्य सामान्य तौर पर ऐसे ही आर्थिक नियोजन का हिस्सा रहा है। एक अर्थ में, यह कार्यक्रम राजनीतिक समर्थन पैदा करने की सम्भावना वाला एक बहुत प्रभावी और व्यापक माध्यम है। यह कार्यक्रम अधिकांश दूसरे आर्थिक विकास कार्यक्रमों की तुलना में लोगों की बहुत बड़ी संख्या तक पहुँचता है। उदाहरण के लिए, प्रथम पंचवर्षीय योजना में, सामुदायिक विकास कार्यक्रम के अन्तर्गत 77.5 मिलियन लोगों को सम्मिलित किया गया और 460.2 मिलियन रुपया ख़र्च किया गया। सामुदायिक विकास कार्यक्रम में यह विशाल सम्भावना निहित है कि वह करोड़ों लोगों तक, प्रगति प्राप्त करने के प्रति कांग्रेस की सरकार के समर्पण के प्रतीक के तौर पर पहुँच बना सकती है। इसके साथ ही इस कार्यक्रम में यह सम्भावना भी थी कि वह लोगों में यह सन्देश दे कि कांग्रेस पार्टी अब तक ग्रामीणों की आकांक्षाओं को पूरा करने के लिए चिन्तित है, और इन कारणों से यह कार्यक्रम बहुत ज़्यादा राजनीतिक महत्त्व रखता था। इसलिए यह जानना अत्यन्त महत्त्वपूर्ण है कि सामुदायिक विकास कार्यक्रम ने ग्रामीण क्षेत्रों में राजनीतिक व्यवहार को किस प्रकार प्रभावित किया।

सामुदायिक विकास कार्यक्रम के कार्य

सामुदायिक विकास कार्यक्रम की शुरुआत अक्टूबर, 1952 में हुई थी अर्थात् 1951 के अन्त और 1952 के प्रारम्भ में सम्पन्न हुए प्रथम आम चुनाव के नौ महीने के बाद। 5 वर्षों के बाद, 1957 के प्रथम तिमाही में दूसरा

आम चुनाव सम्पन्न हुआ। इन दोनों चुनावों के उपरान्त भी इस तथ्य का एक बड़े क्षेत्र में अब तक विस्तार नहीं पाया था अतः इस ने यह अवसर उपलब्ध कराया कि ग्रामीण क्षेत्रों में मतदान व्यवहार पर इस कार्यक्रम के प्रभाव का आकलन किया जा सके। इस काम को अच्छे से निष्पादित करने के उद्देश्य से वर्तमान अध्ययन को पश्चिम बंगाल राज्य तक सीमित रखा गया था। इस राज्य को चुनने का कारण यह था कि यह एक सघन और अपेक्षाकृत छोटा राज्य था जहाँ ग्रामीण और शहरी ज़िले को ज़्यादा स्पष्ट तरीक़े से चिन्हित किया जा सकता था और इसके साथ ही निर्वाचन ज़िले, सामुदायिक विकास प्रखण्डों से बड़े और कम सघन जनसंख्या वाले राज्यों की तुलना में समीप थे।

इस कार्यक्रम के राजनीतिक परिणाम का मूल्यांकन करने के उद्देश्य से तीन प्रश्न विशेष तौर पर महत्त्वपूर्ण प्रतीत होते हैं :

1. सामुदायिक विकास कार्यक्रम का मतदान सहभागिता पर क्या प्रभाव रहा है? क्या ऐसे कार्यक्रम मतदान सहभागिता को बढ़ाते हैं, या फिर उसका कोई तात्त्विक प्रभाव नहीं पड़ता है?
2. कांग्रेस पार्टी को सत्ता में बनाये रखने की सम्भावना में ऐसे कार्यक्रमों ने किस प्रकार से योगदान दिया?
3. देश में लोकतान्त्रिक और ग़ैर–लोकतान्त्रिक शक्तियों के विकास में इस कार्यक्रम का प्रभाव किस प्रकार का रहा है? क्या ऐसे कार्यक्रमों ने लोकतान्त्रिक दलों, मसलन कांग्रेस पार्टी और प्रजा सोशलिस्ट पार्टी को मज़बूत बनाने में भूमिका निभाई है, या फिर इसने उन्हें कमज़ोर किया है? या फिर ऐसे कार्यक्रमों ने कम्युनिस्ट पार्टी जैसी ग़ैर–लोकतान्त्रिक शक्तियों की मज़बूती या कमज़ोरी में भूमिका निभाई है?

यह प्रश्न भी समान रूप से महत्त्वपूर्ण था : सामुदायिक विकास कार्यक्रम की समयावधि ने मतदान–व्यवहार पर किस प्रकार का प्रभाव डाला? चूँकि राष्ट्रीय विस्तार सेवा कार्यक्रम (नैशनल एक्सटेंशन सर्विस प्रोग्राम) की शुरुआत 1951 में हुई थी इसलिए उस वर्ष को विभाजन रेखा की तरह चुना गया और उन क्षेत्रों का विश्लेषण किया गया जहाँ सामुदायिक विकास कार्यक्रम 1954 से पहले शुरू हुए थे और जहाँ यह 1954 के बाद प्रारम्भ हुआ। ऊपर उल्लिखित तीन महत्त्वपूर्ण प्रश्नों को अब इन दोनों श्रेणियों के मद्देनजर भी पूछा गया।

सामुदायिक विकास कार्यक्रम से पहले और बाद के परिणाम

इस अध्याय में शामिल सांख्यिकीय आँकड़े निर्वाचन क्षेत्रों के दो समूहों पर आधारित हैं :

1. पहला समूह 39 निर्वाचन क्षेत्रों या ज़िलों से बना था जिसमें पश्चिम बंगाल राज्य के 54 विधानसभा क्षेत्र और कुल 62 विकास प्रखण्ड सम्मिलित थे (पुरूलिया ज़िला, जिसे पश्चिम बंगाल में 1956 में सम्मिलित किया गया, को इस अध्ययन में शामिल नहीं किया गया है)। इन निर्वाचन क्षेत्रों में प्रथम और द्वितीय आम चुनावों के परिणामों की तुलना की गयी। प्रथम आम चुनाव के लिए आँकड़े 1955 के निर्वाचन आयोग से हासिल किये गये। जबकि द्वितीय आम चुनावों के लिए आँकड़े विभिन्न अन्य स्रोतों से प्राप्त किये गये क्योंकि इस अध्ययन के समय तक ये आधिकारिक तौर प्रकाशित नहीं थे :

   क. समाचार–पत्रों, जिसमें द स्टेट्समेन (कलकत्ता), द अमृत बाज़ार पत्रिका (कलकत्ता) और द हिन्दुस्तान स्टैन्डर्ड (कलकत्ता) सम्मिलित थे।

   ख. नयी दिल्ली स्थित निर्वाचन आयोग का कार्यालय; और

   ग. प्रोफेसर मायरन वीनर, शिकागो विश्वविद्यालय के माध्यम से, जिन्होंने वर्ष 1957–58 के दौरान कलकत्ता में ये आँकड़े एकत्रित किये थे।

इन निर्वाचन क्षेत्रों का चयन इस बात को ध्यान में रखकर किया गया था कि उनकी जनसंख्या जहाँ तक सम्भव हो सम्पूर्ण रूप से 1957 में सामुदायिक विकास कार्यक्रम में सम्मिलित हो जानी चाहिए, ताकि दोनों चुनावों के लिए उचित तुलना की जा सके। दोनों चुनावों के लिए निर्वाचन क्षेत्रों में अन्तर इस तथ्य के आधार पर किया गया था कि 1952 में वहाँ सामुदायिक विकास कार्यक्रम नहीं थे और 1957 में वे इस कार्यक्रम के दायरे में पूर्णतः शामिल थे। इस उद्देश्य से, ज़िलों की ग्रामीण–शहरी संरचना और पुलिस स्टेशनों से सम्बन्धित ब्यौरे मित्रा 1953, खण्ड–VI, भाग–II से लिये गये और सामुदायिक विकास कार्यक्रम में सम्मिलित क्षेत्रों का ब्यौरा 1957 के पश्चिम बंगाल सरकार द्वारा उपलब्ध कराया गया था।

इस समय यह भी अपेक्षित था कि इस अध्ययन के उद्देश्य से जहाँ तक सम्भव हो सके बड़े सैम्पल को शामिल किया जाये। इस अध्ययन में सम्मिलित 39 में से 24 निर्वाचन क्षेत्रों की जनसंख्या पूरी तरह से सामुदायिक विकास कार्यक्रम में सम्मिलित थी। बचे हुए 15 निर्वाचन क्षेत्रों के मामले में उनमें से अधिकांश की 70 से 100 फ़ीसदी जनसंख्या इस कार्यक्रम में सम्मिलित थी। कोई भी निर्वाचन क्षेत्र जिसकी जनसंख्या का 50 फ़ीसदी से ज़्यादा इस कार्यक्रम में सम्मिलित नहीं था उसे इस अध्ययन में शामिल नहीं किया गया।

इस अध्ययन में प्रयोग किये गये आँकड़े पूर्णतया मतदाताओं की संख्या पर आधारित हैं न कि वोटों की संख्या पर। दो सदस्यीय निर्वाचन क्षेत्रों में मतदाताओं के पास दो वोट होते हैं; ऐसे मामलों में प्रत्येक दल को प्राप्त वोट या प्रत्याशी के वोटों को आधे में विभाजित कर दिया गया। ऐसा मूलतः इस बात को ध्यान में रखकर किया गया ताकि कुल मिलाकर निकलने वाले प्रतिशत के आकलन में किसी प्रकार की अशुद्धि न हो। क्योंकि दो–सदस्यीय निर्वाचन क्षेत्रों, जहाँ प्रत्येक मतदाता के पास दो वोट थे और एक–सदस्यीय निर्वाचन क्षेत्रों, जहाँ प्रत्येक मतदाता के पास सिर्फ़ एक वोट थे, दोनों को एक समूह में शामिल किया गया था।

ग़ैर–विकसित क्षेत्र

इस तुलना के आधार पर पहुँचने वाले नतीजों के मूल्यांकन के लिए एक नियन्त्रण समूह की स्थापना की गयी थी जो उन क्षेत्रों से निर्मित था जिनमें 1957 में विकास परियोजनाएँ नहीं थीं। इस समूह में 28 ग्रामीण निर्वाचन क्षेत्रों को सम्मिलित करते हुए पश्चिम बंगाल राज्य विधानसभा में कुल 40 सीट शामिल थी। पहले की तरह ही, सिर्फ़ उन्हीं निर्वाचन क्षेत्रों को चुना गया था जिनमें दोनों आम चुनावों के समय एक समान क्षेत्र सम्मिलित थे। पुनः इन निर्वाचन क्षेत्रों को यह ध्यान में रखकर चुना गया था, कि जहाँ तक सम्भव हो, इनमें सिर्फ़ ग्रामीण क्षेत्र ही शामिल होने चाहिए। इन 28 निर्वाचन क्षेत्रों में 23 पूर्णतः ग्रामीण थे; चार में जनसंख्या का 90–100 फ़ीसदी ग्रामीण जनसंख्या; और सिर्फ़ एक निर्वाचन क्षेत्र में 80 फ़ीसदी जनसंख्या ग्रामीण थी।

आँकड़ों के अध्ययन के उपरान्त परिणामों की विवेचना निम्न छः राजनीतिक समूहों पर आधारित थी–

क. भारतीय राष्ट्रीय कांग्रेस;

ख. भारतीय कम्युनिस्ट पार्टी;

ग. समाजवादियों, अर्थात् किसान मज़दूर प्रजा पार्टी, सोशलिस्ट पार्टी, फ़ॉरवर्ड ब्लॉक (रूईकर) और प्रजा सोशलिस्ट पार्टी, जिसकी स्थापना 1952 के चुनावों के पश्चात् पूर्ववर्त्ती समूहों के विलय से हुई थी।

घ. मार्क्सवादी वामदल, जिसमें क्रान्तिकारी भारतीय समाजवादी पार्टी, क्रान्तिकारी भारतीय कम्युनिस्ट पार्टी, भारतीय बोल्शेविक पार्टी और फ़ॉरवर्ड ब्लॉक (मार्क्सवादी) शामिल थे।

ड. हिन्दू साम्प्रदायिक समूह, जिसमें भारतीय जनसंघ, अखिल भारतीय हिन्दू महासभा और राम राज्य परिषद् शामिल थे।

च. निर्दलीय।

सामुदायिक विकास कार्यक्रम का मतदान व्यवहार का प्रभाव

पश्चिम बंगाल के ग्रामीण क्षेत्रों में सामुदायिक विकास कार्यक्रम का मतदान–व्यवहार पर पड़ने वाले प्रभाव का विश्लेषण प्रस्तुत करने से पहले यह अपेक्षित प्रतीत होता है कि 1952 के पश्चात् और 1957 के आम चुनाव के पश्चात् पश्चिम बंगाल में समग्र रूप से (पुरुलिया ज़िले को छोड़कर) उभरी दलीय स्थिति की संक्षिप्त तस्वीर प्रस्तुत की जाये।

कांग्रेस को लाभ

समाचार–पत्र के लेखों और विपक्षी दलों की अफवाहों के आधार पर और इस तथ्य के आधार पर कांग्रेस पार्टी को पश्चिम बंगाल में 1957 के राज्य विधानसभा चुनाव में कुल 252 सीटों में से सिर्फ 152 सीटों पर ही जीत मिली जबकि 1952 में उसे 238 में से 151 सीटों पर जीत मिली थी यह सामान्य धारणा बन रही थी कि पश्चिम बंगाल में कांग्रेस पार्टी अपनी राजनीतिक मज़बूती खो रही है।

यह सच है कि कम्युनिस्ट पार्टी ने 1957 के चुनावों में अपनी स्थिति मज़बूत की, लेकिन ऐसा कांग्रेस पार्टी के साथ भी हुआ (देखें सारणी 1)

क्योंकि उसे भी 1952 में 39.4 फ़ीसदी वोट की तुलना में 1957 में 46.6 फ़ीसदी वोट मिले थे (यह यहाँ तक कि कलकत्ता के लिए भी सच है, जहाँ कांग्रेस पार्टी को 1952 और 1957 के चुनाव में क्रमशः 13.0 फ़ीसदी और 39.5 फ़ीसदी वोट मिले। कांग्रेस और कम्युनिस्ट पार्टी के वोटों में यह वृद्धि हिन्दू साम्प्रदायिक दलों और निर्दलीयों के वोटों में कमी से हुई। जहाँ तक दूसरे दलों का प्रश्न है, 1957 के चुनाव में समाजवादियों की वोटों में मामूली कमी आयी जबकि मार्क्सवादी वामपंथियों ने 1952 की स्थिति को बनाये रखा। यहाँ यह उल्लेख करना महत्त्वपूर्ण है कि कुल मतदान भागीदारी 1952 में 43.2 फ़ीसदी से बढ़कर 1957 में 50.7 फ़ीसदी हो गयी थी।

सारणी 1 : 1952 और 1957 के लिए
पश्चिम बंगाल का चुनाव परिणाम

	1952		1957	
	वोट	प्रतिशत	वोट	प्रतिशत
कांग्रेस	2,125,486	39.4	3,392,183	46.6
कम्युनिस्ट	601,380	11.2	1,337,911	18.4
सोशलिस्ट	693,804	12.9	774,490	10.6
मार्क्सवादी लेफ्ट	357,317	6.6	502,998	6.9
हिन्दू कम्युनल	419,521	7.8	214,653	3.0
स्वतन्त्र	1,191,402	22.1	1,056,947	14.5
कुल	5,388.910	100.0	7,279,182	100.0
मतदाता	12,488,260		14,357,561	

***स्रोत** : लेखक।*

ग्रामीण और शहरी क्षेत्रों में दलीय स्थिति को देखने के उद्देश्य से, निर्वाचन क्षेत्रों को ग्रामीण और शहरी निर्वाचन क्षेत्रों में बाँटा गया था: ग्रामीण निर्वाचन क्षेत्रों में वे शामिल किये गये थे जिनमें दो–तिहाई से ज़्यादा ग्रामीण मतदाता थे, जबकि शहरी निर्वाचन क्षेत्रों में वे क्षेत्र शामिल थे जिनमें दो–तिहाई से ज़्यादा शहरी मतदाता थे। वैसे निर्वाचन क्षेत्र जहाँ दो–तिहाई से कम ग्रामीण वोट थे और दो–तिहाई से कम शहरी वोट थे, उन्हें 'मिश्रित' रूप में वर्गीकृत किया गया था। ग्रामीण और शहरी मतों की तुलना से यह उजागर हुआ कि जहाँ कांग्रेस पार्टी शहरी निर्वाचन क्षेत्रों

में किसी तरह अपनी पहले वाली स्थिति बरक़रार रख पायी थी (1952 में 41.9 फ़ीसदी और 1957 में 42.7 फ़ीसदी), वहीं ग्रामीण क्षेत्रों के वोट में उसे अच्छी वृद्धि मिली थी (1952 में 39.2 फ़ीसदी से 1957 में 47.9 फ़ीसदी)। इस प्रकार ग्रामीण क्षेत्र कांग्रेस पार्टी के जनाधार का प्रमुख स्रोत बन रहे हैं।

कम्युनिस्टों के लिए शहरी समर्थन

हालाँकि कम्युनिस्ट पार्टी ने ग्रामीण और शहरी दोनों क्षेत्रों में अपने प्रदर्शन में सुधार किया था, लेकिन शहरी निर्वाचन क्षेत्रों में ज़्यादा बेहतर वृद्धि की थी (1952 में 14.8 फ़ीसदी से 1957 में 27.0 फ़ीसदी), जबकि ग्रामीण क्षेत्रों में यह वृद्धि अपेक्षाकृत कम थी (1952 में 10.2 फ़ीसदी से 1957 में 15.7 फ़ीसदी)। समाजवादियों के ग्रामीण क्षेत्रों में मतदान प्रतिशत में कमी आयी (1952 में 14.1 फ़ीसदी से 1957 में 10.5 फ़ीसदी), लेकिन शहरी क्षेत्रों में वृद्धि हुई (1952 में 7.5 फ़ीसदी से बढ़कर 1957 में 12.4 फ़ीसदी)। मार्क्सवादी वामदल का वोट ग्रामीण क्षेत्रों में मामूली सा बढ़ा (5.0 फ़ीसदी से 6.5 फ़ीसदी), लेकिन शहरी क्षेत्रों में हल्की क्षति भी हुई (12.1 फ़ीसदी से 10.2 फ़ीसदी)। हालाँकि, इसमें न तो कोई महत्त्वपूर्ण वृद्धि हुई थी और न ही कोई महत्त्वपूर्ण कमी आयी थी। हिन्दू कम्युनिस्ट वोट ग्रामीण क्षेत्रों में घटा (8.6 फ़ीसदी से 3.5 फ़ीसदी)। हालाँकि हिन्दू साम्प्रदायिक दलों के प्रति आकर्षण बहुत कम ही बचा था लेकिन शहरों में उनके प्रति आकर्षण नदारद दिख रहा था। इसके साथ ही निर्दलीयों के मतदान प्रतिशत में ग्रामीण क्षेत्रों में एक–तिहाई की कमी आयी थी (1952 में 22.0 फ़ीसदी से 1957 में 15.9 फ़ीसदी), और शहरी क्षेत्रों में 1952 के (17.8 फ़ीसदी) वोट की तुलना में 1952 में (6.9 फ़ीसदी) पर यह सिमट गया था।

कुल मतदान सहभागिता के सन्दर्भ में, यह वृद्धि ग्रामीण क्षेत्रों (1952 में 44.2 फ़ीसदी से 1957 में 49.1 फ़ीसदी) की तुलना में शहरी क्षेत्रों में (1952 में 39.4 फ़ीसदी से 1957 में 51.1 फ़ीसदी) बहुत ज़्यादा हुई थी। यहाँ यह बात भी ध्यान देने योग्य है कि 1952 के चुनावों में ग्रामीण क्षेत्रों में मतदाताओं की भागीदारी शहरी क्षेत्रों से बेहतर थी।

'मिश्रित' निर्वाचन क्षेत्रों में, जो कुल निर्वाचन क्षेत्रों का एक

छोटा सा हिस्सा था, वहाँ कांग्रेस पार्टी और कम्युनिस्ट पार्टी दोनों ने महत्त्वपूर्ण वृद्धि की थी।

ग्रामीण पश्चिम बंगाल में मतदान व्यवहार

पूर्ववर्त्ती चर्चा में प्रस्तुत की गयी पश्चिम बंगाल में कुल चुनावी स्थिति के अतिरिक्त हमें अब ऐसे विषय की ओर रुख़ करना चाहिए जो हमारे लिए तत्कालिक तौर पर ज़्यादा रुचिकर है; अर्थात् सामुदायिक विकास कार्यक्रम का पश्चिम बंगाल के ग्रामीण क्षेत्रों में मतदान–व्यवहार पर पड़ने वाले प्रभाव। इस अनुवर्त्ती अध्ययन के परिणाम की विवेचना से निम्नलिखित निष्कर्ष निकाले जा सकते हैं।

कोई महत्त्वपूर्ण वृद्धि नहीं

1. सामुदायिक विकास कार्यक्रम के अन्तर्गत आने वाले क्षेत्रों में मतदान में वृद्धि ग़ैर–विकसित क्षेत्रों की तुलना में बहुत ज़्यादा नहीं रही। हालाँकि, यह स्पष्ट है कि विकसित और ग़ैर–विकसित दोनों क्षेत्रों में 1952 की तुलना में 1957 में राजनीति में ज़्यादा सहभागिता थी। चूँकि, विकसित क्षेत्र में मतदान में वृद्धि, ग़ैर–विकसित क्षेत्र की वृद्धि के लगभग समान थी, इसलिए मतदान में इस वृद्धि में सामुदायिक विकास कार्यक्रम का योगदान नहीं माना जा सकता।

2. इस कार्यक्रम में निवेश की मात्रा और इसकी अवधि ने मतदान सहभागिता में कोई तात्त्विक अन्तर नहीं पाया और ये दोनों अर्थात् 1954 –पूर्व और 1954–पश्चात् विकसित निर्वाचन क्षेत्रों में समान अनुपात में बढ़े थे। निश्चित तौर पर यह पूर्ववर्त्ती प्रस्ताव के स्वभाविक परिणाम की तरह है अगर समग्र सामुदायिक विकास कार्यक्रम का मतदान सहभगिता पर नहीं के बराबर प्रभाव पड़ा तो फिर यह भी लगभग असम्भव ही है कि इस कार्यक्रम के आन्तरिक विभेदों का मतदान सहभागिता पर कोई विशेष प्रभाव पड़ा हो और न ही सामुदायिक विकास कार्यक्रम की अवधि का राजनीतिक दलों को प्राप्त वोटों के प्रतिशत पर कोई विशेष प्रभाव पड़ा। चूँकि इस कार्यक्रम की अवधि का मतदान सहभागिता पर नगण्य प्रभाव पड़ा इसलिए इससे सम्बन्धित आँकड़े भी शामिल नहीं किये गये हैं।

ग़ैर–विकसित क्षेत्रों में कांग्रेस की मज़बूती

सामुदायिक विकास कार्यक्रम का कांग्रेस पार्टी को मज़बूत बनाने में भी निश्चित तौर पर कोई विशेष भूमिका दिखाई नहीं देती है।

कोई प्रशंसनीय प्रभाव नहीं

इन आँकड़ों के अध्ययन के परिणाम का सार नीचे प्रस्तुत किया गया है–

क. सामुदायिक विकास कार्यक्रम का पश्चिम बंगाल के ग्रामीण क्षेत्रों के मतदान सहभागिता पर कोई प्रशंसनीय प्रभाव नहीं पड़ा था।

ख. सामुदायिक विकास कार्यक्रम ने पश्चिम बंगाल के ग्रामीण क्षेत्रों में जहाँ यह कार्यक्रम परिचालित था वहाँ कांग्रेस पार्टी के मतदान में कोई उल्लेखनीय वृद्धि नहीं हुई; बल्कि इसके विपरीत, कांग्रेस के वोट में वृद्धि विकसित क्षेत्रों की तुलना में ग़ैर–विकसित क्षेत्रों में ज़्यादा हुई थी।

ग. ऐसे क्षेत्र जहाँ सामुदायिक विकास कार्यक्रम की शुरुआत की गयी थी वहाँ अन्य ग्रामीण क्षेत्रों जहाँ ऐसे कार्यक्रम को स्थापित नहीं किया गया था की तुलना में कम्युनिस्ट पार्टी और मार्क्सवादी वामपंथी के वोटों में ज़्यादा इज़ाफ़ा हुआ था।

घ. लोकतान्त्रिक विपक्ष (अर्थात्, समाजवादियों) को ऐसे क्षेत्र में जहाँ सामुदायिक विकास कार्यक्रम की शुरुआत की गयी थी वहाँ उन क्षेत्रों की तुलना में जहाँ ऐसे कार्यक्रम की शुरुआत नहीं की गयी थी, में मतदान में ज़्यादा हानि सहनी पड़ी।

परिणामों का विश्लेषण

हम इन परिणामों का स्पष्टीकरण किस प्रकार दे सकते हैं? उत्तर के लिए रास्ता यह हो सकता है कि इस कार्यक्रम के वास्तविक क्रियान्वयन का परीक्षण किया जाये। निश्चित तौर पर, सामुदायिक विकास कार्यक्रम ने ग्रामीणों को अनेक फ़ायदे पहुँचाए और इसके साथ ही उनमें यह चेतना पैदा की कि सरकार शासितों के कल्याण के लिए विद्यमान है। इन लाभों में ग्रामीण जीवन के लगभग सभी कल्याणकारी पहलू सम्मिलित थे : इन कार्यक्रमों में कृषि, स्वास्थ्य, शिक्षा, सहकारी समितियाँ, सामाजिक कल्याण से जुड़े कार्यक्रम और अन्य सुविधाएँ सम्मिलित थीं। यह कार्यक्रम विकसित कृषि प्रणालियों को स्वीकारने प्रचलित संस्थाओं मसलन पंचायतों की स्थापना

लोगों द्वारा भारी मात्रा में धन और श्रम द्वारा सहयोग और ग्रामीणों के सामाजिक परिदृश्य में उल्लेखनीय परिवर्तन का भी साक्षी रहा। हालाँकि, ये उपलब्धियाँ उतनी शानदार नहीं रहीं जिसकी किसी समय परिकल्पना की गयी थी बल्कि इस कार्यक्रम के कई पहलू दिखाई देते हैं जिन पर गम्भीरता से ध्यान देने की ज़रूरत हैं।

उम्मीद और अभिलाषाओं में वृद्धि

हालाँकि कुल व्यय ज़्यादा दिखाई देता है लेकिन किसी एक गाँव विशेष के सन्दर्भ में अगर देखा जायें तो यह राशि बहुत ज़्यादा प्रतीत नहीं होती है। पहली पंचवर्षीय योजना के दौरान 77.5 मिलियन जनसंख्या के लिए 460 मिलियन रुपया ख़र्च किया गया था, लेकिन इस योजना के दौरान वास्तविक ख़र्च 6 रुपया प्रति व्यक्ति से कम था। जैसा कि एक लेखक ने टिप्पणी की है कि ग्रामीण भारत एक रेगिस्तान की तरह है, इस पर जो भी छिड़का जाता है उसे यह तुरन्त सोख लेता है (द स्टेट्समेन, 21 मई 1958)। इसके अतिरिक्त, इस कार्यक्रम का तीव्र गति से विस्तार करने का इसकी गुणवत्ता और क्षमता पर प्रतिकूल प्रभाव पड़ा। एक ओर ग्रामीण क्षेत्रों में इस कार्यक्रम का वास्तविक विस्तार होता रहा और दूसरी तरफ़ इसके लिए निपुण और प्रशिक्षित कर्मचारियों की ज़रूरत बनी रही। इसका परिणाम यह हुआ कि इस कार्यक्रम के निहितार्थ में गिरावट आयी और कर्मचारियों की गुणवत्ता भी प्रतिकूल रूप से प्रभावित हुई। सामुदायिक विकास कार्यक्रम ने ग्रामीणों को प्रगति की सम्भावनाओं से तो अवगत कराया लेकिन उन्हें फलीभूत होने के लिए साधनों को उपलब्ध नहीं कराया। इस प्रकार आशाएँ और अपेक्षाएँ उपलब्धि की तुलना में ज़्यादा थीं।

पुनः, ज़्यादातर ध्यान उन गाँवों पर केन्द्रित था जो ज़्यादा आसानी से सुलभ थे, इसका परिणाम यह हुआ कि विकास में व्यापक स्तर पर विषमता मौजूद थी, और जिन गाँवों को सबसे ज़्यादा ज़रूरत थी उन्हें सबसे कम लाभ मिला। जहाँ तक सामाजिक और आर्थिक रूप से पिछड़े और भूमिहीन का प्रश्न है, उनके लिए यह कार्यक्रम बहुत प्रभावी नहीं रहा। आवंटित धन का बड़ा हिस्सा आर्थिक रूप से सम्पन्न और सामाजिक रूप से प्रभावी लोगों की आवश्यकताओं की पूर्ति में लग गया प्रतीत होता है।

स्वैच्छिक मौद्रिक सहयोग का बड़ा हिस्सा इन्हीं धनी लोगों की तरफ़ से आया था, बदले में इन पर ज़्यादा ध्यान दिया गया। पंचायतें गुटों में बँटी हुई थी, कई सहकारी समितियाँ या तो सिर्फ़ कागज़ पर विद्यमान थी या फिर क्षणिक प्रक्रिया में ही रही थी। न ही यह कार्यक्रम विशेष तौर पर स्व–सहायता और स्व–निर्भरता की भावना पैदा करने में सफल हुआ।

लाभ के लिए इन्तजार

सामुदायिक विकास कार्यक्रम की ये कमियाँ किस हद तक मतदान व्यवहार के पैटर्न के लिए उत्तरदायी हैं? हमने देखा कि कांग्रेस पार्टी के वोटों में ज़्यादा वृद्धि ग़ैर–विकसित क्षेत्रों में थी, बजाय कि वैसे क्षेत्रों में जहाँ विकास कार्य प्रखण्ड थे। हालाँकि, यहाँ इस बात पर भी ध्यान देने की ज़रूरत है कि 1957 में विकसित क्षेत्रों में कांग्रेस के वोटों में वास्तव में वृद्धि हुई, परन्तु यह 1952 में ग़ैर–विकसित क्षेत्रों में कांग्रेस को मिले वोटों से भी कम थी। चाहे इस कार्यक्रम की कुछ भी कमी रही हो, इन क्षेत्रों में, इससे कुछ फ़ायदा हुआ था। वे कौन से क्षेत्र थे जो इस कार्यक्रम के तहत चलने वाली किसी भी सुविधा से लाभान्वित नहीं हो सके? कोई भी यह उम्मीद कर सकता है कि विकसित क्षेत्रों की तुलना में ग़ैर–विकसित क्षेत्रों में कांग्रेस की स्थिति कमज़ोर होगी क्योंकि ग़ैर–विकसित क्षेत्रों को इन सुविधाओं से वंचित रखा गया था। परन्तु, कांग्रेस पार्टी यहाँ ज़्यादा मज़बूत स्थिति के साथ उभरी।

ऐसे में यह स्वाभाविक–सा प्रश्न है कि ग़ैर–विकसित क्षेत्रों में कांग्रेस पार्टी के ज़्यादा सशक्त समर्थन के लिए कौन–से कारक उत्तरदायी थे? क्या यह सम्भव है कि कांग्रेस पार्टी की अपेक्षाएँ अब भी बनी हुई थी, और विकसित क्षेत्रों में इन्हें अनुभव की परीक्षा से गुजरना था। क्या ये क्षेत्र विकसित क्षेत्रों की तुलना में लगातार उपेक्षित रखने की वजह से कांग्रेस के विरुद्ध नहीं चले जाने चाहिए? भारतीय गाँवों के एकाकीपन के लिए चाहे जो भी कहा जाये, समाचार फैलता है और शायद इन क्षेत्रों ने इस कार्यक्रम के सिर्फ़ प्रशंसनीय लाभों के बारे में सुना हो और सोचा हो कि जल्द ही कांग्रेस पार्टी द्वारा यह कार्यक्रम उनके क्षेत्र में भी लाया जायेगा?

समर्थन सहज नहीं

इन प्रश्नों के कोई भी उत्तर इस समय महज अटकलबाज़ी कहे जायेंगे। हालाँकि, पश्चिम बंगाल राज्य तक सीमित अपने शोध–निष्कर्षों के आधार पर यह कहा जा सकता है कि ग्रामीण विकास कार्यक्रमों की वजह से लोकप्रिय उत्साह और सरकार के लिए बढ़–चढ़ कर राजनीतिक समर्थन सहज तौर पर पैदा नहीं हुआ। वस्तुतः, अगर इस कार्यक्रम का संचालन सफलतापूर्वक कहीं किया भी गया तो भी इसके कारण निश्चित तौर पर राजनीतिक समर्थन में वृद्धि नहीं हुई। उपलब्धि सिर्फ़ माँगों को और ज़्यादा बढ़ावा दे सकती है। उम्मीद और उपलब्धि के बीच का अन्तर ज़रूरी नहीं है कि किसी कार्यक्रम की विफलता के आवश्यक रूप के कारण हो, बल्कि यह सम्भव है कि एक सफल कार्यक्रम में भी उम्मीदें उस कार्यक्रम की उपलब्धि को पीछे छोड़ दें। भूख, खाने के साथ जुड़ी होती है। इसी प्रकार उम्मीद और उपलब्धि भी एक सर्पिल–रेखा की तरह जुड़कर कार्य करते हैं, जहाँ माँगों की वजह से सरकार की ओर से उन्हें पूरा करने का निर्णय लिया जाता है, लेकिन बदले में यह और ज़्यादा माँगों को जन्म देता है और किसी भी बिन्दु पर जब ये माँगें पूरी नहीं होती हैं तो परिणाम लोगों द्वारा सरकार से समर्थन खींचना हो सकता है। ऐसा करते वक़्त लोगों द्वारा इस बात की परवाह नहीं की जाती है कि पहले उन्हें कितनी सन्तुष्टि प्रदान की गयी थी। इसलिए किसी को भी यह उम्मीद नहीं करनी चाहिए कि आर्थिक विकास की सफलता और राजनीतिक समर्थन में निश्चित तौर पर अन्तःसम्बन्ध होगा।

सामुदायिक विकास कार्यक्रम के तहत आने वाले क्षेत्रों के मतदान व्यवहार के विश्लेषण के सम्बन्ध में एक अन्तिम टिप्पणी अब तक सम्पादित अध्ययनों के मूल्यांकन की प्रकृति पर होती हुई प्रतीत होती है। यह पर्याप्त नहीं है कि कार्यक्रम के मूल्यांकन को इन बातों में सीमित किया जाये कि इसने उत्पादन के कौन से उद्देश्य पूरे किये और इसने कौन–से लक्ष्यों को हासिल किया। बल्कि, अगर ज़्यादा उपयोगी न भी कहा जाये तो भी सरकार की भूमिका, सामुदायिक विकास कार्यक्रम आदि के सम्बन्ध में ग्रामीणों की अवधारणा से सम्बन्धित सूचनाएँ, समान रूप से उपयोगी हो सकती हैं। यह सम्भव है कि तय लक्ष्यों को हासिल करने में विफल रहने

का जो कारण सरकार को दिखाई दे रहा हो ग्रामीणों को वही कारण दिखाई नहीं दे रहा हो। यह भी हो सकता है कि जो आर्थिक रूप से पद–दलित हैं वे मनोवैज्ञानिक दृष्टिकोण से अपनी आकांक्षाओं में भी पद–दलित हों, और जो सरकार द्वारा किया गया छोटा–सा सहयोग दिखाई दे रहा हो वही ग्रामीणों के लिए ज़्यादा सन्तोषजनक हो।

अनुवादक : विवेक रत्न

सन्दर्भ

इलेक्शन कमीशन इंडिया, 1955, *रिपोर्ट ऑन द फर्स्ट जनरल इलेक्शन इन इंडिया 1951–52*, नयी दिल्ली : इलेक्शन कमीशन इंडिया।

1957, द डिलिमिटेशन ऑफ़ पार्लियामेंटरी ऐंड असेंबली कॉन्स्टीट्येंशीज़ (वेस्ट बंगाल) ऑर्डर, 1951, *एज़ मोडिफाइड बाई पार्लियामेंट ऐंड डिलिमिटेशन ऑफ़ पार्लियामेंटरी ऐंड कान्सटीट्येंशीज ऑर्डर, 1956*, नयी दिल्ली : इलेक्शन कमीशन इंडिया।

गवर्नमेंट ऑफ़ वेस्ट बंगाल, 1957, *कम्युनिटी डेवलपमेंट ऐंड रूरल एक्सटेंशन*, मिमिओ, 30 मार्च।

मित्रा, ए. 1953, *सेंसस ऑफ़ इंडिया 1951*, खण्ड–VI, पार्ट–II, दिल्ली : मैनेजर ऑफ़ पब्लिकेशंस।

ग्रामीण विद्युतीकरण के सामाजिक परिणाम*

टी. एन. वलूनजकर

भारत में औद्योगीकरण का समाजशास्त्रीय अध्ययन मुख्य रूप से जीवन के सामाजिक–आर्थिक आयामों पर ग़ैर–खेतिहर कारख़ाने वाले औद्योगीकरण की जाँच–पड़ताल से जुड़ा रहा है (मसलन, देखें लैम्बर्ट 1963; प्रभु 1956)। किन्तु खेतिहर क्षेत्र के औद्योगीकरण पर विशेष ध्यान नहीं दिया गया है (देखें इप्सटीन 1962)। औद्योगीकरण की समस्याओं को सही तरीक़े से समझने तथा आर्थिक संवृद्धि की सन्तुलित प्रक्रिया को सुनिश्चित करने के लिए इस प्रकार के अध्ययनों की अत्यधिक आवश्यकता है। आगे ग्रामीण विद्युतीकरण के सन्दर्भ में एक प्रारम्भिक अध्ययन का विवरण दिया गया है, जो इसी दिशा में एक विनम्र प्रयास है। इस सन्दर्भ में कुछ आँकड़ों का संग्रहण किया गया है तथा इन्हीं आँकड़ों के आधार पर सार्थक समस्याओं के सूत्रीकरण का व्याख्यात्मक अध्ययन प्रस्तुत किया गया है।

गाँव की सामाजिक संरचना

विद्युतीकरण के सामाजिक परिणामों को सुनिश्चित करने के लिए एक ऐसे गाँव का चुनाव किया जाये जो निम्नलिखित दो शर्तों को पूरा करता हो : (1) यह शहर से सापेक्षिक रूप से पृथक् हो; और (2) पाँच वर्षों की अवधि से यहाँ बिजली की उपलब्धता हो। पहली कसौटी विद्युतीकरण के प्रभावों को अन्य कारकों के प्रभाव से अलग–थलग करने के लिए आवश्यक है, तथा दूसरी कसौटी विभिन्न प्रकार के नतीजों की अभिव्यक्ति के लिए आवश्यक है। महाराष्ट्र राज्य के चंदा ज़िले का अम्बेगाँव (एक छद्म नाम) इन कसौटियों को काफ़ी हद तक पूरा करता था, इसीलिए इसे क्षेत्र–अध्ययन (फील्ड–वर्क) के लिए चुना गया। आगे गाँव और इसकी सामाजिक संरचना के बारे में प्रासंगिक सूचनाएँ दी गयी हैं।

---

* *इकोनॉमिक ऐंड पॉलिटिकल वीकली* 3 (10) : 431–34 (9 मार्च, 1968)।

अम्बेगाँव महाराष्ट्र राज्य के चंदा ज़िले के ब्रह्मपुरी तहसील में स्थित है। यह ब्रह्मपुरी से 5 मील की दूरी पर है। ब्रह्मपुरी में तहसील का मुख्यालय है और यहाँ रेलवे स्टेशन भी है। यह गाँव इस क्षेत्र के प्रमुख औद्योगिक केन्द्र नागपुर से 80 मील की दूरी पर बसा हुआ है। यद्यपि ब्रह्मपुरी नागपुर से रेलवे और बसों के माध्यम से अच्छी तरह जुड़ा हुआ है, किन्तु अम्बेगाँव शहरी प्रभाव से काफ़ी हद तक अलग–थलग है क्योंकि यह बसों के आवागमन के सीधे रास्ते पर स्थित नहीं है। ब्रह्मपुरी और अम्बेगाँव के बीच आने–जाने के लिए पारम्परिक बैलगाड़ी ही एकमात्र साधन है। ब्रह्मपुरी एक निम्न तल वाले क्षेत्र में बसा हुआ है, यद्यपि मुख्य नदी वेनगंगा इससे 1.5 मील की दूरी पर बहती है, किन्तु इसकी एक सहायक नदी के कारण अक्सर बाढ़ का पानी गाँव में आ जाता है। मानसून के दौरान इस गाँव और इसे ब्रह्मपुरी से जोड़ने वाली सड़क के बड़े हिस्से में पानी भर जाता है तथा गाँव में आने–जाने की हर व्यवस्था ठप्प पड़ जाती है। जब सड़कों पर पानी भर जाता है तो मछुआरे गाँव में मछली बेचते हैं। गाँव के लोग गाँव के विभिन्न भागों में स्थित कुओं से पीने और घरेलू कामकाज के लिए पानी लाते हैं।

अम्बेगाँव में बहुत–सी जातियों के लोग रहते हैं और इस गाँव की जनसंख्या 2,982 है। कुनबी यहाँ पर खेती का काम करने वाली मुख्य जाति है। जनसंख्या के लिहाज़ से गाँव में इस जाति के लोग सबसे ज़्यादा हैं। इसके अलावा, यहाँ मराठा, तेली, मराल (सब्ज़ी उगाने वाले) गुरव, भावी (नाई), धीवर, सुतार, वारथी, लोहार, गोंड, कोसरी, नवा–बुद्धा और चम्भार जातियों के लोग प्रमुख हैं। नवा–बुद्धा और चमार इस गाँव की ऐसी दो जातियाँ हैं जो अनुसूचित जनजातियों की श्रेणी में आती हैं। इस गाँव की एक मुख्य विशेषता यह है कि यहाँ मराठा जाति के लोग तक़रीबन पूरी तरह से अनुपस्थित हैं। गाँव में मराठा जाति का सिर्फ़ एक परिवार रहता है। कुनबी जाति के लोगों की कर्मकाण्डीय स्थिति मराठा जाति से निम्न है। कुनबी लोगों को पवित्र धागा या जनेऊ पहनने का हक़ नहीं है और इस जाति में महिलाओं के पुनर्विवाह की भी अनुमति दी जाती है। सात जातियाँ– गुरव, भावी, धीवर, सुतार, गोंड, लोहार और चमार–गाँव में सेवक जातियों का एक समूह है, जिन्हें *आयाकारी* कहा जाता है। ये जातियाँ अपने परम्परागत पेशे के अनुसार काम करती हैं। इन जातियों के लोग अपने काम के बदले में फ़सल कटाई के समय अनाज या अन्य

खेतिहर वस्तुएँ लेते हैं। तेली जाति के लोग पारम्परिक रूप से तेल बेचने का काम करते हैं, लेकिन इस गाँव में उन्होंने पैसे उधार देने और खेती का काम भी अपना लिया है। नवा–बुद्धा जाति के लोग पूर्व–महार हैं, और अपने धर्मान्तरण से पहले ये गाँव से मृत जानवरों को हटाने और गाँव की सड़कों की सफ़ाई का काम करते थे। किन्तु धर्मान्तरण के बाद इन्होंने इन पारम्परिक कामों को छोड़ दिया है, तथा कपड़े सिलने, किराना की दुकान चलाने और खेती करने के पेशे को अपना लिया है।

गाँव में पंचायत और दो सहकारी संगठन हैं। इन संगठनों द्वारा विकास का काफ़ी काम किया गया है। मसलन, इन्होंने गाँव में सड़कों का निर्माण, विद्युतीकरण तथा ग्रामीण खेती में सुधार करने जैसे काम भी किये हैं।

अमूमन गाँव के लोग खेती से उपजने वाली वस्तुओं को बेचने के लिए ब्रह्मपुरी जाते हैं, जहाँ हर शुक्रवार को बाज़ार लगता है। इसके अलावा, वे गाँव से 5 मील दूर बसे एक अन्य शहर और रेलवे स्टेशन वाडसा भी जाते हैं।

पंचायत के नेताओं के गम्भीर प्रयासों के कारण वर्ष 1960 में इस गाँव में विद्युतीकरण कर दिया गया। बिजली पाने के लिए सबसे महत्त्वपूर्ण शर्तों में से एक शर्त यह थी कि गाँव के ऐसे आठ किसानों को सूचीबद्ध किया जायें जो कुओं में बिजली से चलने वाले पम्प लगाना चाहते थे। ऐसे प्रत्येक पम्प के मालिक को न्यूनतम 1,500 रुपये का निवेश करना था तथा प्रति वर्ष 200 रुपया बिजली का शुल्क अदा करना था। सरकार ने ज़रूरतमंद किसानों को कर्ज़ दिया ताकि वे अपने खेतों की सिंचाई के लिए बिजली से चलने वाला पम्प लगा सकें।

खेती में विद्युत

जिस समय इस गाँव के क्षेत्रीय अध्ययन की शुरुआत की गयी, उस समय बिजली का उपयोग तीन उद्देश्यों को पूरा करने के लिए किया जाता था : खेतिहर, घरेलू और औद्योगिक। पम्प का उपयोग करने वाले आठ किसानों के अतिरिक्त 42 लोग अपने घरों में रोशनी के लिए बिजली का उपयोग कर रहे थे, और तीन लोग औद्योगिक आवश्यकताओं को पूरा करने के लिए इसका इस्तेमाल कर रहे थे। सारणी 1 में बिजली के तीन प्रकार के उपयोगकर्त्ताओं का विवरण तथा उनका जातिगत विश्लेषण प्रस्तुत किया गया है।

सारणी 1 : जाति के आधार पर बिजली का उपयोग करने वाले लोगों का विश्लेषण

उपयोग के प्रकार	जति			कुल
	तेली	कुनबी	अन्य	
खेतिहर	2	5	1	8
घरेलू	8	13	21	42
औद्योगिक	1	1	–	2
कुल	9	14	21	44

स्रोत : लेखक।

उपर्युक्त तीन भिन्न–2 उद्देश्यों के लिए गाँव में बिजली के उपयोग के परिणामस्वरूप ग्रामीण समुदाय के तीन तबके प्रभावित हुए।

अब साल भर लोग अपने खेतों की सिंचाई करने के लिए विद्युत पम्पों का उपयोग कर रहे थे। आठवें पम्प का उपयोग गाँव के स्कूल में स्कूल पम्प की सिंचाई के लिए किया जाता था। पम्पों का उपयोग करने वाले इन सात लोगों का साक्षात्कार किया गया, और इसके माध्यम से खेती में बिजली के प्रयोग के बारे में उनकी प्रतिक्रिया जानने का प्रयास किया गया। इनसे मानव–प्रकृति सम्बन्ध, पशुओं के स्थान, फ़सलों के स्वरूप, खेती में परम्परा और नवीन प्रयोग आदि जैसे खेती से जुड़े विभिन्न आयामों पर चर्चा की गयी। आगे इन सात लोगों की प्रतिक्रियाओं के बारे में वर्णन किया गया है।

(क) मानव–प्रकृति सम्बन्ध : यह एक सर्वज्ञात तथ्य है कि भारत में खेती काफ़ी हद तक प्रकृति पर निर्भर है। अगर अच्छी बरसात नहीं होती है तो फ़सलें ख़राब हो जाती हैं, और सूखे का ख़तरा पैदा हो जाता है। इस स्थिति ने गाँव के लोगों के दृष्टिकोण को काफ़ी प्रभावित किया है तथा उनके भीतर निर्भरता और असहायता की भावना पैदा की। इस मसले पर जिन सात लोगों का साक्षात्कार लिया गया, उनमें इस तथ्य पर आमसहमति थी कि वे सदियों से चली आ रही प्रकृति पर निर्भरता से

आज़ादी चाहते थे। इनमें से बहुत–से लोगों ने यह विचार व्यक्त किया कि अब वे बरसात होने या न होने की बेचैनी से मुक्त खेती करने की अपनी योजना तय कर सकते हैं। इसने इन्हें कुछ हद तक फ़सलों के स्वरूप को नियन्त्रित करने में भी समर्थ बनाया है, और इससे वे ख़ुद को बाज़ार की माँग के अनुसार समायोजित करने लगे हैं। पम्पों की उपलब्धता के कारण किसान अपने पूरे दिन के काम के बारे में ज़्यादा सन्तोषजनक तरीक़े से योजना बना पाते हैं। जैसा कि एक व्यक्ति ने बताया कि 'अब हम अपनी मर्ज़ी के अनुसार मशीन चला सकते हैं।'

(ख) पशुओं का स्थान : पारम्परिक खेती काफ़ी हद तक बैलों पर निर्भर है। हर प्रकार के खेतिहर काम के लिए एक जोड़ी बैल आवश्यक हैं और यदि किसी बैल की असामयिक मृत्यु हो जाती है तो इससे किसान के कष्ट और कर्ज़ में अत्यधिक वृद्धि होती है। इसी तरह, खेती में बैलों के उपयोग से खेती का तेज़ी से व्यवसायीकरण नहीं हो पाता है। किसान उच्च उत्पादकता वाले बीजों का प्रयोग नहीं कर पाते हैं क्योंकि किसानों को इसी के अनुरूप अपने जानवरों को चारा भी खिलाना होता है। इसलिए, सिंचाई के लिए बिजली की उपलब्धता ने बैलों पर निर्भरता को काफ़ी कम किया है। एक उद्यमी के नजरिये से पम्पों का उपयोग करने वाले किसान ट्रैक्टर ख़रीदने की भी योजना बना रहे हैं। लेकिन यह नहीं कहा जा सकता है कि विद्युतीकरण के कारण खेतिहर गतिविधियों से बैल जल्द ही पूरी तरह से ग़ायब हो जायेंगे। इसका कारण यह है कि बैलों को सिर्फ़ आर्थिक सम्पदा ही नहीं माना जाता है, बल्कि इन्हें परिवार के प्रतिष्ठा के प्रतीक के रूप में भी देखा जाता है। इस गाँव के बारे में यह भी उल्लेखनीय है कि यहाँ अमीर किसान बैलगाड़ी की दौड़ प्रतियोगिता के लिए भी अपने पास अच्छे बैलों के जोड़ों को रखते हैं। अमूमन ऐसे बैलों का खेती के लिए उपयोग होता है। बैलों को रखने से जुड़ी प्रतिष्ठा के इस विचार के कारण तेज़ी से खेती का यन्त्रीकरण होने की सम्भावना कम है।

(ग) मानव श्रम : पारम्परिक खेती बड़े पैमाने पर मानव श्रम पर निर्भर करती है। ऐसे में इस प्रकार का श्रम बड़े संयुक्त परिवार और उनके सगे–सम्बन्धियों द्वारा उपलब्ध कराया जाता रहा है। लेकिन बिजली का उपयोग आरम्भ होने के बाद इस स्थिति में परिवर्तन के संकेत मिलने लगे हैं। पम्प का उपयोग करने वाले सभी लोग इससे सहमत हैं कि बिजली

की उपलब्धता के कारण एक व्यक्ति उन सारे कामों को देख सकता है, जिनके लिए पहले तीन लोगों की ज़रूरत होती थी। इसका अर्थ यह है कि बिजली के उपयोग के कारण संयुक्त परिवार और विस्तृत सगे–सम्बन्धियों की व्यवस्था के आर्थिक महत्त्व में कटौती होगी। यह व्यक्तिगत निर्णय लेने और तार्किक योजना बनाने की प्रक्रिया में मददगार साबित होगा।

(घ) फ़सलों के स्वरूप में परिवर्तन : खेती में बिजली का उपयोग होने के कारण अब यह स्पष्ट रूप से दिखता है कि जीविका के लिए खेती से व्यावसायिक खेती की ओर बदलाव हो रहा है। यद्यपि पम्प का उपयोग न करने वाले किसान भी कुछ हद तक नगदी फ़सल उपजाते हैं, किन्तु पम्प का उपयोग करने वाले लोगों की नगदी फ़सलों के एक एकड़ में होने वाली उपज में काफ़ी वृद्धि हुई है। इसी तरह, पम्प का उपयोग करने वाले लोगों ने पम्प का उपयोग न करने वाले लोगों की तुलना में उर्वरकों और कीटनाशकों के उपयोग तथा बीजों की विविधता में सुधार की ज़्यादा प्रशंसा की। इस गाँव में ग्राम सेवक किसानों को नयी खेतिहर तकनीक के बारे में वैज्ञानिक ज्ञान देने तथा विभिन्न प्रकार के अच्छे बीज और उर्वरक इत्यादि उपलब्ध कराने का काम करते हैं। पम्प का उपयोग करने वाले लोगों के बीच नयी वैज्ञानिक तकनीकों के बारे में जानने की इतनी तीव्र इच्छा है कि इनमें से कुछ लोग खेती से जुड़ी वैज्ञानिक पत्रिकाओं को नियमित रूप से मँगाते और पढ़ते हैं। इसी तरह, पम्प का उपयोग करने वाले एक किसान ने प्रयोग के तौर पर भिंडी की खेती की। ऐसा इस गाँव में पहली बार हुआ था। पम्प का उपयोग न करने वाले किसानों की तुलना में पम्प का उपयोग करने वाले किसान नवीन प्रयोग करने के लिए ज़्यादा उत्सुक और उत्साहित थे।

व्यावसायिक फ़सलों पर बल देने के अलावा, पम्प का उपयोग करने वालों ने अपनी भूमि के उपयोग को भी बढ़ावा दिया। वे दो से तीन फ़सल उगा रहे थे, वहीं पारम्परिक किसान एक फ़सल से ही सन्तुष्ट थे। इसने शहरी दुनिया के साथ इनके सम्पर्क को बढ़ाया है। पम्प का उपयोग नहीं करने वालों की तुलना में पम्प का उपयोग करने वाले किसान अमूमन अपने उत्पादों को नागपुर के बाज़ार में बेचते थे। इसी तरह, पम्प का उपयोग करने वालों ने नागपुर जैसे बड़े शहरों की बाज़ार दरों में गहरी रुचि दिखायी, और इसके बारे में जानकारी एकत्रित करने के लिए वे अख़बार भी पढ़ते थे। शहरी अर्थव्यवस्था में बढ़ती भागीदारी और प्रकृति

से स्वतन्त्रता की बढ़ती भावना प्रतियोगिता, व्यक्तिवाद और तार्किकता के विकास के लिए अनुकूल माहौल तैयार किया। पम्प का उपयोग करने वाले किसानों के बीच ये लक्षण स्पष्ट रूप से सामने आयें। इस गाँव में पारम्परिक किसान बहुत–से कर्मकाण्डीय प्रतिबन्धों को मानते थे। मसलन, वे कुछ दिनों में किसी प्रकार की आर्थिक गतिविधि नहीं करते थे। हमारे इस अध्ययन के दौरान ही गाँव में चेचक की बिमारी फैल गयी। इस महामारी की रोकथाम के लिए गाँव के लोगों ने यह तय किया कि वे अगले पाँच सप्ताह तक प्रत्येक मंगलवार को कोई आर्थिक गतिविधि नहीं करेंगे। लेकिन पम्प का उपयोग करने वाले बहुत–से किसानों को यह प्रतिबन्ध बहुत ही दमनकारी लगा, और इनमें से बहुत–से लोगों ने इस नियम का उल्लंघन किया। यह दिखाता है कि खेतिहर गतिविधियों में पम्प का उपयोग करने वाले किसान ज़्यादा तार्किक रूप से विचार कर रहे थे।

(ङ.) बलूतेदार से सम्बन्ध : महाराष्ट्र के ग्रामीण क्षेत्रों में *बलूता* व्यवस्था क़ायम थी, जो मूल रूप से पारम्परिक खेतिहर स्वरूप पर निर्भर थी। *बलूता* व्यवस्था मुख्य रूप से फ़सल–अदायगी थी, जो जीविकोपार्जन से सम्बन्धित खेती को बढ़ावा देती थी और उसको आवश्यक बना देती थी। बिजली के उपयोग से दो महत्त्वपूर्ण परिवर्तन हुए : पहला, व्यावसायिक कृषि को बढ़ावा मिलना तथा चमड़े के बैग से कुँओं से पानी निकालने की पद्धति का ख़त्म होना। साक्षात्कार में यह बात सामने आयी कि अब पम्प का उपयोग करने वाले किसान चमार जाति के लोगों की सेवा नहीं ले रहे हैं, इसलिए अब ये *बलूता* अदा नहीं करते हैं।

दूसरी बात यह है कि यह अनुमान लगाया गया कि पम्प का उपयोग करने वाले किसानों द्वारा व्यावसायिक खेती पर ज़ोर देने से उनके भीतर कारीगरों को अनाज के माध्यम से भुगतान करने की प्रवृत्ति कम होगी और वे नगद भुगतान करने की ओर बढ़ेंगे। लेकिन हक़ीक़त यह है कि पम्प का उपयोग करने वाले पाँच कुनबी किसान अभी भी वस्तु या फ़सल के माध्यम से ही भुगतान कर रहे थे, वहीं, पम्प का उपयोग करने वाली तेली जाति के दो किसान नगद राशि अदा कर रहे थे। साक्षात्कार में यह पाया गया कि पम्प का उपयोग करने वाले कुनबी जाति के लोगों को यह लगता था कि नगद राशि देना आर्थिक रूप से ज़्यादा फ़ायदेमन्द है किन्तु वे इस व्यवस्था को अपनाने से झिझक रहे थे। अपनी इस झिझक

को सही ठहराते हुए उन्होंने यह तर्क दिया कि यदि *बलूतेदारों* को नगद राशि अदा की जायेगी तो वे अपने काम को लेकर ज़्यादा गम्भीर नहीं रहेंगे और इससे उनकी निष्ठा पर भी असर पड़ेगा। जब इन कुनबी किसानों को यह बताया गया कि पम्प का उपयोग करने वाले तेली किसान पहले ही नगदी भुगतान करना शुरू कर चुके हैं और उन्हें कोई आर्थिक नुकसान नहीं हुआ, तो पम्प का उपयोग करने वाले कुछ कुनबी किसानों ने यह जवाब दिया कि तेली लोग किसान नहीं हैं और वे बाहरी लोग हैं। इस गाँव में कुनबी जाति के लोग ख़ुद को तेली लोगों से ज़्यादा उच्चतर मानते थे, इसलिए उन्हें यह लगता था कि अनाज के माध्यम से भुगतान करने की पारम्परिक व्यवस्था को क़ायम रखना आवश्यक है। असल में, ग्रामीण भारत के अन्य भागों में भी भुगतान करने की प्रणाली को सामाजिक प्रतिष्ठा से जुड़ा हुआ माना जाता रहा है (देखें श्रीनिवास 1955)। वस्तुओं या अनाज के माध्यम से भुगतान को नगद भुगतान से उच्चतर माना जाता है। इसलिए भुगतान प्रणाली में किसी प्रकार के बदलाव से किसानों की सामाजिक प्रतिष्ठा को क्षति पहुँचती। गाँव में कुनबी जाति के लोगों की स्थिति उच्च थी, इसलिए स्वाभाविक रूप से उन्हें मालिक–नौकर के सम्बन्ध में कोई बदलाव करने में झिझक हो रही थी। इसका अर्थ यह है कि सिर्फ़ नगदी की उपलब्धता से ही भुगतान करने की पारम्परिक प्रणाली में कोई भी बदलाव नहीं होने वाला था। सामाजिक प्रतिष्ठा की अवधारणाओं ने परिवर्तन के रास्ते में रुकावट पैदा की।

(च) शिक्षा के बारे में बदलता नजरिया : पम्प का उपयोग करने वाले किसान खेती करने की वैज्ञानिक प्रणाली के बारे में ज़्यादा जागरूक हो गये। चूँकि यह ज्ञान शिक्षित व्यक्ति के लिए ज़्यादा उपलब्ध था, इसलिए, सभी पम्प उपयोगकर्त्ताओं ने यह विचार व्यक्त किया कि प्राथमिक स्कूल शिक्षा किसान की न्यूनतम आवश्यकता है। उन्होंने अपने बेटे और बेटियों– दोनों को ही शिक्षा देने का समर्थन किया।

इस तरह, संक्षेप में यह कहा जा सकता है कि खेती में बिजली के उपयोग के कारण निम्नलिखित परिवर्तन हुए : (1) इसने प्रकृति और बैलों पर निर्भरता कम की, और इसलिए इसके कारण आशावाद की भावना निर्मित हुई; (2) इसने मानव–श्रम के महत्त्व को काफ़ी हद तक कम किया; (3) इसने एक प्रतियोगी भावना, तार्किकता और एक प्रयोगात्मक

दृष्टिकोण को बढ़ावा दिया, और इस तरह इसने ज़्यादा आधुनिकीकरण के लिए अनुकूल स्थितियाँ उत्पन्न की।

बिजली का सिर्फ़ खेती में ही नहीं, बल्कि घरों, दुकानों और गाँवों की सड़कों में रोशनी पहुँचाने के लिए भी इस्तेमाल किया गया। इसी तरह, चार रेडियो बिजली से चलते हैं, जिनमें से एक रेडियो गाँव की पंचायत का था, और शेष विभिन्न व्यक्तियों के पास थे।

इस गाँव में रेडियो का आधुनिकीकरण का प्रभाव कुछ हद तक सीमित था क्योंकि सिर्फ़ तीन लोग ही रेडियो का इस्तेमाल कर रहे थे। पंचायत के रेडियो का प्रयोग सिर्फ़ किसानों से सम्बन्धित विशेष कार्यक्रमों को सुनने के लिए किया जाता था। किसानों के ऐसे कार्यक्रमों में खेती में तकनीकी बदलाव करने, सार्वजनिक और व्यक्तिगत स्वच्छता को बढ़ावा देने तथा अन्य सम्बन्धित मुद्दों पर ध्यान दिया जाता था। लेकिन असल में बहुत कम किसान ऐसे कार्यक्रमों को नियमित रूप से सुनते थे। यद्यपि ग्रामीण विकास कार्यक्रम की आवश्यकताओं को ध्यान में रखते हुए गाँव में एक किसान रेडियो क्लब का निर्माण भी किया गया था, किन्तु इस क्लब में काफ़ी कम लोग सक्रिय थे। इन सीमाओं के कारण रेडियो परिवर्तन का बहुत प्रभावकारी साधन नहीं बन सका है।

गाँव में सामूहिक खान–पान के नौ स्थल हैं, इनमें से चार स्थलों पर बिजली का प्रयोग रोशनी के लिए किया जाता है। इसके कारण ये चार स्थल अनौपचारिक सामाजिक मेल–जोल के स्थान बन गये हैं। क्षेत्र–अध्ययन के दौरान हमारा ध्यान इस बात की ओर गया कि दिन भर के काम के बाद लोग अमूमन खान–पान के इन स्थानों पर एकत्रित होते हैं और गाँव के विभिन्न मामलों पर बातचीत करते हैं। गाँव के रास्तों में बने बिजली के लैम्प–पोस्ट के सामने भी लोग इसी प्रकार की चर्चा करते हुए मिले। ऐसे समूहों में अस्पृश्यता का कोई व्यवहार देखने को नहीं मिला। इन स्थानों पर हरिजन भी स्पृश्य जातियों के लोगों के साथ बैठे हुए मिले। बिजली की उपलब्धता के कारण लोग अब नाटक और मनोरंजन के अन्य कार्यक्रम भी आयोजित करने लगें। धार्मिक विषयों पर आधारित पारम्परिक नाटकों के विपरीत अब ऐतिहासिक या सामाजिक विषयों पर आधारित नाटकों का ज़्यादा मंचन होने लगा। इस प्रकार के नाटकीय प्रदर्शनों ने लोगों को शिक्षित करने में महत्त्वपूर्ण भूमिका अदा की। इसलिए यह कहा जा सकता

है कि रोशनी के लिए बिजली की उपलब्धता के परिणामस्वरूप वैचारिक परिवर्तन की प्रक्रिया को और अधिक गति मिली है।

गाँव में बिजली आने से पहले डीजल से चलने वाली एक आटा मिल थी। चूँकि इसके रख–रखाव में काफ़ी ख़र्च होता था, इसलिए इसका बहुत कम उपयोग किया जाता था, लेकिन जब गाँव में बिजली की आपूर्ति होने लगी, तो यह मिल बिजली से चलने वाली मिल में तब्दील हो गयी। इस मिल का मालिक एक कुनबी भूमिपति था, उसे अब आटे के इस मिल से मुनाफ़ा होने लगा। इससे प्रोत्साहित होकर उसने एक चावल का मिल भी स्थापित किया। हमारे अध्ययन के समय इसके पास अलग–अलग प्रकार की चार मशीनें थीं। कुनबी भूमिपति के मिल के अतिरिक्त एक तेली साहूकार के पास भी मिल थी। ये दोनों मिल अपनी क्षमता के अनुसार हमेशा प्रयोग करते थे। ये न सिर्फ़ इस गाँव के लोगों की आवश्यकताओं को पूरा करते थे, बल्कि नज़दीकी गाँव के लोग भी यहाँ पर अपने काम पूरे करवाते थे।

आटे का मिल आ जाने के कारण गाँव की कई महिलाओं को घर में अनाज पिसाई के उबाऊ और समय नष्ट करने वाले काम से छुटकारा मिल गया। अब अनाज की पिसाई में प्रयुक्त होने वाली पारम्परिक चक्की का महत्त्व कम होने लगा। यह महिलाओं की शिक्षा के लिए काफ़ी लाभकारी साबित हुआ। महिलाओं को शिक्षा के लिए प्रोत्साहित न करने का बड़ा कारण यह था कि घर के काम में उनका काफ़ी महत्त्व होता था। इसी कारण लड़कियों को स्कूल नहीं भेजा जाता था और उन्हें घर में काम करने के लिए कहा जाता था। लेकिन आटा पीसने वाले मिल के कारण लड़कियों को घर के काम से काफ़ी हद मुक्ति मिली है। अब माता–पिता के लिए अपनी बच्चियों को स्कूल भेजना आसान हो गया है। यह बात ग़ौरतलब है कि इस गाँव की 25 लड़कियाँ माध्यमिक विद्यालय में पढ़ रही थीं (जिसकी स्थापना पाँच वर्ष पहले हुई थी। इससे भी ज़्यादा बड़ी संख्या में लड़कियाँ प्राथमिक विद्यालय में पढ़ रही थीं।

गाँव में मिल आरम्भ होने का एक अन्य नतीजा यह निकला है कि अम्बेगाँव में कुछ ऐसे परिवार हैं जिनकी जीविका इन मिलों के कारण चलती है। पड़ोसी गाँवों से लोग अपने अनाज की पिसाई या चावल की सफ़ाई कराने के लिए यहाँ आते हैं। इसके अलावा, पड़ोसी गाँवों के लड़के–लड़कियाँ भी यहाँ के उच्च विद्यालय में पढ़ने आते हैं। इसलिए

यह स्पष्ट है कि विद्युतीकरण के परिणामस्वरूप अम्बेगाँव एक सेवा प्रदान करने वाले गाँव के रूप में विकसित होने लगा।

हालाँकि यहाँ पर कोई भी अन्य उल्लेखनीय उद्योग नहीं है, लेकिन यह बातचीत चल रही है कि यहाँ बिजली से चलने वाली तेल मशीन या चारा काटने वाली मशीन भी लगायी जाये। इससे यह स्पष्ट होता है कि विद्युतीकरण के परिणामस्वरूप औद्योगीकरण की दिशा में आगे बढ़ने की शुरुआत हो चुकी है।

खेती के क्षेत्र का यन्त्रीकरण और छोटे उद्योगों की शुरुआत में उद्यमिता को बढ़ावा देने की सम्भावना निहित है। इस गाँव में तेली, कुनबी, और नवा–बुद्धा जाति के तीनों लोगों ने मिलकर एक सोडा–क. ारख़ाने की स्थापना की। यह संयुक्त काम यह दिखाता है कि लोगों के दृष्टिकोण में काफ़ी बदलाव आया है। इसी तरह, कुनबी और नवा–बुद्धा जाति से जुड़े छह लोगों ने तेल के बीजों का कारोबार आरम्भ किया। इन उदाहरणों से यह स्पष्ट है कि औद्योगीकरण तार्किक काम और लाभ कमाने के दृष्टिकोण का विकास करने में सफल रहा है।

निष्कर्ष

इस पूरे विवरण से यह स्पष्ट है कि ग्रामीण विद्युतीकरण ने ग्रामीण जीवन के विविध भागों के आधुनिकीकरण की प्रक्रिया में मददगार भूमिका निभाई। बिजली का खेती, उद्योग और घरेलू स्तर पर उपयोग किया जाने लगा, और इसने परिवार व्यवस्था, *बलूता* व्यवस्था और मूल्य व्यवस्था पर गहरा प्रभाव डाला। अध्ययन में यह बात भी सामने आयी कि विद्युतीकरण के कारण श्रम की बचत होने लगी, जिसने बड़े संयुक्त परिवार और सगे सम्बन्धियों के विस्तृत समूह पर गहन प्रभाव डाला। इसने वैयक्तीकरण और तार्किक फ़ैसला लेने की प्रक्रिया में सहायता उपलब्ध करायी। इस बात की पूरी सम्भावना है कि विद्युतीकरण ग्रामीण क्षेत्रों में शिक्षा का प्रसार करेगा, और इस तरह यह आधुनिकीकरण की प्रक्रिया को बढ़ावा देने में भी सहायक साबित होगा। यद्यपि *बलूता* व्यवस्था में कुछ बदलाव हुए, लेकिन इसमें कोई मूलभूत बदलाव सामने नहीं आया। यह बात सामने आयी कि सामाजिक प्रतिष्ठा की अवधारणाओं के कारण पैसे की उपलब्धता के बावजूद भुगतान की प्रणाली में कोई तब्दीली नहीं आयी।

इसी तरह, विद्युतीकरण के कारण मूल्य व्यवस्था में भी कुछ बदलाव हुए। अब जन्म से आरोपित काम के बजाय नये काम की उपलब्धि पर ध्यान दिया जाने लगा। इसी तरह, पारम्परिक स्वरूप का स्थान प्रतियोगिता, वैयक्तिवाद और तार्किकता ने ले लिया।

अन्त में, इस बारे में भी कुछ महत्त्वपूर्ण बिन्दुओं का उल्लेख किया जा सकता है कि कारखना–प्रकार के औद्योगीकरण और खेती के दायरे में औद्योगीकरण के बीच क्या अन्तर है। कारख़ाना–प्रकार के औद्योगीकरण के बारे में हुए बहुत–से अध्ययनों में यह दिखाया गया है कि इसके परिणामस्वरूप गाँव से शहरों की ओर अप्रवासन होता है। लेकिन इन अप्रवासियों का सामाजिक दृष्टिकोण नहीं होता है, और इनमें शहरी समाज में भागीदारी करने के लिए आवश्यक मूल्यों का अभाव होता है, इसलिए ये खुद को शहरी समाज से काट लेते हैं और अपने लिए बाड़े या झुग्गियों का निर्माण करते हैं। यद्यपि ये शारीरिक रूप से शहर में रहते हैं, लेकिन उनकी निष्ठा गाँव के प्रति ही होती है। इसके विपरीत, खेती के विद्युतीकरण और यन्त्रीकरण से यह बात सामने आयी कि गाँव की जनसंख्या गाँव में ही रही और गाँव में नये रोज़गार की सम्भावना उत्पन्न हुई। इसलिए यह अनुमान लगाया जा सकता है कि विद्युतीकरण के परिणामस्वरूप गाँव की जनसंख्या के बाहर जाने की प्रक्रिया रुक जायेगी।

सन्दर्भ

लैम्बर्ट, आर डी. 1963, वर्कर्स, *फैक्ट्रीज ऐंड सोशल चेंज इन इंडिया,* बॉम्बे : एशिया पब्लिशिंग हाउस।

प्रभु, पी. एन. 1956, *'अ स्टडी ऑफ़ सोशल इफेक्ट्स ऑफ़ अर्बनाइजेशन ऑन इंडस्ट्रियल वर्कर्स माइग्रेटिंग फ्रॉम रूरल एरियाज टू द सिटी ऑफ़ बॉम्बे'*, संकलित, *सोशल इम्पलीकेशन्स ऑफ़ इंडस्ट्रियलाइजेशन ऐंड अर्बनाइजेशन,* यूनेस्को।

इपस्टी, टी. एस. 1962, *इकोनॉमिक डेवलपमेंट ऐंड सोशल* चेंज इन साउथ इंडिया, मैनचेस्टर, यूके : मैनचेस्टर यूनिवर्सिटी प्रेस।

श्रीनिवास, एम. एन. 1955, 'द सोशल सिस्टम ऑफ़ ए मैसूर विलेज'। संकलित : *विलेज इंडिया : स्टडीज़ इन द लिटिल कम्युनिटी,* सम्पादन मैक्किम मैरियट, शिकागो : शिकागो यूनिवर्सिटी प्रेस।

ग्रामीण भारत में हरित क्रान्ति एवं सामाजिक असमानताएँ*

डी. एन. धनाग्रे

1967 के बाद से भारतीय कृषि के क्षेत्र में, जब से उच्च–पैदावार देने वाले किस्मों (बीजों) से सम्बन्धित कार्यक्रम की शुरुआत की गयी, हरित क्रान्ति के पक्ष एवं विपक्ष में काफ़ी कुछ लिखा जा चुका है...हरित क्रान्ति के अन्तर्गत प्रयुक्त तकनीक के अन्तर्गत कृषि सम्बन्धी मशीनों (श्रम संरक्षण करने में सक्षम तकनीक के रूप में) के व्यापक स्तर पर प्रयोग, बीज की संकर किस्म (उच्च पैदावार वाली किस्म), सिंचाई की समुचित व्यवस्था (पानी के स्रोत से खेतों तक पानी ले जाने की व्यवस्था), खाद एवं कीटनाशकों का बड़ी मात्रा में प्रयोग और इसी तरह के प्रयास शामिल हैं।

यद्यपि, कहीं ज़्यादा या कहीं कम मात्रा में ही सही, पर ग्रामीण भारत के विभिन्न हिस्सों में विकास की गतिविधि की गुनगुनाहट हो रही है। लेकिन इसके बावजूद स्वतन्त्रता के उपरान्त आरम्भिक दो दशकों (1947–1967) के अन्दर शुरू किये गये सामुदायिक विकास कार्यक्रम, भूमि–सुधारों एवं सहकारी संस्थाओं के विकास के रूप में ग्रामीण विकास के लिए किये गये आरम्भिक उपाय ज़्यादा प्रभावी नहीं रहे। यह न तो तात्त्विक रूप से कृषि उत्पादकता को बढ़ा सका और न ही ग्रामीण ग़रीबी, बेरोज़गारी एवं लगातार बढ़ती सामाजिक–आर्थिक विषमता की काली छाया को ही मिटा सका (धनाग्रे 1984 : 178–93)। भारत में हरित क्रान्ति–कृषि के विकास के लिए अमेरिका प्रायोजित तकनीकी पैकेज को कहीं न कहीं अति उत्साहपूर्वक एवं बिना किसी समीक्षा के भी अपना लिया गया।

ऐसी आशा की गयी थी कि उन्नत कृषि उत्पादन, न केवल ग्रामीण ग़रीबी एवं भूख की चिरस्थायी बन चुकी समस्या का अन्तिम समाधन

---

* *इकोनॉमिक ऐंड पॉलिटिकल वीकली* 22 (19–20–21) (23 मई, 1987)।

साबित होगा, बल्कि यह एक नवीन रिसोर्स बेस भी उत्पन्न करेगा–जो ग्रामीण औद्योगीकरण के लिए एक प्रक्षेपण बिन्दु (लॉन्चिंग पैड) की तरह होगा। इससे रोज़गार के नये अवसर उत्पन्न होंगे तथा ज़मीनी स्तर पर प्रशंसनीय तरीक़े से जीवन की गुणवत्ता में सुधार होगा।

इस अध्याय में इस बात को जानने का प्रयास किया गया है कि विकास की यह रणनीति ग्रामीण ग़रीबों के एक बड़े हिस्से को ग़रीबी रेखा से ऊपर उठाने में तथा ग्रामीण भारत में सामाजिक–आर्थिक विषमता को कम करने में सफल हुई है या नहीं। यह कवायद द्वितीयक स्रोतों से प्राप्त अध्ययनों के प्रयोग पर आधारित है। बेशक, विभिन्न शोधकर्ताओं ने 'संवृद्धि' एवं 'प्रभाव' को परिमाणित करने के लिए विभिन्न मापकों (मानदण्डों) का इस्तेमाल किया है। चूँकि इस तरह के मात्रात्मक मापकों ने अर्थशास्त्रियों के बीच वैचारिक सम्मति की तुलना में प्रायः असहमति ज़्यादा उत्पन्न की है, इसलिए विभिन्न दृष्टिकोणों एवं व्याख्याओं को समर्थन या क़ायम रखने के लिए आँकड़ों के समान सेट का प्रयोग किया जा सकता है और किया गया है। साथ ही, हरित क्रान्ति के प्रभाव के अध्ययन की जानकारी भारत के विभिन्न भू–राजनीतिक क्षेत्रों से होती रही है। सभी क्षेत्र विकास के समान स्तर पर नहीं हैं।

इस अध्याय में कृषि सम्बन्धी सामाजिक संरचनाओं में क्षेत्रीय विविधताओं, जैसे–भूमि का नियन्त्रण और भूमि के उपयोग की पद्धतियाँ (पैटर्न), कृषि–जलवायु की परिस्थितियाँ और सामाजिक–सांस्कृतिक के साथ–साथ ऐतिहासिक विशिष्टताएँ–जो ग्रामीण भारत में कुछ असमानताओं के लिए कम–से–कम आंशिक रूप से ज़िम्मेदार हो सकती हैं, की चर्चा की गयी है। इसलिए, यहाँ यह सुझाव नहीं दिया गया है कि भारत के विभिन्न क्षेत्रों में तमाम ग्रामीण असमानताओं का कारण हरित क्रान्ति को ठहरा दिया जाये।

प्रारम्भ में हरित क्रान्ति के उपायों को 'स्केल न्यूट्रल' माना जाता था। इसलिए यह उम्मीद कर ली गयी कि चाहे ये उच्च उत्पादकता वाले (एचवाईवी) बीजों, कीटनाशकों, इनसेक्टिसाइड्स एवं उर्वरक की बात हो या लिफ्ट सिंचाई, खेती के क्रियाकलापों का मशीनीकरण और अन्य कृषि सब्सिडी का मामला, छोटे भू–स्वामी बड़े ज़मींदारों से अधिक नहीं तो कम–से–कम उनके बराबर तो लाभ उठा ही लेंगे। हालाँकि ज़मीनी स्तर पर काम करने वाले कृषि विकास नौकरशाही की अलग धारणाएँ रही हैं।

उनकी समझ ने स्केल न्यूट्रेलिटी के दृष्टिकोण को शायद ही कभी पुष्ट किया हो और उनके कार्यों ने लगभग हमेशा ही ग्रामीण विकास की एक धनी–समर्थक नीति को दर्शाया था। उदाहरण के लिए, जोआन मेन्चर (1978) ने बताया है कि तमिलनाडु के चिंगलेपुट ज़िले में उन्होंने जिन कृषि अधिकारियों का साक्षात्कार लिया था उनमें से अधिकांश उदासीन (न्यूट्रल) बने रहने से काफ़ी दूर दिखायी दिये।

> *उनकी समझ में हरित क्रान्ति को आगे बढ़ाने के लिए जिन बातों की ज़रूरत थी उसमें छोटे किसानों (यानी जिनके पास 5 एकड़ से कम सिंचित भूमि थी क्योंकि उन्हें ग़ैर–आर्थिक स्वामित्व के रूप में परिभाषित किया गया था) के बारे में भूल जाना शामिल था क्योंकि वे वास्तव में उत्पादन में होने वाली वृद्धि में कोई योगदान नहीं कर सकते थे। इन अधिकारियों के लिए प्रगतिशील किसान वही हैं जिनके पास व्यवहार्य खेत हैं और जो अच्छी स्थिति में हैं (वही : 239–40)।*

हालाँकि, वास्तविकता इसके विपरीत थी। मेन्चर ने पाया कि चिंगलेपुट के कुछ छोटे भू–स्वामी नये इनपुट्स (आगत) को आजमाने में उतनी ही दिलचस्पी रखते थे और उन्नतिशील (नवाचार के प्रति उन्मुख) थे जितने कि धनी ज़मींदार। लेकिन पहले वाले के पास नवीन पद्धतियों को आजमाने के लिए सुविधाओं का प्रायः अभाव रहा और शायद ही कभी उनको विकास–नौकरशाही से कोई प्रोत्साहन मिला।

हरित क्रान्ति की दिशा में क़दम उठाते हुए 1976 में विश्व बैंक के सहयोग से भारत में राष्ट्रीय बीज परियोजना की शुरुआत की गयी। यह एक दूसरा उदाहरण है कि कैसे ग्रामीण विकास की रणनीति उन्हीं समान (धनी–समर्थक) मान्यताओं पर स्थापित है। कृषि में उत्पादन बढ़ाने के लिए एचवाइवी बीजों का उत्पादन एवं विपणन (मार्केटिंग) इस परियोजना का प्रमुख लक्ष्य रहा है। इस योजना के वास्तविक क्रियान्वयन–जो कि हरित क्रान्ति का एक अभिन्न हिस्सा था–को सत्य देव (1980) ने हरियाणा बीज विकास कॉरपोरेशन के एक विशिष्ट केस को लेते हुए आलोचनात्मक रूप से जाँचा। इस परियोजना के साथ अन्तर्निहित नीति का उद्‌देश्य निजी क्षेत्र के विस्तार का समर्थन करना था ताकि कृषि के क्षेत्र में निजी एवं सार्वजनिक क्षेत्र के बीच एक यथोचित सन्तुलन क़ायम रखा जा सके।

परियोजना क्षेत्र (9 प्रखण्ड जिसमें प्रत्येक में क़रीब 100 गाँव हों) के किसानों को प्रति एकड़ के हिसाब से बीज उत्पादक भूमि के दो हिस्से (शेयर) ख़रीदने थे जिनमें प्रत्येक 100 रुपये का था। इस धन का भुगतान पाँच फ़सलों तक होना था (देवा 1980: 263–65)। हरियाणा में बीज कॉरपोरेशन की स्थापना के चार साल के अन्दर 285 शेयरधारक बीज उत्पादक थे। इनमें से एक–तिहाई लोग 5 एकड़ के भू–खण्ड पर बीज उगा रहे थे; दूसरे एक–तिहाई लोग 5–10 एकड़ के भू–खण्ड पर तथा बाकी के बचे तिहाई लोग 10–100 एकड़ के बड़े भू–खण्डों पर बीज उगा रहे थे (वही : 265)। चूँकि बीज को लोग अपनी पूरी ज़मीन के एक हिस्से पर ही उगा रहे थे इसलिए ज़ाहिर सी बात है कि इस परियोजना से मुख्यतः उन धनी किसानों को ही लाभ हुआ जिनके पास पर्याप्त मात्रा में ज़मीनें थीं। इस परियोजना की शर्तें भी ऐसी थीं कि इसमें किसानों को प्रति एकड़ के हिसाब से दो शेयर (प्रत्येक 100 रुपये का) ख़रीदने थे, यहाँ भी धनी किसानों को ही फ़ायदा था। यहाँ तक कि सबसे छोटे बीज उगाने वाले किसानों (यदि खेती की 5 एकड़ ज़मीन पर भी बीज उगायें) को भी इस परियोजना से लाभ उठा पाने के लिए शेयर पूँजी के रूप में 1000 रुपये के शुरुआती निवेश की ज़रूरत थी। बीज के उपयोग के सन्दर्भ में भी, प्रमाणित गेहूँ के बीज के 60 उपयोगकर्ताओं एवं 73 ग़ैर–उपयोगकर्ताओं पर किये गये एक सर्वेक्षण ने भी हरित क्रान्ति क्षेत्रों में बढ़ती असमानताओं के कुछ दिलचस्प तथ्य सामने लाये : 'यह पाया गया कि उपयोगकर्ता केवल भू–स्वामियों एवं उच्च जाति के किसानों के बीच से ही आये थे तथा एक भी काश्तकार (टेनेन्ट) या निम्न (अनुसूचित) जाति के लोगों में से नहीं आये था (वही : 268)।

निश्चित रूप से, सत्य देव के निष्कर्ष से यह पता चलता है कि नवीन वैज्ञानिक ज्ञान के द्वारा कृषि का विकास सार्वजनिक क्षेत्र के द्वारा निजी बीज उद्योग को बढ़ावा देने हेतु सिर्फ़ एक अभिव्यंजना थी, जिसमें नवीन वैज्ञानिक ज्ञान का लाभ उच्च जाति के अमीर किसानों को मिला। ये शायद ही कभी ग़रीब काश्तकारों एवं निम्न–जाति के किसानों तक पहुँचा, जिनको इसकी सबसे ज़्यादा ज़रूरत थी (देव 1980: 269)। इस प्रकार से हरित क्रान्ति वाले क्षेत्रों में निवेश के रूप में बीज की उच्च–उत्पादकता वाली किस्म का प्रयोग एक अन्य मापदण्ड के रूप में स्थापित हो गया जिसने नयी तरह की असमानताएँ पैदा कीं और कई बार पुरानी असमानता को ही आगे बढ़ाया।

धनी किसानों के पक्ष में पूर्वग्रह

भारतीय ग्रामीण विकास नियोजन में धनी किसानों के पक्ष में पूर्वग्रह का औचित्य इस भ्रान्ति के आधार पर साबित करते हैं कि हरित क्रान्ति तकनीक, पूँजी प्रधान होने के नाते, ग़रीब और सीमान्त किसानों की तुलना में धनी किसानों के लिए ज़्यादा उपयुक्त है क्योंकि अकेले धनी किसानों के पास ही उत्पादन की इस तकनीकी को वहन कर सकने के पर्याप्त संसाधन हैं। महँगे निवेश या इनपुट भी सम्भवतः केवल अधिक सम्पन्न किसानों की पहुँच के भीतर ही हैं इसीलिए ये उसके लाभ को उठा पाने के नज़रिये से ज़्यादा अच्छी स्थिति में हैं। बाद में इस मान्यता को एक तर्क के रूप में विकसित कर दिया गया जो कुछ हद तक काल्पनिक था कि–कुल उपज के साथ–साथ प्रति एकड़ उत्पादकता सकारात्मक रूप से खेत के आकार के साथ सहसम्बद्ध होगी। हाल ही में पंजाब में भल्ला और चड्ढा (1983) द्वारा किये गये एक सर्वेक्षण ने इस अन्तर्निहित मान्यता की भ्रांति को पूरी तरह से समाप्त कर दिया।

पंजाब के तीन अलग–अलग क्षेत्रों में आयोजित इस सर्वेक्षण में नैशनल सैंपल सर्वे के 30वें दौर की कार्यपद्धति (मैथडोलॉजी) को अपनाते हुए कुल 180 गाँवों का चयन किया गया तथा 1,663 खेती करने वाले गृहस्थ परिवारों से महत्त्वपूर्ण आँकड़ा प्राप्त किया गया (भल्ला और चड्ढ़ा 1983 : 27–31)। गृहस्थ परिवारों को छह श्रेणियों में वर्गीकृत करने की इसकी अध्ययन–पद्धति (मैथडोलॉजी), जो खेती के काम में लाये जा रही जोत–भूमि के आकार के द्वारा सीमांकित है, कुछ कमियों से भी ग्रस्त है क्योंकि यह हमें ग्रामीण सामाजिक स्तरीकरण के काफ़ी क़रीब नहीं पहुँचा पाती है। इसके बावजूद इस सर्वेक्षण का निष्कर्ष काफ़ी खुलासा करने वाला है। भौतिक (मैटीरियल) लागतों (यानी बीज, खाद एवं उर्वरक, बैलगाड़ियों का रखरखाव, डीजल और बिजली, मरम्मत और उपकरणों के रखरखाव आदि पर होने वाले व्यय) का विश्लेषण करने पर पता चलता है कि तीनों ही क्षेत्रों में, प्रति एकड़ फ़सली क्षेत्र पर लगने वाले भौतिक निवेश की मात्रा का खेत के आकार के साथ विपरीत सम्बन्ध था। इससे यह धारणा बनने की सम्भावना है कि हरित क्रान्ति सम्बन्ध उपायों/निवेशों ने सही मायनों में अमीरों की तुलना में छोटे एवं सीमान्त किसानों को लाभ पहुँचाया है। लेकिन यह मानना बिल्कुल ही भ्रामक होगा। जैसा कि भल्ला एवं चड्ढ़ा

(वही : 47–49) बताते हैं कि 'सीमान्त एवं छोटे खेतों पर भौतिक लागत का एक बड़ा हिस्सा वाहक पशु पर ख़र्च होता है–यह जो पूरे राज्य में सीमान्त किसानों द्वारा व्यय किये गये कुल भौतिक–लागत का 48.63 प्रतिशत के क़रीब है'। जब डीजल एवं बिजली, मशीनरी की मरम्मत एवं रखरखाव पर प्रति एकड़ ख़र्च की बात आती है तो यह खेत के आकार के साथ बढ़ता चला जाता है।

यह ध्यान रखना दिलचस्प एवं महत्त्वपूर्ण है कि पारम्परिक पूँजीगत निवेश (जैसे–वाहक पशु) पर उनकी अधिक निर्भरता के बावजूद छोटे खेत के किसान मशीनी सेवाओं को अपनाने के लिए अपनी ख़ुद की उत्पादक सम्पत्तियों से परिपूर्ति करते हुए पाये गये। इस प्रकार बड़े आकार के खेतों की तुलना में सीमान्त एवं छोटे खेतों पर मशीन लगाने की प्रति एकड़ क़ीमत बहुत ज़्यादा है (भल्ला एवं चड्ढा 1983 : 49–60)। यह स्पष्ट रूप से दिखाता है कि सीमान्त एवं छोटे किसानों के पास कर्मशक्ति एवं पहल की कमी नहीं है और न ही उनके अन्दर निवेश करने और लम्बी अवधि के सुधारों को प्रभावित करने और कृषि उत्पादकता बढ़ाने के लिए जोखिम उठाने की प्रवृत्ति की कोई कमी है।

पंजाब का सर्वेक्षण यह स्पष्ट करता है कि छोटे और सीमान्त किसान, जिनके लिए धनी किसानों के साथ प्रतिस्पर्धा कर पाना एक कठिन चुनौती है, जोखिम उठाने में संकोच नहीं करते। वास्तव में, वे अपने कृषि निवेश में सुधार करने के लिए हर सम्भव प्रयास करने के प्रति काफ़ी उत्साहित हैं। हालाँकि छोटे एवं सीमान्त किसानों की उद्यमशीलता की पहल ने तात्विक रूप से उन्हें कोई मदद नहीं की है और न ही वे ग्रामीण पंजाब में बढ़ती असमानता को कम करने में सक्षम हो पायी हैं।

दूसरे शब्दों में, यह सुझाव देने के लिए पर्याप्त प्रमाण हैं कि सबसे छोटे किसान ज़्यादा नहीं तो कम–से–कम इतने उत्पादक तो हैं ही जितने कि सबसे बड़े किसान हैं। इसलिए, बड़े खेत को लेकर उत्पादक क्षमता एवं दक्षता का तर्क आनुभविक रूप से कहीं नहीं टिकता है। निश्चित रूप से यह कृषि–भूमि जैसे सीमित संसाधन के ग़ैर–समतावादी वितरण के लिए किसी भी ठोस औचित्य की पेशकश नहीं कर सकता है, और इसी के साथ हरित क्रान्ति सम्बन्धी उपायों के अन्तर्गत निवेश के असमान वितरण को सही ठहरा सकता है जो सामान्य रूप से भारत में और विशेष रूप से पंजाब में दिखता है (देव 1984 : 54)।

भारत में 1960 के दशक के बाद से सरकार द्वारा अपनायी जाने वाली कृषि नीतियों ने सिंचाई की बारहमासी स्थायी व्यवस्था वाले क्षेत्रों और खेती के लिए वर्षा पर निर्भर रहने वाले क्षेत्रों के बीच भी असमानता के स्तर को बढ़ाने का काम किया है। यह एक ज्ञात तथ्य है कि सूखे क्षेत्रों की अपेक्षा आद्र (गीले) क्षेत्रों में खेतों को बेहतर सेवा प्राप्त होती है तथा राज्य की नौकरशाही भी वहाँ पहुँचती है जो विभिन्न विकास परियोजनाओं को क्रियान्वित करती है। इसी वजह से हरित क्रान्ति का पैकेज मुख्य रूप से बारहमासी सिंचित खेतों को ध्यान में रखते हुए ही तैयार किया जाता रहा है।[1] उर्वरकों की भारी खुराक के साथ अनाज की उच्च उपज देने वाली किस्मों के उत्पादन ने मुख्य रूप से सिंचित क्षेत्रों को ही प्रभावित किया जो कि पहले से ही अनुगृहित है (बागची 1982 : 156, 175)। इसलिए औसत घरेलू आय के सन्दर्भ में देखने पर ग्रामीण क्षेत्रों में असमानताएँ अपेक्षाकृत रूप से सिंचित और सम्पन्न क्षेत्रों में ज़्यादा दिखायी दे रही हैं।

कई शोधकर्ताओं ने आर्द्र क्षेत्रों एवं शुष्क क्षेत्रों के बीच सापेक्ष आर्थिक जीवन की सम्भावनाओं पर तुलनात्मक अध्ययन किया है। उदाहरण के लिए वी. अथरेया एवं उनके सह–शोधकर्ताओं (1983) ने तमिलनाडु में तिरूची ज़िले की दो पंचायत यूनियनों से सैंपल लिये गये छह गाँवों का अध्ययन किया है। उनके शोध का लक्ष्य प्रत्येक परिवार की वर्गीय स्थिति की पहचान करना था। उत्पादन सम्बन्धों की व्यापक जाँच के एक भाग (वही : 4–5) के रूप में, इस अध्ययन ने आर्द्र एवं शुष्क क्षेत्रों में ग्रामीण सर्वहारा परिवारों–जिसमें ग़रीब किसान एवं खेतिहर मज़दूर दोनों शामिल हैं–की माध्य आय की तुलनात्मक जाँच–पड़ताल की है। इन ग़रीब किसानों की आय को देखें तो आर्द्र क्षेत्र में जहाँ खेती से इनकी नकद आय/मजदूरी 1,458 रुपये थी वहीं शुष्क क्षेत्रों में महज 346 रुपये थी। यहाँ आर्द्र एवं शुष्क क्षेत्रों में आय में अन्तर का अनुपात 4.2 : 1.0 का है। यह दर्शाता है कि आर्द्र क्षेत्र में एक ग़रीब किसान के घर की कृषकीय आय शुष्क क्षेत्र में उसी के समरूप गृहस्थ की औसत आय से चार गुणी ज़्यादा है (वही : 27–28)। हालाँकि, शुष्क क्षेत्रों में रहने वाले ग़रीब किसान अपनी आय की अनुपूर्ति काफ़ी हद तक ग़ैर–कृषकीय स्रोतों से पूरा करते हैं।

इससे भी ज़्यादा जो चौंकाने वाली बात है वो ग़रीब किसानों और खेतिहर मज़दूरों के घरों की आर्थिक स्थितियों (आय के माध्य द्वारा मापा गया) के बीच असमानता का है। अथरेया एवं अन्य (1983) द्वारा किये

गये अध्ययन से आगे पता चलता है कि आर्द्र क्षेत्र में कृषि से एक मज़दूर परिवार द्वारा अर्जित नकद आय कुल 1,030 रुपये थी जबकि इसकी तुलना में शुष्क क्षेत्र में यह 530 रुपये थी। इस तरह से शुष्क क्षेत्र की मज़दूरी की तुलना में आर्द्र क्षेत्र की मज़दूरी तक़रीबन दोगुनी है। यदि सभी स्रोतों से खेतिहर मज़दूर के घर की नकद आय को ध्यान में रखा जाये तो शुष्क एवं आर्द्र क्षेत्रों के बीच असमानता 1:1.5 के अनुपात में रहती है। इसका तात्पर्य है कि इस स्थिति में भी पूरे आर्द्र क्षेत्र में दिहाड़ी मज़दूरों की आर्थिक स्थिति शुष्क क्षेत्र के मज़दूरों की तुलना में डेढ़ गुना बेहतर है (वही : 28)।

ग्रामीण परिदृश्य में सबसे ज़्यादा चौंकाने वाली जो गतिविधि है वह केवल यही नहीं है कि शुष्क एवं आर्द्र क्षेत्रों में आर्थिक स्थिति के बीच की खाई धीरे–धीरे चौड़ी होती जा रही है बल्कि यह भी है कि खेतिहर मज़दूर परिवारों का आर्थिक लाभ ग़रीब किसान परिवारों की आय से तेज़ी से बढ़ रहा है। यह आर्द्र क्षेत्र के लिए उतना ही सच है जितना की शुष्क क्षेत्र के लिए। अथरेया एवं उनके सहयोगियों द्वारा तमिलनाडु में फिर से किये गये अध्ययन में पाया गया कि आर्द्र क्षेत्र में एक खेतिहर श्रमिक परिवार की कुल औसत नकद आय (सभी स्रोतों से) 1,686 रुपये थी जबकि एक ग़रीब किसान परिवार की यह आय 1,333 रुपये थी। शुष्क, क्षेत्र में खेतिहर मज़दूर एवं ग़रीब किसानों की यह आय क्रमशः 1,217 एवं 1,103 रुपये के बीच थी (अथरेया एवं अन्य 1983 : 28)। इस प्रकार शुष्क क्षेत्रों की तुलना में आर्द्र क्षेत्रों में आय का यह अन्तर ज़्यादा होता है।

अपने कुछ मिले–जुले निष्कर्षों के बावजूद अथरेया एवं उनके सहयोगियों द्वारा तमिलनाडु का अध्ययन उभरती वर्गीय–संरचना एवं सामाजिक असमानता या विषमता की एक सुस्पष्ट प्रवृत्ति को उजागर करता है। ज़ाहिर तौर पर आर्द्र एवं शुष्क क्षेत्र के गाँवों में ग्रामीण सर्वहारा का आकार बहुत अलग नहीं है। हालाँकि आर्द्र क्षेत्रों में उच्च ध्रुवीकरण इसकी संरचना में परिलक्षित होता है। आर्द्र क्षेत्र में 60 प्रतिशत से अधिक ग्रामीण सर्वहारा वर्ग किसी भी ज़मीन पर खेती नहीं कर रहे हैं। यहाँ ग़रीब किसान अल्पसंख्यक हैं जबकि शुष्क क्षेत्र में स्थिति इसके विपरीत है। वहाँ केवल 36 प्रतिशत खेतिहर मज़दूर ही हैं जो किसी भूमि को संचालित नहीं कर रहे हैं और ग़रीब किसान बहुसंख्यक हैं। आर्द्र एवं शुष्क क्षेत्रों में गुणात्मक अन्तर भी खेतिहर मज़दूरों के बीच असमानताओं

को और मज़बूत करता है। आर्द्र क्षेत्र में ग्रामीण सर्वहारा कम ग़ैर–कृषि आय के साथ एक अधिक कुशल कार्यबल (वर्कफोर्स) है। इनके पास कहीं अधिक उन्नत कार्य–संगठन (वर्क ऑर्गेनाइजेशन) (गिरोह–प्रणाली इत्यादि) हैं जबकि, शुष्क क्षेत्र के गाँवों में या तो इनका अभाव है या बहुत कम हैं (अथरेया एवं अन्य 1983 : 57)।

तमिलनाडु अध्ययन में शामिल शुष्क एवं आर्द्र क्षेत्रों के बीच सबसे ज़्यादा चौंकाने वाला अन्तर मध्यम किसान की आबादी के आकार में दिखता है। आर्द्र क्षेत्र में महज 21 प्रतिशत इस श्रेणी से थे, जबकि इसके ठीक विपरीत शुष्क क्षेत्रों में तक़रीबन आधी (46 प्रतिशत) कृषक आबादी मध्यम किसान की श्रेणी के थे। आर्द्र क्षेत्र में वर्गीय संरचना की यह ध्रुवीकृत प्रकृति इस तथ्य से भी परिलक्षित होती है कि ग्रामीण आबादी का प्रभावशाली 14 प्रतिशत 'अधिशेष विनियोजक' या तो धनी किसान, पूँजीपति किसान, जोतकार ज़मींदार या विशुद्ध ज़मींदार हैं। आर्द्र क्षेत्र में 'अधिशेष विनियोजक' का अनुपात शुष्क क्षेत्र की तुलना में तीन से चार गुना ज़्यादा था (अथरेया एवं अन्य 1983 : 56–57, टेबल 11.1)।

ग्रामीण वर्गीय विभेद को खुलकर सामने लाने वाली ध्रुवीकरण प्रक्रिया को आगे हरित क्रान्ति ने और तेज़ कर दिया। भूमिहीन मज़दूरों की संख्या और ग्रामीण आबादी में उनका अनुपात अधिकांश क्षेत्रों में बढ़ा है। कई काश्तकारों, जिसमें बटाईदार भी सम्मिलित हैं, अपनी ज़मीनें खो चुके हैं क्योंकि ज़मींदार उन्हें बेदखल करने में समर्थ थे (बागची 1982 : 176; धनाग्रे 1984)।

कर्नाटक के मांड्या ज़िले के दो गाँवों का सूक्ष्म स्तर का अनुदैर्ध्य अध्ययन (लॉन्गीट्युडिनल स्टडी) 1955 एवं 1970 के दो अलग–अलग समय पर किया गया, इसमें भी कुछ ख़ास बढ़ती असमानताएँ सामने आयी हैं। यहाँ स्कारलेट एपस्टीन ने पाया है कि जब सिंचाई की सुविधा को दो गाँवों तक बढ़ाया गया तो उच्च–जाति के लिंगायत तथा परम्परागत किसान जातियों के स्वामित्व वाली ज़मीन के आकार में लगातार वृद्धि हुई जबकि आदिकर्नाटक (अछूत, अनुसूचित जाति) परिवारों की भूमि का प्रतिशत वास्तव में घट गया (एपस्टीन 1978 : 57–58)। आर्द्र भूमि ने बाहरी लोगों (पास के शहरों के ग़ैर–कृषकों) को भी आकर्षित किया जिन्होंने अपनी पूँजी खेत ख़रीदने में निवेश की। कर्नाटक के दोनों गाँवों में एपस्टीन ने इस पर भी ध्यान दिया कि ग्रामीण सहकारी समितियाँ (को–ऑपरेटिव सोसाइटी),

ख़ासकर क्रेडिट सोसाइटी ग़रीब किसानों की तुलना में धनी किसानों की बेहतर तरीक़े से सेवा कर रही थीं। अमीर किसानों ने सहकारी संस्थाओं को अपनी 'प्रतिष्ठा' कमाने सम्बन्धी किसी प्रतीकात्मक लाभ के लिए नहीं बल्कि अपने निहित स्वार्थों को पूरा करने के लिए नियन्त्रित किया। धनी लोग को–ऑपरेटिव सोसाइटी से 6 प्रतिशत के आधिकारिक ब्याज की दर पर आसानी से कर्ज़ उठा सकते थे जो निजी साहूकारों द्वारा माँगे जाने वाले ब्याज दर का लगभग आधा था। अमीर किसानों के बारे में यह भी जानकारी मिली कि वे क्रेडिट पर ज़्यादा बड़ी मात्रा में उर्वरक ख़रीदने की बेहतर स्थिति में थे और इसीलिए ग़रीब किसानों की तुलना में अच्छी फ़सल भी सुनिश्चित कर पा रहे थे (वही : 108–10)।

मशीनीकरण की समस्या

हरित क्रान्ति वाले क्षेत्रों में कृषि से सम्बन्धित क्रियाकलापों के मशीनीकरण ने भारत में ग्रामीण अमीर किसानों की आर्थिक स्थिति को निस्सन्देह मज़बूत किया है। हालाँकि, भूमिहीन खेतिहर मज़दूरों के लिए कृषि प्रौद्योगिकी के आधुनिकीकरण का प्रभाव काफ़ी दूर तक नुक़सानदायक रहा है। कुछ उदाहरणों को लें तो वे बस विनाशकारी ही हैं। पंजाब में कृषि के मशीनीकरण का स्तर तमाम अपेक्षाओं को पार कर गया। इतना ज़्यादा कि राज्य के 12,000 गाँवों में विभिन्न प्रकार के तक़रीबन 20,000 कृषि मशीनें थीं जिसमें गेहूँ के थ्रेशर और कंबाइन हार्वेस्टर प्रमुख थे (पीएचजी 1984 : 127)। लेकिन मशीनीकरण का प्रभाव इस तथ्य में दिखायी देता है कि 1978 तक भारत में कृषि मशीनों से हुई दुर्घटना की वजह से कुल 5,000 मौतें हुई थीं; इनमें से 500 अकेले पंजाब से थीं (डोंगरे 1985 : 12)। एक हालिया रिपोर्ट के अनुसार पंजाब में गेहूँ कटाई के मौसम में हर साल 300 से ज़्यादा कृषि श्रमिक अशक्त हो जाते हैं। इनमें से अधिकांश दुर्घटनाएँ उस समय होती हैं जब श्रमिक गेहूँ के थ्रेसर पर काम कर रहे होते हैं। इसके आकलन के अनुसार 1985 में (महज एक साल के अन्दर) पंजाब, हरियाणा और पश्चिमी उत्तर प्रदेश में तक़रीबन 1,000 कृषि श्रमिक थ्रेसर से हुई दुर्घटना में अपना अंग गँवा चुके हैं।[2] इनमें से अधिकांश पीड़ित प्रवासी मज़दूर थे। यह आकलन किया गया है कि 1985 के अन्त तक बिहार, उत्तर प्रदेश एवं उड़ीसा में ऐसी मशीनों पर काम करते हुए तक़रीबन 10,000 कृषि श्रमिक अपंग हो चुके थे। 7 सितम्बर, 1978 को

पंजाब विधानसभा में दी गयी एक आधिकारिक सूचना के अनुसार 1975 से 1978 के बीच अंग खोने या मृत्यु के 841 केस हुए थे। इसमें से 8 कृषक मज़दूरों की मौत हुई थी तथा 24 मज़दूरों ने अपने दो या उससे अधिक अंगों को खोया था।[3]

हालाँकि कृषि मशीनों पर दुर्घटनाओं के शिकार लोगों के इलाज और पुनर्वास की समस्याओं के प्रति सरकार का रवैया पूरी तरह से दुविधा वाला रहा है। उदाहरण के लिए, पंजाब में 1923 के कामगार क्षतिपूर्ति क़ानून (वर्कमैन कॉम्पेनसेशन ऐक्ट) को ठीक से लागू नहीं किया गया है। यह अधिनियम किसानों को दुर्घटनाओं के खिलाफ़ अपने श्रमिकों का बीमा करने का प्रावधान करता है। बीमित खेतिहर मज़दूरों को एक अंग के नुक़सान के लिए 15,000 रुपये दिये जाने की उम्मीद की जाती है। लेकिन इसके बजाय सरकार मुआवज़ा प्रदान करती है जो आमतौर पर इस राशि का महज एक तिहाई होता है। किसानों को घटिया थ्रेशर का उपयोग करने से रोकने के लिए न तो सरकार प्रभावी क़दम उठाती है और न ही उन पर यह व्यवस्था लागू करती है कि वे पीड़ितों को उचित मुआवज़ा दें या सम्भावित पीड़ितों को ऐसे ख़तरों से बचायें।[4] सरकार स्पष्ट रूप से धनी किसानों के प्रति एक ऐसा रवैया अपनाती है जो उनकी रक्षा करता है (जैसा पहले बताया गया है बिजली उपभोक्ता कनेक्शन की लागतों को कम करने के जैसे कदम उठाकर), लेकिन मशीन दुर्घटना से घायल या अक्षम खेतिहर मज़दूरों के सम्बन्ध में मुआवजा अधिनियम को तत्काल एवं सख़्ती से लागू करने को ज़रूरी नहीं समझती है।

हरित क्रान्ति बेल्ट में ग्रामीण कृषि श्रमिकों के लिए स्वास्थ्य सम्बन्धी ख़तरे मशीन दुर्घटनाओं की वजह से होने वाली अपंगता तक ही सीमित नहीं हैं। बड़े पैमाने पर पौधों की सुरक्षा के लिए ज़हरीले रासायनिक स्प्रे के बढ़ते उपयोग से भी इन क्षेत्रों में कृषि कार्य और भी अधिक हानिकारक हो गये हैं। बीजों की अधिक उपज देने वाली किस्में–जिनका उपयोग हरित क्रान्ति की रणनीति के एक अनिवार्य हिस्से के रूप में किया जाता है–ज़ाहिर तौर पर बीमारियों के लिए अति संवेदनशील होते हैं। इसके बावजूद तीसरी दुनिया के देशों में कृषि श्रमिकों के स्वास्थ्य पर पड़ने वाले इसके ख़तरनाक प्रभावों पर बिना ध्यान दिये पौधों के संरक्षण हेतु ज़हरीले कीटनाशकों का प्रयोग बड़े पैमाने पर और गहनता से किया जाता है। ओटावा (कनाडा) स्थित विकास अनुसन्धान केन्द्र की एक हालिया रिपोर्ट में

खुलासा किया गया है कि कीटनाशकों की विभिन्न किस्मों के अन्दर तीव्र ज़हर के 7.5 लाख मामले सामने आये थे। इनमें से आधे तीसरी दुनिया के देशों से थे और इनमें से एक तिहाई सिर्फ़ भारत से थे (पीएचजी 1984 : 128–29)। इस तरह के ज़हर के शिकार हमेशा खेतिहर मज़दूर ही होते हैं स्वयं अमीर किसान तो विरले ही कभी होते हैं। उदाहरण के लिए 1976 से 1978 तक तीन वर्षों में वड़ोदरा और सूरत (गुजरात) के सिविल अस्पतालों से तीव्र ज़हर के 70 रोगियों का अध्ययन किया गया था जिसमें दो महिलाओं सहित सभी खेतिहर श्रमिक थे (पीएचजी 1984 : 129)। आश्चर्यजनक रूप से कृषि फार्मों पर विषाक्तता के शिकार लोगों के लिए कोई क़ानूनी सुरक्षा उपलब्ध नहीं है क्योंकि वर्कमैन कॉम्पेनसेशन ऐक्ट भी इस सम्बन्ध में केवल औद्योगिक श्रमिकों पर ही लागू होता है।

1955 एवं 1970 में ग्रामीण अमीर किसानों (मैग्नेट) एवं खेतिहर मज़दूरों, दोनों के परिवारों की आय के वितरण एवं उपभोग के यूनिट की तुलना करते हुए एपस्टीन ने यह निष्कर्ष निकाला है कि अमीर और ज़्यादा समृद्ध हो गये हैं वहीं ग़रीब और ज़्यादा ग़रीब हो गये हैं। वास्तविक कृषकीय मज़दूरी में भी गिरावट आयी थी, जिसकी मुख्य वजह श्रमिक परिवारों की संख्या का बढ़ना था। तेज़ी से क़ीमतों में उछाल के परिणामस्वरूप निर्वाह–ख़र्च भी बढ़ गया जबकि मज़दूर पीछे ही रह गया (एपस्टीन 1978 : 142–82)। कुछ अन्य विद्वान जिन्होंने कमज़ोर वर्गों पर हरित क्रान्ति के प्रभाव का अध्ययन किया है, ने कुछ हद तक आशावादी तर्क दिया है। उनके अनुसार हरित क्रान्ति की वजह से ग्रामीण ग़रीबों–ख़ासकर खेतिहर मज़दूरों–की स्थिति ख़राब नहीं हुई है। इसके उलट, हरित क्रान्ति वाले क्षेत्रों में कृषि के आधुनिकीकरण के द्वारा इसके साथ जुड़ी सामान्य समृद्धि भी रिस–रिस कर (स्रावित होकर) ग्रामीण समाज में ज़मीनी स्तर पर पहुँचती है। जहाँ इस स्राव (रिसाव) की प्रक्रिया को अमीरों द्वारा जोड़–तोड़ या तिकड़मों द्वारा रोक लिया जाता है वहाँ खेतिहर मज़दूर लड़ने के लिए संगठित और उग्र हो जाते हैं। इस तरह से वे एक साथ खड़े होकर उच्च मज़दूरी एवं बेहतर काम की स्थिति का लाभ उठा पाते हैं (ओमन 1971 : ए 99–103 और 1975 : 160)। इस तरह से समूह सौदेबाजी से ग्रामीण शक्ति–समीकरणों में कृषक श्रमिकों की स्थिति मज़बूत होती है।

हालाँकि, यह आशावाद पूर्ण प्रतिस्पर्धा और श्रम बाज़ार की धारणाओं

पर आधारित है। वस्तुतः, अपूर्ण श्रम बाज़ार की स्थितियों के साथ, जैसा कि भारत में पाया जाता है, ग्रामीण श्रमिकों की सौदेबाजी की शक्ति जितनी दिखती है उतनी होती नहीं है।[5] एक और धारणा यह भी है कि–हरित क्रान्ति आवश्यक रूप से इसके प्रभाव वाले क्षेत्रों में कृषि विकास की दर को बढ़ाती है। लेकिन कुछ विद्वान इस धारणा पर भी सवाल उठाते हैं। कुछ अर्थशास्त्री हमें बताते हैं कि भारत में 1950–51 से 1973–74 की अवधि के दौरान औसतन कृषि उत्पादन लगातार औसत दर से बढ़ा। हरित क्रान्ति ने अधिक से अधिक इतना किया कि कृषि उत्पादन/विकास दर में गिरावट की प्रवृत्ति को क़ैद करने में कामयाब रही जो 1950 के दशक के अन्त में देखी गयी थी (रेड्डी 1978)। इस सन्दर्भ में, यह महत्त्वपूर्ण है कि गाँवों में बढ़ती पूँजीवादी पैठ की वजह से वि–किसानीकरण की प्रक्रिया में तेज़ी आयी है, और इसके फलस्वरूप बड़ी संख्या में छोटे या सीमान्त किसानों या ग़रीब किसानों को भूमिहीन मज़दूरों की श्रेणी में धकेल दिया गया है (ओमन 1975 :165)। यह सर्वहाराकरण की प्रक्रिया हरित क्रान्ति वाले क्षेत्रों में ज़्यादा असाधारण रही। सर्वहाराकरण की इस प्रक्रिया के मद्देनज़र, हरित क्रान्ति से खेतिहर मज़दूरों की स्थिति में जो सुधार की उम्मीद की जा रही है, वो एक दूर की मृगतृष्णा की तरह है। कम–से–कम ग्रामीण ग़रीबों–ख़ासकर कृषि श्रमिक की स्थिति एक वर्ग के रूप में तात्विक रूप से उन अमीर किसानों के रू–ब–रू पलटने वाली नहीं है जो पूरे देश में आर्थिक संसाधनों पर लगभग एकाधिकार रखते हैं और ग्रामीण इलाकों में क्रेडिट संस्थानों को नियन्त्रित करते हैं (पामर 1976, धनाग्रे 1984 : 192–93, बागची 1982 : 176)।

सामान्य तौर पर, विभिन्न अध्ययनों के निष्कर्ष बताते हैं कि हरित क्रान्ति का ग्रामीण रोज़गार और कृषकीय मज़दूरी पर विरोधाभासी प्रभाव पड़ा है।... कोई उदारतापूर्वक स्वीकार कर सकता है कि भूमि की उत्पादकता बढ़ाकर और किसानों के लिए भूमि के एक टुकड़े पर दो या तीन फ़सल तक उगा सकने को सम्भव बनाकर, हरित क्रान्ति ने ग्रामीण श्रमिकों द्वारा पूरे वर्ष के दौरान पहले से अधिक रोज़गार प्राप्त कर सकने को सम्भव बना दिया।... हरियाणा जैसे कुछ समृद्ध भागों में, हरित क्रान्ति ने पूँजीवादी किसान नियोक्ता और औपचारिक अनुबन्धों पर काम करने वाले श्रमिकों के बीच पितृव्यवहार–सम्बन्धों को बदलने का कार्य किया है (भल्ला 1976) जबकि देश के अधिकांश दूसरे हिस्सों में संलग्न मज़दूरों को या तो बस

काम से बाहर निकाल दिया जाता है या उन्हें दिहाड़ी मज़दूरों में बदल दिया जाता है (गॉफ 1977)। जहाँ हरित क्रान्ति वाले क्षेत्रों में कृषि कार्यों के मशीनीकरण से रोज़गार के अवसर और मज़दूरी बढ़ती हुई दिखती है वहाँ–बिहार, पूर्वी उत्तर प्रदेश, उड़ीसा या राजस्थान जैसे कम पसन्दीदा क्षेत्रों से श्रमिकों के पलायन ने मज़दूरी के साथ–साथ सौदेबाजी की स्थिति को भी हतोत्साहित कर दिया है (बागची 1982 : 158–59)।

हरित क्रान्ति वाले क्षेत्रों में खपत का पैटर्न भी विषमता से भरा हुआ है और ग़रीबी रेखा से नीचे की आबादी के आँकड़े बेहद चौंकाने वाले हैं। पंजाब का मामला–जो कि भारत का सबसे समृद्ध राज्य है–एक बार फिर से लाल संकेत (ख़तरे का संकेत) दे रहा है। भल्ला एवं चड्ढा के अध्ययन में सामने आया है कि उनके द्वारा लिये गये सैंपल के अन्तर्गत सीमान्त किसानों (2.5 एकड़ तक की खेती) में से एक तिहाई, छोटे किसानों (2.5 से 5 एकड़ के बीच) का एक चौथाई और मध्यम स्तर के किसानों (5 से 7.5 एकड़ खेती जोत के बीच) का पाँचवाँ हिस्सा ग़रीबी रेखा से नीचे रह रही थी। यानि, ये तक़रीबन भुखमरी के बराबर आहार पर जी रहे थे। इस अध्ययन में लिये गये कुल 1,663 सैंपल में से, 16.48 प्रतिशत कृषक परिवार ग़रीबी रेखा से नीचे जीवनयापन कर रहे थे और उनका अनुपात पंजाब के तीनों क्षेत्रों में स्पष्ट रूप से खेत के आकार के साथ सहसम्बद्ध था (भल्ला एवं अन्य 1983 : 153–57। यदि हम इसमें भूमिहीन मज़दूरों के 16 प्रतिशत घरों को जोड़ते हैं, तो ग़रीबी रेखा से नीचे रहने वाले ग्रामीण परिवारों का अनुपात 32 प्रतिशत से अधिक हो जाता है। इस बात को देखते हुए कि पंजाब भारत में सबसे विकसित राज्य है, यह काफ़ी व्यथित करने वाली तस्वीर है (देव 1984 : 55)।

यह अन्ततः हरित क्रान्ति तकनीक की प्रभावकारिता के बारे में सन्देह पैदा करता है जिसे मूल रूप से ग़रीबी उन्मूलन के उपाय के रूप में देखा गया था। चूँकि हरित क्रान्ति को ग्रामीण पुनर्निर्माण के लिए एक नवीन आधिकारिक विचारधारा के रूप में पेश किया गया था ताकि ग़रीबी से प्रभावी ढंग से मुकाबला किया जा सके, इसलिए यहाँ यह जाँचना उचित है कि क्या इसके कार्यान्वयन और परिणामों ने ग़रीबी को कम करने में मदद की है, या इसने समृद्ध और कमज़ोर वर्ग, जो भारत में विकास स्पेक्ट्रम के दो चरम छोरों का प्रतिनिधित्व करते हैं, के बीच की खाई को पाटने की प्रक्रिया को अवरुद्ध कर दिया है।

हालाँकि कुछ अर्थशास्त्रियों ने हमें अधिक आशावादी तस्वीर प्रदान की है। राष्ट्रीय नमूना सर्वेक्षण (नैशनल सैंपल सर्वे) के 32वें दौर (1977–78 संशोधित) और 38वें दौर (1983–84) के आँकड़ों का उपयोग करते हुए, सी.एच. हनुमन्त राव ने हर प्रकार की आबादी के अन्दर ग़रीबी रेखा से नीचे के व्यक्तियों की संख्या में गिरावट की तरफ़ इशारा किया है। उनके आकलन के अनुसार यह गिरावट शहरी क्षेत्रों में 7.8 प्रतिशत के मुकाबले ग्रामीण क्षेत्रों में लगभग 12.5 प्रतिशत है। हालाँकि, वह यह भी स्वीकार करते हैं कि 1977–78 और 1983–84 के बीच यह गिरावट, अनुसूचित जातियों और जनजातियों के बीच काफ़ी कम (क्रमशः 7.6 और 7.1 प्रतिशत) दिखायी देती है, जबकि बाकी की आबादी के लिए 15.1 प्रतिशत है। यानी बाकी की आबादी में ग़रीबी के अनुपात में गिरावट की दर अनुसूचित जातियों और जनजातियों की तुलना में दोगुने से ज़्यादा है (राव 1985 : 9)। यहाँ तक कि यह मानते हुए कि हनुमन्त राव के निष्कर्ष वास्तविकता के क़रीब हैं, यह इस स्वीकार्यता की तरफ़ इंगित करता है कि ग़रीबी उन्मूलन कार्यक्रम, चाहे वह आईआरडीपी हो या राष्ट्रीय ग्रामीण रोज़गार कार्यक्रम पंजाब जैसे काफ़ी विकसित राज्य में भी बड़े स्तर पर ग्रामीण ग़रीबी को कम करने में असफल हो गया है जहाँ 1977–78 और 1983–84 के बीच ग़रीबी के अनुपात में केवल 17.1 प्रतिशत की कमी आयी। ग़रीबी उन्मूलन कार्यक्रम में पंजाब का ख़राब प्रदर्शन इन तथ्यों के आलोक में और भी अधिक आश्चर्यजनक हो जाता है कि (क) पंजाब में प्रति व्यक्ति उपभोग व्यय का औसत सबसे अधिक (अखिल भारतीय औसत 70.94 की तुलना में 81.69) था, और (ख) उस राज्य में वर्ष 1980–84 के लिए आईआरडीपी, एनआरईपी इत्यादि जैसे ग़रीबीरोधी (ग़रीबी उन्मूलन) कार्यक्रमों पर व्यय (ख़र्च) सबसे अधिक था–जो राष्ट्रीय औसत 8.33 की तुलना में पंजाब के लिए 31.22 था (वही : 10–11)।

कई ऐसे भी अर्थशास्त्री हैं जो ग़रीबी उन्मूलन उपायों के प्रभाव को लेकर न तो हनुमन्त राव के आशावाद को साझा करते हैं और न ही वे आईआरडीपी या एनआरईपी की 'तथाकथित' उपलब्धियों के आधिकारिक संस्करणों को स्वीकार करते हैं। उदाहरण के लिए, एन. रथ (1985: 17–21) ने आईआरडीपी/एनआरईपी की बहुमुखी विफलताओं को प्रदर्शित करने का प्रयास किया है और यहाँ तक टिप्पणी भी की है कि इसमें कोई आश्चर्य नहीं होना चाहिए अगर 1980 के दशक के मध्य में उपभोग–व्यय पर एक

और एन.एस.एस. सर्वेक्षण यह दिखाता है कि भारत में ग्रामीण ग़रीबी के आयामों पर आईआरडीपी का कोई प्रभाव नहीं दिखाई देता। राज कृष्णा द्वारा ऐसा ही विचार पहले भी व्यक्त किया गया था। उनके अनुसार आईआरडीपी और एनआरईपी योजनाओं ने ग्रामीण ग़रीबों को बहुत कम, अक्सर नगण्य लाभ पहुँचाया है–कम–से–कम इस बात को सुनिश्चित करने हेतु ये पर्याप्त नहीं है कि जिन परिवारों को आधिकारिक स्रोतों द्वारा अक्सर ग़रीबी रेखा से ऊपर उठाने का दावा किया गया है, वे स्थायी रूप से ग़रीबी रेखा से ऊपर ही बने रहेंगे। राज कृष्णा की आशंका इस तथ्य के प्रकाश में पूरी तरह से उचित है कि ड्राफ्ट योजना (1978–83) ने 1978 में ग्रामीण ग़रीबों के आकार का अनुमान 290 मिलियन लगाया था जबकि विश्व बैंक के एक अनुमान के अनुसार 327 मिलियन ग्रामीण ग़रीब थे (माथुर, 1980 : 74)। वास्तव में, राज कृष्णा ने आशंका जताई कि ग्रामीण ग़रीबी अनुपात में गिरावट के बारे में आधिकारिक दावों के बावजूद, 1980 के दशक तक ग़रीब आबादी (ग़रीबी रेखा से नीचे 339 मिलियन) की छठी पंचवर्षीय योजना का आँकड़ा 472 मिलियन तक बढ़ सकता है (कृष्णा 1985 : 8), जो आज़ादी के समय भारत की जनसंख्या से अधिक होगी।

हरित क्रान्ति तकनीक भारत के विभिन्न हिस्सों में दो दशकों से चल रही है। इतना ही नहीं, बल्कि हरित क्रान्ति तकनीक के प्रसार के नाम पर, यहाँ तक कि आधिकारिक कवर के द्वारा परा–राष्ट्रीय को भी ग्रामीण क्षेत्रों में काम करने की अनुमति दे दी गयी है (बागची, 1982 : 177)। हालाँकि, ज़्यादातर हिस्सों में हरित क्रान्ति ग्रामीण ग़रीबों की आय को सराहनीय तरीक़े से बढ़ाने और उनकी प्रभावी क्रय–शक्ति में पर्याप्त योगदान देने में विफल रही है। इसके विपरीत, कई हिस्सों में कृषि मज़दूरों और ग़रीब किसानों की वास्तविक कमाई 1960–61 की तुलना में 1970 के दशक की शुरुआत में कम रही है। पंजाब, यूपी, बिहार और तमिलनाडु के कई अध्ययनों ने इस बिन्दु पर ठोस आँकड़े तैयार किये हैं (देखें आईएलओ 1977)।

हरित क्रान्ति का मुख्य ज़ोर उत्पादकता और संवृद्धि की ओर रहा है। नीति–निर्माताओं की मुख्य चिन्ता प्रति एकड़ उपज बढ़ाने को लेकर थी। नियोजकों की इन प्राथमिकताओं के पीछे धारणा यह थी कि संवृद्धि अपने आप में पर्याप्त होगी क्योंकि यह अन्तःस्रावण प्रभाव (परकोलेशन इफैक्ट) दिखायेगा जिसमें इसका लाभ रिस–रिस कर नीचे तक पहुँचेगा

और इससे ग्रामीण भारत में बेरोज़गारी तथा ग़रीबी की समस्याओं को हल करने में मदद मिलेगी। इस परिप्रेक्ष्य की विश्वसनीयता अब समाप्त हो चुकी है। वैकल्पिक रूप से, एक अन्य परिप्रेक्ष्य की वकालत की जा रही है जो संवृद्धि और ग़रीबी–उन्मूलन को दो अलग–अलग लक्ष्यों के रूप में नहीं मानता है, बल्कि यह मानता है कि दूसरे को संवृद्धि (विकास) प्रक्रिया के अन्दर ही स्थापित किये जाने की ज़रूरत है। यह दृष्टिकोण सहकारी गतिविधियों को बढ़ावा देकर उत्पादक परिसम्पत्तियों के समाजीकरण और इन बुनियादी सुविधाओं के अधिक समतावादी वितरण की वकालत करता है (पार्थसारथी, 1985 : 2125)।

अनुवाद : इन्द्रजीत कुमार झा

टिप्पणियाँ

1. चूँकि भारत में 70 प्रतिशत से अधिक खेती की ज़मीन सिंचाई के लिए वर्षा पर निर्भर है। इसलिए इसमें सिंचाई के सुनिश्चित स्रोतों का अभाव है, और यह शुरू से ही स्पष्ट था कि ये क्षेत्र हरित क्रान्ति की नयी अनाज प्रौद्योगिकी–एचवाईवीपी से लाभान्वित नहीं होंगे। उदाहरण के लिए देखिए, अशोक थापर, सीएसएससी 1974 : 21।
2. देखिए, *द टाइम्स ऑफ़ इंडिया,* (बम्बई) 14 अप्रैल, 1986, 8
3. कृषि मशीनों से होने वाली इस तरह की घातक दुर्घटनाओं तथा हरित क्रान्ति वाले क्षेत्रों में कृषि मज़दूरों द्वारा मास्क के अनिवार्य उपयोग के बिना रासायनिक उर्वरकों के उपयोग के परिणामस्वरूप अन्य स्वास्थ्य ख़तरों पर अधिक विवरण उपलब्ध है, पीएचजी (1984 : 127)।
4. यह आब्ज़र्वेशन *द टाइम्स ऑफ़ इंडिया* (बम्बई), 14 अप्रैल, 1986 के एक सम्पादकीय टिप्पणी के आधार पर दिया गया है।
5. 'इम्परफैक्ट लेबर मार्केट' (अपूर्ण श्रम बाज़ार) पर आगे विस्तार से परिचर्चा के लिए देखिए, वर्द्धन (1984 : 38–59)।

सन्दर्भ

अथरेया, वी., जी. बोकलिन, जी. जुरफेल्ड और एस. लिंडबर्ग, 1983, *'आइडेंटिफिकेशन ऑफ़ एग्रेरियन क्लासेस–ए मैथडोलॉजिकल एस्से विथ इम्पिरिकल मैटेरियल फ्रॉम साउथ इंडिया', अर्बेजड़सपापीर,* 21, माइमियो, सोशियोलॉजी इंस्टीट्यूट, कोपेनहेगन यूनिवर्सिटी।

बागची, आमिया कुमार, (1982), *द पॉलिटिकल इकोनॉमी ऑफ़ अंडरडेवलपमेंट*। मॉडर्न कैम्ब्रिज इकोनॉमिक्स सीरीज़, कैम्ब्रिज यूनिवर्सिटी प्रेस।

बर्द्धन, पी. 1984, *लैंड लेबर एंड रूरल पॉवर्टी : एस्सेज इन डेवलपमेंट इकोनॉमिक्स,* दिल्ली : ऑक्सफोर्ड यूनिवर्सिटी प्रेस।

भल्ला, एस. 1976, *न्यू रिलेशन्स ऑफ़ प्रोडक्शन इन हरियाणा एग्रीकल्चर, इकोनॉमिक ऐंड पॉलिटिकल वीकली* (रिव्यू ऑफ़ एग्रीकल्चर) मार्च 1976, अंक 11ए, वॉल्यूम 13ए, 23–ए30।

भल्ला, जी. एस. और जी. के. चड्ढा, 1983, *ग्रीन रेवोल्यूशन ऐंड द स्मॉल पिजेंट्स–ए स्टडी ऑफ़ इनकम डिस्ट्रीब्यूशन अमंग पंजाब कल्टीवेटर्स,* नयी दिल्ली : कॉन्सेप्ट पब्लिशिंग कम्पनी।

सेंटर फ़ॉर द स्टडी ऑफ़ सोशल चेंज (सीएसएससी), 1974, *ग्रीन रिवोल्यूशन : द अनफिनिश्ड टास्क,* कलकत्ता : मिनर्वा एसोसिएट्स।

देव, सत्य, (1980), 'द नैशनल सीड प्रोजेक्ट इन इंडिया', *द जर्नल ऑफ़ एडमिनिस्ट्रेशन ओवरसीज,* वॉल्यूम 19, नम्बर 4, 262–69।

———— 1984, 'प्रॉब्लम ऑफ़ रूरल डेवलपमेंट इन ग्रीन रेवोल्यूशन एरियाज', *सोशल साइंटिस्ट,* संख्या 130 (मार्च) : 52–59।

धनाग्रे, डी. एन. 1984, 'एग्रेरियन रिफॉर्म्स ऐंड रूरल डेवलपमेंट इन इंडिया–सम ऑब्जरवेशन', *रिसर्च इन सोशल मूवमेंट्स, कंफिलक्ट ऐंड चेंज,* वॉल्यूम 7 : 177–201।

डोंगरे, एम. जी. 1985, *खेतिहर मज़दूर–समस्या तथा निराकरण,* कानपुर।

एपस्टीन, टी. स्कारलेट, 1978, *साउथ इंडिया यस्टरडे, टुडे ऐंड टुमारो।* लन्दन : मैकमिलन. गॉफ़ के. 1977, *'एग्रीरियन चेंज इन थानजावर',* के. एस. कृष्णस्वामी एवं अन्य (सम्पा.) *सोसाइटी ऐंड चेंज : एसेज इन ऑनर ऑफ़ सचिन चौधरी,* बॉम्बे : ऑक्सफोर्ड यूनिवर्सिटी प्रेस।

हेल्समेयर डिक्लेरेशन ग्रुप (एचडीजी) 1973, 'द डेथ ऑफ़ द ग्रीन रिवोल्यूशन', (एम. आर भगवान, के. हरकसिंह, रिचर्ड पायने और डेविड स्मिथ द्वारा तैयार), लन्दनः एचडीजी।

इंटरनैशनल लेबर ऑर्गेनाइजेशन (आईएलओ), 1977, *पॉवर्टी ऐंड लैंडलेसनेस इन रूरल एशिया,* जिनेवा : इंटरनैशनल लेबर ऑर्गेनाइजेशन।

कृष्णा, राज, 1985, 'रिडक्शन इन पॉवर्टी', *इंडियन एक्सप्रेस,* 9 जनवरी, 1984, *आईएएसएसआई क्वार्टर्ली न्यूज़ लेटर* में पुनः प्रकाशित, वॉल्यूम 4, न. 1–2 : 7–8।

माथुर, के. 1980, डेवलपमेंट ऑफ़ द रूरल पुअर : इन्टेंशन ऐंड इम्पलीमेंटेशन, 24वें वार्षिक कॉन्फ्रेंस में आईआईपीए के सदस्यों की प्रोसीडिंग्स, 11 अक्टूबर, नयी दिल्ली, आईआईपीए : 70–78।

मेनचर, जोआन पी. 1978, *एग्रीकल्चर ऐंड सोशल स्ट्रक्चर तमिलनाडु–पास्ट ओरिजिन्स, प्री–ट्रांसफॉर्मेशन ऐंड फ्रयूचर प्रो–स्पीक्स,* नयी दिल्ली : एलाइड पब्लिशर्स।

ओमन, टी. के. 1971, 'ग्रीन रेवोल्यूशन ऐंड एग्रीकल्चर कॉनफ्लिक्ट', *इकोनॉमिक ऐंड पॉलिटिकल वीकली,* 6 (26) : ए99–ए103।

———, 1975, 'इम्पैक्ट ऑफ़ ग्रीन रेवोल्यूशन ऑन द वीकर सेक्शन', *चैंजिंग एग्रेरियन रिलेशन्स इन इंडिया,* सेमिनार पेपर्स, हैदराबाद : नैशनल इंस्टीट्यूट ऑफ़ कॅम्युनिटी डेवलपमेंट : 151–67।

पामर, आई. 1976, *द न्यू राइस इन एशिया : कॉन क्लूशन्स फ्रॉम फ़ॉर कंट्री स्टडीज़,* जिनेवा, यूएन रिसर्च इंस्टीट्यूट फ़ॉर सोशल डेवलपमेंट।

पार्थसारथी, जी. 1985, 'रिऑरियेंटेशन ऑफ़ रूरल डेवलपमेंट प्रोग्राम्स–ए नोट ऑन सम बेसिक इश्यूज', *इकोनॉमिक ऐंड पॉलिटिकल वीकली,* 20 (48) : 2125–28।

पीपुल्स हेल्थ ग्रुप (पीएचजी) 1984, 'हैजर्ड ऑफ़ एग्रीकल्चरल वर्क–ए केस स्टडी फ्रॉम पंजाब', *सोशलिस्ट हेल्थ रिव्यू,* वॉल्यूम 1, नम्बर 3 : 126–29।

पंजाब राज्य बिजली बोर्ड (पीएसईबी), 1984, *'रिपोर्ट ऑफ़ द एक्सपर्ट कमिटी ऑन ''लेवल एंड स्ट्रक्चर ऑफ़ इलेक्ट्रीसिटी टैरिफ़ फ़ॉर एग्रीकल्चर कंज्यूमर इन पंजाब',* चंडीगढ़ः पंजाब सरकार– पीएसईबी।

राव, सी. एच., हनुमंता, 1985, 'चेंज इन रूरल पॉवर्टी इन इंडिया : इम्प्लिकेशन्स फ़ॉर एग्रीकल्चरल ग्रोथ', *आईएएसएसआई क्वाटर्ली न्यूजलेटर,* वॉल्यूम 4, नं. 3–4 : 7–14,

रथ, नीलकान्त, 1985, 'लिमिटेशन्स ऑफ़ आईआरडीपी एज ए प्रोग्राम फ़ॉर द पूअर'. *आईएएसएसआई क्वार्टर्ली न्यूज़लेटर,* वॉल्यूम 4, 1–2 : 17–21।

रेड्डी, वी. एन. 1978, 'ग्रोथ रेट्स', *इकोनॉमिक एंड पॉलिटिकल वीकली,* 13 मई।

ग़रीबी हटाओ

*क्या आईआरडीपी यह कर सकता है?**

नीलकण्ठ रथ

छठी पंचवर्षीय योजना की अवधि के दौरान, बड़ी संख्या में ग्रामीण ग़रीबों की स्थिति में सुधार के लिए एक ही सबसे महत्त्वपूर्ण कार्यक्रम था, जिसे एकीकृत ग्रामीण विकास कार्यक्रम (इन्टीग्रेटेड रूरल डेवलपमेंट प्रोग्राम–आईआरडीपी) कहा जाता था। इस कार्यक्रम का अपना एक इतिहास है इसीलिए आगे बढ़ने से पहले संक्षेप में इस पर एक नज़र डालना काफ़ी उपयोगी है। 1970 के दशक से पहले आधे भाग में ग्रामीण भारत में बड़े पैमाने पर ग़रीबी को लेकर व्यापक चिन्ता देखी जा रही थी। यह अनुमान लगाया गया था कि उस समय कम–से–कम 40 प्रतिशत ग्रामीण परिवार ग़रीब थे, और यह अनुपात सकल राष्ट्रीय आय के साथ–साथ ग्रामीण क्षेत्र में भी आय में ठीक–ठाक वृद्धि के बावजूद भी कम नहीं हुआ था। जो अतिरिक्त आय उत्पन्न हो रही थी उसका वितरण काफ़ी असमान था। जिनके पास भूमि और अन्य उत्पादक सम्पत्तियाँ थीं या जो विभिन्न प्रकार के कार्यों में कुशलता रखते थे उनको समानुपाती रूप में मिलने की बजाय इसका बड़ा हिस्सा मिला। इस बढ़ी हुई आय का स्राव (रिसाव) यदि ग़रीबों की तरफ़, जिनमें अधिकांशतः संसाधन विहीन और अकुशल दिहाड़ी मज़दूर थे, कुछ हुआ भी तो छनकर आने वाली इसकी धारा बहुत ही पतली एवं धीमी थी। इसलिए यह एक आम राय बनी, कि ग्रामीण ग़रीबी पर अगर हमला करना है तो यह ग़रीबों को उत्पादक परिसम्पत्ति और/या कौशल (स्किल) सम्पन्न करके ही हो सकता है ताकि वे ख़ुद को सही तरीक़े से नियोजित कर सकें। इससे वे अधिक आय अर्जित कर पायेंगे जो उन्हें

---

* *इकोनॉमिक ऐंड पॉलिटिकल वीकली* 20 (6) : 238–46 (9 फरवरी, 1985)।

ग़रीबी को दूर करने में मदद करेगा। लोगों की एक सीमित संख्या के अन्दर मौसमी बेराज़गारी के अन्तराल को भरने के लिए, मज़दूरी वाले रोज़गार के कुछ अतिरिक्त अवसर सृजन करने को भी अनिवार्य रूप से इसका पूरक माना गया।

इस दिशा में प्रयास चौथी और पाँचवीं योजनाओं के दौरान ही शुरू हो गये थे, हालाँकि इस समय इसका सूत्रीकरण (फॉर्मुलेशन) इन शब्दों में नहीं हुआ था। लघु किसान विकास एजेंसी (स्मॉल फार्मर डेवलपमेंट एजेंसी–एसएफडीए) और सीमान्त किसान और कृषि श्रम (मार्जिनल फार्मर ऐंड एग्रीकल्चरल लेबर–एमएफएएल) विकास कार्यक्रम, जिसे बाद में एसएफडीए में मिला दिया गया, अनिवार्य रूप से ऐसे ही लाभार्थी–उन्मुख कार्यक्रम थे। इन कार्यक्रमों का जन्म हरित क्रान्ति के सन्दर्भ में हुआ था, जिसमें व्यापक रूप से यह महसूस किया गया कि छोटे और सीमान्त किसानों तथा खेतिहर मज़दूरों को भी इसका लाभ नहीं हुआ था, जिससे ग्रामीण समाज में उनके और अन्य लोगों के बीच खाई चौड़ी हो गयी। इसलिए, एसएफडीए को उन किसानों के लिए नयी तकनीक के विस्तार को आसान (सहज) बनाने के लिए डिजाइन किया गया था। इसमें बीज और उर्वरक जैसे इनपुट तथा अतिरिक्त उत्पादक सम्पत्तियाँ, जैसे कुएँ/ट्यूबवेल, पम्पसेट, बैलगाड़ी, खेती के औज़ार आदि शामिल थे, ताकि वे सफलतापूर्वक इसका उपयोग करके अपनी आय को ग़रीबी रेखा से ऊपर बढ़ा सकेंगे और ऋण भी चुका सकेंगे। अन्य लोगों के लिए, डेयरी और अन्य प्रकार के पशुपालन, बैलगाड़ी और छोटे हस्तशिल्प जैसे आय के पूरक स्रोतों की कल्पना की गयी थी, जिसमें रियायती दरों पर ऋण और सब्सिडी के साथ आवश्यक सम्पत्ति–साधन उपलब्ध कराने का प्रावधान किया जाना था।

हालाँकि, पाँचवीं योजना के अन्त तक, योजना आयोग ने महसूस किया कि एसएफडीए ग्रामीण ग़रीबों की समस्या पर हमला करने में बहुत सफल नहीं रहा। एसएफडीए का कवरेज काफ़ी सीमित था : भारत में आधे से भी कम ज़िले और इन ज़िलों के हर हिस्से में भी इसका कवरेज नहीं था। इसका प्रदर्शन अतिरिक्त उत्पादक परिसम्पत्तियों के प्रावधान की तुलना में वर्तमान इनपुट के प्रावधान में कहीं अधिक था, और भूमिहीन मज़दूरों को कार्यक्रम द्वारा अर्थपूर्ण तरीक़े से छुआ भी नहीं गया था। इसके

अलावा, विभिन्न एजेंसियों से कार्यक्रम के विभिन्न पहलुओं का ध्यान रखने की उम्मीद की गयी थी लेकिन उनमें आपस में कोई समन्वय नहीं था। ऐसे कार्यक्रमों की सफलता के लिए आवश्यक आधारभूत–संरचनात्मक (इंफ्रास्ट्रक्चरल) विकास भी प्रायः आँखों से ओझल ही था। इसीलिए योजना आयोग ने अपनी छठी ड्राफ्ट योजना 1978–83 (संशोधित) में, विशेष रूप से ग़रीबों के सन्दर्भ में, ग्रामीण विकास के दृष्टिकोण की समीक्षा की। इसने ब्लॉक स्तर पर विकास की एक एकीकृत योजना की कल्पना की, जिसके भीतर ग़रीबों के लिए एक विशेष लाभार्थी–उन्मुख योजना को यथोचित (माकूल) तरीक़े से फिट किया जाना था। संचालन में चल रही विभिन्न विकास योजनाओं की संक्षिप्त समीक्षा के बाद, ड्राफ्ट योजना में कहा गया :

> *देश के ग्रामीण क्षेत्रों के लिए योजना की जो अनिवार्यता (दिशा–निर्देश) निर्धारित की गयी, वह सामाजिक न्याय के साथ संवृद्धि तथा दस साल की समय सीमा के भीतर ग्रामीण क्षेत्र को पूर्ण रोज़गार उपलब्ध करवाने की रणनीति के साथ, उत्पादकता में वृद्धि कर रही है। इन उद्देश्यों को विशिष्ट कार्यक्रमों में अनुवादित करने के लिए एक व्यापक रणनीति और दृष्टिकोण के रूप में एकीकृत ग्रामीण विकास (इन्टीग्रेटेड रूरल डेवलपमेंट), जिस पर अभी विचार किया गया है, ग्रामीण विकास की समस्या पर एक बहु–आयामी हमले को शामिल करता है। यहाँ 'एकीकृत' चार प्रमुख आयामों को कवर करता है : क्षेत्रीय कार्यक्रमों का एकीकरण स्थानिक एकीकरण, सामाजिक और आर्थिक प्रक्रियाओं का एकीकरण, और सबसे ख़ास, संवृद्धि, ग़रीबी हटाने और रोज़गार सृजन के बीच एक बेहतर सुसंगतता (तालमेल) हासिल करने की दृष्टि वाली नीतियाँ। विशेष रूप से, इसमें छोटे और सीमान्त किसानों, खेतिहर मज़दूरों और ग्रामीण कारीगरों का लक्षित समूहों पर एक तेज़ फोकस शामिल है, और ग्रामीण क्षेत्रों में एक अत्यन्त स्थान–विशिष्ट योजना है।*

ड्राफ्ट योजना ने स्थानीय संसाधनों और उनके उत्पादक उपयोग के आधार पर ब्लॉक के लिए कुल विकास योजना के रूप में एकीकृत ग्रामीण

विकास की कल्पना की। ग्रामीण ग़रीबों के लिए विशिष्ट लाभार्थी–उन्मुख योजनाएँ इस योजना के भीतर निर्धारित की जानी थीं, इस अर्थ में कि इन योजनाओं को ब्लॉक के लिए कुल योजना का एक अभिन्न अंग बनाना होगा। लेकिन योजनाकारों को यकीन नहीं था कि यह कार्य तुरन्त अधिकांश ब्लॉकों में किया जायेगा। इसलिए, एक अन्तरिम उपकरण के रूप में, ग्रामीण ग़रीबों की पहचान पर ध्यान केन्द्रित करने और इन व्यक्तिगत लाभार्थियों के विकास के लिए योजनाएँ तैयार करने और इसे एकीकृत ग्रामीण विकास कार्यक्रम कहे जाने का निर्णय किया गया। सम्पूर्ण के लिए उपयुक्त एक नाम केवल इसके एक हिस्से को दे दिया गया। आयोग ने एकीकृत ब्लॉक विकास योजना के लिए एक दृष्टिकोण (एप्रोच) सूत्रबद्ध करने हेतु एक समिति का गठन किया। समिति ने एक विस्तृत दृष्टिकोण दस्तावेज़ प्रस्तुत किया। लेकिन ब्लॉक स्तर पर बहुत ज़्यादा कुछ नहीं हुआ। दूसरी तरफ़ किसी समग्र योजना या ब्लॉक के अन्दर गाँवों के पूर्ण विकास की अवधारणा के बिना भी ग्रामीण ग़रीबों के सुधार के लिए एक कार्यक्रम के रूप में आईआरडीपी चलता रहा।

इसके अन्तर्गत ग़रीबों के लिए सम्पत्ति के प्रावधान पर ज़ोर दिया गया था : जिसमें छोटे और सीमान्त किसानों के लिए कुओं और पम्पों और भूमिहीन मज़दूरों के लिए दुधारू पशु का प्रावधान था।

आईआरडीपी की कल्पना ग़रीबी–विरोधी कार्यक्रम के रूप में की गयी थी। ग्रामीण ग़रीब छोटे और सीमान्त किसान, भूमिहीन मज़दूर और कारीगर थे। ये लोग ग़रीब थे, यह सोचा गया था, क्योंकि उनके पास प्रायः अपने श्रम के अलावा कोई उत्पादक सम्पत्ति नहीं थी, न ही वे श्रमिक के रूप में, कोई विशेष कौशल (स्किल) रखते थे। इसलिए, योजना दस्तावेज़ कहता है, 'कोई भी विकास रणनीति जिसका लक्ष्य बड़ी संख्या में ग़रीबों की स्थिति में सुधार करना हो उसे आवश्यक रूप से उनके लिए नयी उत्पादक सम्पत्ति बनाने का लक्ष्य रखना चाहिए'। इन परिसम्पत्तियों में, जिनके पास कुछ ज़मीनें हैं उसके लिए सिंचाई की व्यवस्था, बीज और उर्वरक जैसे इनपुट के अलावा बैल और औज़ार, डेयरी और अन्य पशुपालन गतिविधियों के लिए पशु तथा कुटीर उद्योगों और हस्तशिल्पों के लिए उपकरण और प्रशिक्षण आदि शामिल होने थे। इन परिसम्पत्तियों को उपलब्ध करवाने के पीछे मूल रणनीति ग़रीब परिवारों में स्वरोज़गार को बढ़ावा देना था ताकि वे ग़रीबी के स्तर से ऊपर आय अर्जित कर

सकें। राष्ट्रीय ग्रामीण रोज़गार कार्यक्रम (एनआरईपी) के नाम से ग़रीबों के लिए वैतनिक रोज़गार का भी एक कार्यक्रम था जो इसी का पूरक था। इसके अन्तर्गत मौसमी और छिटपुट बेरोज़गारी की अवधि में इन्हें रोज़गार उपलब्ध करवाने की योजना बनायी थी।

ड्राफ्ट योजना के अनुसार, एक ब्लॉक में औसतन 20,000 घरों में से 10–12,000 ग़रीब थे। आईआरडीपी के तहत प्रति ब्लॉक 3,000 ग़रीब परिवारों को 600 रुपया प्रति वर्ष की दर से अपेक्षित परिसम्पत्ति और प्रशिक्षण के साथ, बैंक ऋण और सरकारी सब्सिडी के माध्यम से, अतिरिक्त आर्थिक गतिविधियों को पूरा करने में मदद की जानी थी जो उन्हें ग़रीबी से ऊपर उठाने में मदद करेगी। इन ग़रीब परिवारों के दो–तिहाई लोगों को औसतन कृषि के क्षेत्र में पड़ने वाली योजनाओं द्वारा कवर किया जाना था, जिनमें पशुपालन भी शामिल था; 500 परिवारों को गाँव और कुटीर उद्योग में और 500 को सेवा–क्षेत्र में पड़ने वाली योजनाओं में कवर किया जाना था। लाभार्थियों का चयन अन्तयोदय सिद्धान्त के अनुरूप किया जाना था : यानि सभी ग़रीब परिवारों को पहले चिन्हित किया जाना था और आय के अनुसार उसका वरीयता क्रम निर्धारित करना था। फिर सबसे ग़रीब परिवार को कार्यक्रम के तहत सबसे पहले लाभार्थी के रूप में चुना जाना था। पहचान किये गये घरों के लिए परिसम्पत्ति के प्रावधान को आंशिक रूप से बैंक–ऋण के माध्यम से और आंशिक रूप से सब्सिडी के माध्यम से पूरा किया जाना था। जहाँ तक पूँजीगत सब्सिडी देने की बात थी तो छोटे किसानों के लिए क़ीमत की एक–चौथाई के बराबर होनी थी, सीमान्त किसानों और भूमिहीन मज़दूरों के लिए क़ीमत की एक–तिहाई के बराबर था। साथ ही अनुसूचित जनजाति के लाभार्थियों को छोड़कर किसी भी घर के लिए यह सब्सिडी 3,000 रुपये से अधिक नहीं थी। अनुसूचित जनजाति के लाभार्थियों को सम्पत्ति के मूल्य के 50 प्रतिशत तक सब्सिडी दी जा सकती थी लेकिन यह 5,000 रुपये से अधिक नहीं हो सकता था। योजना के प्रावधान के अन्तर्गत कुल सब्सिडी (केन्द्र + राज्य) 1,500 करोड़ रुपये की तथा बैंक ऋण 3,000 करोड़ रुपये का होना था। यानि यह कुल निवेश 4,500 करोड़ रुपये का था अर्थात् 1980–85 के पाँच वर्ष के

दौरान देश के 5,011 ब्लॉक के तक़रीबन 15 लाख लाभार्थी परिवारों के लिए कुल 4,500 करोड़ रुपये का निवेश किया जाना था। इस प्रक्रिया में, इन सभी 15 लाख परिवारों को ग़रीबी के स्तर से ऊपर उठाने की उम्मीद की गयी थी।

ग़ैर–ग़रीब लाभार्थी

छठी योजना के पहले चार वर्षों के दौरान लाभार्थी परिवारों की कुल संख्या 12.59 मिलियन थी। यह माना गया कि प्रत्येक लाभार्थी अलग–अलग परिवारों से सम्बन्धित था और किसी भी लाभार्थी को विभिन्न शीर्षों के तहत दो बार सहायता (ऋण और सब्सिडी) प्राप्त नहीं हुई थी। यह काफ़ी हद तक सच प्रतीत होता है, हालाँकि सार्वभौमिक रूप से ऐसा नहीं था (त्रिपाठी एवं अन्य, 1983)। सारणी 1 में आधिकारिक आँकड़े प्रस्तुत किये गये हैं। यदि 1984–85 के दौरान कार्यक्रम के तहत कवरेज पहले के दो वर्षों के समान था, तो छठी योजना की अवधि के दौरान आईआरडीपी ने 15.5 से 16 मिलियन ग्रामीण परिवारों के बीच सम्पर्क किया होगा। यह योजना में लक्षित 15 मिलियन से अधिक है। 1981 में ग्रामीण भारत में कुल परिवारों की संख्या 90.87 मिलियन थी। राष्ट्रीय नमूना सर्वेक्षण संगठन (एनएसएसओ) ने अनुमान लगाया कि 1977–78 में ग्रामीण भारत के 50.82 प्रतिशत लोग ग़रीबी रेखा से नीचे रहते थे। यह मानते हुए कि यह प्रतिशत ग्रामीण परिवारों का था और यह भी मानते हुए कि यह 1981 में ग़रीब परिवारों का प्रतिशत था। हम कह सकते हैं कि छठी योजना की शुरुआत में 46.12 या ग्रामीण भारत में लगभग 46 मिलियन परिवार ग़रीब थे। आईआरडीपी प्रोग्राम ने इनमें से 34 प्रतिशत घरों को छुआ था। यदि हम 1978–80 के दौरान आईआरडीपी द्वारा कवर किये गये 2 मिलियन घरों को इसमें जोड़ते हैं, तो पिछले सात वर्षों के दौरान आईआरडीपी द्व ारा कवर किये गये ग़रीब ग्रामीण परिवारों का प्रतिशत 38 तक आता है। निश्चित रूप से यह एक प्रभावशाली प्रदर्शन है। हालाँकि, यह देखा जाना चाहिए कि आधिकारिक परिभाषा के अनुसार, इनमें से कितने घर 'ग़रीब' थे, और इन परिवारों का कौन–सा अनुपात परिसम्पत्तियों का उपयोग ग़रीबी से ऊपर उठने के लिए कर सकता था।

सारणी : 1 आईआरडीपी के अन्तर्गत कुल विनिवेश एवं लाभार्थियों की संख्या, 1980–84

मद		1980–81	1981–82	1982–83	1983–84
		1	2	3	4
(1)	कुल सरकारी व्यय (मुख्यतः सब्सिडी) (केन्द्र + राज्य) (करोड़ रुपये)	158.64	264.63	359.59	
(2)	सभी बैंकों द्वारा उन्नत कुल टर्म क्रेडिट (करोड़ रुपये)	289.05	467.59	713.98	773.50
(3)	कुल निवेश (1 + 2) (करोड़ रुपये)	449.69	732.24	1,073.57	
(4)	लाभान्वितों की कुल संख्या (लाख में)	27.27	27.13	34.55	36.90
(5)	प्रति लाभान्वित सब्सिडी (रुपये)	582	975	1,041	
(6)	प्रति लाभान्वित ऋण (क्रेडिट) (रुपये)	1,060	1,723	2,066	2,096
(7)	प्रति लाभान्वित निवेश (रुपये)	1,642	2,698	3,107	

स्रोत *: 1982–83 तक के लिए, 'परफॉर्मेंस बजट ऑफ़ मिनिस्ट्री ऑफ़ रूरल डेवलपमेंट, 1984–85'। 1983–84 के लिए, भारतीय रिज़र्व बैंक, वार्षिक रिपोर्ट, 1983–84, 51।*

पिछले चार वर्षों के दौरान लाभार्थियों को मिलने वाला कुल बैंक ऋण 2,241.12 करोड़ रुपये था। यदि बैंक पिछले दो वर्षों की तरह 1984–85 के दौरान टर्म लोन जारी रखता है, तो पाँच साल के लिए 3,000 करोड़ रुपये के बैंक ऋण के लक्ष्य (टारगेट) तक पहुँचना निश्चित है। पहले तीन वर्षों (1980–83) के दौरान लाभार्थियों को प्रदान की गयी कुल सब्सिडी 782.88 करोड़ रुपये थी। फिर से, आईआरडीपी के तहत बैंक ऋण और सब्सिडी के बीच के सम्बन्ध पर विचार करते हुए, 1984–85 के अन्त तक 1,500 करोड़ रुपये का टारगेट निश्चित है। हालाँकि, यह याद रखना आवश्यक है कि ऋण और सब्सिडी के लिए योजना का लक्ष्य स्थिर

(कॉन्सटेन्ट) (1979–80) क़ीमतों पर था, जबकि वास्तविक वर्तमान ऊँची क़ीमत पर हैं। इससे लक्षित राशि के नीचे कुल निवेश का वास्तविक मूल्य कम हो जाता है। 1980–81 में प्रति लाभार्थी निवेश (ऋण + सब्सिडी) केवल 1,642 रुपये था, लेकिन 1982–83 में 3,000 रुपये से अधिक हो गया और तब से यही क्रम है। इस प्रकार, औसतन ग़रीब परिवारों को 3,000 रुपये की सम्पत्ति प्रदान की गयी है और ऐसी उम्मीद की गयी थी कि इसका प्रयोग कर वे अतिरिक्त आय कमा सकेंगे एवं ग़रीबी से ऊपर उठ सकेंगें।

ध्यान देने वाली बात यह है कि वे सभी 12.58 मिलियन परिवार जिनकी पहचान ग़रीब के रूप में की गयी थी तथा जिन्हें 1980–84 के चार वर्ष के दौरान आईआरडीपी के तहत कवर किया गया था वे सभी वास्तविकता में 'ग़रीब' की श्रेणी के नहीं थे। ग्रामीण विकास मन्त्रालय ने 1979–80 में निर्धारित किया था कि वर्ष 1979–80 के सन्दर्भ में 1980 में किये जाने वाले सर्वेक्षण में वे सभी परिवार जिनकी कुल वार्षिक आय 3,500 रुपये से कम हो या वार्षिक प्रति व्यक्ति आय 700 रुपये से कम हो उसे ग़रीब माना जायेगा। आईआरडीपी के मूल्यांकन से सम्बन्धित कंई अध्ययनों से पता चलता है कि चिन्हित किये गये ग़रीब परिवारों की एक महत्त्वपूर्ण अनुपातिक आय वास्तव में ज़्यादा थी तथा कुछ मामलों में तो निर्धारित राशि से काफ़ी ज़्यादा थी।

1. केरल योजना बोर्ड सर्वेक्षण (1981) ने दिखाया कि वार्षिक आय के आधार पर लगभग 23 प्रतिशत, और प्रति व्यक्ति आय के आधार पर 19 प्रतिशत लाभार्थी परिवारों को गलती से ग़रीब की श्रेणी में डाल दिया गया था।
2. राजस्थान में, आहूजा और भार्गव (1984) ने जयपुर ज़िले में 14.7 प्रतिशत को और नाबार्ड (1984) ने जोधपुर ज़िले में 21.4 प्रतिशत को गलती से इस श्रेणी में डालने की जानकारी दी है।
3. सेंट्रल बैंक ऑफ़ इंडिया (1983), ने छिंदवाड़ा ज़िले (म.प्र.) में 28.3 प्रतिशत ग़रीबों को गलत माना। नाबार्ड (1984) ने इस प्रतिशत को मध्य प्रदेश के भोपाल और सतना ज़िलों में 20.4 पाया।
4. गुजरात के सूरत ज़िले में, जैन (1984, जुलाई और सितम्बर) ने दो तालुकों में 10 प्रतिशत लाभार्थियों की पहचान सर्वेक्षण के समय ग़रीबी के स्तर से ऊपर आय वाला पाया।

5. नाबार्ड (1984) गुजरात के दो ज़िले जूनागढ़ और वलसाड में लाभार्थियों के सैंपल में से 47 प्रतिशत ऐसे नाम पाये जिनकी पूर्व–निर्धारित आय ग़रीबी के लिए निर्धारित अधिकतम आय से अधिक थी।
6. तमिलनाडु के दो ज़िलों में कैनरा बैंक (1984) के अध्ययन में, 25 प्रतिशत लाभार्थियों को निर्धारित प्रति व्यक्ति आय से अधिक का पाया गया।
7. त्रिपाठी एवं अन्य ने (1983), उड़ीसा के पुरी ज़िले में एसएफडीए/आईआरडीपी के अपने सर्वेक्षण में पाया कि लाभार्थियों के सैंपल में से 13 प्रतिशत योजना के तहत स्पष्ट रूप से अयोग्य थे। ये आंशिक रूप से दोषपूर्ण भूमि रिकॉर्ड के कारण शामिल कर लिए गये थे। 'एक बड़ी संख्या में ऐसे मामले सामने आये जिनमें लोग सब्सिडी और बैंक ऋण को सुनिश्चित कर लेते हैं, जबकि कृषि और ग़ैर–कृषि गतिविधियों से होने वाली आय के उनके ज्ञात स्रोत उन्हें इस तरह की सहायता के लिए पूरी तरह से अयोग्य बनाते हैं।' दूसरी तरफ़ उड़ीसा में दो ज़िलों में नाबार्ड (1984) के सर्वेक्षण में अयोग्य लाभार्थियों का प्रतिशत 1.5 बताया गया है।
8. नाबार्ड (1984) के सर्वेक्षण में असम में 42 फ़ीसदी, हरियाणा में 17.76 फ़ीसदी, पंजाब में 35 फ़ीसदी, मध्य प्रदेश में 19 फ़ीसदी और महाराष्ट्र में 13 फ़ीसदी लाभार्थियों को गलत तरीक़े से ग़रीब के अन्तर्गत वर्गीकृत पाया है। इसी तरह तमिलनाडु और कर्नाटक के सर्वेक्षित ज़िलों में 11 प्रतिशत को गलत तरीक़े से वर्गीकृत किया गया था, आन्ध्र प्रदेश में 7 प्रतिशत और उड़ीसा, बिहार और उत्तर प्रदेश में मुश्किल से एक प्रतिशत या इससे कम को गलत तरीक़े से ग़रीब की श्रेणी में पाया।

इस प्रकार, अलग–अलग सर्वेक्षणों में ग़रीबों के रूप में परिवारों के वर्गीकरण में काफ़ी गलतियाँ दिखाई गयी हैं। कुल मिलाकर, यह कहना गलत नहीं होगा कि ऐसे कम–से–कम 15 प्रतिशत परिवार जिनकी ग़रीब के रूप में पहचान की गयी और जिन्हें आईआरडीपी के तहत मदद मिली, वास्तव में, ग़रीबों की श्रेणी में नहीं थे। जिन एजेंसियों को यह कार्य दिया गया, उसके प्रश्नावली की जो प्रकृति थी और जो समय

निर्धारित किया गया उसे देखने पर इस तरह की गलती होना अपरिहार्य है (ग्रामीण पुनर्निर्माण मन्त्रालय, 1980) स्वाभाविक रूप से यह पक्षपात और भ्रष्टाचार के लिए पर्याप्त गुंजाइश छोड़ता है। एक बार ब्लॉक–स्तर की आधिकारिक एजेंसी (ज़िला ग्रामीण विकास प्राधिकरण और उसके एजेंट) एक घर को ग़रीब होने के लिए वर्गीकृत करते है और एक विशिष्ट उद्यम (इन्टरप्राइजेज) को ऋण सहायता के लिए सिफ़ारिश करता है, बैंक उसकी वर्तमान और अपेक्षित आय की स्थिति को सत्यापित तक नहीं करता है, जो अन्य मामलों में सामान्यतः वह ज़रूर करता है। इस उद्देश्य के लिए डीआरडीए विकसित मानदण्डों के आधार पर अपेक्षित वृद्धिशील आय (इनक्रीमेंटल इनकम) का भी अनुमान लगाता है, और बैंक सामान्यतः इसे सत्यापित नहीं करता है। इस प्रकार, डीआरडीए द्वारा एक बार एक ग़रीब घर के रूप में वर्गीकृत किये जाने के बाद, काउंटर–चेक की कोई सम्भावना नहीं है।

ग़रीबों को कवर करने के लिए आईआरडीपी का प्रयास भी विभिन्न ब्लॉकों में समस्या के आयाम के अनुपात में नहीं दिखता है। योजना आयोग ने प्रति ब्लॉक औसतन 10 से 12,000 ग़रीब परिवारों का अनुमान लगाया था, जिसमें से 600 को हर साल पाँच साल के लिए कवर किया जाना था। हालाँकि, इस औसत को देश के प्रत्येक ब्लॉक में लागू किया गया है। लेकिन इसका परिणाम यह हुआ है कि, जहाँ कुछ ब्लॉकों में सभी चिन्हित घरों को कवर किया गया, वहीं अन्य में इसका केवल एक हिस्सा ही कवर हो पाया (नाबार्ड 1984)।

डेयरी कार्यक्रमों पर प्रभाव

दूध दने वाले पशुओं, बकरियों, भेड़ों, बैल और बैलगाड़ी तथा ऊँट और ऊँट गाड़ी ख़रीदने के लिए ऋण (और सब्सिडियाँ) प्रदान की गयीं। दुर्भाग्यवश आईआरडीपी के अन्तर्गत अखिल भारतीय स्तर पर उद्देश्य के अनुसार दिये गये कुल ऋण और सब्सिडी का विवरण उपलब्ध नहीं है। सारणी 2 में यह दिखाया गया है कि नाबार्ड द्वारा बैंकों को किन–किन उद्देश्यों के लिए पुनर्वित्त (रिफायनेन्स) प्रदान किया गया। यह याद रखने की आवश्यकता है कि नाबार्ड द्वारा दिया गया पुनर्वित्त सभी बैंकों द्वारा आईआरडीपी के अन्तर्गत दिये गये कुल ऋण का 25–30 प्रतिशत

होता है। इस बात की पूरी सम्भावना है कि नाबार्ड के वित्त का उद्देश्य के हिसाब से वर्गीकरण करने से आईआरडीपी के अन्तर्गत हुए कुल निवेश के स्वरूप के बारे में एक व्यापक संकेत मिलेगा।

सारणी : 2 आईआरडीपी के लिए नाबार्ड (एनएबीएआरडी) पुनर्वित्त उद्‌देश्य के अनुसार संवितरण (करोड़ रुपये)

उद्देश्य	1982–83 के दौरान	1983–84 के दौरान
1. लघु सिंचाई	24(13)	33(14)
2. डेयरी विकास	55(30)	61(27)
3. भेड़ / बकरी / सूअर पालन	24(19)	21(9)
4. बैल, बैलगाड़ी, ऊँट, ऊँटगाड़ी इत्यादि	35(19)	52(22)
5. उद्योग, सेवा, व्यापार	15(8)	52(22)
6. अन्य	32(17)	14(6)
कुल	185 (100)	233(100)

***स्रोत** : लेखक।*

यह वितरण व्यापक तौर पर नाबार्ड (1984) के सर्वेक्षण के सैंपल लाभार्थियों की तरह है, और यह नाबार्ड के पुनर्वित्त ऋण तक सीमित नहीं है। यह सर्वेक्षण दिखाता है कि 40–45 प्रतिशत निवेश और लाभार्थी डेयरी, बकरी और भेड़ से सम्बन्धित हैं। सिर्फ़ बैल और ऊँट या बैलगाड़ी और ऊँटगाड़ी में अन्य 20 प्रतिशत निवेश हुआ। इसके अलावा, छोटी सिंचाई सुविधाओं के लिए 13 या 14 प्रतिशत तथा ग़ैर–खेतिहर गतिविधियों में क़रीब एक–चौथाई निवेश हुआ। बहुत से सर्वेक्षणों से पता चलता है कि विभिन्न क्षेत्रों में अभी पशुओं को ख़रीदने के लिए बड़े पैमाने पर वित्तीय सहायता दी जा रही थी। अच्छी वर्षा वाले क्षेत्रों में लघु सिंचाई के लिए भी प्रत्यक्ष खेतिहर कर्ज़ दिया जा रहा था; विशेष रूप से भारत के दक्षिणी और पूर्वी भागों में ऐसा हो रहा था। लेकिन शुष्क क्षेत्रों में ऐसा कम हो रहा था, और यहाँ मुख्य रूप से पशुओं को ख़रीदने के लिए ही कर्ज़

दिया जा रहा था। असल में, डेयरी और पशुपालन पर बल देना बिल्कुल अनपेक्षित भी नहीं था। योजना आयोग ने अपनी छठी योजना (1980–85) में इस बात पर ज़ोर दिया कि हाशिये के किसान और भूमिहीन मज़दूरी ग्रामीण ग़रीबों का बड़ा हिस्सा है, और उन्हें डेयरी और पशुपालन की सुविधाएँ उपलब्ध करायी जानी चाहिए।

उपलब्ध सर्वेक्षणों से मिलने वाली सूचना से यह बात सामने आती है कि डेयरी और बकरी तथा भेड़ पालन में आईआरडीपी की सहायता का ग़रीबों पर अत्यन्त सीमित प्रभाव पड़ा।

1. जयपुर अध्ययन (अहूजा और अन्य 1984) से यह पता चलता है कि लोगों ने जिस उद्देश्य के लिए ऋण लिया था, उनमें आधे से भी कम (45.7 प्रतिशत) लोगों के पास दो वर्षों के बाद वह सम्पदा बची हुई थी। अन्य लोगों ने या तो इसे बेच दिया या फिर उनका जानवर मर गया और यहाँ तक कि खेतिहर मज़दूर परिवार इससे भी कम अनुपात (34 प्रतिशत) के पास उनका जानवर बचा। वास्तविक समस्या यह थी कि लोगों के पास चराई के लिए साझा ज़मीन नहीं थी, विशेष तौर पर भूमिहीन लोगों के यहाँ पशुओं के चारे की अपर्याप्त आपूर्ति होती थी तथा शुष्क मौसम में जानवरों को रखने का ख़र्च ज़्यादा था। इस श्रेणी में ऋण लेने वाले सिर्फ़ 18 प्रतिशत लोग वास्तविक अर्थों में ग़रीबी रेखा से ऊपर आ पायें। लेकिन अन्य लोगों की आमदनी में भी थोड़ी बहुत बढ़ोतरी हुई। बहरहाल, यदि ऋण की अदायगी और ब्याज को जोड़ लिया जाये तो ग़रीबी रेखा से ऊपर आने वालों की संख्या में और ज़्यादा गिरावट हो जायेगी। यहाँ तक़रीबन जितने अध्ययनों का उल्लेख किया गया है उन सब में आय की वृद्धि की गणना में किश्तों में ऋण की अदायगी पर ध्यान नहीं दिया गया है। इसलिए इन प्रमाणों का मूल्यांकन करते समय हमें इसे ध्यान में रखना चाहिए।
2. जैन (1983 क, ख) ने गुजरात के सूरत ज़िले के दो तालुकाओं में आईआरडीपी का अध्ययन किया है। यहाँ अनुसूचित जनजातियों के परिवार मुख्य लाभार्थी थे, और अधिकांश निवेश दुधारू पशुओं में हुआ था। काफ़ी अच्छी सिंचाई वाले बारदोली तालुका

में तक़रीबन 22 प्रतिशत लाभार्थियों के पास दो वर्षों के बाद अपनी सम्पदा नहीं थी। दुधारू जानवरों वाले आधे परिवारों की वास्तविक आय में कुछ वृद्धि दर्ज की गयी (क़ीमतों में बदलाव को समायोजित करने के बाद की गयी गणना के आधार पर); वहीं शेष आधे परिवारों की आय में गिरावट हुई। यहाँ तक की जिनकी आय में वृद्धि हुई, यदि उनकी आय से ऋण वापसी की राशि निकाल ली जाये तो उनकी आय में वृद्धि भी काफ़ी कम रह जाती और यह सब उस इलाके की स्थिति थी, जहाँ सिंचाई की अच्छी व्यवस्था थी और चारा पर्याप्य मात्रा में उपलब्ध था और वहाँ के मज़दूर दुधारू पशुओं की देखभाल में पारंगत थे। सर्वेक्षण से यह पता चलता है कि ग़रीबों में मध्यम आय वाले लोगों को लाभ हुआ। सबसे ज़्यादा ग़रीब लोगों को फ़ायदा नहीं हुआ। असल में, उनकी संख्या में वृद्धि ही हुई।

पिछड़े और जंगल से घिरे तालुक उच्छल में जितने लाभार्थियों ने पशुओं के लिए ऋण लिया, लेकिन दो साल बाद इनमें से 17 प्रतिशत लोगों के पास अपनी सम्पदा नहीं बची थी। वास्तविक आय के सन्दर्भ में विचार करें तो, 61 प्रतिशत लोगों की वास्तविक आय में कमी आयी, वहीं 39 प्रतिशत लोगों की आय में वृद्धि हुई। परिवारों का एक बहुत छोटा अनुपात वास्तविक आय के सन्दर्भ में ग़रीबी से बाहर निकल पाया।

3. आन्ध्र प्रदेश, कर्नाटक और महाराष्ट्र में स्टेट बैंक ऑफ़ हैदराबाद के सर्वेक्षण (1983) से यह पता चलता है कि दुधारू पशुओं, बकरियों, बैलों (गाड़ी के बिना या गाड़ी के साथ) के लिए ऋण हासिल करने वाले कुल लोगों में 32 प्रतिशत मामलों में ऋण के रिसाव (लीकेज) सामने आया। इन लोगों ने अपनी मौजूदा सम्पदाओं (जानवरों) को नयी ख़रीद के रूप में दिखाकर सब्सिडी हासिल की थी। मौजूदा क़ीमत पर पशुपालन उद्यम में 18 प्रतिशत की वृद्धि दर्ज की गयी। यदि इसे क़ीमतों की वृद्धि और ऋण की अदायगी के साथ समायोजित किया जाता, तो शायद कोई वास्तविक वृद्धि दर्ज नहीं होती। यह अपने–आप में रोचक है कि लघु सिंचाई वाली योजनाओं के सम्बन्ध में रिसाव की मात्रा 50

प्रतिशत तक थी; या तो कुएँ की खुदाई नहीं की गयी, या फिर बहुत कम खुदाई की गयी और बैंक से सब्सिडी ले ली गयी।

4. कैनरा बैंक ने तमिलनाडु के दो ज़िलों तिरुनेलवेली और पेतिया में अध्ययन किया। इसमें यह बात समाने आयी कि आईआरडीपी का उपयोग सिर्फ़ तीन उद्देश्यों के लिए किया गया : दुधारू पशु, बैल (बैलगाड़ी के साथ) और भेड़। लेकिन सर्वेक्षण के समय सिर्फ़ 28 प्रतिशत लाभार्थियों की सम्पदा में सुधार दर्ज किया गया। अन्य लोगों ने या तो अपने जानवरों को बेच दिया था, या फिर अपने पुराने जानवरों के स्थान पर इन जानवारों को रख लिया था। सूखे की स्थिति के कारण भी बहुत से लोगों ने अपने जानवरों को बेच दिया।

5. केरल प्लानिंग बोर्ड के सर्वेक्षण (1981) में यह दर्शाया गया कि काफ़ी कम मात्रा में ऋण का दुरुपयोग किया गया (सिर्फ़ 9 प्रतिशत, और 17 प्रतिशत ने आंशिक दुरुपयोग किया), लेकिन 31 प्रतिशत लाभार्थियों के सन्दर्भ में कोई अतिरिक्त आय उत्पन्न्न नहीं हुई। बकरी और मुर्गी पालन, कुआँ बनाने, फसल और भूमि विकास के लिए ऋण लेने के मामले में यह प्रतिशत और ज़्यादा था। दुधारू पशुओं के सन्दर्भ में हाशिये के किसानों और भूमिहीनों की मुख्य समस्या यह थी कि उनके पास चारा नहीं था और बाज़ार में यह काफ़ी महँगा था।

जो बात डेयरी (दुग्ध–उत्पादन) और अन्य प्रकार के पशुपालन के बारे में सच थी, वहीं बात कमोबश अन्य क्षेत्रों के बारे में भी सही थी। बैल और बैलगाड़ी से उसी स्थिति में अतिरक्त आय हो सकती थी, जब बैलों या बैलगाड़ियों की संख्या कम हो। इनकी ज़्यादा संख्या होने पर प्रत्येक बैल और बैलगाड़ी के उपयोग में कमी आती थी, और इससे आय कम हो जाती था। ट्राइसेम के अन्तर्गत दिये जाने वाले हर प्रकार की क्रॉफ्ट प्रशिक्षण के बारे में भी यह बात सच है। ज़्यादा दर्जी, कुम्हार, ईंट–निर्माता या ठेले मालिकों के होने पर हर किसी के काम और आमदनी में कमी आती थी।

अन्य ऋणों की तुलना में लघु सिंचाई हेतु लिये गये ऋण का प्रदर्शन अच्छा रहा। लेकिन यहाँ भी सूखे से प्रभावित होने वाले तथा छोटी जोत

वाले क्षेत्रों में ऋण का दुरुपयोग किया गया। दक्कन के पठार, केरल और उड़ीसा के अध्ययन से यह बात सामने आयी।

आईएसबी योजना का मिश्रित नतीजा सामने आया। ख़ास तरह के कुटीर उद्योगों, मसलन बुनाई, धातु के बर्तन बनाने और जूता ठीक करने के सन्दर्भ में, विशेष रूप से उन स्थानों पर अच्छा प्रदर्शन रहा जहाँ बाज़ार तक वस्तुओं को पहुँचाने की अच्छी व्यवस्था थी। दूसरी ओर, व्यापार से जुड़े कामों में ज़्यादा संदिग्ध नतीजा सामने आया। इसका आंशिक कारण यह था कि बहुत से लाभार्थियों का ग़रीब होने पर सन्देह था, और अन्य मामलों में, एक गाँव में एक या दो दुकाने खोलने की ही सम्भावना थी।

कितने लोगों को ग़रीबी रेखा से ऊपर उठाया गया?

आईआरडीपी से यह उम्मीद की गयी थी कि इससे 15 मिलियन परिवारों को लाभ होगा, और ये परिवार छठी योजना के बाद ग़रीबी से बाहर निकल जायेंगे। विभिन्न अध्ययनों में इन लक्ष्यों के सन्दर्भ में किस प्रकार के नतीजे सामने आये?

नाबार्ड सर्वेक्षण में यह पता चलता है कि कुल–मिलाकर 20 प्रतिशत का रिसाव हुआ। कुल योग्य लाभार्थियों में से 47 प्रतिशत या कुल लाभार्थियों में से 40 प्रतिशत की आमदनी 3,500 रुपये की ग़रीबी रेखा से ज़्यादा हो गया (इसमें वे 15 प्रतिशत लोग शामिल नहीं है जो ग़रीब नहीं थे)। राज्यों के बीच काफ़ी भिन्नता थी। लेकिने यह मौजूदा क़ीमतों में भिन्नता है। जब इन्हें सर्वेक्षण के वर्ष और 1979–80 के बीच क़ीमतों में हुए परिवर्तनों से समायोजित किया जाता है, तो यह बात सामने आती है कि सिर्फ़ योग्य लाभार्थियों के 22 प्रतिशत और कुल लाभार्थियों के 18.7 प्रतिशत ही ग़रीबी रेखा से बाहर निकल पाये। पंजाब, हरियाणा, उत्तर प्रदेश और महाराष्ट्र के चुनिंदा ज़िलों का प्रदर्शन तुलनात्मक रूप से अच्छा रहा। यहाँ 40 प्रतिशत से ज़्यादा लोग ग़रीबी रेखा से बाहर निकलें। वहीं राजस्थान, तमिलनाडु और आन्ध्र प्रदेश का प्रदर्शन 10 प्रतिशत से भी कम रहा।

राजस्थान के जयपुर ज़िले में (अहूजा और अन्य 1984) सभी लाभार्थियों में से 23 प्रतिशत ने ग़रीबी रेखा को पार किया। बारदोली तालुक में सिर्फ़ 16 प्रतिशत लाभार्थी ही ग़रीबी रेखा को पार कर पायें। तुलनात्मक रूप

से पिछड़े तालुक उच्छल में अधिकांश लोगों की आय में कोई वास्तविक वृद्धि नहीं हुई (जैन 1984 क, ख)। अन्य सर्वेक्षणों में इस उद्देश्य के लिए आय का अनुमान सिर्फ़ मौजूदा क़ीमत के आधार पर किया गया। इसलिए वे यह दिखाते हैं कि ज़्यादा बड़े अनुपात में लोग ग़रीबी से बाहर निकलें, लेकिन यदि वास्तविक आय की भिन्नता के आधार पर गणना की जाती, तो ग़रीबी से बाहर निकलने वालों की संख्या इतनी ज़्यादा नहीं होती। यदि आँकड़ों को सही तरीक़े से समायोजित किया जाये, तो ग़रीबी रेखा से बाहर निकलने का प्रतिशत उतना नहीं रहेगा, जितना की पहले संकेत किया गया था। असल में, जो लाभार्थी 20 प्रतिशत तक ग़रीबी रेखा को पार करने में समर्थ हुए थे (यहाँ उन लाभार्थियों की गणना नहीं की गयी जो पहले से ही ग़रीबी रेखा से बाहर थे), वे भी ग़रीबी रेखा के आसपास ही रहते।

इस बात का पहले उल्लेख किया गया है कि निवेश के बाद की आय की गणना में किसी भी सर्वेक्षण ने वार्षिक किस्तों की अदायगी की लागत को नहीं घटाया था। यदि इस पूरी तरह से वैध ख़र्चे पर ध्यान दिया जाता तो ग़रीबी रेखा को पार करने वाले लोगों की संख्या में काफ़ी गिरावट आयेगी। असल में, बहुत से उदाहरणों में यह बात सामने आयेगी कि लाभार्थी को सिर्फ़ इसलिए कुछ अतिरिक्त आय हो रही थी क्योंकि इस प्रकार के ख़र्चों को घटाया नहीं गया था। उनकी आय में वृद्धि सिर्फ़ बैंकों को दी जाने वाली किश्त के बराबर थी।

इस प्रमाण से यह स्पष्ट है कि आईआरडीपी एक–तिहाई ग्रामीण ग़रीबों को ग़रीबी से बाहर निकालने के अपने लक्ष्य के आसपास भी नहीं पहुँच पाया। छठी योजना की अवधि समाप्त होने तक 17 से 18 मिलियन ग्रामीण परिवार आईआरडीपी के अन्तर्गत आ चुके थे। कम–से–कम इनमें से 15 प्रतिशत ग़रीबी की श्रेणी से सम्बन्धित नहीं थे। इसलिए यह कहा जा सकता है कि मार्च 1985 तक 14.5 से 15 मिलियन ग़रीब परिवार आईआरडीपी के अन्तर्गत आये थे। यह 1981 में भारत के अनुमानित ग़रीब परविारों की संख्या का एक–तिहाई था। यह बात सामने आयी कि आईआरडीपी के परिणामस्वरूप 20 प्रतिशत ग़रीब परिवार ही ग़रीबी से बाहर निकलें। इसका अर्थ यह है कि ग्रामीण परिवारों के 6.6 प्रतिशत भाग को ग़रीबी रेखा के लिए निर्धारित आय से ज़्यादा आमदनी हासिल करने में सहायता मिली। इसके अलावा, हमने यह भी देखा है कि यह 20 प्रतिशत कुल अनुमान था क्योंकि उनकी आय में ऋण की किश्त भी

सम्मिलित थी, जो आईआरडीपी के लाभार्थियों के बजाय बैंक की आमदनी थी। यदि इसे समायोजित कर लिया जाता है, तो वास्तव में ग़रीबी रेखा से बाहर निकलने वाले लाभार्थियों की संख्या 10 प्रतिशत से कम होगी। इसलिए यह निष्कर्ष निकालना गलत नहीं होगा कि आईआरडीपी के सात साल तक काम करने के बाद कुल ग्रामीण परिवारों में से सिर्फ़ 3 प्रतिशत परिवार ग़रीबी से बाहर निकल पायें, और ये परिवार भी सिर्फ़ कुछ समय के लिए ही ग़रीबी से बाहर निकले ।

निश्चित रूप से, ऐसे परिवारों का अनुपात ज़्यादा है जिनकी वास्तविक आय में कुछ न कुछ वृद्धि हुई, लेकिन ये परिवार ग़रीबी रेखा से बाहर नहीं निकल पायें। असल में, इनमें से अधिकांश लोगों की वास्तविक वृद्धि काफ़ी कम हुई।

इस बात की कोई गारण्टी नहीं है कि बैंक से ऋण लेने के एक, दो या तीन वर्षों के बाद जिन परिवारों की स्थिति में सुधार हुआ, उन परिवारों की आगे भी ऐसी ही स्थिति रहेगी। सूखा, बीमारी इत्यादि जैसे कई कारक इनके उद्यमों को रोक सकते हैं। क़ीमतें और बाज़ार की सुविधाएँ नकारात्मक हो सकती हैं। कुल–मिलाकर, इस बात पर आश्चर्य नहीं होना चाहिए कि 1980 के दशक के मध्य में एनएसएसओ के उपभोग ख़र्च सर्वेक्षण में यह बात सामने आयी कि आईआरडीपी से ग्रामीण भारत की ग़रीबी के सन्दर्भ में कोई अन्तर नहीं आया है।

यह एक प्रशासनिक नाकामी नहीं है

निश्चित रूप से, ग़रीबी के उन्मूलन के लिए इस कार्यक्रम पर बहुत ज़्यादा ज़ोर दिया गया था। ऐसे में, इसके बहुत ही कम सकारात्मक नतीजे आने से स्वाभाविक रूप से यह प्रश्न सामने आता है कि : आख़िर यह स्थिति क्यों है? इस कार्यक्रम को प्रशासित करने वाली एजेंसियों के काम के बारे में बहुत–सी जाँच हुई हैं। साथ ही, इस बात की भी समीक्षा की गयी है कि क्या इसके लिए पर्याप्त बुनियादी संरचना का अभाव था। इस प्रकार की जाँच में आईआरडीपी की नाकामी के लिए निम्नलिखित कारणों को रेखांकित किया गया : इस योजना के अन्तर्गत ख़रीदे गये जानवरों की गुणवत्ता ख़राब थी, उनकी देखभाल के लिए सही चिकित्सा सुविधाएँ नहीं थी, उत्पादों को बाज़ार में पहुँचाने की अच्छी सुविधा नहीं थी, पशुओं

के लिए अपर्याप्त और अनिश्चित मात्रा में चारा उपलब्ध था, भूखण्ड का आकार छोटा था (लघु सिंचाई के सन्दर्भ में), छोटे भूखण्डों को एक साथ जोड़ने की व्यवस्था नहीं थी, विस्तार की एजेंसी नहीं थी, और लोगों को जितनी राशि की आवश्यकता थी, उससे कम राशि दी गयी। इन सबका सावधानीपूर्वक परीक्षण करने से यह बात सामने आयेगी कि ये प्रशासनिक नाकामियाँ नहीं हैं। ऐसा नहीं है कि ज़्यादा सावधानीपूर्वक प्रशासनिक कदम उठाने और प्रशासनिक अधिकारियों के ज़्यादा समर्पित होने से इनमें से बहुत–सी नाकामियों को सफलता में बदला जा सकता था।

इस बात को व्यापक रूप से स्वीकार किया गया है कि अधिकांश गाँवों में दुधारू पशुओं की गुणवत्ता ख़राब थी। सिर्फ़ कुछ राज्यों में ही स्थानीय नस्लों के पशुओं की गुणवत्ता उच्च स्तर की है। आमतौर पर, अच्छा दुधारू पशु (गाय या भैंस) 6–7 लीटर प्रतिदिन दूध देता है, किन्तु इस कार्यक्रम के अन्तर्गत जो पशु ख़रीदे गये वे ज़्यादा से ज़्यादा 2–3 लीटर प्रतिदिन दूध देते हैं। इस योजना के अन्तर्गत ख़रीदे गये पशुओं में से बहुत से पशु निर्धारित उम्र से ज़्यादा बूढ़े हैं, और इनके जीवन की उत्पादक अवधि समाप्त हो चुकी है। यह सच है कि पशुओं के ख़रीदने की प्रक्रिया पर नज़र नहीं रखी गयी, और न ही ख़रीदे गये पशुओं को प्रमाणीकृत किया गया। दूसरे इलाके में जाकर अच्छी नस्ल के पशुओं को ख़रीदने के बजाय इन्हें स्थानीय स्तर पर ही ख़रीदा गया। लेकिन बुनियादी प्रश्न यह है कि : यदि कार्यक्रम के प्रशासक सावधानी बरतते तो प्रति वर्ष इतनी बड़ी संख्या में दुधारू पशु उपलब्ध हो सकते थे? कुल लाभार्थियों के एक–तिहाई से भी ज़्यादा भाग ने दुधारू पशुओं को ख़रीदा है। इस हिसाब से देश के 5000 प्रखण्डों में पिछले पाँच वर्षों में तक़रीबन 5 मिलियन दुधारू पशु ख़रीदे गये, अर्थात् प्रति वर्ष एक मिलियन दुधारू पशु ख़रीदे गये। क्या इतनी बड़ी संख्या में ख़रीददारी करने के लिए ज़्यादा दूध देने वाली भैंसें या जर्सी गायें उपलब्ध हैं? यदि ऐसे पशु उपलब्ध नहीं हैं तो किसी भी तरह के पशुओं को ख़रीदकर लक्ष्य को पूरा किया जा सकता है। इसका नतीजा संसाधनों की बर्बादी और भ्रष्टाचार के रूप में सामने आता है। हर किसी को इससे लाभ होता है : विक्रेता को कम दूध देने वाले पशु की ज़्यादा क़ीमत मिलती है, और लाभार्थी को सब्सिडी और बीमा का लाभ मिलता है, और कई बार वे ऋण नहीं चुकाते हैं।

कई बार वित्तीय सहायता देने वाली एजेंसियाँ इस उद्देश्य को पूरा

करने की जद्दोज़हद में जानवरों का प्रजनन कराने वाली फर्मों को वित्तीय सहायता प्रदान करती हैं। निश्चित रूप से ऐसा करने की आवश्यकता है। लेकिन एक योजना की अवधि में इस प्रकार के उपाय से तय किये गये लक्ष्यों को हासिल नहीं किया जा सकता है। चारे की अनुपलब्धता एक अन्य प्रमुख कमी है। लेकिन यह गाँव में चारे की कुल उपलब्धता पर निर्भर करता है। असल में, इसका उत्पादन करने वाले किसानों के यहाँ ही इसकी काफ़ी माँग होती है। समेकित ब्लॉक योजना इन किसानों के उत्पादन को बढ़ाना चाहती है। ऐसा न होने की स्थिति में वित्तीय सहायता प्रदान करने वाली एजेंसी के पास आख़िरी उपाय यह है कि वह सीमान्त या हाशिये के किसानों और भूमिहीनों को इतना समर्थन बनाये कि वे ख़ुद अपने पशुओं के लिए चारा जुटा सकें। राजस्थान जैसे क्षेत्रों में नये चरवाहे यह पाते हैं कि गाँवों की साझा ज़मीन गाँव के जानवरों को, जिसमें उनके जानवर भी सम्मिलित हैं, चराने के लिए अपर्याप्त है। भूमिहीन लोगों के पास अपने रहने के लिए ज़मीन नहीं होती है, इसलिए वे अपने जानवरों को नहीं रख सकते हैं। इसलिए यदि उन्हें इसके लिए ऋण प्रदान दिया जाता है, तो इससे किसी सकारात्मक नतीजे की उम्मीद नहीं की जा सकती है। इस बात का कोई मूल्यांकन नहीं किया गया है कि ग्रामीण अर्थव्यवस्था में कितने जानवर सही तरीक़े से रखे जा सकते हैं। ग़ैर–ग़रीब व्यक्ति ऋण के साथ या ऋण के बिना कितने जानवर रख सकता है, और ग़रीब व्यक्ति कितने जानवर रख सकता हैं।

दरअसल, इस प्रकार के मूल्यांकन न होने का प्रभाव माँग और आपूर्ति दोनों ही पक्षों पर पड़ा है। आमतौर पर, यह शिकायत सामने आती है कि सरकारी दुग्ध संग्रह केन्द्र जैसी बुनियादी सुविधाओं का अभाव है। यह शिकायत सही है। लेकिन इसके साथ ही यह पता करना भी आवश्यक है कि क्या एक गाँव से एकत्रित किया जाने वाला कुल अनुमानित दूध से एक संग्रह केन्द्र की शुरुआत करने लिए आवश्यक राशि अदा की जा सकती है। कार्यक्रम के अन्तर्गत लाभार्थियों के चयन के लिए सामूहिक दृष्टिकोण (कलस्टर एप्रोच) की वकालत की जाती रही है। लेकिन हमेशा इसका पालन नहीं किया गया है। इसका बड़ा कारण लक्ष्य प्राप्ति पर ज़ोर देना रहा है। साथ ही, अन्य गाँवों के लिए बेहतर विचारों और योजनाओं की अनुपलब्धता रही है। इसके अलावा, इस पहलू का भी सही तरीक़े से मूल्यांकन नहीं किया गया है कि एक निश्चित क़ीमत पर बाज़ार में

दूध की कितनी खपत हो सकती है। महाराष्ट्र के सिंचित क्षेत्रों के बारे में यह अनुभव रहा है कि सरकारी दुग्ध योजनाओं द्वारा कोई न कोई बहाना बनाकर आपूर्ति को बढ़ाने की अनुमति नहीं दी गयी है। यदि बैलगाड़ी और ऊँटगाड़ी को बाज़ार में उनकी माँग से ज़्यादा संख्या में दिया गया तो इसका नतीजा यह हुआ कि अधिकांश लोगों की आमदनी में कमी हो गयी। दर्ज़ी, कुम्हार, बढ़ई, बिजली मिस्त्री और खुदरा दुकान को बढ़ावा देने वाले कार्यक्रमों के बारे में भी यही बात सही है। इनकी माँग काफ़ी कम है, किन्तु आपूर्ति ज़्यादा होने के कारण हर किसी की आमदनी कम होती है।

ग्रामीण क्षेत्रों में ऐसे उद्यमों की सम्भावना के बारे में एक समुचित मूल्यांकन से यह बात सामने आयेगी कि यह सम्भावना लक्ष्य की तुलना में काफ़ी कम है। यदि यह हमेशा अत्यधिक आपूर्ति के रूप में सामने नहीं आता है, तो इसका कारण यह है कि व्यक्तिगत उद्यम काफ़ी बड़ी मात्रा में असफल हुए हैं, या बहुत–सीमित रूप से सफल हुए हैं।

यहाँ यह भी ग़ौर करने की आवश्यकता है कि अमूमन वित्तीय सहायता देने वाले संस्थान और अन्य एजेंसियाँ इस आधार पर इन कार्यक्रमों की सफलता को मापती हैं कि ऋण वापसी के सम्बन्ध में लाभार्थियों का प्रदर्शन कैसा रहा है। आईआरडीपी के अध्ययनों में यह बात सामने आयी है कि अमूमन ऋण वापसी के सम्बन्ध में लोगों में प्रदर्शन ठीक–ठाक रहा है। लेकिन इस सन्दर्भ पर सरकार द्वारा सब्सिडी की अदायगी पर ध्यान नहीं दिया गया है। यह बैंकों में आता है तथा इसे भी उधार की अदायगी के रूप में समायोजित किया जाता है, जिससे ऋण अदायगी का सन्तोषजनक प्रदर्शन सामने आता है। इसके अलावा, यह भी ज़रूरी नहीं है कि ऋणों की अदायगी भी वास्तविक सफलता की ओर ही संकेत करती है। आप्टे (1982) ने किसानों और अन्य लोगों द्वारा बड़े जानवरों को ख़रीदने के लिए वित्तीय सहायता के अपने अध्ययन में यह दिखाया है कि जहाँ बैंकों को 84 प्रतिशत ऋण वापस कर दिया गया, (जो कि काफ़ी अच्छा प्रदर्शन था), वहीं 80 प्रतिशत लाभार्थियों ने आगे चलकर अपने पशुओं को बेचकर ऋण चुका दिया और अपना काम बन्द कर दिया। उन्होंने ऐसा इसलिए किया क्योंकि उन्हें इस काम में लाभ नहीं हो रहा था। इस बात की पूरी सम्भावना है कि इन जानवरों को पड़ोस के क्षेत्र से इसी तरह की योजना के माध्यम से ख़रीदा गया होगा। यह एक ऐसी कहानी है जिसमें एक ही जानवर विभिन्न लाभार्थियों के पास जाता है, और इसमें सब्सिडी कुल लाभ के रूप में होती है।

आईआरडीपी में इस बात पर बल दिया गया कि प्राथमिकता के आधार पर ग़रीबों में भी सबसे ग़रीब व्यक्ति की सहायता की जाये। जिन सर्वेक्षणों में इस प्रश्न पर गहराई से विचार किया गया, उनमें यह बात सामने आयी कि जब कोई योजना बड़े पैमाने पर नाकाम होती है, तो सबसे ग़रीब व्यक्ति और भूमिहीन खेतिहर मज़दूरों का प्रदर्शन सबसे बुरा होता है। यह विशेष रूप से दुग्ध उत्पादन और पशुओं से सम्बन्धित अन्य कामों के बारे में सच है। इस वर्ग के लोग मुख्य रूप से ऐसे ही कामों पर ध्यान देते हैं। अनुभवों के आधार पर ऐसा लगता है कि यह विश्वास पूरी तरह सही साबित नहीं हुआ है कि ग्रामीण समाज के सबसे ग़रीब लोगों को ऋण के आधार पर कोई उत्पादक सम्पदा (मसलन पशु) देकर उनकी मदद की जा सकती है। सबसे ग़रीब लोगों को अपने से ऊपरी स्तर वाले ग़रीब लोगों से ज़्यादा ऋण और सब्सिडी नहीं मिलती है। यह उम्मीद की जाती है कि एक ही तरह के ऋण से सबसे ग़रीब और उससे थोड़ा कम ग़रीब व्यक्ति ग़रीबी रेखा से बाहर आ जायें। लेकिन यह तर्क पूरी तरह स्पष्ट नहीं है। इसके अलावा, यह भी स्पष्ट नहीं है कि ऐसी स्थिति में एजेंसियाँ उन्हीं लोगों पर सबसे पहले क्यों ध्यान केन्द्रित करेंगी, जो सबसे ग़रीब हैं। पीछे सबसे ग़रीब लोगों की कुछ समस्याओं का उल्लेख किया गया है। इन समस्याओं के अतिरिक्त यह भी याद रखने की आवश्यकता है कि अमूमन गाँव में सबसे ग़रीब व्यक्ति सबसे ज़्यादा उम्रदराज और शारीरिक विकलांगता से जूझ रहे होते हैं, और ये दूसरों की सहायता पर अत्यधिक निर्भर होते हैं। आईआरडीपी से सम्बन्धित सर्वेक्षणों में इस प्रश्न पर विचार नहीं किया गया है। योजना आयोग (1982) के अध्ययन से पता चलता है कि जिन राज्यों में सर्वेक्षण किया गया, उनमें से बहुत से राज्यों में यह तत्त्व बड़े पैमाने पर मौजूद है। तथ्य यह है कि ऐसी समस्याओं से ग्रस्त लोगों को सिर्फ़ सम्पदा उपलब्ध कराकर मदद नहीं दी जा सकती है। इसके अलावा, इस तरह की समस्याओं से जूझ रहे व्यक्ति या परिवार के लिए यह और भी ज़्यादा कठिन होता है कि वे अपनी सम्पदा का प्रभावकारी तरीक़े से उपयोग करके एक सुनिश्चित आय हासिल करें।

आईआरडीपी के अनुभव की इस लम्बी समीक्षा से एक तथ्य स्पष्ट रूप से सामने आता है : ग्रामीण समाज में ग़रीबों को कुछ सम्पदा देकर

उन्हें ग़रीबी से बाहर निकालने में मदद करने का विचार सही नहीं है। इससे सिर्फ़ एक छोटे अनुपात में ही लोगों की मदद की जा सकी; और हक़ीक़त यह है कि इससे सिर्फ़ बहुत छोटे अनुपात में ही लोगों की मदद की जा सकती है। इस दृष्टिकोण पर बहुत ज़्यादा ज़ोर देने से संसाधनों की बर्बादी होगी, भ्रष्टाचार बढ़ेगा तथा लोगों के भीतर निराशा पैदा होगी। निश्चित रूप से, यह दृष्टिकोण ग्रामीण ग़रीबी पर बहुत तरीक़े से हमला करता है, इसलिए इसका एक महत्त्वपूर्ण स्थान है। लेकिन यह ग़रीबी उन्मूलन के कार्यक्रम का सर्वप्रमुख भाग नहीं हो सकता है।

यह तर्क दिया जा सकता है कि ग्रामीण ग़रीबों ने इसी तरह से अपनी समस्याओं के समाधान की कल्पना की है। सरकार के दिशा–निर्देशों ने डीआरडीए को यह चेतावनी दी कि वह प्रत्येक चिन्हित घर या परिवार से उनकी प्राथमिकताएँ हासिल करे। बहुत–सी अध्ययनों से पता चलता है कि इस कार्यक्रम के क्रियान्वयन के दौरान इन वरीयताओं का पालन किया गया। बहरहाल, इस बारे में पूरी जिम्मेदारी ग़रीबों पर डाल देना उनके प्रति गलत रवैया है। ग़रीब लोगों को मुख्य रूप से ज़्यादा आय चाहिए और जब उन्हें यह पता चलता है कि सरकार उन्हें इस तरह संसाधन देना चाहती है जिससे उनकी आय बढ़े तो वे अपनी वरीयताएँ बताते हैं। लम्बे समय से उन्होंने यह देखा है कि जिन लोगों के पास अपनी ज़मीन होती है, उनकी आय ज़्यादा होती है, इसलिए उन्होंने ज़मीन माँगी। उन्हें यह उम्मीद थी कि सरकार उन्हें ज़मीन दे देगी। लेकिन सरकार ने ऐसा नहीं किया। 1 प्रतिशत ग़रीबों को भी ज़मीन नहीं मिली। उन्हें यह जानकारी मिली कि बैंक उन्हें एक गाय या भैंस, बकरी या भेड़ों के झुण्ड ख़रीदने के लिए या एक पम्प लगाने के लिए या बैलगाड़ी और ऊँटगाड़ी ख़रीदने के लिए ऋण और सब्सिडी उपलब्ध करायेंगे। इसलिए उन्होंने इनमें से किसी न किसी विकल्प को चुन लिया। वे सब्सिडी के बारे में जानते थे, और जब उन्हें यह अन्दाजा हुआ कि सिर्फ़ सब्सिडी ही उपलब्ध है तो उन्होंने इसे लेने का फैसला किया। ग़रीबों के पास चुनाव करने का हक़ नहीं होता है। उनके पास जो भी आता है, वह उन्हें ले लेना चाहिए। हक़ीक़त यह है कि वे ज़मीन या जानवर नहीं, बल्कि आय चाहते हैं। यह राज्य और नियोजकों की जिम्मेदारी है कि वे उन्हें उपलब्ध सबसे अच्छे विकल्प के बारे में बतायें।

रोज़गार सृजन की महत्त्वपूर्ण भूमिका

ज़्यादा ग्रामीण रोज़गार से सम्बन्धित नीतियों को सार्वजनिक क्षेत्र के एनआरईपी या ईजीएस कार्यक्रमों तक सीमित नहीं किया जा सकता है। खेती के क्षेत्र में ज़्यादा आय, रोज़गार सृजन और व्यापक फैलाव की सम्भावना मौजूद है। भारत के पठारी क्षेत्रों में खेती के लिए पानी सबसे कम मात्रा में उपलब्ध होता है। यहाँ के बड़े स्तर की सिंचाई योजनाओं के अध्ययन से पता चलता है वर्तमान में सिंचाई के प्रति पानी के उपयोग से अधिकतम आय नहीं हो रही है। यदि इस लक्ष्य को हासिल करने के लिए नीतियों में बदलाव किया जाता है तो पानी कई अन्य एकड़ ज़मीन तक पहुँच सकता है, और इससे बहुत से छोटे किसानों की आमदनी में वृद्धि हो सकती है। कुछ पूर्वी राज्यों में सिंचाई के प्रवाह या उसे ऊपर उठाने में पानी का ख़राब तरीक़े से उपयोग होता है, और इससे अतिरिक्त आय में बहुत कम वृद्धि होती है। पानी को ऊपर से ले जाकर सिंचाई करने वाली योजनाओं में विखण्डन के कारण इससे बहुत से सकारात्मक नतीजे सामने नहीं आ पा रहे हैं। इसे ठीक करने के नीतिगत उपाय अपनाने से खेती में रोज़गार की सम्भावनाएँ बढ़ सकती हैं।

इसके अलावा, कई बार नीतियों में एक–दूसरे से टकराव भी होता है। जहाँ आईआरडीपी और एनआरईपी में ग्रामीण स्तर पर ज़्यादा रोज़गार सृजन पर ज़ोर दिया जाता है, वहीं नैशनल बैंक ऑफ़ एग्रीकल्चर ऐंड रूरल डेवलपमेंट (नाबार्ड) ने यह फैसला किया कि वह संयुक्त हार्वेस्टर को ख़रीदने के लिए ऋण प्रदान करेगा। कुछ समय पहले पंजाब, हरियाणा और पश्चिमी उत्तर प्रदेश में हुए अध्ययनों ने यह दिखाया कि एक एकड़ ज़मीन को अगर सिर्फ़ एक इंसान काटे तो इसमें 9.6 पुरुष–दिन (मैन–डेज) लगता है, वहीं संयुक्त हार्वेस्टर से यह काम 0.5 पुरुष–दिन में हो जाता है। इससे प्रति एकड़ 9 पुरुष–दिन बेरोज़गारी पैदा होती है। बड़ी संख्या में बिहार और पूर्वी उत्तर प्रदेश के मज़दूर पंजाब और हरियाणा में काम करते हैं। ऐसे में, इस प्रकार के संयुक्त हार्वेस्टर के उपयोग से उनका रोज़गार ख़त्म हो जायेगा। इस तरह, जहाँ खेती में ज़्यादा रोजगार पैदा करने वाले विशेष कार्यक्रम चलाये जा रहे हैं, वहीं ऐसी नीतियाँ अपनाई जा रही हैं, जिनसे खेती में रोज़गार में कटौती हो रही है।

इसी तरह, अमूमन यह कहा जाता रहा है कि सड़क, जल आपूर्ति,

जानवरों की चिकित्सा सुविधाओं, बिजली, नियन्त्रित बाज़ार, प्राथमिक स्वास्थ्य केन्द्र, स्कूल आदि जैसे बुनियादी सुविधाओं के अभाव के कारण खेती और उससे जुड़ी गतिविधियों को समुचित तरीक़े से लागू करने में कई बाधाएँ आती हैं। अमूमन ग़रीब क्षेत्रों में इस तरह की सुविधाओं का अत्यन्त कम विकास होता है। चूँकि छठी योजना में इन क्षेत्रों के लिए संसाधन आवंटित किये गये थे, इसलिए यह उम्मीद की गयी थी कि इन ग़रीब क्षेत्रों में इन बुनियादी सुविधाओं के विकास पर ध्यान दिया जायेगा, जिससे यहाँ विभिन्न क्षेत्रों से सम्बन्धित विकास कार्यक्रमों को सही तरीक़े से लागू किया जा सके। लेकिन ऐसा नहीं हुआ है। ज़मीनी स्तर पर भी नाकामी सामने आयी है। हाल ही में, महाराष्ट्र स्टेट कमिटी ऑन रिजनल इम्बैलेंसेज ने अपनी एक रिपोर्ट में यह दिखाया है कि जहाँ राज्य सरकार डिस्ट्रिक्ट प्लानिंग ऐंड डवलपमेंट काउंसिल (डीपीडीसी) को कुल योजना राशि का 40 प्रतिशत दिया गया था। डीसीपीसी ने ज़िले की आवश्यकताओं के अनुसार ख़र्च किया। लेकिन डीसीपीसी ने स्थानीय स्तर पर विशिष्ट बुनियादी संरचना के विकास की आवश्यकताओं को प्राथमिकता नहीं दी। इसलिए राज्य स्तरीय समिति ने अपनी सिफ़ारिश में इस बात पर बल दिया कि संसाधनों को तालुका स्तर तक आवंटित किया जाना चाहिए। ज़िला स्तर के अधिकारियों को इस आवंटन में बदलाव करने का कोई अधिकार नहीं होगा। यह स्थानीय नियोजन से जुड़ा एक व्यापक प्रश्न है। यहाँ इसका उल्लेख सिर्फ़ यह दर्शाने के लिए किया गया है कि बुनियादी संरचनाओं के विकास में व्यापक स्तर पर नाकामी सामने आयी है और यह ज़रूरी है कि अभी तक संसाधन के आवंटन और बुनियादी संरचनाओं के विकास के लिए जो प्रयास किये जाते रहे हैं, उनसे ज़्यादा व्यवस्थित तरीक़े से ये प्रयास किये जायें। इससे उन क्षेत्रों में बुनियादी सुविधाओं का विकास हो पायेगा, जहाँ इनका अभाव है। इससे विकास के विभिन्न कार्यक्रमों का क्रियान्वयन भी प्रभावकारी होगा। साथ ही, इन क्षेत्रों में वेतन–रोज़गार के ज़्यादा अवसर उत्पन्न होंगे।

ग्रामीण ग़रीबी की समस्या पुरानी और बहुत बड़ी है। पहले यह उम्मीद की जाती थी कि सामान्य आर्थिक विकास से ग्रामीण ग़रीबी भी दूर होगी, लेकिन यह उम्मीद पूरी तरह से नाकाम हो चुकी है। इसके अलावा, सभी ग़रीबों को भूमि का आवंटन नहीं किया गया। जैसा कि हमने देखा है कि आईआरडीपी द्वारा पशु और अन्य सम्पदाओं को आवंटन

की योजना से ज़्यादा अन्तर नहीं पड़ा है। सब्सिडी इसका मुख्य आकर्षण केन्द्र रही है। जैसा कि हमने तर्क दिया है, असल में आईआरडीपी की स्थिति ऐसी ही होनी थी। ग़रीबी के उन्मूलन के लिए बहुआयामीय रणनीति की आवश्यकता है। लेकिन मौजूदा स्थिति में सबसे महत्त्वपूर्ण बात यह है कि ग्रामीण क्षेत्रों में सार्वजनिक और निजी दोनों ही स्तरों पर रोज़गार के व्यापक अवसर उत्पन्न किये जाये। इसके बाद अन्य कार्यक्रम ग़रीब लोगों में समर्थ और मेहनती लोगों को अवसर उपलब्ध करायेंगे। संसाधन, संगठन और दक्षता का इस दिशा में उपयोग करने पर आने वाले दशकों में ग़रीबी की समस्या का सामना किया जा सकता है।

अनुवाद : इन्द्रजीत कुमार झा

सन्दर्भ

अहूजा, कामा और प्रदीप भार्गव, 1984, *इंटिग्रेटेड रूरल डेवलपमेंट प्रोग्राम : ऐन इवैल्यूएशन : जयपुर डिस्ट्रिक्ट,* जयपुर : इंस्टीट्यूट ऑफ़ डेवलपमेंट स्टडीज़।

आप्टे, डी. पी. 1982, *इवैल्यूएशन ऑफ़ इंटिग्रेटेड डेयरी डेवलपमेंट स्कीम (वाड़ानगर)।* पुणे : गोखले इंस्टीट्यूट।

बैंक ऑफ़ इंडिया, 1982, *इवैल्यूएशन ऑफ़ डेयरी स्कीम इन सूरत डिस्ट्रिक्ट गुजरात,* बॉम्बे : बैंक ऑफ़ इंडिया।

कैनरा बैंक (सीबी), 1984, *इम्पैक्ट स्टडी ऑन आईआरडीपी इन तिरुनेलवेली ऐंड पेतियार डिस्ट्रिक्ट (टीएन),* बंगलुरू : कैनरा बैंक।

सेंट्रल बैंक ऑफ़ इंडिया, इकोनॉमिक इंटेलिजेंस डिपार्टमेंट, 1983, *इंटिग्रेटेड रूरल डेवलपमेंट इन छिंदवाड़ा डिस्ट्रिक्ट ऑफ़ मध्य प्रदेश,* बॉम्बे : सेंट्रल बैंक ऑफ़ इंडिया।

जैन, एस. सी. 1983क, *इम्पैक्ट स्टडी ऑफ़ इंटिग्रेटेड रूरल डेवलपमेंट प्रोग्राम, उच्छल तालुक, सूरत (गुजरात),* साउथ गुजरात यूनिवर्सिटी।

मिनिस्ट्री ऑफ़ रूरल रिकंस्ट्रक्शन, गवर्नमेंट ऑफ़ इंडिया, 1980, *मैनुअल ऐंड इंटिग्रेटेड रूरल डेवलपमेंट,* नयी दिल्ली : गवर्नमेंट ऑफ़ इंडिया।

————, 1984, *परफॉर्मेंस बजट ऑफ़ इंटिग्रेटेड रूरल डेवलपमेंट,* नयी दिल्ली : गवर्नमेंट ऑफ़ इंडिया।

नाबार्ड, 1984, *'स्टडी ऑफ़ इम्पलीमेंटेशन ऑफ़ इंटिग्रेटेड रूरल डेवलपमेंट प्रोग्राम',* मायमोग्राफ, बॉम्बे।

प्लानिंग कमीशन, गवर्नमेंट ऑफ़ इंडिया, *ड्राफ्ट सिक्स्थ फाइव ईयर प्लान 1978–83 (रिवाइज़्ड)।*

———,*सिक्स्थ फाइव ईयर प्लान, 1980–85।*

पंजाब नैशनल बैंक, 1984, *इम्पैक्ट ऑफ़ आईआरडीपी एडवान्सेज इन राजस्थान (एन इवैल्यूएशन स्टडी)*, नयी दिल्ली : पीएनबी।

स्टेट बैंक ऑफ़ बीकानेर ऐंड जयपुर (एसबीबीजे), *इवैल्यूएशन स्टडी ऑफ़ द आईआरडीपी बेनेफिसियरीज इन बीकानेर डिस्ट्रिक्ट (राजस्थान)*, जयपुर : एसबीबीजे।

स्टेट बैंक ऑफ़ हैदराबाद, 1983, *मॉनिटरिंग–कम–मिड–टर्म इवैल्यूएशन ऑफ़ आईआरडीपी*, हैदराबाद : स्टेट बैंक ऑफ़ हैदराबाद।

स्टेट प्लानिंग बोर्ड, इवैल्यूएशन डिविजन, केरला, 1981, *'इंटिग्रेटेड रूरल डेवलपमेंट प्रोग्राम*, (एन इवैल्यूएशन स्टडी)', अक्टूबर।

सिंडिकेट बैंक, 1984, *फायनेंसिंग अंडर इंटिग्रेटेड रूरल डेवलपमेंट प्रोग्राम इन नेल्लोर डिस्ट्रिक्ट ऑफ़ आन्ध्र प्रदेश, (मनिपाल)*।

एकीकृत ग्रामीण विकास कार्यक्रम के क्रियान्वयन की राजनीति*

कुलदीप माथुर

इस अध्याय में हमारा ध्यान मुख्य रूप से उन कार्यक्रमों पर है जिन्हें विशेष रूप से ग्रामीण ग़रीबी को ख़त्म करने के लिए तैयार किया गया था। इन कार्यक्रमों को चौथी पंचवर्षीय योजना के अन्तर्गत आरम्भ किया गया और ये ग़रीबी पर सीधा हमला करने की रणनीति का भाग बन गये। इस प्रकार का पहला कार्यक्रम 1970–71 में स्थापित स्माल फार्मर डेवलपमेंट एजेंसी (एसएफडीए) तथा 'मार्जिनल फार्मर एग्रीकल्चरल लेबर्स एजेंसी' (एमएफएएलए) के माध्यम से आरम्भ किया गया। 1975 में पाँचवीं योजना को आरम्भ करने के समय इन दोनों योजनाओं को मिलाकर एसएफडीए में मिला दिया गया। आरम्भ में 46 एसएफडीए और 41 एफ.एफ.ए.एल. को स्थापित किया गया। 1979 में देश के 198 ज़िलों में 168 एसएफडीए संचालित हो रहे थे। बाद में, 1978–79 में चुनिंदा प्रखण्डों में एस.एफ.डी. कार्यक्रम के स्थान पर एकीकृत ग्रामीण विकास कार्यक्रम (इंटीग्रेटेड रूरल डेवलपमेंट प्रोग्राम या आईआरडीपी आरम्भ किया गया)। 1980 में इस कार्यक्रम का विस्तार देश के सभी ज़िलों में कर दिया गया। 1971–77 की अवधि के बीच छोटे कृषक विकास कार्यक्रम (स्मॉल फार्मर डेवलपमेंट प्रोग्राम) से 6.5 मिलियन ग्रामीण परिवारों को लाभ हुआ। इसके लिए कुल 134.31 करोड़ रुपये का बजट और 243 करोड़ अतिरिक्त उधार जारी किया गया (एक समीक्षा के लिए देखें कृष्णा 1979)। आईआरडीपी में यह प्रस्तावित किया गया कि प्रत्येक प्रखण्ड में हर वर्ष 600 परिवारों की

---

* *इकोनॉमिक ऐंड पॉलिटिकल वीकली* 30 (41–41) : 2703–08 (14 अक्तूबर 1995)।

सहायता की जायेगी। इस प्रकार छठी योजना में कुल 15.13 मिलियन परिवारों को लाभ पहुँचाने का लक्ष्य रखा गया तथा सातवीं योजना में भी इसी प्रकार का लक्ष्य रखा गया। पंचवर्षीय योजना में इस योजना के लिए 1,500 करोड़ रुपये तय किये गये, जिसमें केन्द्र और राज्य दोनों को बराबर राशि देनी थी। सातवीं योजना में केन्द्रीय सहायता के रूप में 1.86 करोड़ रुपया उपलब्ध कराया गया। किसी भी देश के इतिहास में कभी भी ग़रीबी उन्मूलन के एकल लक्ष्य पर केन्द्रित इतनी प्रभावकारी योजना तैयार नहीं की गयी थी। विकास और रोज़गार उत्पन्न करने के क्षेत्र में भी कई कार्यक्रमों को आरम्भ किया गया, लेकिन इस अध्याय में हम एसएफडीए/आई.आरडी. कार्यक्रम पर ध्यान केन्द्रित करेंगे और इसके क्रियान्वयन से सम्बन्धित मुद्दों का परीक्षण करेंगे।

आरम्भिक विकास का अनुभव

1951–52 से लेकर 1966–67 के बीच के पन्द्रह वर्षों के बीच के विकास के अनुभवों ने योजनाकारों के मन में इस मान्यता को लेकर गम्भीर सन्देह पैदा कर दिया कि अपने–आप में संवृद्धि और उत्पादकता की रणनीतियाँ ग्रामीण ग़रीबी की समस्याओं को हल करने के लिए पर्याप्त हैं। भूमि की अधिकतम सीमा तय करने और जोतने वाले को भूमि देने के प्रयास कुल–मिलाकर नाकाम हो चुके थे। देश के कुछ भागों में ग्रामीण तनाव और हिंसा का उभार हो रहा था। यह अहसास भी बढ़ने लगा कि इस तरह की समस्याएँ इसलिए उत्पन्न हो रही हैं क्योंकि संवृद्धि की नीतियाँ पुनर्वितरण से पूरी तरह कटी हुई थीं। 'रिजर्व बैंक ऑफ़ इंडिया' की ऑल 'इंडिया क्रेडिट रिव्यू कमिटी, (1969)' ने यह कहते हुए ख़तरे की घंटी बजा दी, कि यदि ग्रामीण समुदाय के बड़े हिस्से को विकास के फल से वंचित रखा जाता रहा, तो भले ही कुछ लोग समृद्ध हो जायें, किन्तु इससे बड़े पैमाने पर सामाजिक और आर्थिक अशान्ति उत्पन्न होगी। यह न सिर्फ़ ग्रामीण अर्थव्यवस्था के व्यवस्थित और शान्तिपूर्ण परिवर्तन को अस्त–व्यस्त कर देगी, बल्कि इससे खेतिहर उत्पादन स्थापित करने के राष्ट्रीय प्रयासों को भी तगड़ा झटका लगेगा।

एक नये प्रकार का दृष्टिकोण मज़बूती से उभरकर सामने आने लगा कि संवृद्धि और ग़रीबी उन्मूलन को भिन्न लक्ष्यों के रूप में नहीं देखा जा

सकता है, तथा ग़रीबी उन्मूलन को संवृद्धि की प्रक्रियाओं पर आधारित होना चाहिए। लेकिन इस नये दृष्टिकोण में ग़रीबी को बढ़ावा देने वाले संरचनात्मक असन्तुलनों को सही करने की रणनीति नहीं अपनाई गयी। भूमि सुधार को महत्त्वपूर्ण स्थान नहीं दिया गया। इस समय अन्तर्राष्ट्रीय सहायता देने वाली एजेंसियों ने भी वितरणमूलक न्याय के बारे में पूरी तरह से आर्थिक दृष्टिकोण अपनाने पर असन्तोष ज़ाहिर किया। वे यह प्रस्ताव रखने लगें कि प्रशासनिक पैकेजों के माध्यम से ग्रामीण ग़रीबों को सीधे तौर पर लाभ पहुँचाया जाना चाहिए (देखें, बरारा 1983, विशेष रूप से अध्याय 5)।

1960 के दशक के आख़िर में 'अनुकूल' राजनीतिक वातावरण के कारण इस नये दृष्टिकोण को देश में व्यापक स्वीकार्यता मिली। नेहरू की मृत्यु हो चुकी थी; 1965–66 में भारत और पाकिस्तान के बीच युद्ध हो चुका था; नेहरू के उत्तराधिकारी लाल बहादुर शास्त्री आर्थिक संकट के कारण चौथी योजना की शुरुआत नहीं कर पाये थे; यह भी ग़ौरतलब है कि शास्त्री दो वर्षों से भी कम समय तक प्रधानमंत्री रह पाये और इसके बाद उनकी मृत्यु हो गयी। इस समय सूखे और कम उत्पादकता के कारण खाद्यान्नों की कमी हो गयी थी। इन्दिरा गाँधी का युग रुपये के अवमूल्यन से आरम्भ हुआ, जो कि अत्यधिक अलोकप्रिय कदम था। इसी समय बहुत–से राज्यों में कांग्रेस का शासन समाप्त हो गया, तथा बहुत–से राज्यों में भूमिपति किसान अभिजनों के गठजोड़ का शासन स्थापित हो गया। ऐसी स्थिति में यह अपेक्षा नहीं की जा सकती थी कि इन सरकारों में भूमि सुधार करने की इच्छा शक्ति होगी। किन्तु ग़रीबी को राजनीतिक एजेंडा से पूरी तरह बाहर भी नहीं किया जा सका। इसलिए यह माना गया कि कुछ ऐसे कार्यक्रम होने चाहिए जिससे कुछ ग्रामीण क्षेत्रों में निवेश के माध्यम से ग्रामीण ग़रीबों को प्रत्यक्ष रूप से लाभ दिलाया जाये। इसे सिर्फ़ इन क्षेत्रों में अशान्ति को नियन्त्रित करने के साधन के रूप में ही नहीं देखा गया, बल्कि इसे सामाजिक परिवर्तन और वितरण न्याय की माँगों को पूरा करने का साधन भी माना गया। इसे भारत के राजनीतिक अर्थशास्त्र का बुनियादी अन्तर्विरोध माना गया अर्थात् जहाँ एक ओर रैडिकल सामाजिक परिवर्तन के प्रति वचनबद्धता दिखाई गयी, वहीं यह भी तय किया गया कि मौजूदा संरचनाओं पर प्रत्यक्ष हमला नहीं किया जायेगा (*फ्रैंकेल* 978 : 3–78)।

केन्द्रीय स्तर पर एक और परिवर्तन सामने आने लगा। लोकसभा

के सदस्यों में अब खेती को अपना पेशा मानने वाले ज़्यादा सदस्य चुनकर आने लगें। अब ऐसे सदस्य संसद का सबसे बड़ा समूह बन गये। भारत को आज़ादी मिलने के समय उन लोगों ने राजनीति में प्रवेश किया जिन्हें सामाजिक परिवर्तन के सिद्धान्तों की शिक्षा–दीक्षा मिली थी, और मुख्य रूप से इन लोगों का पेशा वकालत था। अब इसमें परिवर्तन होने लगा। चौथी और पाँचवी योजना–1969–70 से 1975–76 के दौरान किसान लोकसभा के सबसे बड़े समूह बन गये (देखें सारणी 1) यह प्रवृत्ति अभी जारी है।

सारणी 1 : पेशे के हिसाब से लोकसभा के सदस्यों का वितरण

लोक सभा अवधि	किसान	वकील	राजनीतिक और सामाजिक कार्यकर्त्ता	कुल निर्वाचित सदस्य
1952–57	22.45	35.46	–	–
1957–62	29.01	30.24	–	486
1962–67	27.44	24.46	18.72	470
1967–70	30.61	17.49	22.86	503
1971–77	32.20	20.35	18.97	506
1977–80	35.93	23.42	20.00	525
1980–84	39.38	22.17	17.20	523
1984–89	38.30	19.05	16.03	530

***स्रोत** : लेखक।*

खेती के पेशे से जुड़े ये सभी लोग अमीर किसान थे। इन्हें तकनीक और क़ीमत निर्धारित करने की नीतियों पर आधारित नयी खेतिहर रणनीति का लाभ मिला था। ये आर्थिक उद्यमी बन गये और इन्होंने खाद्य आत्मनिर्भरता को बढ़ावा दिया। वे राजनीतिक क्षेत्र में इसलिए प्रवेश करने का प्रयास कर रहे थे ताकि वे ऐसी नीतियाँ बनवा पायें, जिनसे इन्हें प्रत्यक्ष लाभ हो। सारणी 1 से यह बात सामने आती है कि जब चौथी योजना ने

प्रत्यक्ष हस्तक्षेप से आरम्भ किया तथा पाँचवी योजना ने विशिष्ट कार्यक्रमों को औपचारिक रूप प्रदान किया, तो इस अवधि में लोकसभा में एक–तिहाई सदस्य खेती के पेशे से जुड़े हुए थे। राज्य–स्तरीय नेतृत्व पहले से ही ज़्यादा से ज़्यादा खेती आधारित होता जा रहा था। यह नेतृत्व केन्द्र से यह माँग करने लगा था कि जिन फ़ैसलों का इन पर सीधा प्रभाव पड़ता है, उन फ़ैसलों के सन्दर्भ में इनकी आवाज़ को ज़्यादा महत्त्व दिया जाना चाहिए। 1950 के दशक के आख़िर में आरम्भ हुए पंचायतीराज ने ज़िला स्तर पर और इसके नीचे लोकतन्त्रीकरण की प्रक्रिया को बढ़ावा दिया था। लेकिन 1960 के दशक में ये संस्थाएँ जड़ता का शिकार होने लगीं क्योंकि इन संस्थाओं के लिए चुनाव नहीं हुआ। चुनावों से एक अपेक्षा यह की जाती है कि इससे नेतृत्व में बदलाव करने का मौक़ा मिलेगा, जिससे विभिन्न सामाजिक समूहों में सत्ता के पुनर्वितरण में सहायता मिलेगी। लेकिन जब चुनाव नहीं होता है, तो पहले से निर्वाचित हो चुके लोगों को कोई ख़तरा नहीं होता है और वे सिर्फ़ अपनी सत्ता को मज़बूत करने के लिए काम करते हैं। पंचायतीराज के अन्तर्गत हुए आरम्भिक चुनावों ने भूस्वामी वर्गों को गाँव की सामाजिक संरचना में अपनी पकड़ को वैधता दिलाने हेतु राज्य द्वारा एक स्वीकृति उपलब्ध कराई। निर्वाचित नेताओं की सत्ता भूमि पर आधारित थी, और वे यह जानते थे कि भूमि सुधारों से उनकी सत्ता या शक्ति में अत्यधिक कमी आ जायेगी। उन्होंने अपने प्रभाव का इस्तेमाल करके राज्य स्तरीय नेताओं से सम्बन्ध बनाया, जो अपने चुनावों में मत प्राप्त करने के लिए पंचायत के नेताओं पर ज़्यादा से ज़्यादा निर्भर होने लगें। इस तरह, वोट बैंक की मज़बूती से भूस्वामी वर्गों की सत्ता को भी मज़बूती मिली। इस तरह, एक ओर उन्होंने भूमि चकबन्दी को लागू करने के हर प्रयास को सावधानीपूर्वक विफल कर दिया, लेकिन दूसरी ओर, उन्होंने ग़रीबी उन्मूलन की विशेष योजनाओं का स्वागत किया।

व्यापक कार्यक्रमों से विशेष योजनाओं तक

ग्रामीण विकास पर नये दृष्टिकोण ने विशेष योजनाओं के युग की शुरुआत की। इसने पहली पंचवर्षीय योजना में सामुदायिक विकास द्वारा ग्रामीण समुदायों की स्थिति बेहतर बनाने के व्यापक कार्यक्रमों का स्थान लिया। जब चौथी योजना में छोटे किसानों, हाशियाई किसानों और खेतिहर

मज़दूरों की सहायता के लिए विशेष कार्यक्रमों की शुरुआत की गयी, तो धीरे–धीरे सामुदायकि विकास कार्यक्रमों को उपेक्षित कर दिया गया जिससे वे निष्प्रभावी हो गये। इससे एक ऐसे दौर की शुरुआत हुई जब ग्रामीण क्षेत्रों के लिए व्यापक कार्यक्रमों के स्थान पर इस क्षेत्र के विभिन्न तबको के लिए कार्यक्रम बनाये जाने लगें। ग्रामीण जीवन के प्रत्येक आयाम अर्थात् खेती, स्वास्थ्य, घर और शिक्षा–सभी को खण्डित तरीक़े से देखा जाने लगा। हर भाग के लिए विशेष कार्यक्रम बनाये गये, और यह आवश्यक नहीं था कि यह अन्य भागों के लिए बने कार्यक्रमा से जुड़ा हुआ हो। चौथी योजना से ग़रीबी के अध्ययनों पर एक नये सिरे से ध्यान केन्द्रित किया जाने लगा। निस्सन्देह आय के असमान वितरण पर थोड़ी–बहुत चर्चा होती रही। 1950 के दशक के आख़िर में संसद में इस तरह का प्रश्न उठाया जाता था कि 'देश के विकास के सारे फ़ायदे कहाँ गये?' यह जाँच करने के लिए भारत सरकार ने एक उच्च स्तरीय समिति का गठन किया, लेकिन इससे कोई सन्तोषजनक जवाब सामने नहीं आया।

डगलस इन्समिंगर ने पिछले 17 वर्षों में भारत में 'फोर्ड फ़ाउण्डेशन' के प्रतिनिधि के रूप में 12 प्रमुख अध्ययन करवाये। ये अध्ययन उन समस्याओं से सम्बन्धित थे, जिन्हें *डगलस* आने वाले दशकों में भारत के लिए सम्भावित ख़तरनाक समस्याएँ मानते थे। इनमें से एक अध्ययन ग़रीबी से सम्बन्धित था जिसे *डांडेकर* और *रथ* (1971) द्वारा पूरा किया गया। इसके बाद इस विषय पर कई अध्ययन हुए। स्पष्टतः इस अध्ययन ने बुद्धिजीवियों और राजनीतिक नेताओं को उभरती समस्याओं के प्रति संवदेनशील बनाया।

अन्त में चौथी पंचवर्षीय योजना के दौरान विशेष योजनाओं की स्वीकृति ने यह रेखांकित किया कि विकास के तकनीकी–आर्थिक दृष्टिकोण तथा उभरते राजनीतिक वातावरण की सीमाओं के बीच एक प्रकार की आम–सहमति क़ायम हो गयी है। संवृद्धि की राष्ट्रीय विकास रणनीति से संलग्न उप–योजनाओं के रूप में विशेष योजनाओं को आसानी से स्वीकार कर लिया गया क्योंकि वे किसी भी तरीक़े से विकास की भव्य योजनाओं में हस्तक्षेप नहीं कर रहे थे। विकास की ये भव्य योजनाएँ अभी सर्वोत्तम और सबसे मज़बूत तत्त्वों पर निर्भर थीं। इन विशेष योजनाओं से बड़े भूमिपति वर्ग को भी सम्पदाओं के पुनर्वितरण की नीतियों के कारण पड़ने वाले दबाव से मुक्ति मिली। अब उनके सामने पहले की तरह ख़तरा नहीं था।

चौथी योजना की पूर्व की आर्थिक स्थिति का विशेष योजनाओं को तैयार पंचवर्षीय करने के तरीक़े पर महत्त्वपूर्ण प्रभाव पड़ा। मैं इसे बहुत ही महत्त्वपूर्ण मानता हूँ कि इन योजनाओं को इतनी आसानी से स्वीकार कर लिया गया। राजनीतिक रूप से, इन्होंने ग्रामीण ग़रीब के काम के लिए स्पष्ट पद्धतियाँ उपलब्ध करायीं, इसलिए इससे राजनीतिक लाभ भी हुआ (इन्दिरा गाँधी के समर्थन–आधार में ग्रामीण ग़रीब, अनुसूचित जातियाँ और अनुसूचित जनजातियाँ प्रमुख थीं)। आर्थिक रूप से, ये नीतियाँ इसलिए स्वीकार्य थीं क्योंकि ये संवृद्धि की नीतियों को बढ़ावा देने में कोई रुकावट पैदा नहीं कर रही थीं। ग़रीबी को ख़त्म करने को राजनीतिक एजेंडे में महत्त्वपूर्ण स्थान दिया गया था, लेकिन विकास की पूरी रणनीति इसे केन्द्रीय विषय मानते हुए तैयार नहीं की गयी थी और ग़रीबी को ख़त्म करने वाले कार्यक्रम आरम्भ करने से भी यही स्थिति बनी रही। इस तरह, ग़रीबी उन्मूलन की योजनाओं से विकास की रणनीति या समाज के संरचनात्मक सम्बन्धों के लिए कोई ख़तरा पैदा नहीं हुआ। ऐसा लगता है कि इन योजनाओं की राजनीतिक स्वीकृति के पीछे इनकी अहानिक प्रकृति ने महत्त्वपूर्ण भूमिका अदा की। साफ़ तौर पर, राजनीतिक स्तर पर इन्हें इसलिए स्वीकार नहीं किया गया कि इनसे यह उम्मीद की गयी थी कि ये ज़्यादा समान समाज बनायेंगे।

यह याद रखने की भी ज़रूरत है कि चौथी योजना में ये विशेष योजनाएँ केन्द्र सरकार की पहल से सामने आयी थीं। यद्यपि खेती और ग्रामीण विकास राज्य सूची के भाग हैं, केन्द्र ने इस क्षेत्र में नेतृत्व अपने हाथों में ले लिया है; 1952 में आरम्भ किया गया सामुदायिक विकास कार्यक्रम एक केन्द्र प्रायोजित कार्यक्रम था। केन्द्र ने कार्यक्रम का स्वरूप तय करने, इसके क्रियान्वयन पर नज़र रखने और इसके लिए आवश्यक राशि उपलब्ध कराने का काम किया।

बाद के वर्षों में केन्द्र के हस्तक्षेप में वृद्धि हुई और इसे केन्द्र द्वारा प्रायोजित योजनाओं के रूप में जाना गया। संविधान में खेती और ग्रामीण विकास से सम्बन्धित विषयों को राज्य सूची में रखा गया है। एक से ज़्यादा राज्यों से सम्बन्धित मसलों, या फिर राष्ट्रीय महत्त्व के मसलों को समवर्ती सूची में रखा गया है। राज्य के विषयों में केन्द्र की भूमिका का कारण यह है कि सामाजिक और आर्थिक नियोजन केन्द्र की ज़िम्मेदारी है। इसने ग्रामीण क्षेत्रों में केन्द्र द्वारा प्रायोजित योजनाओं जैसे कार्यक्रम आरम्भ करने

तरीक़े का सहारा लिया है। 'इन योजनाओं ने ऐसी बुनियादी आधारभूत संरचना उपलब्ध कराने के लक्ष्यों को बढ़ावा दिया है, जो ग्रामीण क्षेत्रों में लोगों के जीवन की गुणवत्ता में सुधार करेंगी' (गवर्नमेंट ऑफ़ इंडिया 1988 : 442)। लेकिन आगे चलकर, इन योजनाओं में तक़रीबन हर क्षेत्र की गतिविधि शामिल हो गयी, तथा ग़रीबी उन्मूलन कार्यक्रम भी इसी के अन्तर्गत आ गये। तीसरी योजना में इस प्रकार की कुल 92 योजनाएँ थीं, जिसमें से 32 खेतिहर क्षेत्र से सम्बन्धित थीं। छठी योजना में इसकी संख्या बढ़कर 146 तथा सातवीं योजना के दौरान 238 हो गयी। खेतिहर क्षेत्र में इस प्रकार की योजनाओं की संख्या बढ़कर 65 हो गयी, जिसका कुल बजट 2,771 करोड़ था (वही : 448–50)। इनमें से कुछ योजनाओं को पूरी तरह से केन्द्र सरकार ने ही आर्थिक संसाधन प्रदान किये, और कई अन्य योजनाओं के लिए केन्द्र और राज्य सरकारों ने बराबर आर्थिक राशि मुहैया कराई।

यद्यपि ग्रामीण विकास राज्यों के अधिकार–क्षेत्र में आता है, किन्तु कम–से–कम दो ऐसे कारण हैं जिनके आधार पर केन्द्र को इस क्षेत्र में ज़्यादा सक्रिय भूमिका निभानी चाहिए। पहला, राज्य ऐसे विशिष्ट कार्यक्रम बनाने और नीतियों को आरम्भ करने में झिझकते हैं क्योंकि उनके पास विशेषज्ञता या कोष या दोनों की ही कमी होती है। केन्द्र का हस्तक्षेप इस आवश्यकता को पूरा कर सकता है। दूसरी बात यह है कि राज्यों में इसलिए भी झिझक हो सकती है क्योंकि यहाँ के नेतृत्व में आवश्यक इच्छा–शक्ति का अभाव होता है। स्थानीय राजनीति से अलग हटकर केन्द्र नेतृत्व की भूमिका अदा करता है। इन दोनों ही कारणों से राज्य विविधतापूर्ण तस्वीर प्रस्तुत करते हैं।

कुछ राज्यों का यह दावा है कि इन कार्यक्रमों को तैयार करने में उनकी कोई भूमिका नहीं होती है, किन्तु ये कार्यक्रम उन पर अतिरिक्त बोझ डालते हैं। 'स्मॉल फार्मर डेवलपमेंट एजेंसी (एसएफडीए)' कार्यक्रम को पूरी धनराशि केन्द्र सरकार ने दी थी। किन्तु 'इंटीग्रेटेड रूरल डेवलपमेंट प्रोग्राम (आईआरडीपी)' में केन्द्र और राज्य–दोनों की भागीदारी थी; यह ज़रूर है कि इस कार्यक्रम के सम्पूर्ण स्वरूप को तय करने की प्रमुख ज़िम्मेदारी केन्द्र सरकार के हाथों में ही रही। महत्त्वपूर्ण बात यह है कि कई मरतबा इन योजनाओं ने ग़रीबी उन्मूलन के राज्यों की पहल पर रोक लगायी। 1978–79 में राजस्थान ने अन्तयोदय कार्यक्रम की शुरुआत की

थी, और इसी समय केन्द्र सरकार ने भी पूरे देश में आईआरडीपी का आगाज़ किया। कर्नाटक में राज्य सरकार ने भाग्य ज्योति योजना को आरम्भ किया। इसके अन्तर्गत प्रत्येक गाँव में अनुसूचित जाति के एक परिवार में मुफ़्त बिजली देने का प्रावधान किया गया। 1988–89 में केन्द्र सरकार ने कुटीर ज्योति योजना की शुरुआत की, जो असल में कर्नाटक की योजना की नकल थी। केन्द्र द्वारा राज्य सरकारों की योजनाओं के दोहराव के असंख्य उदाहरण हैं (थिमैया 1991)।

केन्द्र द्वारा आर्थिक संसाधन उपलब्ध कराये जाने के वायदे के कारण इन योजनाओं में राज्यों की रुचि क़ायम रही है। किन्तु यह पूरी आर्थिक सहायता आईआरडीपी से जुड़ी हुई है, जिससे राज्य ग़रीबी उन्मूलन के लक्ष्य को ध्यान में रखते हुए तैयार किये गये अपने कार्यक्रमों के लिए इनका इस्तेमाल नहीं कर सकते हैं। दूसरी समस्या यह है कि जब कार्यक्रम समाप्त हो जाता है, तो केन्द्र की आर्थिक सहायता वापस ले ली जाती है। इस लिहाज़ से राज्य सिर्फ़ यान्त्रिक रूप से इस कार्यक्रम का क्रियान्वयन करने का काम ही कर सकते हैं। इसके चलते अमूमन राज्य इस कार्यक्रम के लिए अपने कर्मचारी और आधारभूत संरचना उपलब्ध कराने से झिझकते हैं, क्योंकि बाद में इससे उन पर ज़्यादा आर्थिक बोझ पड़ने की सम्भावना होती है। परियोजना के स्वरूप में कुछ पद तय किये जाते हैं, लेकिन अमूमन इन पदों को भरा नहीं जाता है, और जब इन्हें भरा जाता है तो ये गतिशील नौकरशाही के कारण अधिकतर अस्थायी ही रहते हैं। एक अन्य कठिनाई यह है कि चूँकि आईआरडीपी केन्द्र द्वारा प्रायोजित कार्यक्रम है, इसलिए इसका स्वरूप और इससे जुड़े नियम ऐसे होते हैं, कई बार देश के विभिन्न क्षेत्रों की विविधता के अनुरूप नहीं होते हैं। केन्द्र द्वारा प्रायोजित कार्यक्रम होने के कारण राज्य और विभिन्न क्षेत्रों की आवश्यकता के अनुरूप इसमें ज़्यादा तब्दीली नहीं कर सकते हैं (थिमैया 1991)।

यह कठिनाई इस तथ्य के कारण और ज़्यादा बढ़ जाती है कि अभी तक स्थानीय स्तर पर योजना की जड़ें नहीं जम पायी हैं। एक के बाद एक कई योजनाओं में इस बात पर बल दिया गया कि सम्पूर्ण योजना प्रक्रिया में स्थानीय स्तर पर योजना बनाने का अत्यधिक महत्त्व है। दरअसल, यह माना जाता रहा है कि खेती, लघु सिंचाई, पशुपालन, मछली पालन, वानिकी, घर निर्माण, स्वास्थ्य, शिक्षा आदि में निवेश के

बड़े हिस्से को स्थानीय योजनाओं से जोड़ा जा सकता है। लेकिन अभी स्थानीय योजना में बेहतर समन्वय स्थापित नहीं हो पाया है। इसके कारण, विभिन्न विभागों द्वारा भिन्न–भिन्न योजनाओं का बग़ैर किसी समन्वय के क्रियान्वयन किया जाता है।

प्रखण्ड स्तर पर बहुत सारी योजनाओं को लागू किया जा रहा है। वर्तमान में वित्तीय संस्थानों तथा केन्द्र और राज्य सरकारों द्वारा ग्रामीण विकास के लिए वार्षिक रूप से 7,000 हज़ार करोड़ रुपये की राशि दी जा रही है। इस तरह हर प्रखण्ड के लिए 1.5 करोड़ रुपया जारी किया जा रहा है। चूँकि हर प्रखण्ड में तक़रीबन 20,000 परिवार हैं, इसलिए इसे एक बड़ी राशि माना जा सकता है (राज 1985 : 150)। आईआरडीपी की गतिविधियों और इस क्षेत्र में होने वाले अन्य निवेशों के बीच काफ़ी कम सम्बन्ध हैं। ग़रीबी–विरोधी सभी कार्यक्रम एक साथ नहीं जुड़े हुए हैं। इस तरह, आईआरडीपी एक अलग कार्यक्रम है, जिसकी अपनी योजना है और इस योजना को लागू करने के लिए इसकी अपनी मशीनरी है। रोचक बात यह है कि केन्द्र में संयुक्त सचिव के स्तर पर कार्य–क्षेत्र का निर्धारण कर दिया गया है–आईआरडीपी, एनआरईपी (नैशनल रूरल इम्पलॉयमेंट प्रोग्राम) और डीपीएपी (ड्रॉट प्रोन एरियाज प्रोग्राम) इन सभी के लिए अलग संयुक्त सचिव नियुक्त किये गये हैं। ये योजना बनाने के लिए संयुक्त रूप से काम नहीं करते हैं, किन्तु योजनाओं के क्रियान्वयन में सामने आने वाली समन्वय की समस्या को दूर करने का प्रयास करते हैं। आठवीं योजना (गवर्नमेंट ऑफ़ इंडिया 1992), पहले की योजनाओं की तरह ही यह स्वीकार करती है कि 'विभिन्न क्षेत्रों के क्षेत्र स्तरीय कार्यक्रमों से ग़रीबी–विरोधी कार्यक्रमों को जोड़ने की आवश्यकता है।

भारतीय प्रशासन द्वारा अलग–अलग किन्तु आपस में जुड़े कामों के लिए विभिन्न एजेंसियों की स्थापना करने के कारण इन एजेंसियों ने अपने आसपास संरक्षक दीवारें खड़ी कर दी। इन एजेंसियों ने ईर्ष्या की भावना के साथ अपने कार्यक्रमों, अपने नियमों और अपने आर्थिक नियमों की हिफ़ाजत की। बहरहाल, आईआरडीपी को इस तरह से तैयार किया गया था ताकि इसे सामान्य प्रशासनिक वातावरण से अलग किया जा सके। लघु कृषक विकास एजेंसी (स्मॉल फार्मर्स डेवलपमेंट एजेंसी या डीआरडीए) आईआरडीपी को लागू करने के लिए बनाये गये डिस्ट्रिक रूरल डेवलमेंट एजेंसी (ज़िला ग्रामीण विकास एजेंसी; डीआरडीए) के लिए

एक मॉडल था। ज़िला स्तर पर इसकी स्थापना एक उप–स्वायत्त संस्थान के रूप में की गयी थी। इस सन्दर्भ में निम्न तीन पहलुओं ने सरकार के निर्णय को प्रभावित किया :

1. केन्द्र सरकार को राज्यों को बीच में लाये बग़ैर ज़िला एजेंसियों को सीधे तौर पर आर्थिक संसाधन देने में समर्थ बनाना। इसका प्रमुख कारण यह था कि राज्य सराकरों वित्तीय अनुमति हासिल करने में काफ़ी समय लगता था।
2. ऐसी एजेंसियों का निर्माण करना जिनके पास वित्तीय वर्ष की समाप्ति के बाद अपना आर्थिक कोष हो, तथा उन्हें इसे राज्य सरकारों को वापस न करना पड़े।
3. ज़िला स्तर पर ऐसी एजेंसियों का निर्माण करना जो प्रत्यक्ष रूप से केन्द्र सरकार के प्रति जवाबदेह हों, तथा स्थानीय राजनीतिक दबावों से पूरी तरह मुक्त हों।

आईआरडीपी की कार्य–प्रणाली

जब एकीकृत ग्रामीण विकास कार्यक्रम या आईआरडीपी की शुरुआत की गयी तो भारत सरकार ने प्रत्येक 'लघु कृषक विकास एजेंसी (स्मॉल फार्मर डेवलपमेंट एजेंसी या एसएफडीए)' को यह निर्देश दिया कि वह एक प्रस्ताव पारित करके अपना नाम 'ज़िला ग्रामीण विकास प्राधिकरण (डिस्ट्रिक रूरल डेवलपमेंट ऑथोरिटी या डीआरडीए)' रखे। इस संस्था की अन्य सभी विशेषताएँ पहले की तरह ही क़ायम रखी गयीं। बहरहाल, दो प्रमुख बदलाव हुए : अब आर्थिक संसाधनों का एकमात्र स्रोत भारत सरकार नहीं थी। राज्य सरकारें भी इस बोझ को बराबर वहन करने लगीं तथा उन्होंने अपना हिस्सा सीधे एजेंसी को हस्तान्तरित करना आरम्भ कर दिया। इस कोष का स्थानान्तरण वित्तीय वर्ष के सामान्य नियमों से प्रशासित नहीं होता था, और वित्तीय वर्ष ख़त्म होने पर यह कोष प्रभावहीन या ख़त्म नहीं माना जाता था। एक अन्य परिवर्तन यह हुआ कि अब कर्मचारियों की संख्या में बढ़ोतरी की गयी। परियोजना अधिकारी और एक ज़िला योजना अधिकारी के अतिरिक्त खेती, पशुपालन और सहकारिता के लिए सहायक परियोजना अधिकारियों की भी नियुक्ति होने लगी। प्रखण्ड स्तर या इसके नीचे बहुत कम नये कर्मचारियों को रखने की अनुमति दी गयी। भारत

सरकार ने राज्य सरकारों को यह सुझाव दिया कि ये एजेंसियाँ मौजूदा सरकारी एजेंसियों को सक्रिय बनाने में उत्प्रेरक का काम करेंगी, जिससे वे बड़े पैमाने पर समुदाय के कमज़ोर तबकों की सहायता कर पायें। साथ ही, केन्द्र सरकार ने यह भी कहा कि राज्य के विकास विभाग के बहुत–से कर्मचारियों को अपने सामान्य काम के भाग के रूप में एजेंसी के काम में भाग लेना चाहिए (गवर्नमेंट ऑफ़ इंडिया 1980 : 215)।

इस प्रशासनिक व्यवस्था में अन्तर्निहित दर्शन उस समय भी जारी था, जब आरम्भ में ही इस बात पर बल दिया गया कि :

हमारा यह विचार है कि आईआरडीपी को संकुचित अर्थ में एक कार्यक्रम नहीं माना जाना चाहिए। इसे ज़्यादा व्यापक रूप देना चाहिए, जिसके दायरे में सभी मौजूदा संगठन आ जाये, और इस प्रकार का कोई विभाग नहीं बनाया जाना चाहिए। हमने जानबूझकर यह फ़ैसला लिया है कि समेकित ग्रामीण विकास के लिए कोई एक विकास नहीं होगा, तथा नीचे से लेकर ऊपर तक कोई एक पदसोपानीय आदेश व्यवस्था नहीं होगी। इसलिए (प्रखण्ड स्तर पर) हम एक स्वतन्त्र प्रकोष्ठ या सेल बनाने के पक्ष में नहीं हैं, क्योंकि यह क्षेत्र में काम करने वाले लोगों वी.एल.डब्ल्यू., बी.डी.ओ. और अन्य कर्मचारियों को अलग–थलग कर देगा (गवर्नमेंट ऑफ़ इंडिया 1980 : 68)।

यद्यपि एक पृथक् एजेंसी का निर्माण किया गया, लेकिन यह अपने प्रदर्शन के लिए राज्य प्रशासनिक व्यवस्था पर निर्भर बन गयी। ज़िला कलेक्टर को डीआरडीए का अध्यक्ष बनया गया। विभिन्न नियमित विभागों से पेशेवर कर्मचारियों को डेपुटेशन या प्रति–नियुक्ति पर बुलाया गया। तथा ज़िले के ग्रामीण विकास में सम्मिलित सभी अधिकारी प्रशासनिक परिषद से जुड़कर काम करते थे। परियोजना से जुड़े अधिकारियों/कर्मचारियों को अपने मूल विभाग से प्रोन्नति मिलती थी और इस सन्दर्भ में आईआरडीपी में उनके प्रदर्शन पर कोई ख़ास ध्यान नहीं दिया जाता था। डीआरडीए में होने वाली नियुक्तियाँ सामान्य रूप से होने वाली पदस्थापना या तैनाती का हिस्सा थी। कभी भी क्षेत्र या लोगों के बारे में जानकारी रखने वाले कर्मचारियों को मिलाकर एक बेहतरीन टीम बनाने का प्रयास नहीं किया गया। राजस्थान के एक ज़िले के बारे में किये गये अध्ययन से यह बात सामने आती है कि परियोजना निदेशक का औसत कार्यकाल 18 महीने था (माथुर; 1985)। एक अधिकारी सबसे ज़्यादा 48

महीनों तक परियोजना अधिकारी रहा था, लेकिन इस अवधि के दौरान ज़िला कलेक्टर के ऑफ़िस में सहायक परियोजना अधिकारी (खेती) में तीन तथा सहायक परियोजना अधिकारी (पशुपालन) में दो तथा सहायक परियोजना अधिकारी (सहकारिता) 5 परिवर्तन हुए।

व्यापक प्रशासनिक व्यवस्था के भीतर यह प्रवृत्ति काफ़ी गहरे स्तर पर मौजूद है कि वह अपनी विशेषताओं को उन प्रशासनिक संस्थाओं पर भी थोपती है, जिसे उसके दायरे से बाहर स्थापित किया जाता है।

बहुत से आधिकारिक दस्तावेज़ों में पिछले कई वर्षों से यह बात दोहराई जाती रही है कि नियोजन का विकेन्द्रीकरण होना चाहिए, तथा ज़िला स्तर पर ऐसी योजनाओं का विकास किया जाना चाहिए जो विभिन्न क्षेत्रों के बीच जुड़ाव पर ध्यान दे तथा स्थानीय संसाधनों का प्रभावकारी उपयोग सुनिश्चित करे। 1969 में योजना आयोग ने ज़िलास्तरीय नियोजन के लिए दिशा–निर्देश जारी किया। इसमें सिर्फ़ स्थानीय स्तर की योजनाओं के सूत्रीकरण पर ही बल ही नहीं दिया गया, बल्कि यह भी कहा गया कि राज्यों को अपने विकास की प्राथमिकताएँ तय करने हेतु पर्याप्त आज़ादी मिलनी चाहिए। इसमें यह भी कहा गया कि इस दृष्टिकोण को पूरी तरह त्याग दिया जाना चाहिए कि केन्द्र द्वारा सहायता–प्राप्त 'अनुमोदित योजनाओं' राज्यों में विकास के प्रयासों का मार्गदर्शन किया जायेगा। यह महसूस किया गया कि अतीत में ऐसी योजनाओं को केन्द्रीय सहायता से जोड़ने से सिर्फ़ राज्यों की प्राथमिकताओं में विकृति ही आयी। साथ ही, इससे राज्यों की अलग–अलग स्थितियों की उपेक्षा करते हुए हर जगह इन योजनाओं को लागू करने की प्रवृत्ति को बढ़ावा मिला (गवर्नमेंट ऑफ़ इंडिया 1969 : 2)।

विडम्बना यह है कि 1989 या 1990 में क्षेत्र–अध्ययन की रिपोर्टों में (*मसलन, द्रेज* 1990; *हरगोपाल* और *रमालू* 1989; *स्वामीनाथन* 1990) लगातार यह दिखाया गया कि स्थानीय स्तर पर नियोजन काफ़ी कम है; और ज़िला योजना के नाम पर जिस दस्तावेज़ को पारित किया जाता है, वह ऐसा दस्तावेज़ नहीं होता है जो मौजूदा संसाधनों और बाज़ार के व्यापक दृष्टिकोण से व्यवहारिक योजनाओं को चिन्हित करता है, या जो परियोजनाओं की क्षमता को बढ़ावा देने के लिए बुनियादी संरचना उपलब्ध

कराता है, इसके बजाय यह दस्तावेज़ मौजूदा बिना किसी गहन परीक्षण के ही वित्तीय और भौतिक लक्ष्यों को तय करता है (सिन्हा 1986)। इसलिए ज़िला योजना, विभिन्न योजनाओं का घालमेल बनी रहती है।

यहाँ संगठनात्मक रूपरेखा और प्रशासनिक व्यवस्था से सम्बन्धित मुद्दे भी महत्त्वपूर्ण हैं। ऊपर जिन समितियों का उल्लेख किया गया है, उन्होंने क्रियान्वयन की व्यवस्था में सुधार करने के लिए अपने सुझाव दिये हैं। 1985 में एक विशेष समिति की नियुक्ति की गयी जिसका काम इस बात पर विचार करना था कि ग़रीबी उन्मूलन के कार्यक्रम को लागू करने के लिए उपयुक्त प्रशासनिक प्रबन्ध क्या हो सकते हैं (गवर्नमेंट ऑफ़ इंडिया 1985)। इस समिति ने भी ज़िला स्तर पर योजना बनाने की आवश्यकता पर बल दिया। साथ ही, इसने ज़िला स्तर पर एक ऐसी मॉडल प्रशासनिक व्यवस्था स्थापित करने की अनुशंसा की, जो लोगों की सहभागी संस्थाओं को समाहित करने का प्रयास करे। इसके साथ ही, इस बात पर भी बल दिया गया कि पंचायतीराज और स्वैच्छिक एजेंसियों की भूमिका को मज़बूत बनाया जाना चाहिए। छठी योजना के आरम्भ के समय एक अन्य समिति ने इसी प्रकार की चिन्ताएँ व्यक्त की थी।

योजनाओं को लागू करने में मिली नाकामी का विश्लेषण

प्रश्न यह है कि : जब कम–से–कम 1975–76 में पाँचवीं योजना के आरम्भ से ही सरकारी और अकादमिक लेखन में योजनओं की नाकामियों को इंगित किया जाता रहा है, इसके बावजूद भी ये नाकामियाँ क़ायम कैसे हो रही हैं? ऐसा नहीं है कि प्रशासनिक स्तर पर नवीन कदम नहीं उठाये गये हैं। ग़ौरतलब है कि एसएफडीए को ज़िला स्तर पर एक अर्द्ध–स्वायत्त एजेंसी के रूप में स्थापित किया गया था। आख़िर जब लक्ष्य यह था कि इसे सामान्य प्रशासनिक प्रक्रियाओं से अलग रखा जायेगा, तो ये इन्हें इन्हीं प्रक्रियाओं में क्यों समाहित कर दिया गया? इसके अलावा, नियमों, नियामकों, प्रोन्नति के अवसरों और यहाँ तक कि प्रशिक्षण की सुविधाओं में भी सुधार किया गया। आख़िर ये सभी स्थानीय स्तर के ऊपर के स्तर तक ही सीमित क्यों रहें?

इस बात पर ग़ौर करने की आवश्यकता है कि अमूमन प्रशासनिक सुधार गतिविधियों को ख़ुद प्रशासकों की ज़िम्मेदारी मानकर छोड़ दिया

गया है। प्रशासकों की यह धारणा रही है कि प्रशासनिक व्यवस्था विभिन्न कठिन परिस्थितियों में खरी साबित हुई है, इसलिए इसमें आमूलचूल बदलाव करने की कोई आवश्यकता नहीं है। एक अन्य कारण से भी बदलाव का स्वागत नहीं किया गया है अर्थात् प्रशासक यह मानते रहे हैं कि कोई भी बदलाव वर्षों से मौजूद सत्ता और प्राधिकार के दायरे में बाधा उत्पन्न कर सकता है। यदि पंचायतीराज व्यवस्था को मज़बूत करना स्थानीय प्रशासनिक और राजनीतिक नेतृत्व के सामने एक ख़तरा उत्पन्न करता है तो योजनाओं का विकेन्द्रीकरण केन्द्रीय नियोजकों के प्रभाव में कमी लाता है। ऐसी स्थिति में, स्थानीय प्रशासन सिर्फ़ एक शरारती बच्चे या डाँट सुनने वाले बच्चे के रूप में सामने आता है, जिसे अन्य स्थानों की गड़बड़ियों के लिए भी ज़िम्मेदार ठहराया जा सकता है। असल में, हर कोई यह जानता है कि केन्द्रीय नियोजकों और प्रशासकों की 'स्वच्छ' छवि को बढ़ावा देने के लिए यह आवश्यक है कि स्थानीय प्रशासन अयोग्य हो।

बहरहाल, संघीय व्यवस्था की प्रकृति इस प्रकार है कि इसकी कुछ सुविधाजनक विशेषताएँ हैं। यह राज्यों को ग़रीबी उन्मूलन के प्रति अपनी वचनबद्धता को व्यक्त करने की अनुमति दे सकता है और देता भी है। कोहली (1987) ने पश्चिम बंगाल, कर्नाटक और उत्तर प्रदेश द्वारा ग़रीबी को ख़त्म करने के लिए किये गये प्रयासों का तुलनात्मक अध्ययन किया है। इसमें उन्होंने बताया है कि पश्चिम बंगाल का प्रदर्शन अन्य दो राज्यों की तुलना में बेहतर रहा है। कोहली ने यह बताया है कि ग़रीबी उन्मूलन के सम्बन्ध में प्रभावी राजनीतिक कार्रवाई आरम्भ करने के लिए सत्ताधारी दल की चार विशेषताओं को रेखांकित किया है। ये प्राथमिक रूप से, पश्चिम बंगाल में मार्क्सवादी कम्युनिस्ट पार्टी के शासन की प्रकृति, सुसंगतता, और स्थिरता से जुड़े हुए हैं। इस राजनीतिक दल ने पंचायतीराज संस्थाओं को मज़बूत बनाकर स्थानीय स्तर के निर्णय–निर्माण प्रक्रियाओं में पैठ बनाने का प्रयास किया है। यहाँ पंचायतीराज चुनाव नियमित रूप से हुए हैं, जिसमें इस पार्टी ने वंचित वर्गों के उम्मीदवार खड़े किये हैं (लीटेन 1988; रॉय 1983)। यह भी स्पष्ट है कि बँटाईदारों के पंजीकरण के कार्यक्रम के प्रति पार्टी की वचनबद्धता ने इसकी सफलता में काफ़ी योगदान दिया है (बंद्योपाध्याय 1981)। पश्चिम बंगाल में आईआरडीपी के लागू होने के विशेष मामले के बारे में द्रेज (1990) यह बताते हैं कि इसके लाभार्थियों में ज़्यादा ग्रामीण व ग़रीब शामिल हैं। इसके साथ ही, वे यह भी रेखांकित

करते हैं कि 'पश्चिम बंगाल में आईआरडीपी के काम को समझने के लिए यह तथ्य याद रखना आवश्यक है कि गाँवों में आई.आरडी.पी. से मिलने वाले कर्ज़ को आवंटित करने की प्रक्रिया पर मोटे तौर पर मार्क्सवादी कम्युनिस्ट पार्टी (माकपा) का नियन्त्रण है तथा जनंसख्या के वंचित तबके माकपा के मुख्य समर्थन के आधार हैं'। पश्चिम बंगाल और तमिलनाडु का तुलनात्मक अध्ययन करते हुए *स्वामीनाथन* (1990) भी इसी निष्कर्ष पर पहुँचते हैं।

बहरहाल, यह राजनीतिक वचनबद्धता लाभार्थियों के चयन और समुचित व्यक्तियों तक ऋण और सब्सिडियों के वितरण तक ही सीमित है। यह आवश्यक नहीं है कि इससे ग़रीबी का उन्मूलन हो हीं। इसका कारण यह है कि पश्चिम बंगाल और तमिलनाडु में योजनाओं के बीच काफ़ी असम्बद्धता है (द्रेज 1990; स्वामीनाथन 1990)। बहरहाल, राजस्थान को एक परोपकारी नौकरशाही के उदाहरण के रूप में उद्धृत किया जा सकता है, जो ग़रीबी उन्मूलन के प्रयासों को बढ़ावा देने का प्रयास कर रहा है। यह उन कुछ राज्यों में से एक है, जिसने राज्य स्तर पर ऐसे विभाग का गठन किया है, जो विशेष योजनाओं के संगठन से सम्बन्धित है और इसकी अध्यक्षता एक सचिव करता है। इसका काम एसएफडीए, आईआरडीपी, डी.ए.पी.ए. आदि जैसी योजनाओं का संचालन करना है। नौकरशाही ने दूरदृष्टि का परिचय देते हुए 1979 में अन्तयोदय कार्यक्रम की शुरुआत की। इस कार्यक्रम के बहुत–से सिद्धान्तों को इसके एक साल बाद आरम्भ हुए आईआरडीपी में सम्मिलित किया गया। लेकिन नौकरशाही स्थानीय स्तर पर इस कार्यक्रम को लागू करवाने में नाकाम रही।

ऐसा लगता है कि नौकरशाही व्यवस्था दो स्तरों पर काम करती है। पहला स्तर एक पेशेवर प्रशासनिक व्यवस्था में संस्थाकृत करने की तैयारी और प्रारूप तैयार करने से सम्बन्धित है। इस स्तर पर अच्छे और अनुभवी प्रशासकों की समितियाँ बहुत ही आकर्षक संगठन और व्यवस्थाओं के विचारों के साथ सामने आती हैं। दूसरे स्तर पर, ये संगठन और इससे जुड़े अधिकारी और कर्मचारी स्थानीय राजनीति के नापाक गठजोड़ का हिस्सा बन जाते हैं, तथा अपने लक्ष्य के अनुरूप काम करने में असमर्थ हो जाते हैं। ये कर्मचारी अप्रशिक्षित होते हैं, इनमें आवश्यक दक्षता का अभाव होता है और ये बहुत सुस्त गति से काम करते हैं। वही समूह जो समितियों को गठित करते समय काम करने की पेशेवर शैली को बढ़ावा

देना चाहते हैं, वे बाद में तय की गयी गतिविधियों के लिए पर्याप्त समर्थन उपलब्ध नहीं कराते हैं। इस अर्थ में नीति–निर्माण और उनका क्रियान्वयन पूरी तरह से दो अलग–अलग तरह की गतिविधियाँ बन जाती हैं। शायद इसके लिए एक अन्य कारण भी ज़िम्मेदार है। केन्द्र सरकार यह चाहती है कि परियोजनाओं की एक प्रगतिशील छवि बने; यहाँ के प्रशासक यह चाहते हैं कि उनकी छवि बेहतर भविष्य से सम्बन्धित योजनाओं के प्रभावकारी योजनाकारों की बने, तथा अन्तर्राष्ट्रीय आर्थिक सहायता देने वाली एजेंसियाँ और बुद्धिजीवियों के समुदाय में उनकी प्रतिष्ठा बढ़े। यदि योजना का क्रियान्वयन सही तरीक़े से नहीं होता है, तो इसकी ज़िम्मेदारी स्थानीय स्तर के आयोजकों पर थोपी जा सकती है। यह कहा जा सकता है कि स्थानीय नौकरशाह स्थानीय राजनीति के भ्रष्ट प्रभावों से बचने में नाकाम रहें।

इसलिए जैसा कि मैंने पहले बताया है कि 'अपना हाथ गन्दा करने' की अनिच्छा मौजूदा स्थिति की स्वीकार्यता के रूप में वर्णित की जा सकती है। ग़रीबी को ख़त्म करने की प्रत्यक्ष कार्रवाईयाँ सिर्फ़ विकास की प्रभुत्वशाली रणनीति का सहायक बनकर रह गयी हैं; और जब तक ऐसी स्थिति रहेगी तब तक इन्हें लागू करने के बारे में कोई ख़ास चिन्ता नहीं की जायेगी। इसके विपरीत, जब 'हरित क्रान्ति' को लाने वाले गहन कृषि विकास कार्यक्रमों को लागू किया गया, तो उस समय चुने गये ज़िलों को उप–निदेशक (कृषि) जैसे वरिष्ठ प्रशासक और असंख्य तकनीकी अधिकारियों की निगरानी में रखा गया (माथुर 1982)। किसानों द्वारा खेती से सम्बन्धित वस्तुओं (बीज, खाद आदि) की समुचित आपूर्ति की माँग को पूरा किया गया, और इसके लिए विस्तृत नेटवर्क स्थापित किये गये। विकास की एक विशिष्ट नीति के हितों को पूरा करने के लिए एक लक्ष्य केन्द्रित कार्यक्रम बनाया गया, तथा लाभार्थियों को प्रोत्साहन देने वाली व्यवस्था निर्मित की गयी। न तो आईआरडीपी की योजना सही तरीक़े से बनायी गयी, और न ही इसे ठीक से लागू किया गया, क्योंकि यह पूरा कार्यक्रम प्रभुत्वशाली दृष्टिकोण से बाहर था। इसे पूरी तरह से नाकाम होने दिया गया, और फिर इसकी नाकामी के लिए असंख्य कारण भी बता दिये गये। इसलिए, भारत के सभी कार्यक्रम एक तरह की प्रशासनिक या योजना सम्बन्धी कमियों का सामाना नहीं करते हैं।

यदि आईआरडीपी को पूरी तरह से 'विभ्रम' नहीं बनाना है, तो इसके

क्रियान्वयन की व्यवस्था को मज़बूत बनाने के लिए पर्याप्त राजनीतिक समर्थन उपलब्ध कराया जाना चाहिए। पश्चिम बंगाल में भी राजनीतिक समर्थन सिर्फ़ लाभार्थियों के चयन में होने वाली गड़बड़ी को रोकने तक सीमित है; यह एक महत्त्वपूर्ण पहला कदम है, किन्तु यह इस कार्यक्रम को इसके लक्ष्य तक नहीं ले जाता है। इस समस्या को हल करने के लिए सिर्फ़ नौकरशाही व्यवस्था में सुधार करने की ही आवश्यकता नहीं है, बल्कि इसके लिए विकल्प भी खोजा जाना चाहिए। इसलिए यह ज़रूरी है कि नियोजन और क्रियान्वयन के विभिन्न स्तरों पर लचीलापन हो। अनुभवों से यह पता चलता है कि राज्यों और ज़िलों के बीच विविधता हो सकती है, और इसे प्रोत्साहित किया जाना चाहिए। विकल्पों को खोजने और उनका उपयोग करने से राष्ट्रीय विकास के कार्य में ग़रीब की भागीदारी को बढ़ाने और उसे सशक्त बनाने के लक्ष्यों को भी हासिल किया जा सकता है।

सन्दर्भ

बंद्योपाध्याय, नृपेन, 1981, 'ऑपरेशन बर्गा ऐंड लैण्ड रिफॉर्म्स पर्सपेक्टिव इन वेस्ट बंगाल : अ डिस्कर्सिव व्यू', *इकोनॉमिक ऐंड पॉलिटिकल वीकली* 16(24)।

बरारा, जे. एस. 1983, *द पॉलिटिकल इकोनॉमी ऑफ़ रूरल डेवलपमेंट*, नयी दिल्ली : अलाईड पब्लिशर्स।

डांडेकरर, वी. एम. और एन. रथ. 1971, 'पोवर्टी इन इंडिया : डायमेनशंस ऐंड ट्रेंड्स', *इकोनॉमिक ऐंड पॉलिटिकल वीकली 6(1)*।

द्रेज, ज्याँ, 1990, 'पोवर्टी इन इंडिया : द आईआरडीपी डिल्यूजन', *(इकोनॉमिक ऐंड) (पॉलिटिकल वीकली)*, रिव्यू ऑफ़ एग्रीकल्चर 25(39)।

(फ्रैंकेल, फ्रैंसीन, 1978), *इंडियाज पॉलिटिकल इकोनॉमी 1947–77*। प्रिंस्टन, एनजे : प्रिंस्टन यूनिवर्सिटी प्रेस।

गवर्नमेंट ऑफ़ इंडिया, 1967, *एडमिनिस्ट्रेटिव रिफॉर्म्स कमीशन रिपोर्ट एग्रीकल्चरण एडमिनिस्ट्रेशन*, नयी दिल्ली : मिनिस्ट्री ऑफ़ होम अफेयर्स।

———, 1969, *रिपोर्ट ऑफ़ द ऑल इंडिया रूरल क्रेडिट रिव्यू कमिटी*, बॉम्बे : रिज़र्व बैंक ऑफ़ इंडिया।

———, 1978, *रिपोर्ट ऑफ़ द वर्किंग ग्रुप ऑन ब्लैक–लेवल प्लानिंग*, चेयरमैन एम. एल. दाँतावाला, नयी दिल्ली : प्लानिंग कमीशन।

———, 1982, *रिपोर्ट ऑफ़ द एक्सपर्ट ग्रुप ऑन प्रोग्राम ऑफ़ एलिविएशन ऑफ़ पॉवर्टी प्लानिंग कमीशन*, नयी दिल्ली।

———, 1984, *रिपोर्ट ऑफ़ द वर्किंग ग्रुप ऑन डिस्ट्रिक्ट प्लानिंग कमीशन*, नयी दिल्ली।

———, 1985, *रिपोर्ट ऑफ़ द कमिटी टू रिव्यू द एक्सिस्टिंग एडमिनिस्ट्रेटिव एरेंजमेंट्स फ़ॉर रूरल डेवलपमेंट ऐंड पॉवर्टी एलिविएशन प्रोग्राम्स*, नयी दिल्ली : मिनिस्ट्री ऑफ़ एग्रीकल्चर।

———, 1988, *रिपोर्ट ऑफ़ द कमीशन ऑन सेंटर–स्टेट रिलेशन्स, चेयरमैन जस्टिस आर एस. सरकारिया*, वोल्यूम 1 और 2, नयी दिल्ली : मिनिस्ट्री ऑफ़ होम अफेयर्स।

———, 1990, *इंटिग्रल रूरल डेवलपमेंट प्रोग्राम्स ऐंड अलाइड प्रोग्राम्स : अ मैनुअल*, नयी दिल्ली : मिनिस्ट्री ऑफ़ एग्रीकल्चर।

———, 1992, *एट्थ फाइव ईयर प्लान*, नयी दिल्ली, प्लानिंग कमीशन।

हरगोपाल, जी. और सी.एच.बी. रमालू, 1989, 'पॉवर्टी एलिविएशन प्रोग्राम्स : आई. आरडी.पी. इन ऐन आन्ध्र प्रदेश डिस्ट्रिक्ट', *इकोनॉमिक ऐंड पॉलिटिकल वीकली* 24 (35 ओर 36)।

कोहली, अतुल, 1987, *स्टेट ऐंड पॉवर्टी इन इंडिया : द पॉलिटिक्स ऑफ़ रिफॉर्म*, नयी दिल्ली : ऑरियन्ट लॉन्गमन।

लीटेन, जी. ए. 1988, 'पंचाय लीडर्स इन अ वेस्ट बंगाल डिस्ट्रिक्ट', *इकोनॉमिक ऐंड पॉलिटिकल वीकली* 23 (40)।

माथुर, कुलदीप, 1982, *ब्यूरोक्रेसी ऐंड द न्यू एग्रीकल्चरल स्ट्रैटेजी*. नयी दिल्ली : कॉनसेप्ट।

———, 1985, 'स्मॉल फार्मर्स डेवलपमेंट एजेंसी इन इंडिया : ऐन एक्सपेरिमेंट इन कंट्रोल्ड डिसेन्ट्रलाइजेशन', संकलित, जी. शब्बीर चीमा (सं.), *रूरल डेवलपमेंट इन एशिया केस स्टडीज़ इन प्रोग्राम इम्पलिमेंटेशन*, नयी दिल्ली : स्टर्लिंग पब्लिशर्स,

राज, के. एन. 1985, 'एडमिनिस्ट्रेटिव एरेंजमेंट्स फ़ॉर रूरल डेवलपमेंट पर्सपेक्टिव : प्रोसिडिंग्स ऑफ़ द मोशनल वर्कशॉप', नैशनल इंस्टीट्यूट ऑफ़ रूरल डेवलपमेंट, हैदराबाद, 9–11 जुलाई।

राज, कृष्णा, 1979, 'स्मॉल फार्मर डेवलपमेंट', *इकोनॉमिक ऐंड पॉलिटिकल वीकली* 24(21)।

रॉय, अजीत, 1983, 'वेस्ट बंगाल पंचायत इलेक्शन्स : क्लास मॉबिलाइजेशन विदआउट क्लास स्ट्रगल', *इकोनॉमिक ऐंड पॉलिटिकल वीकली* 18(17)।

सिन्हा, एस. 1986, 'पॉवर्टी एलिविएशन : एनीथिंग गोज', *इकोनॉमिक ऐंड पॉलिटिकल वीकली* 21 (19)।

स्वामीनाथन, एम. 1990, 'विलेज लेवल इम्पलिमेंटेशन ऑफ़ आईआरडीपी; कॉम्पेरीजन ऑफ़ वेस्ट बंगाल ऐंड तमिलनाडु', *इकोनॉमिक ऐंड पॉलिटिकल वीकली* 25(13),

थिमैया, जी. 1991, 'सेंट्रली स्पॉन्सर्ड स्कीम्स सम इशूज', *द इकोनॉमिक टाइम्स*, 28 और 29 नवम्बर।

दुग्ध क्रान्ति और ग्रामीण भारत

*निहित और अनिहित स्वार्थ**

शान्ति जॉर्ज

प्रस्तावना

भारत की दुग्ध क्रान्ति सफ़ेद क्रान्ति परियोजना के रूप में भी लोकप्रिय है। यह न केवल विश्व का सबसे बड़ा। डेयरी विकास कार्यक्रम है बल्कि सम्भवतः विश्व में सबसे ज़्यादा विवादास्पद भी है। वास्तव में, यह कार्यक्रम कई विवादित बिन्दुओं की तरफ़ इशारा करता है। कुछ प्रमुख विवादित बिन्दु इस प्रकार हैं : भारतीय कृषि अर्थव्यवस्था में दूध का स्थान और पोषण का स्वरूप, उष्ण कटिबन्धीय क्षेत्रों में यूरो–अमेरिकी डेयरी प्रौद्योगिकी की प्रासंगिकता, यूरोपीय आर्थिक समुदाय पर डेयरी सहायता के लिए निर्भरता का ख़तरा और देश के भीतर और देश के बाहर के बहुत सारे समूहों के हितों में आपसी संघर्ष। हम इस अध्याय में सबसे अन्तिम बिन्दु पर ध्यान केन्द्रित करेंगे। हम न सिर्फ़ अन्तर्राष्ट्रीय हितों, बल्कि ख़ुद भारत के भीतर के बहुत से हितों के बीच आपसी विरोध पर चर्चा करेंगे।

अब तक, दुग्ध क्रान्ति के सन्दर्भ में देश के भीतर विभिन्न हितों का परीक्षण किया गया है। इसमें सामान्य रूप से, डेयरी क्षेत्र के द्वारा ग्रामीण भारत और शहरी भारत के बीच स्थापित सम्बन्धों पर ध्यान दिया गया है। इसमें उत्पादक के हितों को ग्रामीण भारत से और उपभोक्ताओं के हितों को शहरी भारत से जुड़ा हुआ माना गया है। दुग्ध क्रान्ति के इस परिप्रेक्ष्य में यह माना गया है कि दूध का प्रवाह गाँव से शहरों की तरफ़ जाने में हो रहा है। यह काम नैशनल मिल्क ग्रिड के द्वारा होता है तथा दूध के

---

* *इकोनॉमिक ऐंड पॉलिटिकल वीकली* 20 (49) : 2163–70 (7 दिसम्बर 1985)।

बदले में शहरों से पैसा ग्रामीण क्षेत्रों में जाता है। इस चर्चा में विविध तरह के प्रश्न उठे हैं। कुछ प्रश्न नैशनल मिल्क ग्रिड की लागत प्रभावशीलता या लागत ख़र्च से जुड़े हैं तथा कुछ भारतीय डेयरी योजना में शहरी क्षेत्रों के प्रति पक्षपात से जुड़े हैं। कुछ लोग ये भी पूछते हैं कि यूरोपीय आर्थिक समुदाय द्वारा दी गयी डेयरी की वस्तुओं को शहरों की डेयरियों पर बेचने से ग्रामीण दूध उत्पादन बिक्री पर कितना बुरा प्रभाव पड़ा है।

इसमें कोई सन्देह नहीं है कि ये सारे विषय आलोचनात्मक दृष्टि से काफ़ी महत्त्वपूर्ण हैं। इन सारे विषयों पर समुचित चर्चा नहीं हुई है। इस अध्याय में दुग्ध क्रान्ति कार्यक्रम के ग्रामीण समाज पर विभिन्न तरह के प्रभावों का विश्लेषण करना है। यह ग्रामीण समाज समरूप नहीं है बल्कि अपने आप में विभिन्न हितों समूहों से मिलकर बना है जो कि संरचनात्मक दृष्टि से एक–दूसरे के विरोध में हैं। हम इनको भूमिपति बिना भूमिहीन जैसे दो बड़े समूहों में बाँट सकते हैं। इसके अलावा, भूमिपति किसानों को सीमान्त, छोटे, मध्यम और बड़े जोत के मालिकों की श्रेणी में बाँट सकते हैं। इन वर्ग हितों के साथ हम एक–दूसरे से धार्मिक, व्यावसायिक और सामाजिक रूप से विभिन्न जातियों और समूहों में निर्धारित कर सकते हैं। एक सीमा तक जाति और वर्ग के पदानुक्रम अक्सर मेल खाते हैं और हमेशा 'प्रभुत्वशाली वर्ग और जातियाँ', 'मध्यम वर्ग और जातियाँ' तथा 'सीमान्त वर्ग और जातियाँ' कहना थकाऊ या कठिन है, हम समग्र शब्द 'क्लास्ट' (वर्ग–जाति) का उपयोग करेंगे। मैं यह मानता हूँ कि यह एक तरह से अवधारणात्मक बर्बरता है जो कि संवेदनशील सामाजिक वैज्ञानिकों को चौंका देगी। लेकिन उम्मीद है कि इस व्यापक चर्चा के सन्दर्भ में संक्षिप्तता की दृष्टि से इसको सहन किया जायेगा। समय आने पर, हम इन दो पदानुक्रमों के बीच अन्तर करेंगे।

ग्रामीण भारत और दुग्ध क्रान्ति की उत्पाद रणनीति

दुग्ध क्रान्ति का मक़सद भारत में दूध की प्रचुरता बढ़ाना है और ऐसा माना गया है कि इसका स्रोत भारत के गाँव होंगे जिनमें देश के 76 प्रतिशत लोग और उसका 95 प्रतिशत दुधारू पशु रहते हैं। पहली बार पढ़ने पर यह कथन केवल सन्देह को बढ़ायेगा क्योंकि ग्रामीण भारत में दूध देने वाले पशुओं की संख्या ज़्यादा है, लेकिन वे कम मात्रा में दूध देते हैं। इसके अलावा, चारा की कम उपलब्धता के कारण भी दूध की प्रचुरता

को बढ़ाना असम्भव जान पड़ता है। हालाँकि, दुग्ध क्रान्ति की रूपरेखा इस तरह से तैयार की गयी है ताकि भारत में दूध उत्पादन में बदलाव लाया जाये। लाखों दुग्धालयों के लाखों दुधारू पशुओं को इस क्रार्यक्रम के अन्तर्गत शामिल किया गया है, और उनका अन्य नस्लों की गायों या भैंसों के साथ प्रजनन कराके उनकी दूध की मात्रा को बढ़ाया जायेगा ताकि नैशनल मिल्च हर्ड बने। डेयरी विकास को बढ़ाने के लिए चारे की प्रचुरता के उद्देश्य से यह तय किया गया कि दुग्ध क्रान्ति के मिल्कशेडों में चारे को तैयार करने की मशीनें लगायी जायेंगी और दो मिलियन हेक्टेयर सिंचित क्षेत्र का उपयोग हरित या ताज़ा चारा उत्पादन के लिए उपयोग किया जायेगा (नायर 1981; एनडीडीबी 1977)।

हम इस उत्पादन रणनीति को एक बार उन प्रश्नों के साथ जोड़ सकते हैं जिनको हम पूछना चाहते हैं। स्पष्टतः दुग्ध क्रान्ति के अन्तर्गत 10.20 मिलियन दुधारू पशु आये हैं, लेकिन यह दुधारू पशुओं की पूरी आबादी नहीं है। ऐसे पशुओं की कुल संख्या 34.20 मिलियन है और नैशनल मिल्च हर्ड में पूरी संख्या का सिर्फ़ एक तिहाई शामिल की गयी है। फिर, दो मिलियन हेक्टेयर में उपलब्ध हरा चारा दुग्ध क्रान्ति के सभी दुग्धालयों के दुधारू पशुओं को खिलाया नहीं जा रहा है बल्कि यह सिर्फ़ नैशनल मिल्च हर्ड के लिए होगा। उसी तरह से चारे तैयार करने वाले प्लॉट भी सिर्फ़ इन्हीं पशुओं को चारा देंगे। इसलिए यह साफ़ है कि दुग्ध क्रान्ति, योजना के अन्तर्गत आने वाले दुग्धालयों में उपलब्ध दुधारू पशुओं में से पशुओं को चुना जाता है। इसमें दूध उत्पादन करने वाले कुछ उत्पादकों को शामिल किया जाता है और कुछ को बाहर रखा जाता है। यहाँ पर हम यह जानने की कोशिश करेंगे कि क्या शामिल करने और बाहर रखने में 'क्लास्ट' (वर्ग–जाति) के स्वरूप को अपनाया गया है और यदि हाँ तो यह किस तरह का रूप लेता है।

पहले हम यह पूछते हैं : दुग्ध क्रान्ति की उत्पादन रणनीति में तीन तत्त्व दिये गये हैं–दूसरे नस्ल से प्रजनन से जन्मे पशु (क्रॉस ब्रीड कैटल), हरित चारा और संयुक्त रूप से खिलाने की व्यवस्था। इनमें से कौन इस रणनीति में भाग ले सकती है?

क्रॉस प्रजनन गायें स्थानीय गायों और यूरोपियन साँड़ों की दोगली या मिश्रित सन्तान हैं। ये साँड़ होलस्टीन/फ्राइजिलन/जर्सी/रेड डानें/ब्राउन स्विस के वंशज होते हैं। तरल या जमे हुए वीर्य के द्वारा गायों का

कृत्रिम गर्भाधान करा कर (चार नस्ल) क्रॉस प्रजनन गायें पैदा की जाती है। निश्चित रूप से, उत्पादक के लिए पहला क़दम इस तरह का एक दुधारू पशु प्राप्त करना है।

एक सम्भावना यह है कि स्थानीय गाय का विदेशी वीर्य के द्वारा कृत्रिम रूप से गर्भाधान कराया जाये लेकिन यह समस्याग्रस्त व्यवसाय है। वीर्य की नाजुकता के कारण ग्रामीण भारत में उसको रखने, ले जाने और उपयोग करने के लिए प्रतिकूल परिस्थितियाँ होती हैं (सिवाराम 1978)। इसलिए, सफल गर्भाधान की सम्भावना बहुत कम होती है (नायर 1982)। और दूसरी सम्भावना यह है कि आने वाली सन्तान मादा न होकर नर बछड़ा हो। कम बच्चे देने वाली गायें हमेशा क्रॉस प्रजनन के द्वारा सन्तान के लिए उपयुक्त नहीं हो सकती हैं क्योंकि क्रॉस प्रजनन के द्वारा जन्में बछड़ों की मृत्यु दर बहुत ऊँची है (वैष्णव 1978)। क्रॉस प्रजनन के द्वारा उत्पन्न बछड़े को पालना एक स्थानीय बछड़े की तुलना में काफ़ी महँगा है (पटेल 1978)। संक्षेप में, क्रॉस प्रजनन के द्वारा जन्मी गायों को रखना उन उत्पादकों के लिए व्यावहारिक है जिनके पास गाय को प्रजनन कराने के लिए उपयुक्त वातावरण है क्योंकि जब तक प्रजनन सफल नहीं होता तब तक इस प्रक्रिया को बार–बार दोहराना पड़ता है। इसके अलावा, यह भी ख़तरा है कि सन्तान नर बछड़ा न पैदा हो। इसके अलावा, उत्पादक के पास ऐसे आदमी होने चाहिए जो क्रॉस प्रजनन द्वारा जन्मे बछड़े को अच्छी तरह खिला सकें और जब तक वह वयस्क न हो उसकी देखभाल कर सकें। इस तरह की सुविधा भूमिहीन मज़दूर सीमान्त या छोटे किसान के पास नहीं होगी। यह सुविधा सिर्फ़ मध्यम और बड़े किसानों के पास होगी।

यदि इस तरह की सस्ती प्रक्रिया से संकर या क्रॉस प्रजनन के द्वारा जन्मी गाय को रखना ग़रीब क्लास्ट (वर्ग–जाति) के लोगों की पहुँच से दूर है तो ऐसा लगता है कि एकदम से संकर या मिश्रित नस्ल की गाय ख़रीदने का प्रश्न ही नहीं उठता है। संकर नस्ल की गायें दुधारू पशुओं में सबसे ज़्यादा महँगी होती हैं और किसी भी छोटे उत्पादक के पास इन्हें ख़रीदने के लिए आवश्यक धन नहीं होगा। फिर भी, धन की व्यवस्था विभिन्न तरह के कर्ज़ देने वाली संस्थाओं से करायी जा सकती है। हालाँकि, महाराष्ट्र के कोल्हापुर ज़िले में संकर या मिश्रित नस्ल की गायों या दुधारू पशुओं को ख़रीदने के लिए धन की व्यवस्था करायी

गयी। लेकिन वहाँ पर एक अध्ययन से यह बात सामने आयी कि इस कार्यक्रम का प्रभाव बहुत निराशाजनक रहा। इस योजना के लिए जो धन निर्धारित किया गया था, उसमें सिर्फ़ सात रुपया में एक रुपया ख़र्च हुआ। ख़रीदे गये जानवरों में 15 प्रतिशत जानवर एक साल के अन्दर मर गये। लगभग 70 प्रतिशत पशुओं को ख़रीदने के बाद तुरन्त दुबारा बेच दिया गया। इनके ख़रीददारों ने अपनी आर्थिक तंगी के कारण इन्हें नुक़सान सहकर बेचा और मृत या बेच दिये गये पशुओं के स्थान पर सिर्फ़ आधे पशु ही लाये गये (आप्टे 1982)। मध्यम और बड़े किसान संकर नस्ल की गाय में निवेश करने, या लोन लेने के लिए जमानत के रूप में कोई वस्तु या काग़ज़ात देने और ख़रीदी गयी गायों को पालने में कोई कठिनाई महसूस नहीं करेंगे। साथ ही, वे कर्ज़ भी आसानी से चुका देंगे। लेकिन खेतिहर मज़दूर, सीमान्त किसान और छोटे उत्पादक इन सारी कठिनाइयों को महसूस करेंगे। यहाँ तक कि जब संकर नस्ल की गायें निम्न जाति वर्ग के लोगों को रियायती दर पर उपलब्ध करायी गयीं तो भी वे या तो समृद्ध किसानों या शहर में डेयरी चलाने वाले को दुबारा बेच दी गयीं (पंडा 1979)। अगले पैराग्राफ यह बताया गया है कि ऐसा क्यों हुआ।

एक संकर नस्ल गाय को दुग्ध क्रान्ति की उत्पादन इकाई माना गया है। ऐसी गाय ख़रीदना छोटे उत्पादकों के लिए काफ़ी कठिन है। यदि किसी तरह इसमें सफल होते हैं तो आगे और समस्या आती है, जैसे कि कैसे सीमित आय में इसको पाला जाये, समुचित भोजन दिया जाये और कैसे पशु चिकित्सा का ध्यान रखा जाये अर्थात् इस गाय से एक अच्छे स्तर तक दूध लेना एक चुनौती होती है। लेकिन ऐसा करके ही आगे सामान ख़रीदा जा सकता है, कर्ज़ की किस्त अदा की जा सकती है और कुछ घरेलू ज़रूरतों को पूरा किया जा सकता है। एक आकलन के अनुसार (आप्टे 1982), एक ज़्यादा दुधारू पशु को रखने का ख़र्च स्थानीय पशु रखने की तुलना में 80 प्रतिशत ज़्यादा है। एक पशु वैज्ञानिक कहते हैं : 'संकर प्रजनन या क्रॉस ब्रीडिंग योजना की सफलता प्रचुर मात्रा में खाना और चारा को आपूर्ति और कुशल प्रबन्धन पर निर्भर है। तुलनात्मक दृष्टि से जिस किसान के पास इस तरह के स्रोत हैं उसके लिए यह आसान है (वैष्णव 1978 : 109)। बंगलुरु मिल्कशेड क्षेत्र का एक अध्ययन बताता है कि उत्पादकों के भूमि स्वामित्व और उनकी सम्पदा के आधार पर बड़ा होने के साथ निम्नलिखित आयामों में वृद्धि होती है (क) संकर गायों का

प्रतिशत और इस प्रकार दूध उत्पादन क्षमता (ख) खिलायी गयी वस्तुओं की गुणवत्ता और मात्रा और (ग) संकर नस्ल गायों की दूध की उपलब्धता और स्तनपान अवधि (नाईहोल्म और अन्य 1975)।

ऐसा लगता है कि नैशनल मिल्च हर्ड अभिजन लोगों की इकाई है। संकर नस्ल की गायें सिर्फ़ समृद्ध किसानों के छत के नीचे ही आराम अनुभव करती है। अब हम दुग्ध क्रान्ति के उत्पादन रणनीति के दो अन्य तत्त्वों का विश्लेषण करेंगे। हरा चारा और मिश्रित मवेशी चारा दुग्ध स्टॉक को बढ़ावा देने वाले दो तत्त्व हैं।

दुग्ध क्रान्ति के दुग्धालयों की उन्हीं गायों को प्रोटीन वाला चारा मिलता है जिनके मालिकों की ज़मीन पर ये उगता है। इस चारे को खाने वाली गायें ज़्यादा मलाईदार दूध देती हैं। ये सारी चीज़ें भूमिहीन मज़दूरों या सीमान्त किसानों के यहाँ नहीं मिलती हैं। भूमिहीन किसानों के पास अपनी कोई भूमि नहीं होती है और सीमान्त या छोटे किसान अपनी थोड़ी–सी ज़मीन पर ऐसा चारा नहीं उपजा पाते हैं। सीमान्त और छोटे किसान अपनी सीमित ज़मीन और पूँजी को खाद्य फ़सल उगाने के लिए उपयोग करेंगे ताकि जीवन निर्वाह हो या नगदी फ़सल उगायेंगे जिससे कि उनकी आमदनी बढ़े न कि पशु चारा उगायेंगे। अक्सर उनका खेत या तो असिंचित रहेगा या अपर्याप्त खाद मिलेगी और इस तरह हरे चारे के लिए बेकार रहेगा (आईआईएम 1966)। लेकिन मध्यम और बड़े किसान जिनके पास पर्याप्त ज़मीन है, पानी और खाद की सुविधा उपलब्ध है वे खाने और बेचने–दोनों के लिए, खाद्य फ़सल उपजाते हैं। साथ ही साथ वे बाज़ार के लिए नगदी फ़सल उपजाते हैं। इसके अलावा, वे दुग्ध क्रान्ति की आवश्यकताओं के अनुसार अपनी ज़मीन के एक हिस्से का ताजा चारा उगाने के लिए उपयोग कर सकते हैं।

इसी प्रकार, आख़िर वे कौन–से लोग हैं जो जानवरों के लिए वैज्ञानिक तरीक़े से बने पोषक तत्त्व खिला सकते हैं, जिससे उनका दूध ज़्यादा गाढ़ा और पोषक तत्त्वों से भरपूर हो। निश्चित रूप से, भूमिहीन खेत मज़दूर ऐसा नहीं कर सकता है। उसकी मज़दूरी अक्सर अपने बच्चों के लिए खाने का सामान ख़रीदने के लिए पर्याप्त नहीं होती है तो वह अपनी गाय के लिए बना बनाया खाना कैसे ला सकता है। और न ही सीमान्त और छोटे भूमि का मालिक ऐसा कर सकता है क्योंकि उसे हमेशा अपने घर और डेयरी

की ज़रूरतों के बीच सन्तुलन बनाकर चलना होता है (बत्रा 1981) अपने मवेशी के लिए बना बनाया खाद्यान्न और पोषक–तत्त्व ख़रीदने से उसके घर की आर्थिक हालत ख़राब हो सकती है। मध्यम और बड़े डेयरी चलाने वालों को इस तरह की वित्तीय कठिनाई का सामना नहीं करना पड़ता है क्योंकि उनके पास बने बनाये पोषक मवेशी खानों के लिए अलग से पैसा होता है। साथ ही, इस तरह का खाना खाकर गायें ज़्यादा दूध देती हैं। संकर गायों को इस तरह का भोजन देना एक समय के बाद लागत के हिसाब से भी लाभप्रद हो जाता है।

संक्षेप में, एक विश्लेषक के शब्दों में, 'एक सामान्य घर परिवार न तो ज़मीन को खाद्य पदार्थ उपजाने के अलावा किसी दूसरे काम के लिए उपयोग कर सकता है और न ही मवेशी के चारा ख़रीदने के लिए' (सम्ब्रानी 1980 : 9)।

दुग्ध क्रान्ति के अन्तर्गत डेयरी विकास के लिए गाँवों के उत्पादकों को जिन उपकरणों की आवश्यकता होती है, वे सारे उपकरण ग्रामीण भारत की पहुँच से काफ़ी दूर हैं। इस क्षेत्र में प्रभावशाली ढंग से काम करने के लिए, एक उत्पादक के पास अच्छी मात्रा में ज़मीन और पैसा या दोनों होने चाहिए। इसलिए, जो लोग ग़रीबी रेखा से नीचे हैं उनको दुग्ध क्रान्ति न तो मदद कर सकती है और न उन्हें ग़रीबी रेखा से ऊपर उठा सकती है। असल में, ग़रीबी रेखा उनके लिए एक बाधा है। इस वर्ग–जाति के लोगों के पास दुग्ध क्रान्ति में भाग लेने के लिए स्रोत या संसाधन नहीं है। निश्चित रूप से यह योजना उन्हीं लोगों के लिए बनायी गयी है जिनके पास संसाधन हैं (बविस्कर 1983)।

अब हम उस प्रश्न पर आगे विचार करते हैं जिसका अभी हमने जवाब दिया है। पहला, डेयरी उत्पादन की सफ़ेद क्रान्ति रणनीतियों से किसको फ़ायदा हो सकता है और दूसरा, किसको फ़ायदा होता है। दुग्ध क्रान्ति के विभिन्न दुग्धालयों से विभिन्न तरह के उत्तर मिलते हैं लेकिन आवश्यक रूप से वे सब एक बात कहते हैं। पश्चिम बंगाल के एक क्षेत्र में हम सुनते हैं कि केवल 20 प्रतिशत सम्भ्रान्त किसान अपनी संकर–नस्ल गायों (मिल्कस्टॉक) के लिए हरा चारा उपजाने में समर्थ हो सकते हैं क्योंकि छोटे और सीमान्त किसान अपने अस्तित्व के लिए संघर्ष करने में लगे हुए हैं (शर्मा 1978)। गुजरात राज्य के सूरत ज़िले का एक अध्ययन बताता है कि तीन गाँवों के 358 भूमिहीन परिवारों में सिर्फ़ आठ दुग्ध

उत्पादक हैं (देसाई 1979)। हमें बताया गया है कि दुग्ध क्रान्ति ग़रीबों में सबसे ग़रीब को नहीं छू सकती है (सम्प्रानी 1980 : 28)। 'इस बात की बहुत कम सम्भावना है कि दुग्ध क्रान्ति का लाभ भूमिहीन मज़दूरों तक पहुँच जायेगा। (सिंह 1979, 1773)। राष्ट्रीय डेयरी विकास बोर्ड के द्वारा दुग्ध क्रान्ति के दुग्धालयों के सर्वेक्षण से हमें पता चलता है कि भूमिहीन परिवार 39 प्रतिशत हैं लेकिन दूध उत्पादन में उनका हिस्सा 11 प्रतिशत है। वैसे ही 22 प्रतिशत परिवार जिनके पास 78 प्रतिशत भूमि है उनका दूध उत्पादन में योगदान 47 प्रतिशत है (एन.डी.डी.बी. 1982)। अभी तक, बोर्ड इससे क्या निष्कर्ष निकालता है? यह विचित्र लग सकता है लेकिन वह यह टिप्पणी करता है कि 'दूध उत्पादन में किसान और भूमिहीन काफ़ी महत्त्वपूर्ण भूमिका निभा रहे हैं' (वही : 15)।

ग्रामीण भारत और दुग्ध क्रान्ति के ख़रीद तन्त्र

दुग्ध क्रान्ति के अन्तर्गत दूध की प्रचुरता को बनाये रखने के लिए एक व्यवस्था की ज़रूरत होती है और आणंद पद्धति पर आधारित डेयरी सहकारी समितियाँ यह काम करती हैं। ये समितियाँ योजना के अन्तर्गत शामिल किये गये दुग्धालयों में बनायी गयी। (आणंद पद्धति पर आधारित सहकारी समितियों की प्रवृत्ति को समझने के लिए, देखें जॉर्ज 1983)। पूर्व के भाग में, हमने देखा है कि दुग्ध क्रान्ति अपने नैशनल मिल्च हर्ड में दुधारू पशुओं की संख्या को सीमित करती है और अपनी दूधशालाओं में सिर्फ़ एक तिहाई दुधारू पशुओं को रखती है। उसी तरह परियोजना दस्तावेज़ (एन.डी.डी.बी. 1982) हमें बताते हैं कि दुग्ध क्रान्ति की दूधशालाओं के 34.20 मिलियन मिल्कस्टॉक में से 15–78 मिलियन सहकारी समितियों के अन्तर्गत आते हैं और ख़रीद तन्त्र के हिस्से हैं। हालाँकि चुनने का अनुपात एक तिहाई से एक में आधा तक बढ़ गया और साथ में जोड़ने और निकालने की प्रक्रिया भी चलती रही। ऐसे में, एक बार हमें इस बात की जाँच करनी चाहिए क्या निकालने और जोड़ने की प्रक्रिया में किसी जाति–वर्ग के साथ पक्षपात तो नहीं किया गया है और यदि ऐसा हुआ है तो वह कैसा रूप लेता है? यदि दुग्ध क्रान्ति के द्वारा स्थापित सहकारी समितियों में एक दूधशाला के सिर्फ़ कुछ दूध उत्पादक ही सदस्य बनते हैं तो क्या ये उत्पादक प्रभुत्व वाले वर्ग–जाति या कम प्रभुत्व वाले वर्ग–जाति से सम्बन्धित हैं?

आणंद पद्धति पर आधारित सहकारी समितियों के नियमानुसार एक सदस्य को कम–से–कम एक दुधारू पशु का मालिक होना चाहिए तथा उसे सिर्फ़ सहकारी समिति को दूध की आपूर्ति करनी चाहिए। हम दुधारू पशु के स्वामित्व के विषय पर चर्चा करते हैं। ऑल इंडिया रूरल डेट ऐंड इनवेस्टमेंट सर्वे (आखिल भारतीय ग्रामीण ऋण और निवेश सर्वेक्षण) 1971–72 के परिणाम के अनुसार, ग्रामीण परिवारों में सिर्फ़ 48 प्रतिशत परिवार के पास दुधारू पशु हैं तथा इनका स्वामित्व सम्भ्रान्त लोगों के पास है तथा ग़रीबों में ग़रीब जिनकी संख्या 20 प्रतिशत है वे सिर्फ़ 5 प्रतिशत दुधारू पशुओं के मालिक हैं (नायर में उद्धृत 1982)। इस तरह की परिस्थिति में दुधारू पशुओं के मालिक और डेयरी सहकारी समितियों के सदस्य सिर्फ़ उच्च वर्ग–जात के लोग होंगे।

इस तरह के पक्षपात को दूर करने का एक तरीक़ा यह हो सकता है कि ग़रीब को डेयरी सहकारी समिति में सदस्य बनने की अनुमति दी जाये ताकि कर्ज़ के द्वारा दुधारू पशु ख़रीदें और डेयरी के द्वारा हुए आय या आमदनी से कर्ज़ को वापस कर सकें। हालाँकि, राष्ट्रीय डेयरी विकास बोर्ड इस विषय पर स्पष्ट रूप से कहता है कि यह संगठन, आणंद पद्धति की सहकारी समितियों की ही तरह है। इसके नियमों के अनुसार, दूध सहकारी समितियों के द्वारा कोई भी ऋण नहीं दिया जाना चाहिए। (पटेल और अन्य में उद्धृत 1975 : 189)।

ठीक इसी तरह, ग़रीब वर्ग–जाति के लोगों के पास पशु चिकित्सा और पशु के चारे के लिए धन की कमी होती है। उनके पास कम भूमि होती है। वे अपनी छोटी सी ज़मीन पर उगाई गयी कृषि उपज से दुधारू पशुओं को नहीं खिला सकते हैं। इसलिए डेयरी सहकारी समिति विकसित की गयी ताकि यह उनको सामान ख़रीदने के लिए अग्रिम भुगतान करे या किफ़ायती दरों पर उधार दे या खुद सामान उपलब्ध कराये। हालाँकि, यह तरीक़ा आणंद पद्धति पर आधारित सहकारी समितियों का नहीं है। अपने सबसे अच्छे तरीक़े से वे दूध उत्पादन से सम्बन्धित सारे सामानों को 'नगद दो और सामान लो' के आधार पर सभी ख़रीददारों को उनकी सामाजिक–आर्थिक स्थिति में भेदभाव किये बिना एक समान क़ीमत पर आपूर्ति करती हैं। इसी कारण से आणंद क्षेत्र में ऐसा देखा जाता है कि डेयरी सहकारी समिति के एक सदस्य की सम्पन्नता और उसके दुधारू पशुओं द्वारा दिये जाने वाले दूध की मात्रा और वसा की मात्रा में सीधा

सम्बन्ध होता है। चूँकि दूध की क़ीमत प्रति लीटर उसमें मौजूद वसा पर निर्भर करती है इसलिए सहकारी समिति उसको प्रति लीटर दूध की क़ीमत ज़्यादा देती है। (पटेल और अन्य 1975)।

ऐसा लगता है कि दुग्ध क्रान्ति का ख़रीद तन्त्र सम्भ्रान्त वर्ग–जाति के लोगों का पक्ष लेता है क्योंकि आणंद पद्धति पर आधारित डेयरी सहकारी समितियाँ व्यवहार्यता और लाभप्रदता को प्राथमिकता देती हैं। राष्ट्रीय डेयरी विकास बोर्ड के द्वारा दुग्ध क्रान्ति के दुग्धालयों के किये गये सर्वेक्षण से यह बात सामने आती है कि भूमिहीन परिवारों की संख्या 39 प्रतिशत है लेकिन केवल 14 प्रतिशत ही डेयरी सहकारी समिति के सदस्य हैं (एन.डी.डी.बी, 1982)।

दुग्ध क्रान्ति दुग्धालयों में काम कर रही ग्रामीण डेयरी सहकारी समितियाँ आमतौर पर स्थानीय रूप से प्रभावी जातियों का गढ़ होती हैं। गुजरात के जिन गाँवों में दूध सहकारी समितियाँ थीं और जिन गाँवों में दूध सहकारी समितियाँ नहीं थीं, उनका विश्लेषणात्मक अध्ययन किया गया इसमें यह बात सामने आयी कि जिस गाँव में डेयरी समिति है और जहाँ पर नहीं है वहाँ के दूध उत्पादकों की जाति संरचना में अन्तर देखने को मिलता है। डेयरी गाँवों में, एक सम्पन्न कृषक समुदाय पटेलों की संख्या ज़्यादा थी (पटेल और अन्य 1975 : 99)। पटेल या पाटीदार गुजरात के लगभग सभी क्षेत्रों में एक प्रमुख जाति है (वीनर 1967)। इसी तरह, महाराष्ट्र से उपलब्ध साक्ष्य बताते हैं कि ऊँची जाति के लोग, जिनका नियन्त्रण गन्ना सहकारी समितियों पर है, वे इसके साथ ही दूध सहकारी समितियों में भी अपनी पहुँच बढ़ा रहे हैं (आप्टे 1982)। जहाँ दो जातियाँ अपने वर्चस्व के लिए संघर्ष कर रही हैं, वहाँ वे दुग्ध क्रान्ति के द्वारा स्थापित की गयी दूध सहकारी समितियों में भी वर्चस्व के लिए संघर्ष करती हैं। मसलन, आन्ध्र प्रदेश के खम्मम और रेड्डी जातियों के बीच चलने वाले वर्चस्व के संघर्ष को इसी सन्दर्भ में देखा जा सकता है (आई.आरएम.ए. 1981)।

पिछले कुछ पैराग्राफ में हमने दूध सहकारी समितियों का जाति और वर्ग के बारे में अलग–अलग विश्लेषण किया है। कैरा ज़िले के छह गाँवों का सर्वेक्षण जोकि पहले उद्धृत किया गया है, तीनों को (सहकारी समितियों, जाति और वर्ग) जोड़ता है :

सैंपल गाँवों के लगभग 43 प्रतिशत परिवार दूध बेचते हैं। दूध बेचने वाले तीन–चौथाई से ज़्यादा परिवार भू–स्वामी हैं। पुनः जाति और समुदाय के दृष्टिकोण से, दूध बेचने वाले तीन–चौथाई परिवार मध्य और ऊँची जाति के हिन्दू हैं। भूमिहीन परिवारों में पाँच में से एक परिवार दूध बेचता है। मध्य जाति के भूमिहीन हिन्दू परिवारों में एक तिहाई से कुछ ज़्यादा परिवार दूध बेचते हैं जबकि दूसरी जातियों और समुदायों के भूमिहीन परिवारों का एक बहुत छोटा हिस्सा इस तरह का काम करता है।

इसलिए, यदि कोई ऐसा सोचता है कि दूध का उत्पादन करने और बेचने वाले सारे भूमिहीन परिवारों ने डेयरी सहकारी आन्दोलन के कारण यह काम किया है तो यह सही नहीं है। बल्कि वास्तव में, मध्य जाति का हिन्दू इससे लाभ पाने वाला सबसे बड़ा समूह है। पिछड़े वर्ग, ईसाई और मुस्लिम समुदाय के भूमिहीन परिवारों का सिर्फ़ एक छोटा हिस्सा दूध बेचता है। ऐसा लगता है कि सैंपल गाँवों में डेयरी सहकारी आन्दोलन बहुत सक्रिय प्रभावशाली ढंग से सफल नहीं हुआ है। स्पष्टतः यह कमज़ोर वर्ग के लोगों को दूध के उत्पादन और उसकी बिक्री में शामिल करने के अपने बड़े लक्ष्य को पाने में नाकाम रहा है (शाह 1981; 26)।

यह अध्ययन इस बात का भी वर्णन करता है कि क्यों भूमिहीन डेयरी सहकारी समितियों की गतिविधियों के बावजूद ग़रीबी रेखा के नीचे रह गये।

ऐसा लगता है कि डेयरी सहकारी समितियों के विकास का लाभ न तो भू–स्वामियों को और न ही भूमिहीन लोगों को मिला। असल में इसका लाभ मध्य जाति के हिन्दू लोगों को मिला। डेयरी सहकारी आन्दोलन परम्परागत रूप से दूध उत्पादन और जाति के बीच के सम्बन्ध को सुधारने में सक्षम नहीं रहा। डेयरी व्यवसाय को अपनाने वाले भूमिहीनों को काफ़ी विकट समस्याओं का सामना करना पड़ता है। क्योंकि उनको पशुचारा, हरा चारा नहीं मिल पाता है इसका कारण यह है कि उनके पास ज़मीन नहीं है और संयुक्त पशुचारा की क़ीमत

उनके दूध उत्पादन की लागत को बढ़ाती है। फिर यदि दुधारू पशु किसी वित्तीय एजेन्सी से ऋण लेकर ख़रीदी जाती है तो नियमित किश्त देने के बाद उनके पास बहुत कम रकम बचती है (शाह 1981 : 56–57)।

दुग्ध क्रान्ति के ख़रीद तन्त्र ने दूध बनाने के काम और जोत के बीच परस्पर सम्बन्धों में कोई सुधार नहीं किया, बल्कि ऐसा लगता है कि इसने इनके बीच सह–सम्बन्ध को और मज़बूत ही किया है। इसलिए, दुग्ध क्रान्ति के दुग्धालयों में यदि आप उच्च और मध्य जाति–वर्ग से सम्बन्धित हैं तो ग्रामीण दूध सहकारी समितियाँ आपकी आर्थिक और राजनीतिक स्थिति को मज़बूत करेंगी और यदि आप निम्न वर्ग लेकिन मध्य जाति से हैं तो डेयरी सहकारी समितियाँ आपके लिए थोड़ी उपयोगी होंगी। हालाँकि, यदि आप निम्न जाति और निम्न वर्ग के हैं तो ये आपके लिए दोहरी मार है और दूध सहकारी समितियाँ आपको इससे उबरने में मदद नहीं करेंगी बल्कि विकलांग बना देंगी।

एक अन्य सूचना से इस विश्लेषण या चर्चा में एक रोचक पहलू जुड़ता है। आणंद पद्धति पर आधारित सहकारी समितियाँ ग्रामीण ग़रीबी हटाने, एकाधिकार के ख़िलाफ़ लड़ने और दलालों के शोषण से बचने के नाम पर बनायी जा रही हैं (द *इकोनॉमिक सीन* 1981 : 8)। यह माना जाता है कि ये सहकारी समितियाँ निजी व्यापारियों को हटाने के लिए लायी गयी हैं। लेकिन अभी निजी व्यापारी दुधारू पशुओं को ख़रीदने के लिए उत्पादक को ऋण देते हैं। साथ ही, दुधारू पशुओं के पोषण के लिए ज़रूरी वस्तुएँ देते हैं, या इन्हें ख़रीदने के लिए अग्रिम राशि देते हैं। इस तरह के ऋण और अग्रिम राशि ब्याज रहित और अक्सर अलिखित होते हैं (बतरा 1981; खुरोदी 1974)। ऐसे कई अध्ययनो से यह बात सामने आती है कि निम्न जाति के दूध उत्पादकों का दूध ख़रीदने से वे सहकारी समितियाँ मना कर देती हैं जिनमें प्रभुत्वशाली जाति के लोगों का प्रभुत्व होता है। ऐसी हालत में, ये उत्पादक किसी बिचौलिये की दुकान पर अपना दूध बेचते हैं (पटेल और अन्य 1975)। इसमें कोई आश्चर्य नहीं है कि निजी दूध व्यापारी अक्सर गाँवों में ऐसा बताते हैं कि वे भी डेयरी सहकारी समिति हैं और उनके साथ निम्न वर्ग और जाति के लोग हैं जिनके हितों का ध्यान वर्तमान के डेयरी विकास कार्यक्रम या योजना में नहीं रखा गया है (पटेल और अन्य 1975)।

ग्रामीण भारत और दुग्ध क्रान्ति के बाज़ार का दायरा

दूध उत्पादक जैसे ही सहकारी समिति को दूध सौंप देता है, वैसे ही उसका दूध के साथ सीधा सम्बन्ध ख़त्म हो जाता है। लेकिन उसके बाद जो होता है उसका उसके हितों पर काफ़ी असर होता है। दूध जैसे पदार्थ के सन्दर्भ में यह बात विशेष रूप से उल्लेखनीय है कि (क) दुर्लभ और सामाजिक रूप से प्रतिष्ठित हैं और साथ ही उपयोग करने के लिए महँगा है; (ख) उष्णकटिबन्धीय क्षेत्र में आसानी से ख़राब होता है और साथ ही साथ इसको रखना और एक जगह से दूसरी जगह ले जाना काफ़ी ख़र्चीला होता है। ये सारी विशेषताएँ दूध ख़रीदने के समय दूध उत्पादक को दिये जाने वाली क़ीमत को प्रभावित करती है। यदि विपणन लागत ज़्यादा है तो उपभोक्ता से जो क़ीमत मिलती है। उसका एक छोटा भाग दूध उत्पादक को मिलता है।

इस तरह, यदि गाँवों से शहरों में दूध को प्रचुर मात्रा में लाने में ज़्यादा लागत लगती है तो उस स्थिति में प्रचुर मात्रा में दूध उत्पादन करने वालों को इसकी उचित क़ीमत नहीं मिल पाती है। यहीं पर लाभ और हानि से सम्बन्धित सवाल उठता है। इस परिस्थिति में कुछ पैसे का उतार–चढ़ाव या घटना और बढ़ना ग़रीबी रेखा के नीचे के दूध उत्पादकों के लिए काफ़ी गम्भीर बात होती है क्योंकि उनके लिए एक–एक पैसा महत्त्वपूर्ण होता है। वहीं, ऊँची जाति के दूध उत्पादकों के लिए यह कम महत्त्वपूर्ण होगा, या उन पर इसका कोई ख़ास प्रभाव नहीं पड़ेगा। छोटे ग्रामीण परिवारों की आय का एक बड़ा भाग डेयरी से आता है (व्यास 1982) क्योंकि ग़रीब परिवार की आय सीमित होती है इसलिए परिवार के कल्याण के लिए प्रत्येक स्रोत से आने वाला पैसा काफ़ी महत्त्वपूर्ण होता है। वहीं समृद्ध वर्ग–जाति के परिवारों में आय का स्रोत बड़ा होता है। इनके लिए डेयरी से हुई आय एक बड़े केक पर सफ़ेद सतह की तरह है। छोटे दूध उत्पादक के पास बाज़ार में बेचने के लिए सिर्फ़ कुछ लीटर दूध ही होता है। इसलिए यदि अधिक सुव्यवस्थित और कुशल विपणन के कारण उसको प्रति लीटर कुछ पैसा ज़्यादा मिलता है तो यह उसके परिवार को अच्छी तरह चलाने में योगदान करेगा।

बीसवीं सदी की शुरुआत में, भारत के डेयरी क्षेत्र के एक विश्लेषक ने कहा कि हमारे देश में दूध उत्पादन लाभदायक नहीं है बल्कि दूध को

बाज़ार बेचने में लाभ होता है (जोशी 1916)। अभी हाल ही में एक अध्ययन में उन स्थितियों को रेखांकित किया गया, जिसमें एक उत्पादक स्थिति बाज़ार में दूध को बेचने का काम करने वाले विक्रेता की तुलना में कमज़ोर होती है (सिंह और केली 1981)। चूँकि उष्णकटिबन्धीय परिस्थितियों में दूध जल्दी ख़राब होता है और छोटे घरेलू उत्पादकों के पास दूध को ठण्डा रखने की व्यवस्था नहीं होती है। इन कारणों के चलते वे दूध को न तो बहुत ज़्यादा समय तक अपने पास रख सकते हैं और न ही ऊँची क़ीमत पाने के लिए देरी कर सकते हैं। इसलिए छोटे उत्पादक अपने दूध को कम क़ीमत या जो मिलता है उसी क़ीमत पर बेच देते हैं। दुग्ध क्रान्ति विकासोन्मुख राष्ट्रीय बोर्ड के दिमाग़ की उपज है। यह लाभ कमाने वाले निजी व्यापारी के दिमाग़ की उपज नहीं है इसलिए हम उम्मीद करते हैं कि उत्पादकों (और विशेषकर छोटे उत्पादकों) के साथ हो रहे भेदभाव से उनकी रक्षा की जायेगी और ऐसी व्यवस्था की जायेगी ताकि दुग्ध क्रान्ति के विपणन तकनीक के कारण उनका शोषण न हो।

खाई को चौड़ा करना और छाया को ल़म्बा करना

हमारी जाँच पड़ताल से पता चला है कि दुग्ध क्रान्ति के उत्पादन, ख़रीद तन्त्र, विपणन, और खपत की रणनीतियों का ग्रामीण भारत के विभिन्न वर्गों पर क्या पड़ा प्रभाव। हमने पाया है कि यह नैशनल मिल्च हर्ड छोटे उत्पादकों के लिए नहीं है। साथ ही, आणंद पद्धति पर आधारित सहकारी समितियाँ ग़रीब लोगों को उत्पादन से सम्बन्धित वस्तुओं के ख़रीदने के लिए क्रेडिट या अग्रिम भुगतान की सुविधा देने में उदासीनता दिखाती हैं। नैशनल मिल्च ग्रिड ग़रीब लोगों की डेयरी से हुई आय में कुछ–न–कुछ ले लेता है। हमने यह भी ध्यान दिया है कि दुग्ध क्रान्ति ने पोषक मक्खन दूध का प्रवाह नीचे की तरफ़ काट दिया है अर्थात् अब यह ग़रीबों से दूर हो गया है और साथ ही साथ निम्न आय वाले परिवारों में जो दूध उत्पादित होता है वह ज़्यादा से ज़्यादा बाज़ार में आता है, और ये लोग ख़ुद इसका उपयोग नहीं करते हैं।

इसके अलावा, जहाँ एक ओर गाँव के ग़रीब लोगों के दुग्ध क्रान्ति में योगदान को ख़ारिज किया गया, वहीं पर दूसरी तरफ़ समाज के पहले से साधन सम्पन्न लोगों के योगदान की प्रशंसा की गयी है। बड़े और मध्यम भू–स्वामी नैशनल मिल्च हर्ड के एक या अधिक सदस्यों को रखने

में समर्थ है। ऐसा करके वे आणंद पद्धति पर आधारित सहकारी समिति के आपूर्तिकर्ता बन जाते हैं और इस तरह उनकी सहायक आय नैशनल मिल्च ग्रिड के पोषक–तत्त्व वाले दूध को बेचने से बढ़ जाती है। इस तरह देखा जा सकता है कि दुग्ध क्रान्ति ग्रामीण भारत के समृद्ध और वंचित वर्ग के बीच की दूरी को बढ़ावा देती है।

हमने मुख्य रूप से डेयरी उद्योग पर ध्यान केन्द्रित किया है। अगर हम अपने आसपास ध्यान से देखेंगे तो पायेंगे कि किस तरह से गाँव में दुग्ध क्रान्ति दुग्धालयों के अन्तर्गत आने वाले ग़रीबों के घरों में अन्धकार छा गया है। अब, संगठित डेयरी ख़रीद तन्त्र की सुविधा होने से चारे की क़ीमत भी बढ़ गयी। परम्परागत रूप से कृषि मज़दूर को अधिकार था कि वह अपने मालिक की ज़मीन पर उगे चारे को ले सकता है या अपनी मज़दूरी का एक भाग हरे और ताज़े चारे के रूप में ले सकता है। लेकिन अब यह अधिकार समाप्त हो गया है। असल में, अब अगर वह चारा लेने की बात करता है तो नगदी मज़दूरी की दर तय करने में उसकी स्थिति कमज़ोर होती है (क्रोटी 1980)। यहाँ तक कि विनम्र भूमिहीन परिवार जो दुधारू पशु के स्वामित्व की इच्छा नहीं रखते थे उनको दण्डित किया गया क्योंकि अब वे दूसरे की ज़मीन पर उगी हुई फ़सल अवशेष नहीं ले सकते हैं। इसका कारण यह है कि अब फ़सल के अवशेष का उपयोग दुधारू पशुओं के पोषण को बढ़ाने में उपयोगी माना जाता है। ग़रीब महिला को ईंधन संग्रह करने में कड़ी मेहनत करनी पड़ती है और साथ ही साथ ज़्यादा दूरी तय करने में समय भी ज़्यादा लगता है (सम्ब्रानी 1980)। ठीक इसी तरह, ग्रामीण ग़रीब के लिए न केवल दूध और मक्खन जैसे सुरक्षात्मक भोजन कम हो सकते हैं बल्कि सब्ज़ी, कैलोरी और प्रोटीन की उपलब्धता भी कम हो सकती है। इसका कारण यह है कि ग्रामीण ग़रीब 'कम गुणवत्ता के अनाज' और 'स्तरहीन दालें' ही ख़रीद सकता है, किन्तु अब ये ज़्यादा दूध प्राप्त करने के लिए डेयरी विकास योजना में शामिल दुधारू पशुओं के आहार बन गये हैं (राजा पुरोहित 1979)।

अभी हमने सिर्फ़ दुग्ध क्रान्ति के दुग्धालयों को देखा है। ग्रामीण भारत की सम्पूर्णता की दृष्टि से अवलोकन करने पर हम आगे और ध्रुवीकरण और लम्बी छाया पायेंगे। ग्रामीण भारत का कोई भी ऐसा क्षेत्र इस योजना के अन्तर्गत शामिल नहीं किया गया, जहाँ बेरोज़गारी की मात्रा ज़्यादा है। दुग्ध क्रान्ति क्षेत्रों के बीच, एक क्षेत्र के विभिन्न समूहों के बीच, ज़रूरतमन्दों

की आवश्यकता से दूर है (नायर 1982)। चूँकि दुग्ध क्रान्ति के दुग्धालयों में बहुत ज़्यादा निवेश किया गया है इसलिए इसमें कोई आश्चर्य नहीं है कि ग्रामीण भारत के अन्य भागों से इन दुग्धालयों में दुधारू पशुओं और दूध की आपूर्ति की गयी और इस तरह ये भाग दूध से वंचित रहे (नायर 1981)। यह दुःख की बात है कि जब डेयरी योजनाकार दूध की खपत के स्तर को आगे के वर्षों के लिए निर्धारित करते हैं तो वे दूध की खपत प्रति व्यक्ति प्रतिदिन अलग–अलग आवंटित करते हैं। जो शहरों में रहते हैं उनके लिए 245 ग्राम और जो दुग्धालयों के आसपास रहते हैं उनके लिए 215 ग्राम। लेकिन सबसे निराशा की बात यह है कि अन्य ग्रामीण क्षेत्रों के लिए उन्होंने 140 ग्राम आवंटित किया है। यह मात्रा न्यूनतम अनुशंसित पोषण से कम है (एन.डी.डी.बी. 1982)।

इस कार्यक्रम या योजना की अन्तिम विडम्बना यह है कि यद्यपि इसका लक्ष्य बेरोज़गारी, ग़रीबी, असमानता और भूख को ख़त्म करना है, लेकिन यह ग्रामीण भारत के वर्गों और क्षेत्रों के बीच की ग़रीबी रेखा को मज़बूत करता है। 'दूध बनाने के काम को ग्रामीण ग़रीबी, बेरोज़गारी और अर्द्धबेरोज़गारी को समाप्त करने के लिए एक कारगर हथियार के रूप में विकसित किया जा सकता है।' (बुजोरबारॉब 1982, 55)। 'जो डेयरी परियोजना भारत में चल रही है वह विशेष तौर पर ग्रामीण भारत में दूध के आपूर्ति के मुख्य उत्पादकों–भूमिहीनों, छोटे और सीमान्त किसानों को लाभ दिखाती दिख रही है'। (विश्व बैंक 1978 : 2); 'ग्रामीण क्षेत्रों में दूध के काम का एक विशेष महत्त्व है क्योंकि कमज़ोर वर्गों के सामाजिक और आर्थिक उत्थान के लिए एक प्रभावी उपकरण है' (पटेल और पाण्डे 1976 : 1)। दुग्ध क्रान्ति के साथ यह नारा जोड़ा गया है कि यह 'ग्रामीण ग़रीबों के लिए' है, इसके कारण अक्सर इस कार्यक्रम की अन्तर्वस्तु और तत्वों की जाँच नहीं की जाती है, और सिर्फ़ इसके नारे पर ही ज़ोर दिया जाता है।

अनुवाद : अशोक कुमार

सन्दर्भ

आप्टे, डी. पी. 1982, *इवैल्यूएशन ऑफ़ ऐन इंटिग्रेटेड डेयरी डेवलपमेंट स्कीम* (वारानगर), पुणे, गोखले इंस्टीट्यूट ऑफ़ पॉलिटिक्स ऐंड इकोनॉमिक्स।

बतरा, एस. एम. 1981, 'द प्लेस ऑफ़ लाइवस्टॉक इन द सोशल ऐंड इकोनॉमिक सिस्टम ऑफ़ अ विलेज इन हरियाणा', थीसिस सबमिटेड टू द डिपार्टमेंट ऑफ़ सोशियोलॉजी, यूनिवर्सिटी ऑफ़ दिल्ली।

बाविस्कर, बी.एस. 1983, 'मिल्क को–ऑपरेटिव्स ऐंड रूरल डेवलपमेंट इन गुजरात : अ केस स्टडी', पेपर प्रेजेंटेड एट अ सिम्पोजियम ऑन 'को–ऑपरेटिव्स ऐंड रूरल डेवलपमेंट', वॉल–मोरीन (कनाडा)।

बुजोरबारॉब, जे. एम. 1982, 'डेयरी डेवलपमेंट इन आसाम'। XVIII *डेयरी इंडस्ट्री कॉन्फ्रेंस,* स्पेशल नम्बर : *डेरिईंग इन इंडिया,* नयी दिल्ली : इंडियन डेयरी एसोसिएशन।

क्रोटी, रेमण्ड, 1980, *कैटल, इकोनॉमिक्स ऐंड डेवलपमेंट,* स्लॉग : कॉमनवेल्थ एग्रीकल्चरल ब्यूरोज।

देसाई, बी. डी. 1979, अ *सोशियो इकोनॉमिक स्टडी ऑफ़ मिल्क प्रोड्यूसर्स ऑफ़ साउथ गुजरात,* सूरत : सेंटर फ़ॉर सोशल स्टडीज़।

द इकोनामिक सीन, 1918, 'द व्हाइट रिवोल्यूशन : व्हू गेट्स ऐंड क्रीम?' कवर स्टोरी, 7।

जॉर्ज, शान्ति, 1983, 'को–ऑपरेटिव्स ऐंड इंडियन डेयरी पॉलिसी : मोर आणंद दैन पैटर्न', पेपर प्रेजेंटेड एट अ सिम्पोजियम ऑन 'को–ऑपरेटिव्स ऐंड रूरल डेवलपमेंट', वाल–मोरीन (कनाडा)।

इंडियन इंस्टीट्यूट ऑफ़ मैनेजमेंट, 1966, *फॉडर फ़ॉर मिल्च एनीमल इन भोजपुर विलेज,* अहमदाबाद : आई. आई. एम.।

जोशी, एल. एल. 1916, *द मिल्क प्रॉब्लम इन इंडिया सिटीज विद स्पेशल रेफरेंस टू बॉम्बे,* बॉम्बे : डी. आर तारापोरेवाले ऐंड संस।

खुरोडे, डी. एन. 1974, *डेरिईंग इन इंडिया : अ रिव्यू,* बॉम्बे : एशिया पब्लिशिंग हाउस।

नायर, के. एन., 1981, 'एन एल्टरनेटिव टू द ऑपरेशन फ्लड II स्ट्रैटजी', वर्किंग पेपर नम्बर 134, त्रिवेन्द्रम : सेंटर फ़ॉर डेवलपमेंट स्टडीज़।

————, 1982, 'टेक्नोलॉजिक चेंज इन मिल्क प्रोडक्शन : अ रिव्यू ऑफ़ सम क्रिटिकल इशूज विद रिफरेंस टू साउथ एशिया', *इकोनॉमिक ऐंड पॉलिटिकल वीकली* XVII (13) : ए15–ए20।

नैशनल डेयरी डेवलमेंट बोर्ड, 1977, *ऑपरेशन फ्लड II : अ प्रपोजल,* आणंद : एन.डी. डी.बी.।

————, 1978, *प्रोसिडिंग्स ऑन द नैशनल कॉन्फ्रेंस ऑन क्रॉसब्रिडिंग,* आणंद : एन.डी.डी.बी.।

————, 1982, *डेरिईंग इन इंडिया.* आणंद : एन.डी.डी.बी.।

नाईहोल्म, के. एच., शाउमबर्ग–मुलर और के. वेस्टरगार्ड। 1975, *रिपोर्ट ऑन लाइवस्टॉक (डेयरी) डेवलपमेंट इन बंगलुरू मिल्क शेड एरिया,* कॉपेनहेगेन : इंस्टीट्यूट ऑफ़ डेवलपमेंट रिसर्च।

पांडा, आर सी. 1979, 'रोल ऑफ़ वूमेन इन डेयरी को–ऑपरेटिव्स : मंजिनी कॉ–ऑपरेटिव मिल्क सप्लाई सोसायटी–अ केस स्टडी', पेपर प्रेजेंटेड एट अ वर्कशॉप ऑन वूमेन्स

पार्टीसिपेशन इन डेयरी को–ऑपरेटिव्स इन इंडिया, नैशनल डेयरी डेवलपमेंट बोर्ड, आणंद।

पटेल, पी. के., 'इकोनॉमिक्स ऑफ़ क्रॉसब्रीड कैटल', *एन.डी.डी.बी.* 250–66।

पटेल, एस. एम., डी. एस. ठाकुर और एम. के. पाण्डेय, 1975, *इम्पैक्ट ऑफ़ द मिल्क को–ऑपरेटिव्स इन गुजरात,* आणंद : इंस्टीट्यूट ऑफ़ को–ऑपरेटिव मैनेजमेंट।

पटेल, एम. एम. और एम. के. पाण्डेय, 1976, *इकोनॉमिक इम्पैक्ट ऑफ़ कायरा डिस्ट्रिक्ट को–ऑपरेटिव मिल्क प्रोडयूसर्स यूनियन (अमूल डेयरी) इन रूरल एरियाज ऑफ़ कायरा डिस्ट्रिक्ट (गुजरात स्टेट)।* अहमदाबाद : इंस्टीट्यूट ऑफ़ को–ऑपरेटिव मैनेजमेंट।

राजपुरोहित, ए. आर 1979, 'क्रॉसब्रीडिंग ऑफ़ इंडियन कैटल : एन इवैलूएशन'। *इकोनॉमिक ऐंड पॉलिटिकल वीकली* XIV (12 और 13) : ए9–ए24।

सम्ब्रानी, एस. 1980, *ट्रांसफॉर्मिंग इन रूरल पुअर : द बिग पुश इन एक्शन (द एक्सपीरियन्स ऑफ़ ऑपरेशन फ्लड),* आणंद : इंस्टीट्यूट ऑफ़ रूरल मैनेजमेंट।

शाह, वी. पी. 1981, *रोल ऑफ़ मिल्क को–ऑपरेटिव्स इन आर्टिकुलेटिंग रूरल–अरबन इंटरैक्शन्स : एक्सपीरियन्सेज इन गुजरात, इंडिया* गुजरात यूनिवर्सिटी।

शर्मा, एस. के. 1978, 'इनफ्लुएंस ऑफ़ सोशियो–इकोनॉमिक फैक्टर्स ऑन द फीडिंग ऑफ़ क्रॉसब्रीड काउज इन वेस्ट बंगाल एरिया', *एन.डी.डी.बी.* 202–7।

सिंह, एस. 1979, 'ऑपरेशन फ्लड II : सम कॉन्सट्रेंट्स'. *इकोनॉमिक ऐंड पॉलिटिकल वीकली* XIV (42 और 43) : 1765–74।

सिंह, एस. पी. और पी. एल. केली, 1981, *अमूल : ऐन एक्सपेरिमेंट इन रूरल इकोनॉमिक डेवलमेंट,* नयी दिल्ली : मैकमिलन इंडिया लिमिटेड।

सिवाराम, बी. 1978, 'क्रॉसब्रीडिंग इन कैटल', *एन.डी.डी.बी.,* 5–13।

वैष्णव, टी. एन. 1978, 'क्रॉसब्रीडिंग प्रोग्राम इन कैटल–लिमिटेशन्स इन डीपीएपी ऐंड ट्राइबल एरियाज', *एनडीडीबी,* 108–16।

व्यास, वी. एस. 1982, 'डेयरी इंडस्ट्री : नीड टू एसेस प्राइयोरिटीज'। *इकोनॉमिक टाइम्स,* 12 फ़रवरी।

वीनर, एम. 1967, *पार्टी बिल्डिंग इन अ न्यू नेशन : द इंडियन नैशनल कांग्रेस।* शिकागो : यूनिवर्सिटी ऑफ़ शिकागो प्रेस।

द वर्ल्ड बैंक, 1978, *इंडियन नैशनल डेयरी प्रोजेक्ट स्टाफ अप्राइजल रिपोर्ट,* साउथ एशिया प्रोजेक्ट्स डिपार्टमेंट, एग्रीकल्चरल डेवलपमेंट डिविजन।

शक्ति, राजनीति और ग्राम स्तर के संगठन

मध्य प्रदेश में तिलहन उत्पादकों की सहकारी समितियाँ *

शंकर दत्ता

आधुनिक संगठनों के कई रूपों की तरह, सहकारी समितियाँ सुनिश्चित लक्ष्य प्राप्त करने के लिए समूह की क्रिया–कलाप के बीच समन्वय करने की स्थापित प्रक्रिया अपनाती हैं। लेकिन ग्रामीण क्षेत्रों की प्राथमिक सहकारी समितियों में इस तरह की सीमा ख़त्म हो जाती है। हालाँकि इन सहकारी समितियों के लिए विशेष नियम और विशेष तरीक़े होते हैं ताकि औपचारिक संगठन की तरह परिभाषित हों। लेकिन जो लोग इसमें शामिल हैं उनके हित और उनकी समझ ही इसको वास्तविक संगठन का आकार देती है। यहाँ रहने वाले सहनिवासियों के संगठनात्मक सम्बन्ध से सहकारी संगठन की राजनीतिक प्रक्रिया प्रभावित होती है। इसलिए ग्रामीण सहकारी समितियों की कार्यप्रणाली को समझने के लिए वहाँ की सामाजिक–राजनीतिक प्रक्रियाओं को समझना महत्त्वपूर्ण होता है क्योंकि यह इस तरह के सहकारी समितियों को बनाने का अवसर प्रदान करती है। यह अध्याय मध्य प्रदेश में तिलहन (ऑयलसीड्स) उत्पादकों की सहकारी समितियों के बनने की प्रक्रियाओं को दो उदाहरणों के द्वारा समझने का प्रयास कराता है।[1]

सैद्धान्तिक नियमन या प्रारूप

कई वर्षों से, ऐसा माना जाता रहा है कि संगठन जहाँ काम करते हैं, वे वहाँ की सामाजिक व्यवस्था का अभिन्न अंग होते हैं (पैरा 1970)। इसलिए

* *इकोनॉमिक ऐंड पॉलिटिकल वीकली* 32 (39) : A - 114 - A - 121 (27 सितम्बर 1997)।

इस बात को ध्यान में रखने की ज़रूरत है कि सहकारी समितियाँ जिस समाज में काम करती हैं, उनका कार्यकलाप उस समाज की संस्थागत व्यवस्था के आसपास विकसित होता है।

इस तरह के संगठनों में नियम और परम्पराएँ अक्सर समाज की संस्थागत संरचनाओं के अनुसार बनती हैं। ऐसे संगठन जिस समाज में काम करते हैं, वहीं की संस्थागत संरचना से अपना अर्थ निकालते हैं।

इसलिए, हमें ग्रामीण स्तर पर सहकारी समितियों की राजनीतिक प्रक्रिया को समझने के लिए इस बात का ध्यान रखना पड़ेगा कि इस तरह की संस्थागत व्यवस्थाएँ स्थानीय स्तर पर संगठन के निर्णय लेने की प्रक्रिया को कुछ हद तक प्रभावित कर सकती हैं क्योंकि उनको इन्हीं के बीच में काम करना है। पारस्परिक रूप से स्वीकृत बहुत–से अधिकार, जैसे कि अपनी बात कहने का अधिकार महत्त्वपूर्ण है। ये अधिकार सिर्फ़ राज्य या संस्था द्वारा नहीं दिये जाते हैं, बल्कि ये स्थानीय स्तर पर संस्थात्मक प्रबन्धों से जुड़े होते हैं। इस तरह के अधिकार और दायित्व गाँव के अन्दर एक लम्बी समयावधि में बहुत सारी घटनाओं के बाद विकसित होते हैं।

ग्रामीण भारत के सन्दर्भ में, ज़मीन ने उत्पादन के लिए सबसे महत्त्वपूर्ण साधन प्रदान किया और इसलिए यह शक्ति का महत्त्वपर्ण स्रोत बन गया (मुखर्जी 1958)। ज़मीन मालिकों का एक ऐसा वर्ग था जिसने ग्रामीण क्षेत्रों में बहुत सारी संस्थागत व्यवस्थाओं के बारे में निर्णय लेने की प्रक्रिया को प्रभावित किया। ज़मीन के मालिकों को ज़मीन पर स्वामित्व के कारण कई अन्य सामाजिक अधिकार और दायित्व भी मिले। इस तरह ज़मीन के स्वामित्व ने उनको गाँव में उत्पादन के लिए एक अधिकार दिया, और इसके साथ ही उन्हें सामाजिक अधिकार दिलाने में भी मदद की। इसलिए, भारतीय व्यवस्था का सामाजिक संगठन शक्ति की असमानता पर आधारित था, जिसे समाज में उचित भी माना गया, (बेते 1972)। समाजशास्त्रियों द्वारा महसूस किया गया कि जिनके पास ज़मीन ज़्यादा थी उनका सामाजिक स्तर काफ़ी ऊँचा था। इसके अलावा, यह सामाजिक स्तर भी इस तरह के लोगों के लिए शक्ति का एक महत्त्वपूर्ण स्रोत था। समाज के पारस्परिक अधिकार और दायित्व इसी सामाजिक व्यवस्था के इर्द–गिर्द बुने गये (सिंह 1977)।

इस तरह भारतीय ग्रामीण व्यवस्था में काफ़ी नीचे आपस में गुँथे हुए पदसोपान की व्यवस्थाएँ मौजूद हैं और जब भी नये संगठनों का निर्माण होता है, वे इन संस्थात्मक प्रबन्धों से प्रभावित होते है।

यह अध्याय गाँव में सहकारी संगठनों के कामकाज को प्रभावित करने वाली राजनीतिक गत्यात्मकता को समझने का प्रयास करता है। यह काम करने के प्रयास में, यह ऐसी बहुत सारी स्थानीय स्तर की संस्थागत व्यवस्थाओं की खोज करता है, जिनकी गाँव के स्तर पर निर्णय लेने में भूमिका होती है तथा जो निर्णय प्रक्रिया को प्रभावित करती हैं। यह उस ऐतिहासिक प्रक्रिया को भी समझने का प्रयास करता है जिसके द्वारा गाँव में इस तरह का सम्बन्ध बनता है, और जिसने शक्ति के आधार और उसके प्रभाव को विभिन्न स्तरों पर स्थायी तौर पर स्थापित किया।

इसे समझने के लिए भारत के प्रमुख तिलहन उत्पादक राज्यों में से एक मध्य प्रदेश, के शोभापुर और टांगरा गाँवों में ग्रामीण स्तर पर काम कर रही प्राथमिक तिलहन उत्पादकों के सहकारी समितियों (ऑयलसीड्स ग्रोअर्स को–ऑपरेटिव सोसायटीज़ (ओजीसीएस) का अध्ययन किया गया है। अध्ययन के लिए चुने गये दोनों संगठनों की स्थापना 1982 में एमपी ऑयलफेड के सक्रिय सहयोग से हुई थी। ये संगठन अपने सदस्यों द्वारा उत्पादित तिलहनों (वर्तमान में सिर्फ़ सोयाबीन) को एकत्रित करने का काम करते हैं। फिर इनका प्रसंस्करण करके इन्हें एमपी ऑयलफेड द्वारा बाज़ार में भेजा जाता है। यह संघीय इकाई (फेडरल बॉडी) है, जिससे दोनों सहकारी समितियाँ सम्बन्धित होती हैं। (पहचान छुपाने के लिए लोगों के नाम और स्थान को गोपनीय रखा गया है।

बदलते शक्ति समीकरण

स्वतन्त्रता के समय जिन वर्गों के पास भूमि थी उनकी शक्ति भूमि सुधार के कारण बुरी तरह प्रभावित हुई। *एमपी एबोलिशन ऑफ़ प्रोप्राइट्री राइट ऐक्ट* 1950 के पारित होने के बाद मालगुजारों के अधिकार पूर्णतया ख़त्म हो गये और उनके पास सिर्फ़ ख़ुदकाश्त ज़मीन के अधिकार ही रह गये। इसके साथ ही, इस क़ानून में कब्ज़ेदार जोतदारों के रूप में अधिकारों की ज़्यादा सुरक्षा पर बल दिया गया है। इस तरह के परिवर्तन

ने उन भूस्वामियों के शक्ति समीकरण को बदल दिया तथा इसने 'संचयी' असमानताओं से 'बिखरी हुई' असमानताओं की ओर परिवर्तन किया (बेते 1974)। बहरहाल, ग्रामीण परिवारों के अलग–अलग स्तर के लोगों ने इस पर विभिन्न प्रतिक्रिया दी। उनकी प्रतिक्रिया स्थानीय समाज की परम्परागत शक्ति संरचना में उनकी स्थिति पर निर्भर थी।

मण्डलवार परिवार के सबसे बड़े भाई, कुँवर सिंह मण्डलवार ने खेती का काम अन्य भाइयों को सौंप दिया और खुद स्थानीय राजनीतिक गतिविधियों में भाग लेना शुरू कर दिया। वे प्रजा सोशलिस्ट पार्टी (पीएसपी) के साथ जुड़ गये। इस पार्टी ने 1950 के दशक के मध्य ज़िले में अपना पैर पसारना शुरू किया था। 1962 के विधानसभा चुनाव में वे पीएसपी के टिकट पर महानगर क्षेत्र से चुनाव जीत गये। चुनाव जीतने के बाद वे अपने पूर्वजों के गाँव को छोड़कर श्यामपुर चले आये जो तालुका का मुख्यालय था और बाद में अलग विधानसभा क्षेत्र बना। श्यामपुर और आसपास के क्षेत्रों में ज़्यादा–से–ज़्यादा सरकारी निवेश लाने में उनकी अहम भूमिका थी।

दूसरी तरफ़, दुबे परिवार के लोगों ने अपनी बाहरी–जान पहचान को मज़बूत करने का निर्णय लिया। सबसे बड़े भाई, राम प्रसाद दुबे ने अपने छात्र जीवन में सत्याग्रह आन्दोलन में भाग लिया था तथा बहुत सारे राष्ट्रीय नेताओं जैसे–सरदार वल्लभ भाई पटेल के सम्पर्क में आये। राम प्रसाद 1950 के दशक के प्रारम्भ में शुरू हुए सर्वोदय आन्दोलन के साथ भी जुड़े थे और इसमें भाग लिया था। भू–दान यज्ञ के समय उन्होंने विनोबा भावे के साथ मध्य प्रदेश का व्यापक स्तर पर दौरा किया। गाँधी के रचनात्मक कार्यक्रम से प्रभावित होकर उन्होंने अपने गाँव–रामहाट का पुनर्निमाण शुरू किया। जवाहरलाल नेहरू ने 1954 में रामहाट को आदर्श गाँव घोषित किया। राम प्रसाद ने प्रसिद्ध कलाकारों और ज़िले के अधिकारियों को विशेष रूप से अपने घर पर बुलाना शुरू किया।[2]

उस समय के दो परिवर्तनों का ज़िक्र भी ज़रूरी है। जैसा कि *सेन्ट्रल प्रोविन्सेस ऐंड वेरार विलेज पंचायत्स ऐक्ट* 1920 (बाद में, *सेन्ट्रल प्रोविन्सेस पंचायतस ऐक्ट* 1946; डिस्ट्रिक्ट गज़ेटियर 1979, 340) के बनने से ग्राम पंचायत शुरू हो चुकी थी। इस तरह की इकाइयों की गतिविधियाँ अपनी सीमित वित्तीय स्रोत के अनुसार संरक्षण, जल आपूर्ति और सड़कों के निर्माण और उनके रखरखाव तक सीमित थीं। उसके बाद बलवन्त राय

मेहता आयोग 1957 की रिपोर्ट आयी और उसके तुरन्त बाद *मध्य प्रदेश पंचायत्स ऐक्ट* 1962 आया। इस क़ानून के पास होने के साथ ही, रामहाट और शोभापुर पंचायतों में चुनाव हुए।

इस समय का दूसरा महत्त्वपूर्ण परिवर्तन निर्वाचित पटेलों की व्यवस्था के शुरुआत से हुआ। 1950 के दशक के शुरुआती वर्षों में मालगुजारी व्यवस्था के ख़त्म होने के बाद गाँव का राजस्व प्रशासन पटवारियों के द्वारा सँभाला गया। लेकिन 1960 के दशक में, राजस्व प्रशासन की व्यवस्था में फिर परिवर्तन हुआ और लोगों द्वारा निर्वाचित प्रतिनिधियों की व्यवस्था लागू की गयी। निर्वाचित प्रतिनिधि को पटेल कहा गया (*डिस्ट्रिक्ट गज़ेटियर* 1979, 275)। नयी व्यवस्था में पुरानी व्यवस्था के तौर–तरीक़ों का उपयोग किया गया लेकिन निर्वाचित पटेल नयी ग्राम सभा का पदेन सदस्य बन गया। पुरानी भूमि राजस्व व्यवस्था में मालगुजारों का कई गाँवों पर पटेली अधिकार हो सकता था लेकिन नयी व्यवस्था के अन्तर्गत हर गाँव से एक पटेल चुना गया। इन दो परिवर्तनों के साथ (अर्थात् आधुनिक दिनों के पंचायतीराज और निर्वाचित पटेल के ऑफ़िस की शुरुआत) गाँवों में चुनाव बहुत कठिन और महत्त्वपूर्ण हो गये।

आमतौर पर, भूमि सुधार, निर्वाचित पटेल के ऑफ़िस और पंचायतीराज जैसी राज्य की नीतियों की शुरुआत ने गाँव के स्तर पर शक्ति समीकरण को काफ़ी प्रभावित किया। इन परिवर्तनों के सन्दर्भ में, अभिजन लोगों ने अपने स्रोतों और रणनीतियों को पुनःस्थापित किया। ठीक उसी समय, शक्ति के आधार में परिवर्तन के कारण वैकल्पिक शक्ति समूहों का उद्‌भव शुरू हुआ। ज़िले में होने वाली कई सारी घटनाओं ने इस प्रक्रिया को फैलाने में योगदान दिया।

1960 के दशक में ज़िले में अन्य बहुत सारे परिवर्तन हुए। विकास नगर में शिक्षा (*डिस्ट्रिक्ट गजेटीयर,* 1979) के प्रति आकर्षण बढ़ने लगा। उसके बाद, 1961 में खेती के लिए ज़मीन रखने पर एक निश्चित सीमा लगा दी गयी (एम पी सीलिंग ऑन एग्रीकल्चर होल्डिंग ऐक्ट, 1961)। इसके कारण, ज़मीन का बहुत बड़ा हिस्सा बाज़ार में बिकने के लिए उपलब्ध हो गया। बहुत सारे भू–मालिक जिन्होंने मालगुजारी व्यवस्था के ख़त्म होने के बाद ज़मीन हासिल की थी वे अपने व्यवसाय को बढ़ाने लगे। अभिजन उनके इस विस्तार का विरोध करने में समर्थ नहीं थे।

त्रिलोक सिंचाई परियोजना की शुरुआत भी इसी समय हुई। यह मध्य प्रदेश में उस समय की सबसे बड़ी नहर परियोजना थी। इसके साथ ही सरकार की ज़मीन को एकत्रित करने के प्रयास को बल मिला (*डिस्ट्रिक्ट गज़ेटियर*, 1979)। उसके परिणामस्वरूप, गाँव के स्तर पर काम को बढ़ाने के लिए हर स्तर को मज़बूत किया गया। विकासनगर को एकल–ज़िला प्रमण्डल के रूप में परिवर्तित किया गया। ज़िला अधिकारी के अलावा एक पूर्णकालिक आयुक्त को ज़िले में रखा गया। सिंचाई परियोजना की शुरुआत 1955–56 में हुई जो जुलाई 1975 के प्रारम्भिक दिनों में पूर्ण हुई। वास्तविक रूप से सिंचाई बाद में अक्टूबर 1979 में शुरू हुई। इन 25 सालों के लम्बे समय में गाँव के लोगों का सम्पर्क बहुत सारे सरकारी अधिकारियों के साथ हुआ। वे लोग बहुत सारी आधुनिक तकनीकों से अवगत हुए।

सिंचाई की शुरुआत के साथ–साथ इस क्षेत्र में दूसरे परिवर्तन भी हुए। एक तरफ़, जहाँ बहुत सारे क्षेत्रों में सिर्फ़ एक फ़सल उगायी जाती थी, उनको दो फ़सलों के लायक बनाया गया। जैसे कि, विकासनगर औपनिवेशिक समय से ही एक अनाज निर्यात करने वाला क्षेत्र था। नयी सिंचाई की शुरुआत से व्यापार बढ़ गया। व्यावसायिक अनाज जैसे कि सोयाबीन (जिसके लिए ज़िले की कृषि–जलवायु उपयुक्त थी) काफ़ी लोकप्रिय हुआ। इसके कारण लोगों के पास पैसा आया और मध्य वर्ग के किसानों में समृद्धि आयी।

इस दौरान, राष्ट्रीय स्तर के दो संगठन–सिक्योरिटी पेपर मिल (एसपीएम) और ऑर्डिनैन्स फैक्टरी (ओएफ) ज़िले में स्थापित की गयी। इन बड़े संगठनों की स्थापना के साथ ही ज़िलों में रोज़गार के नये अवसर खुले। पहली बार, युवाओं को इस तरह के बड़े संगठन में काम करने का अनुभव हुआ। वे न तो अपने मालिक को देख सकते थे और न ही यह सोच सकते थे कि वह कैसा है। ये संगठन राज्य के बाहर के कामगारों को भी लेकर आये। यहाँ मज़दूर संघ की गतिविधियाँ भी अपनी जड़ें जमाने लगी। इसने ज़िले के बाहर होने वाली गतिविधियों का अनुभव करने के लिए लोगों को अवसर प्रदान किया और यह ज़िले के लोगों तथा ज़िले के बाहर के लोगों के बीच बातचीत के लिए एक मंच बन गयी।

तिलहन उत्पादकों की सहकारी समितियों का विस्तार[3]

मध्य प्रदेश ऑयल फेड की स्पीयर हेड टीम (एसएचटी) के द्वारा इन दोनों गाँवों में प्राथमिक तिलहन उत्पादकों की सहकारी समितियों का विस्तार

हुआ। सहकारी समितियों के विस्तार के लिए एसएचटी के सदस्यों ने क्षेत्र के अन्तर्गत प्रस्तावित सभी गाँवों का दौरा किया। टांगरा क्षेत्र में तिलहन उत्पादकों की सहकारी समितियों के विस्तार के लिए इन्होंने राम प्रसाद दुबे को एक प्रमुख व्यक्ति के रूप में चिन्हित किया। उनके साथ बातचीत के बाद तथा इस बात को ध्यान में रखते हुए कि समिति को रामहाट में रखने से स्थान का फ़ायदा है यह निर्णय लिया गया कि इस क्षेत्र में समिति का विस्तार किया जायेगा और उसका मुख्य कार्यालय रामहाट में होगा। दुबे ने समिति के उपयोग के लिए अपने बड़े महल का एक आलीशान हिस्सा देने का प्रस्ताव दिया। हालाँकि बनवारी लाल चौधरी के नेतृत्व में टांगरा के किसानों के एक समूह ने रामहाट में समिति का विरोध किया और उसको टांगरा में रखने के लिए कहा।

वे लोग एक समूह में टीम लीडर से मिलने आये और यह तर्क दिया कि दुबे लोगों के प्रभाव के कारण रामहाट गाँव में विकास पहले से हो चुका है। उन लोगों ने इस बात पर असन्तुष्टि ज़ाहिर की कि दुबे लोगों द्वारा लाया गया सारा पैसा रामहाट के लिए दिया गया और उनके गाँव की अनदेखी की गयी। उन्होंने आरोप लगाया कि राम प्रसाद दुबे रामहाट में एक सेवा सहकारी समिति खोलने की व्यवस्था पहले भी कर चुके थे।

डाक और तार विभाग ने भी रामहाट को डाकघर खोलने के लिए ज़्यादा उपयुक्त माना। जब बैंक ने अपनी शाखा खोलनी चाही तो पाया कि रामहाट में पहले से एक स्कूल, टेलीफोन की व्यवस्था के साथ डाकघर और सहकारी समिति मौजूद थी। इसलिए, उन्होंने बैंक की शाखा के लिए रामहाट को चुना। इस समूह ने रामहाट के स्कूल को उच्च विद्यालय के रूप में परिवर्तित करने पर अफ़सोस जताया क्योंकि वे मानते थे कि यह ठीक नहीं था। उन्होंने टीम लीडर से एक मौक़ा देने का अनुरोध किया और कहा, 'हम समिति को सफल बनायेंगे। इस समिति से जो लाभ होगा उससे हम सड़क को चौड़ा करेंगे। तब आप जैसे बाहरी लोग हमारे गाँव को भी मदद करने के लायक पायेंगे।'

टीम लीडर उनके तर्क से प्रभावित हुआ और समिति के कार्यालय को टांगरा में स्थापित करने के लिए इस शर्त पर तैयार हो गया कि अगर कामकाज अच्छा नहीं रहा तो इसको रामहाट में स्थानान्तरित कर दिया जायेगा। एमपी ऑयल फेड के कार्यालय में इस तरह की चर्चा के बाद, एसएचटी ने गाँव का दोबारा दौरा किया। राम प्रसाद के साथ चर्चा में

एसएचटी उनकी इस आशंका से सहमत हुआ कि टांगरा के कुर्मी समुदाय के लोग सहकारी समिति को सुचारू रूप से चलाने के योग्य नही हैं। लेकिन फिर भी टीम लीडर ने कहा कि उनको एक मौक़ा ज़रूर दिया जाना चाहिए। इस गाँव में इस तरह के कार्यालय का विरोध करने वाला दूसरा आदमी गाँव का एक अनाज व्यापारी गन्नासाहू था।

रामहाट में कोई अनाज व्यापारी नहीं था। गन्नासाहू टाँगरा में रहने वाला एक व्यापारी था। गाँव में घुसने के रास्ते से सटी हुई उसकी एक छोटी दुकान थी। वह नगद और उधार पर आधारित बहुत सारे घरेलू और खेती के सामानों का व्यापार करता था। गन्नासाहू महानगर के कुछ आढ़तियों (शहरों के नियमित बाज़ार में आढ़तियों) के प्रतिनिधि के रूप में काम करता था। जबकि किसान मुख्य रूप से अपने अनाज का बड़ा भाग सीधे तौर पर बड़े शहरों के नियमित बाज़ार में बेचते थे। वे अपने अनाज का छोटा हिस्सा गन्नासाहू को भी बेचते थे। कुछ छोटे ज़मीन के मालिक अनाज का बचा हुआ हिस्सा गन्नासाहू को बेचते थे। उसके पास गाँव में अपनी ज़मीन थी (पूरा परिवार मिलाकर 25 एकड़)। उसने टीम लीडर को बताया कि गाँव में कुर्मी समुदाय के बहुत सारे समूह हैं इसलिए वे सहकारी समिति को प्रभावी तरीक़े से चलाने में असमर्थ होंगे।

गाँव वालों के साथ कई बार चर्चा के बाद सितम्बर 1982 में, प्रस्तावित तिलहन उत्पादकों से सहकारी समिति की जुड़े हुए लोगों की बैठक टांगरा गाँव में हुई। चर्चा के समय लोगों ने इस बात का स्पष्टीकरण माँगा कि गाँव में ख़रीद कैसे होगी और पैसे का भुगतान कैसे होगा और पैसे के भुगतान के लिए कौन ज़िम्मेदार होगा तथा ख़रीद के बाद स्टॉक या ख़रीदे गये अनाज को कौन रखेगा इत्यादि। बनवारी चौधरी और गिरधरलाल ने इस चर्चा में बढ़–चढ़कर हिस्सा लिया। दोनों फेडरेशन के द्वारा सुझायी गयी प्रक्रिया से असहमत थे। हालाँकि कार्यालय के पदाधिकारियों के चुनाव के बारे में बहुत ज़्यादा स्पष्टीकरण नहीं माँगा गया। गाँव वालों ने इस बात को बार–बार सुझाया कि टीम लीडर को प्रबन्धन समिति (मैनेजमेंट कमिटी) के सदस्यों को मनोनीत करना चाहिए। वहीं, सरकारी ज़रूरतों के अनुसार टीम लीडर पहले तीन सालों के लिए समिति के संचालन के लिए सदस्यों को मनोनीत कर सकता था, लेकिन टीम ने सोचा कि यह ज़्यादा अच्छा होगा कि गाँव के लोगों द्वारा प्रबन्धन समिति के सदस्यों का चुनाव हो। उसके बाद, टीम लीडर इस तरह चुने गये बोर्ड को मनोनीत कर सकता था।

बड़ी संख्या में किसानों ने, जिसमें पटेल भी शामिल थे, (संस्थानों) प्रोमोटरों की बैठक में भाग लिया। राम प्रसाद दुबे की अनुपस्थिति सन्देह के घेरे में थी। जैसा कि पहले घोषणा की जा चुकी थी, इस बैठक में सहकारी समिति के पदाधिकारियों का चुनाव होना था। जब नामांकन की प्रक्रिया शुरू की गयी तो गाँव के लोग छोटे–छोटे समूहों में बँट गये क्योंकि वे टीम लीडर की उपस्थिति में चर्चा नहीं करना चाहते थे।

वैधानिक नियमों के अनुसार प्रबन्धन समिति की एक प्राथमिक सहकारी समिति में अनुसूचित जाति, अनुसूचित जनजाति और महिला का सदस्य के रूप में होना ज़रूरी था। लेकिन टीम लीडर ने अपने विशेषाधिकार का प्रयोग करते हुए आदेश दिया कि क्योंकि यह एक नयी समिति थी और कमज़ोर वर्ग के लोग अभी तक इसके सदस्य नहीं बने थे इसलिए उस वर्ग के तीन सदस्यों को शामिल करने की कोई ज़रूरत नहीं है। उसने इस बात को स्वीकार किया कि हालाँकि उसने रामहाट के बहुत सारे आदिवासी परिवारों के साथ इस बात की चर्चा की कि जैसे ही वे सदस्य के रूप में शामिल होंगे, उनको प्रबन्धन समिति में शामिल किया जायेगा। इस बात पर सहमति हुई कि यह सहकारी समिति विशेष रूप से उन किसानों की ज़रूरतों को ध्यान में रखेगी जो तिलहन उत्पादक थे; फेडरेशन के नियमों के अनुसार वे किसान जिनके पास कुछ ज़मीन थी तथा जो उस पर तिलहन उगाते थे, वे ही इसके सदस्य बन सकते थे; क्योंकि ज़मीन का मालिक मुख्यतः परिवार का पुरुष सदस्य होता था इसलिए प्रबन्धन समिति में महिलाओं के प्रतिनिधित्व की कोई ज़रूरत नहीं थी।

बैठक होने वाली जगह के बाहर लगभग एक घण्टे के विचार विमर्श के बाद, गाँव के लोग फिर एकत्रित हुए। गिरधरलाल ने टीम के सदस्यों को अपनी पसन्द के नाम बताये और कुल नौ नामों को पढ़ा। इन उम्मीदवारों में बनवारी चौधरी, गिरधरलाल और आनन्द दुबे का नाम शामिल था। दुबे के नाम को शामिल करने पर टीम ने एतराज किया क्योंकि जो सदस्य नामित किये गये थे उनका काग़ज़ातों पर हस्ताक्षर करना ज़रूरी था। लोगों का कहना था कि ज़रूरत पड़ी तो वे रामहाट जायेंगे और उनको लेकर आयेंगे लेकिन उनको बाहर रखकर समिति नहीं बन सकती। कुछ समय बाद, आनन्द दुबे आये और उन्होंने काग़ज़ातों पर हस्ताक्षर किये। देरी के लिए उन्होंने टीम लीडर से क्षमा माँगी और कहा कि किसी दूसरी जगह उनकी उपस्थिति पहले से तय थी। उन्होंने यह भी कहा कि उनके

पिताजी ने समिति को आर्शीवाद दिया है और बैठक में नहीं आने के लिए अफ़सोस ज़ाहिर किया है। काग़ज़ातों पर हस्ताक्षर के बाद वे चले गये। इस बात को ध्यान में रखना चाहिए कि टांगरा के बड़े ज़मीन मालिकों की अनिच्छा के बावजूद बैठक में अनुपस्थित रहने वाले आनन्द दुबे को प्रबन्धन समिति में शामिल किया गया। दुबे लोगों के बारे में बुरा अनुभव होने के बावजूद बहुत सारे किसान जिसमें बनवारी चौधरी जैसे बड़े किसान भी शामिल थे, उनसे किराये पर ज़मीन लेते रहे थे। बहुत सारे ग्रामीणों ने कहा कि उनके क्षेत्र में लोगों के उद्देश्य के लिए बनी कोई समिति, (जोकि सहकारी समिति के रूप में काम करती है) दुबे लोगों के प्रतिनिधित्व के बिना न बन सकती है और न बननी चाहिए। इस तरह की अफ़वाह फैलायी गयी कि जिन लोगों ने ही समिति के लिए आनन्द दुबे का नाम सुझाया उन्होंने यह काम दबाव में किया क्योंकि दुबे परिवार के लोगों ने धमकाया था कि उनको किराये पर ज़मीन नहीं देंगे। इसी कारण उन्होंने बहुत मज़बूती से दुबे लोगों का विरोध किया।

शोभापुर गाँव मे विस्तार की प्रक्रिया एकदम अलग थी। सहकारी समिति के विस्तार के समय, गिरधरलाल रघुवंशी के साथ झड़प के कारण चारों मण्डलवार भाई विकासनगर के केन्द्रीय कारा (जेल) में बन्द थे। कई ग्रामीण सहकारी समिति के पक्ष में स्वतः बोले लेकिन न तो गाँव का और न ही बाहर का कोई व्यक्ति सीधे तौर पर ज़रूरी काग़ज़ों पर हस्ताक्षर करने को तैयार हुआ। इस तरह की आनिश्चितता तब तक बनी रही जब तक कि गाँव के लोगों का एक समूह सहकारी समितियों के विषय पर चर्चा के लिए मण्डलवारों से जेल में नहीं मिला। टीम लीडर को भी चर्चा में भाग लेने के लिए बुलाया गया। जब मण्डलवारों ने सहमति दे दी, उसके बाद गाँव के बहुत सारे लोग समिति बनाने के लिए सामने आये। एक शिक्षक गोविंद सिंह तथा मण्डलवारों के दूर के रिश्तेदार श्यामलाल देउरा ने इसका नेतृत्व किया। 1960 के प्रारम्भिक वर्षों में सेवा सहकारी समिति के विस्तार में देउरा काफ़ी सक्रिय रहे थे। वे गाँव में सबसे ज़्यादा ज़मीन रखने वालों में दूसरे स्थान पर थे। उनके दादा के दादा, उस समय के प्रमुख मण्डलवार के चचेरे भाई थे। उन्होंने कुछ *मुआफी* ज़मीन (जो कि मालगुजारी अधिकारों के हिस्से के रूप में दी गयी थी) प्राप्त की। मण्डलवारों की अनुपस्थिति में देउरा ने मण्डलवारों की खेतीबारी की देखभाल की भी ज़िम्मेदारी ली। उनको सर्वसम्मति से समिति का अध्यक्ष चुना गया।

इस बात को भी माना गया कि संगठन को चलाने में सचिव की मुख्य भूमिका होगी। इसलिए सचिव को चुनने की प्रक्रिया पर टीम लीडर के साथ कई बार चर्चा हुई।

टांगरा में राम प्रसाद ने एक युवा स्नातक का नाम सुझाया, जोकि रामहाट के छोटे किसान का पुत्र था। चूँकि छोटे भूखण्ड से ज़्यादा राजस्व नहीं मिल पाता था इसलिए युवा स्नातक रोज़गार खोज रहा था। लेकिन बनवारी चौधरी और गिरधरलाल ने टांगरा के नारायण पटेल को पद दिलाने के पक्ष में ज़ोरदार प्रचार किया। नारायण पटेल, पहले के चुनाव में टांगरा से चुने गये नन्दकुमार पटेल का बड़ा पुत्र था। बहुत सारे सदस्यों के बार–बार ज़ोर देने के बाद, सचिव पद पर नारायण पटेल को चुना गया। यहाँ इस बात को ध्यान में रखने की ज़रूरत है कि क्षेत्र की दूसरी सहकारी समितियों में सचिव का चुनाव उस परिवार के लोगों में से होता था जो सामाजिक स्तर पर नीचे होते थे और बड़े भू–मालिकों के परिवार के लोगों में से एक अध्यक्ष बनते थे। वहीं टांगरा ओजीसीएस में दूसरे सबसे ज़्यादा भूमि रखने वाले किसान (जो गाँव के पटेल के पद पर चुना गया था) के बड़े पुत्र को सचिव का पद दिया गया। यह भी ग़ौरतलब है कि टीम लीडर ने विशेष तौर पर क़ाबिलियत और लोकप्रिय जनमत पर ज़ोर दिया था। दोनों मानकों पर नारायण पटेल काफ़ी ऊपर था।

शोभापुर में चुनाव की प्रक्रिया बहुत सहज थी। जिन लोगों ने ओजीसीएस का सदस्य बनने का निर्णय लिया था उसमें से ज़्यादा मण्डलवारों के नज़दीक थे और उनका नेतृत्व देउरा के हाथ में था जो कि ख़ुद बहुत बड़ी ज़मीन का मालिक था और गाँव में उसका आधार बहुत मज़बूत था। उसने प्रभुदास वर्मा का नाम सुझाया जो छोटे किसान का पुत्र था और एक व्यापारी की दुकान पर एकाउंटेंट की नौकरी करता था। उसके नामांकन पर भी मण्डलवारों के साथ जेल में चर्चा हुई। उनकी सहमति के बाद, प्रभुदास सचिव के पद पर नियुक्त हुआ।

टांगरा के बहुत सारे किसानों ने अपना उत्पाद या अनाज समिति को दिया, जबकि बनवारी चौधरी और नारायण पटेल ने बहुत प्रयास किये ताकि रामहाट और अन्य गाँवों से सोयाबीन को लिया जाये, उसके बाद भी सिर्फ़ कुछ किसानों ने अपने उत्पाद या अनाज यहाँ दिया। रामहाट से सिर्फ़ आनन्द दुबे ने उत्पाद की ख़रीद की प्रक्रिया में भाग लिया। उन्होंने अपने उत्पाद का एक छोटा हिस्सा लगभग 12.8 क्विंटल सोयाबीन समिति को दिया।

दूसरी तरफ़, श्याम लाल देउरा और मण्डलवारों (जो गाँव के दो सबसे बड़े सोयाबीन के उत्पादक थे) के उत्पाद या अनाज का बहुत बड़ा हिस्सा शोभापुर के ओजीसीएस में आने से प्रभुदास को अपने लक्ष्य (जो एमपी ऑयल फेड के द्वारा निर्धारित थी) को पूरा करने के लिए ज़्यादा चिन्ता नहीं करनी पड़ी थी। टांगरा में दोनों–बनवारी और नारायण–शक्ति के नये उभरते हुए केन्द्र का प्रतिनिधित्व करते थे। इसके परिणामस्वरूप, उनको व्यापार के लिए न्यूनतम निर्धारित उत्पाद जुटाने में बहुत ज़्यादा मेहनत करनी पड़ती थी और इस कारण से वे समिति के कार्यकलाप को बढ़िया बनाने में ज़्यादा समय नहीं दे पाते थे, जबकि एमपी ऑयल फेड के पदाधिकारी उनके काम से सन्तुष्ट थे। लेकिन लोग काम की व्यवस्था से ज़्यादा खुश नहीं थे। हालाँकि, नाखुशी बहुत ज़्यादा सामने नहीं आयीं क्योंकि इस बात का डर रहता था कि कहीं मुख्यालय को रामहाट में न ले जाया जाये।

प्रबन्धन समिति का चुनाव

पहली प्रबन्धन समिति का कार्यकाल समाप्त होने के बाद, 1985 में दोनों समितियों का चुनाव हुआ। उस समय तक, मण्डलवार बन्धु जेल से बाहर आ गये थे। इस दौरान, अरुण अग्रवाल समिति के सदस्य बनने के लिए निरन्तर प्रयास कर रहे थे। ओजीसीएस के नियमानुसार, सदस्यता सिर्फ़ ऐसे किसानों के लिए थी जो तिलहन के व्यापार में शामिल नहीं हो। अग्रवाल का आवेदन–पत्र, उनके सरपंच चुने जाने के बावजूद भी, तीनों साल रद्द हुआ। सरपंच का चुनाव हारने के बाद, सुभाष मण्डलवार ने शोभापुर के ओजीसीएस पर ज़्यादा ध्यान देना शुरू कर दिया जबकि वे प्रबन्धन समिति के सदस्य नहीं थे। इसके बावजूद, उन्होंने समिति के रिकॉड्र्स या काग़ज़ातों को देखने के लिए अपना अच्छा ख़ासा समय निकालना शुरू किया। उन्होंने बहुत सारे किसानों से समिति में अपने उत्पाद या अनाज को देने के लिए सम्पर्क करना शुरू किया। लेकिन अरुण अग्रवाल के द्वारा तिलहन व्यापार में दिये गये कोई सुझाव या उनके हस्तक्षेप के किसी भी प्रयास का मज़बूती के साथ विरोध किया गया। प्रबन्धन समिति के चुनाव के समय, सुभाष मण्डलवार सर्वसम्मति से समिति के अध्यक्ष चुने गये।

हालाँकि, टांगरा ओजीसीएस में चुनाव की प्रक्रिया बहुत सहज नहीं थी। जब चुनाव नज़दीक आने लगे तो राम प्रसाद दुबे के बड़े

पुत्र सामनाथ दयाल दुबे ने समिति में रुचि लेनी शुरू कर दी। उन्होंने सहायक रजिस्ट्रार (सहकारी समिति) के कार्यालय से भी सम्पर्क किया। चूँकि समिति में महिलाएँ, अनुसूचित जाति और अनुसूचित जनजाति के सदस्य नहीं थे। उन्होंने सहकारी समिति के सहायक रजिस्ट्रार से अनुरोध किया कि राज्य के निर्देशानुसार इन वर्गों के लोगों को प्रबन्धन समिति में नामित किया जाये। चुनाव के कुछ पहले, सहकारी समिति के सहायक रजिस्ट्रार के कार्यालय से आदेश पारित हुआ कि तीन आरक्षित सीटों को भरा जाये। कुछ समय बाद दूसरा सर्कुलर आया जिसमें आनन्द दुबे की पत्नी स्नेहा दुबे और रामहाट से अनुसूचित और जनजाति के लिए आरक्षित सीटों पर दो अन्य लोगों को नामित किया गया।[4] जैसे ही उनकी पत्नी प्रबन्धन समिति में नामित हुईं, आनन्द दुबे ने अपने बड़े भाई के पक्ष में पद छोड़ दिया। इस तरह, नौ लोगों की प्रबन्धन समिति बनी। चार लोग रामहाट से थे। फुलिया कलान के पटेल का बड़ा पुत्र (जो नारायण पटेल का साला था) प्रबन्धन समिति के लिए चुना गया। बनवारी चौधरी अध्यक्ष पद के लिए लड़ा लेकिन एक वोट से हार गया। सुखराम महतो जो टांगरा से सदस्य था, उपाध्यक्ष चुना गया। उसके नाम का प्रस्ताव सामनाथ दयाल ने किया।

ग्रामीणों ने कहा कि सुखराम दुबे लोगों की ज़मीन पर पट्टेदार किरायेदार था और उसे ज़मीन का पट्टा रियायती दर पर दिया गया। यह भी बताया गया कि सुखराम की जानकारी सहकारी समिति से सम्बन्धित विषय पर बहुत–सीमित थी। न तो अध्यक्ष और न ही उपाध्यक्ष समिति के प्रबन्धन से अच्छी तरह वाक़िफ़ थे इसलिए इसका संचालन मुख्य रूप से सचिव के द्वारा किया जाता था; क्योंकि नारायण पटेल का अपने गाँव में दबदबा था इसलिए उसको हटाने का प्रयास सफल नहीं हुआ।

चुनाव के बाद की परिस्थिति

शोभापुर समिति के सचिव प्रभुदास वर्मा 1986 में लकवा ग्रस्त हुए। गाँव के कुछ लोगों द्वारा भोपाल में उनके इलाज के लिए कुछ पैसा जमा किया गया। उनको कुछ स्थायी विकलांगता आ गयी थी इसलिए लोगों में यह सन्देह उत्पन्न हुआ कि क्या वे दुबारा अपने कर्तव्य निभाने के योग्य हैं? हालाँकि, सुभाष मण्डलवार ने सक्रिय रूप से इस बात का प्रचार किया कि उनको नौकरी पर रखे रहना चाहिए क्योंकि वे गाँव के बेटे थे और

समिति उनके बुरे दिनों में उनका साथ नहीं छोड़ सकती थी। अन्त में, प्रबन्धन समिति ने तय किया कि दो अन्य सहायक नियुक्त किये जायेंगे, जिनको प्रभुदास प्रशिक्षित करेंगे। उसी समय, अरुण अग्रवाल ने प्रभुदास को अपने व्यापार का लेन–देन देखने का प्रस्ताव किया। लेकिन प्रभुदास ने सचिव के रूप में काम करने को चुना।

1987 में एमपी ऑयल फेड ने एक प्रस्ताव दिया, जिसमें यह कहा गया कि जो समितियाँ, जो भी लाभ कमा रही थीं, उनको राष्ट्रीय सहकारी समिति विकास निगम के द्वारा अनुदान और कर्ज़ योजना के अन्तर्गत 100 एमटी के गोदाम बनाने के लिए मदद दी जायेगी। चूँकि शोभापुर और टांगरा के ओजीसीएस लाभ कमा रही थी दोनों को इस योजना के अन्तर्गत स्वीकृति मिली। शोभापुर में सुभाष मण्डलवार ने गाँव के महत्त्वपूर्ण लोगों की बैठक बुलायी उसमें अन्य लोगों के अलावा प्रबन्धन समिति के सदस्य और मण्डलवार परिवार के दो बड़े भाई शामिल हुए। मण्डलवार के घर में बैठक के बाद, समूह ने कुछ जगहों का दौरा किया जहाँ पर गोदाम बनाया जा सकता था और इस बात पर सहमति हो गयी की गोदाम का निर्माण उस ज़मीन पर होगा जो गाँव में घुसने वाली सड़क के नज़दीक है तथा जहाँ दो अन्य गाँवों की सड़कें मिलती हैं। इससे गाँव के सामने ही अनाज लेने की सुविधा उपलब्ध हो जायेगी। चूँकि, ज़मीन श्यामलाल देउरा की थी और वे भी वहाँ मौजूद थे इसलिए यह निर्णय लिया गया कि वे अपनी ज़मीन को सहकारी समिति को तुरन्त बेचेंगे।

टांगरा में परिस्थिति एकदम विपरीत थी। टांगरा ओजीसीएस के ज़्यादातर सदस्य टांगरा गाँव के थे न कि रामहाट के। समिति का मुख्य कार्यालय भी टांगरा गाँव में था जिसका दुबे लोगों ने कभी भी स्वागत नहीं किया। गोदाम की स्वीकृति मिलने के साथ ही दुबे परिवार ने तुरन्त पहल की। उन्होंने रामहाट में एक ज़मीन चिह्नित की जहाँ गोदाम बनाया जा सकता था। लेकिन जैसे ही नारायण पटेल इस बात से अवगत हुआ, उसने इसके ख़िलाफ़ प्रचार करना शुरू कर दिया। इसके बाद, दुबे परिवार ने दूसरी ज़मीन चिह्नित की जो टांगरा गाँव के नज़दीक थी लेकिन रामहाट में थी। उन्होंने इस बात की घोषणा कर दी कि गोदाम के लिए वे ज़मीन समिति को दान कर देंगे। बनवारी और गिरधरलाल ने इसका यह कहते हुए विरोध किया कि यदि समिति को सिर्फ़ दुबे परिवार के उत्पाद या अनाज पर चलना है तो वे जहाँ चाहे वहाँ गोदाम बना लें। लेकिन चूँकि

दुबे लोग अपने अनाज का दस में से नौ हिस्सा दूसरे व्यापारियों को बेचते थे तथा समिति को अन्य किसानों से अनाज लेना पड़ता था, इसलिए उनकी ज़मीन पर गोदाम नहीं बनाया जा सकता।

अविंट और फुलिया कलान के पटेल भू–स्वामियों सहित सभी तरफ़ से बड़े विरोध के कारण, अन्त में गोदाम उस ज़मीन पर बना जो टांगरा गाँव के एक तरफ़ थी और किसानों के समूह के द्वारा ख़रीद कर समिति को दान में दी गयी।

निष्कर्ष

दो उदाहरणों और दो समितियों के विश्लेषण के बाद, यह देखा जा सकता है कि गाँव में शक्तिशाली लोग हैं जो गाँव के स्तर पर बने सहकारी संगठन के निर्णय लेने की प्रक्रिया को प्रभावित करते रहते हैं। यहाँ तक कि जब वे संगठन की शक्ति संरचना में सीधे तौर पर शामिल नहीं होते तो भी अन्य माध्यम से वे उसके निर्णय लेने की प्रक्रिया को प्रभावित करते हैं। हालाँकि, गाँव के स्तर पर सहकारी समितियों में निर्णय प्रक्रिया को प्रभावित करने के लिए जो माध्यम अपनाये गये हैं उनमें आर्थिक रूप से सम्पन्न और अभिजन लोगों का माध्यम सामाजिक रूप से अभिजन लोगों से पूरी तरह अलग है। ऐसे अभिजन जिनका सामाजिक स्तर ऊँचा है, उन्हें स्थानीय लोगों का समर्थन मिलता है और यही उनकी शक्ति का महत्त्वपूर्ण स्रोत है। लेकिन ऐसे अभिजन जिनको सामाजिक समर्थन नहीं मिलता है उनको अपनी आर्थिक शक्ति पर निर्भर रहना पड़ता है और इस तरह वे अपनी आर्थिक शक्ति का प्रयोग निर्णय प्रक्रिया को प्रभावित करने के माध्यम के रूप में प्रयोग करते हैं।

इस तरह की शक्ति समीकरण का विरोध कई तरह से होता है। उस तरह की स्थिति में जहाँ कि समाज के लोगों का अभिजन लोगों को समर्थन नहीं होता है वहाँ पर ऐसे लोगों की संख्या ज़्यादा होती है जो अपने आप को वंचित महसूस करते हैं।[5] यहाँ पर विरोध अक्सर झगड़े या झड़प में परिवर्तित हो जाता है। समाज में विभिन्न तरह के स्थानीय और व्यापक परिवर्तन के कारण यह ज़्यादा तेज़ी पकड़ लेता है। भूमि सुधार की प्रक्रिया के कारण जिन लोगों ने ज़मीन प्राप्त कर ली वे अपने बच्चे को भी शिक्षित कर सके। इस तरह ये बच्चे बाहरी दुनिया के सम्पर्क में आयें

और स्थानीय स्तर पर संस्था की बहुत सारी प्रक्रियाओं के बारे में प्रश्न पूछना शुरू किया। अपनी इन योग्यताओं के कारण उन्होंने एक अलग समूह की स्थिति प्राप्त कर ली। पहले यह स्थिति सिर्फ़ कुछ लोगों के पास थी। इसने इन लोगों को सामाजिक और आर्थिक शक्ति प्राप्त करने में भी मदद की। ये लोग जो बहुत अमीर परिवार से नहीं आते थे लेकिन इन्होंने समाज में अच्छा स्थान प्राप्त कर लिया। ये बाहरी आर्थिक शक्ति वाले अभिजन लोगों की तुलना में क्षेत्र में शक्ति का नया केन्द्र बन गये। शोभापुर में नया उभरता हुआ समूह अभिजन लोगों के साथ मिल गया।

इस तरह की तुलना ग्रामीण सहकारी समितियों की लोकतान्त्रिक प्रक्रिया से सम्बन्धित कुछ प्रश्न भी उठाती है। यह तय किया गया है कि सहकारी समितियाँ लोकतान्त्रिक संगठन होगीं। इसके बावजूद हम ऐसा पाते हैं कि कई माध्यमों के द्वारा शक्ति समूह इन सहकारी समितियों की कार्यप्रणाली को प्रभावित करते हैं। हम पाते हैं कि टांगरा ओजीसीएस में दो शक्ति समूहों–पुराने और स्थापित शक्ति समूह तथा नये और उभरते हुए शक्ति समूह–में निरन्तर संघर्ष होता रहता है। इन संगठनों के प्रबन्धन में जो लोग शामिल थे उनको बहुत ज़्यादा ऊर्जा इन संघर्षों को व्यवस्थित करने में लगानी पड़ती थी। दूसरी तरफ़ शोभापुर ओजीसीएस कई नये तरह के प्रश्न सामने रखती है जबकि ऐसा माना जाता है कि शोभापुर ओजीसीएस एक ऐसी सहकारी समिति है जो चुने हुए प्रबन्धन समिति के द्वारा अच्छे ढंग से चलायी जा रही है, हम पाते हैं कि बहुत सारे निर्णय अभिजन लोगों की सहमति के बाद लिये जाते हैं। इस तरह की निर्णय लेने की प्रक्रिया ऐसी स्थिति उत्पन्न करती है जहाँ असुविधाजनक निर्णय नहीं बदले जाते हैं और न ही वे पूर्णतया स्वीकार किये जाते हैं।[6] यह इस तरह की संस्थागत व्यवस्था बनाती है जो समाज को एक राजनीतिक प्रक्रिया के रूप में प्रस्तुत करती है।

संक्षेप में और निष्कर्षतः यह कहा जा सकता है कि किसी भी संगठन की राजनीतिक प्रक्रिया जिस समाज में वह काम करती है उसकी संस्थागत व्यवस्था से प्रभावित होती ही है। जो संगठन लोकतान्त्रिक सिद्धान्तों के आधार पर बना है उस पर इसका गम्भीर प्रभाव या असर होता है। यदि लोकतान्त्रिक प्रक्रिया एक व्यक्ति को स्वायत्त स्थान देती है और उसके बाद वह व्यक्ति वोट के द्वारा अपनी इच्छानुसार स्वतन्त्र विचार बताना चाहता है तो यह प्रश्न पूछा जा सकता है : क्या सहकारी समितियों का

लोकतान्त्रिक संस्थाओं की तरह काम करना इस तरह की व्यवस्था में असम्भव नहीं है? हालाँकि, यदि हम विषय को पूरी तरह उलट देते हैं तो इस प्रश्न को दूसरे रूप में इस तरह से पूछा जा सकता है : यदि व्यक्ति एक अणु जैसे निकाय (अर्थात् पूरी तरह अलग–थलग) नहीं है तब हर स्थिति में लोकतान्त्रिक प्रक्रिया का अर्थ सिर्फ़ किसी विशेष संस्थागत प्रक्रिया के सम्बन्ध में ही सामने आयेगा, और इसलिए निर्णय की प्रक्रिया किस तरह एक का चरित्र हासित करती है, इसे सिर्फ़ उस सन्दर्भ के माध्यम से ही समझा जा सकता है, जिसमें वह संगठन अवस्थित होता है।

अनुवाद : अशोक कुमार

टिप्पणियाँ

1. इस अध्याय में यह जानने का प्रयास किया गया है कि गाँव के दो शक्तिशाली समूहों में निर्णय लेने की प्रक्रिया में क्या अन्तर है और इनका सहकारी समितियों के कार्यकलाप पर क्या प्रभाव पड़ता है। दो तरह के शक्तिशाली भू–स्वामियों के समूह–आर्थिक अभिजन और सामाजिक अभिजन–पर विचार किया गया है। मैं यहाँ पर स्पष्ट करना चाहता हूँ कि सामाजिक अभिजन वे लोग हैं जिनकी शक्ति का स्रोत आर्थिक सम्पन्नता है तथा जो समाज में ऊँची स्थिति रखते हैं न कि वे लोग जो समाज में ऊँची स्थिति रखते हैं लेकिन आर्थिक रूप से कमज़ोर हैं।
2. बहुत से राष्ट्रीय स्तर के कलाकारों जैसे उस्ताद विलायत ख़ान, बिस्मिलहा ख़ान, और अमज़द अली ख़ान ने गाँव में अपना समय बिताया है। इन लोगों के परिवार इनकी तस्वीरों को अपने घर में रखने पर गर्व करते हैं।
3. वह इसके पहले एसपीएम में काम कर चुका था। उसने एसपीएम में नौकरी छोड़ने के लिए यह कारण दिया कि वह गाँव वापस जाना चाहता है। बहुत सारे ग्रामीणों ने बताया कि उसकी नौकरी ख़त्म कर दी गयी थी क्योंकि प्लाण्ट में मज़दूर संघ की गतिविधियाँ बढ़ गयी थीं।
4. राज्य सरकार के दिशा–निर्देश सहकारी सहमति के सहायक रजिस्ट्रार को यह इजाज़त देते थे कि आरक्षित श्रेणी की जिन सीटों पर लोगों का चुनाव न हुआ हो, उन पर उम्मीदवार नामित करे।
5. ऐसा महसूस किया गया कि भूमि को खेती के लिए किराये पर देने की शर्तें दोनों गाँवों में एक समान थीं। दोनों गाँवों में 'कर' (जैसा कि लोगों को याद है) की दर में ज़्यादा भिन्नता नहीं थी। लेकिन दुबे परिवार के किरायेदार पट्टेदार या रयतदार हमेशा ऐसा मानते थे कि दुबे परिवार ने उनके साथ सही व्यवहार नहीं किया। दूसरी ओर, शोभापुर गाँव में बहुत लोगों ने स्वेच्छा से मण्डलवारों के पक्ष में बात कही।

6. शोभापुर में, गोदाम का गाँव में घुसने के रास्ते पर होना बहुत लोगों के लिए अपने उत्पाद या अनाज को सेंटर में लाने के हिसाब से सुविधाजनक था। लेकिन जब कभी भी इससे सम्बन्धित सवाल किये गये तो लोग बहुत ज़्यादा असहज हो गये। इस तरह की चर्चा से विपरीत और तनावपूर्ण वातावरण बनता था।

सन्दर्भ

बेते, आंद्रे, 1972, *इनइक्वालिटी ऐंड सोंशल चेंज*, दिल्ली : आक्सफोर्ड यूनिवर्सिटी प्रेस, 19–36

————————, 1974, *स्टडीज़ इन एग्रेरियन सोशल स्ट्रक्चर*, दिल्ली : आक्सफोर्ड यूनिवर्सिटी प्रेस।

गर्वनमेंट मध्य प्रदेश, 1979, *मध्य प्रदेश डिस्ट्रक्ट गेज़ेटियर* : होशंगाबाद, भोपाल : डिस्ट्रक्ट गजेटियर डिपार्टमेंट।

मुखर्जी, डीवी 1958, *डायवर्सिटीज़ : एसेज इन इकोनॉमिक्स, सोशियोलॉजी ऐंड अदर सोशल प्रॉब्लम्स*, नयी दिल्ली पीप्ल्स पब्लिशर्स हाउस।

पेरॉ, चार्ल्स, 1970, ऑर्गेनाइजेशनल एनालिसिस : *अ सोशियोलॉजिकल व्यू*, यूके : टेवीस्टॉक पब्लिशर्स।

साइमन हरबर्ट, 1961, *एडमिनिस्ट्रेटिव बिहेवियर*, न्यूयॉर्क : मैकमिलन।

सिंह योगेन्द्र, 1977, *सोशल स्ट्रैटिफिकेश्स ऐंड चेंज इन इंडिया*, दिल्ली : मनोहर।

लोकतन्त्र का एक रूप

*मनरेगा का क्रियान्वयन**

सीवन एंडरसन, पैट्रिक फ्रैंकोइस, अशोक कोतवाल और अश्विनी कुलकर्णी

2005 में केन्द्र सरकार ने एक संसदीय अधिनियम द्वारा महात्मा गाँधी राष्ट्रीय ग्रामीण रोज़गार गारण्टी योजना (महात्मा गाँधी नैशनल इम्प्लॉयमेंट गारण्टी स्कीम, यहाँ के बाद से मनरेगा) की शुरुआत की। निश्चित रूप से, रोज़गार को एक क़ानूनी अधिकार बनाना एक साहसिक क़दम था। बहरहाल, क़ानून को लागू करने की प्रक्रिया हमेशा ही कठिन रही है। असल में, इस योजना की तीखी आलोचना भी हुई, और यह कहा गया कि इसमें बड़े पैमाने पर भ्रष्टाचार हो रहा है और इसमें ऐसी वस्तुओं का निर्माण हो रहा है, जिनकी गुणवत्ता सन्दिग्ध है। बरहाल, सबसे गम्भीर और सबसे गूढ़ समस्या यह है कि विशेष रूप से काम के मन्दी वाले मौसमों में परिवारों के आय की अत्यधिक आवश्यकता होती है; लेकिन इसके बावजूद कुछ राज्यों में इस योजना को आवंटित राशि का पूरी तरह उपयोग नहीं होता है। ऐसा लगता है कि वहाँ बहुत कम माँग है। आख़िर ऐसा कैसे हो सकता है?

विभिन्न राज्यों में मनरेगा के लिए आवंटित राशि के उपयोग की दरें अलग–अलग रही हैं। 2009–10 में मिजोरम ने अपने मनरेगा कोष की 97 प्रतिशत राशि ख़र्च की, वहीं महाराष्ट्र ने सिर्फ़ 52 प्रतिशत ही ख़र्च किया (अकाउंटेबिलिटी इनिसिएटिव 2011)। इम्बर्ट और पैप (2014) तथा मुरगयी और अन्य (2013) इस बात का प्रमाण उपलब्ध कराते हैं कि मनरेगा परियोजनाओं की माँगों को पूरा नहीं किया गया है। इस

---

* *इकोनॉमिक ऐंड पॉलिटिकल वीकली* 50 (26–27) : 44–48 (27 जून, 2015)।

परिघटना को समझने के लिए कुछ अनुसन्धानकर्त्ताओं ने राजनीतिक अर्थशास्त्र के दृष्टिकोण पर बल दिया है (मुखोपाध्याय 2012; चोपड़ा 2014)। वहीं मायरानो (2014) एक क़दम आगे जाते हुए यह बताते हैं कि भू–स्वामी मनरेगा की माँग को खुलकर दबा रहे हैं। इस अध्याय में महाराष्ट्र के सन्दर्भ में इन दोनों प्रकार के विचारों को एक साथ लाया गया है। हमने एंडरसन और अन्य (2015) में प्रस्तुत तर्कों को आधार बनाते हुए ऐसा किया है। एंडरसन और अन्य के अध्ययन में पंचायती राज के अन्तर्गत महाराष्ट्र में सामान्य स्वरूप का अध्ययन किया गया है। हमने इस सन्दर्भ में 2006–07 में किये गये परिवार आधारित सर्वेक्षण को आधार बनाया है।

संविधान के 73वें संशोधन अधिनियम 1992 के पीछे मुख्य प्रेरणा यह थी कि स्थानीय सरकारों को निर्णय निर्माण करने और क्रियान्वयन करने की ज़्यादा ज़िम्मेदारी दी जायें ताकि वे स्थानीय जनसंख्या के प्रति ज़्यादा जवाबदेह बन पाये। मनरेगा यह परीक्षण करने का सबसे अच्छा उपाय था कि क्या स्थानीय सरकारें इस तरह काम कर रही हैं। यह उम्मीद की गयी थी कि मनरेगा के लिए आर्थिक संसाधन केन्द्र से राज्य सरकारों के पास आयेंगे, और फिर ये राज्य सरकारों से पंचायतों के पास जायेंगे। यह पंचायतों की ज़िम्मेदारी थी कि वे स्थानीय माँगों पर ध्यान देते हुए काम आरम्भ करें। ऊपरी तौर पर ऐसा लगता है कि यह व्यवस्था पंचायतों को काम करने के लिए प्रोत्साहन देती है। ग्रामीण भारत में 'ग़रीबों का बहुमत है'। वे अपने समर्थन से किसी भी स्थानीय सरकार का चुनाव कर सकते हैं। इसके बदले में, इस सरकार को बहुमत की इच्छा को पूरा करने के लिए काम करना चाहिए। लेकिन इसके बावजूद महाराष्ट्र में मनरेगा के लिए आवंटित राशि का पूरी तरह उपयोग नहीं हुआ। क्या रोज़गार की कोई आवश्यकता नहीं है? या फिर इस माँग का दमन हो रहा है? और यदि ऐसा है तो ऐसा क्यों है? इस प्रश्न का उत्तर देने में समर्थ होने के लिए हमें यह परीक्षण करने की आवश्यकता है कि भारत के विकेन्द्रीकृत लोकतन्त्र में ग्रामीण संस्थाएँ किस तरह से काम कर रही हैं।

हमारी प्रकल्पना यह है कि भले ही मनरेगा को माँग पर आधारित कार्यक्रम के रूप में तैयार किया गया है, और भले ही स्थानीय निवासियों के मन में यह इच्छा है कि उनके इलाके में काम की प्रक्रिया आरम्भ हो, लेकिन उनकी माँग का प्रभावी माँग के रूप में सामने आना, और वास्तव

में परियोजना का आरम्भ होना काफ़ी हद तक स्थानीय सत्ता संरचना की प्रभुत्वशाली आवाज़ों पर निर्भर करता है। अमूमन ये आवाज़ें स्थानीय प्रभुत्वशाली जातियों के तुलनात्मक रूप से बेहतर आर्थिक स्थिति वाले किसानों की होती हैं। पारम्परिक खेती एक प्रमुख लागत श्रम या मज़दूरी से जुड़ी होती है। इसके अलावा, भारत के मौसम पर निर्भर खेती में खेती के समय मज़दूरों की उपलब्धता काफ़ी महत्त्वपूर्ण होती है। इसके लिए सस्ते और अनुशासित मज़दूरों की मौजूदगी अत्यन्त आवश्यक हो जाती है। मनरेगा का बुनियादी तर्क स्थानीय खेतिहर काम पर निर्भर मज़दूरों को रोज़गार और आय का अतिरिक्त स्रोत उपलब्ध कराना है। दरअसल, मनरेगा का यह तर्क स्थानीय रोज़गारदाताओं की प्राथमिकता की चिन्ता के विपरीत काम करता है। इसलिए वे स्वाभाविक रूप से पंचायत पर अपने राजनीतिक प्रभाव के माध्यम से यह दबाव डालते हैं कि वह अपने काम को निलम्बित कर दे। ऐसी स्थिति में, आधुनिक लोकतान्त्रिक संस्थाओं का स्वरूप कितना भी प्रगतिशील हो, जाति के परम्परागत पदसोपान में मज़बूत स्थिति रखने वाले तत्त्व इसकी सशक्त ग्राहकवादी (क्लाइंटलिस्ट) संरचनाओं का उपयोग करके लोकतान्त्रिक संस्थाओं को नाकाम करने काम करेंगे। इस पूरी प्रक्रिया में वर्ग और जाति एक साथ आ जायेंगे। इस अध्याय का उद्देश्य इस प्रकल्पना को और ज़्यादा विकसित करना है।

अमेरिका में युद्ध के बाद के साउथ (दक्षिण) के इतिहास के एक रोचक विवरण में रैंसम और सुट्च ने इस बात का वर्णन किया है कि कैसे नये–नये आज़ाद हुए पुराने दास जोतदार बन गये, और उन्होंने यह पाया कि वे भू–स्वामियों और दुकानों के साथ एक तीन–पक्षीय सम्बन्धों में बँध गये हैं। यह एक आज़ादी थी, स्वागतयोग्य आज़ादी थी किन्तु फिर भी यह एक सीमित आज़ादी थी–एक तरह की आजादी। यहाँ हम जो कहानी बतायेंगे, वह इससे मिलती–जुलती कहानी है। उदारवादी सिद्धान्तों और सुनियोजित नियमों पर आधारित एक आधुनिक लोकतन्त्र को एक पारम्परिक समाज पर थोपा गया। इस समाज में ऐतिहासिक रूप से कई पदसोपान थे। इसने भारत की ग्रामीण जनसंख्या के लिए लोकतन्त्र को स्थापित किया–जो एक तरह का लोकतन्त्र था। हम यह तर्क देंगे कि गहरे रूप से जड़ जमाये पारम्परिक ग्राहकवादी (क्लाइंटलिस्ट) संरचनाओं के कारण इस प्रकार का लोकतन्त्र सरल तरीक़े से बहुमत के हितों से बहुमत की नीतियों की ओर नहीं ले जाता है।

सर्वेक्षण

2007 में हमने महाराष्ट्र के तीन क्षेत्रों में 300 गाँवों के रैण्डम सैंपल से तक़रीबन 9,000 परिवारों का सर्वेक्षण किया। हमारे द्वारा चुने गये गाँव छोटे हैं, और अमूमन इनकी जनसंख्या 2,000 के आसपास है। ये प्राथमिक रूप से खेती पर निर्भर हैं और इनका समाज जाति पर आधारित है (हमारे सैंपल में जनजातियों की जनसंख्या बहुत कम है)। हमारे सैंपल के 40 प्रतिशत से ज़्यादा परिवार राज्य की ग़रीबी रेखा के नीचे हैं। महाराष्ट्र में किसी भी ग्राम पंचायत में अमूमन 2,000 तक की जनसंख्या आती है। इसके कारण, हमारे सैंपल में ग्राम पंचायत विशिष्ट गाँवों से ही सम्बन्धित हैं।

हमने परिवार के स्तर पर, गाँव के स्तर पर और ग्राम पंचायत के स्तर पर सीधे तौर पर प्रश्नावलियों के माध्यम से लोगों के विचार जानने का प्रयास किया। परिवार की प्रश्नावली में परिवार के सदस्यों की आर्थिक गतिविधियों, उनकी सामाजिक पूँजी (मसलन, उन्हें गाँव के अन्य लोगों पर कितना विश्वास है), और ग्राम पंचायत के काम के सन्दर्भ में उनके विचारों के बारे में पूछा गया। ग्राम पंचायत के बहीखाता जैसी कुछ सूचनाओं के लिए अपने सूचना के अधिकार अधिनियम का प्रयोग किया।

सर्वेक्षण से सामने आने वाले प्रमुख अवलोकन

कोष का पूरी तरह उपयोग न होना : हमारे सर्वेक्षण के समय महाराष्ट्र में मनरेगा पूर्ववर्ती क़ानून इम्प्लॉयमेंट गारण्टी स्कीम (रोज़गार गारण्टी योजना) लागू थीं। इस योजना में काफ़ी सम्भावनाएँ सामने आयीं। रावालियॉन और अन्य (1991) का दावा है कि 'भारत के महाराष्ट्र में रोज़गार गारण्टी योजना ग्रामीण क्षेत्रों में ग़रीबी में कटौती करने का सबसे प्रसिद्ध और सबसे सफल सरकारी प्रयास है।' असल में, मनरेगा की तुलना में रोज़गार गारण्टी कार्यक्रम अपने लाभार्थियों के लिए ज़्यादा उदार था। मनरेगा की तरह यह कार्यक्रम भी सार्वभौमिक रूप से, अर्थात् हर किसी के लिए लागू किया गया था। बहरहाल, हमारे सैंपल के गाँवों में से सिर्फ़ 20 प्रतिशत गाँवों में ही यह कार्यक्रम सामने आया है। हमारे सैंपल में शुष्क भूमि खेती और ग़रीबी की सीमा को देखते हुए प्रतिशत काफ़ी कम है। मनरेगा की

तरह ही रोज़गार गारण्टी योजना को भी सीधे तौर पर केन्द्र और राज्य सरकार से आर्थिक राशि मिल रही थी। ग्राम पंचायतें स्थानीय लोगों का प्रतिनिधित्व करती थीं और इनका काम सिर्फ़ इसका प्रशासन सुनिश्चित करना था। यद्यपि हमारे सर्वेक्षण के समय महाराष्ट्र में मनरेगा के लिए रोज़गार गारण्टी स्कीम (ईजीएस) शब्द का प्रयोग किया जा रहा थ, लेकिन हमने इस अध्याय में मनरेगा शब्द का इस्तेमाल किया है।

मराठा प्रभुत्व

महाराष्ट्र में मराठा जाति ऐतिहासिक रूप से प्रभुत्वशाली राजनीतिक और आर्थिक समूह रही है। आज भी इसका आर्थिक प्रभुत्व क़ायम है। हमारे सैंपल में मराठा सबसे बड़े भू–स्वामी और किसान हैं। जिन गाँवों का अध्ययन किया गया, उनमें से 60 प्रतिशत में मराठा लोगों का बहुमत की ज़मीन पर स्वामित्व है। जब किसी गाँव में मराठा अल्पमत में होते हैं तभी अन्य पिछड़े वर्गों (ओबीसी) के पास ज़्यादातर ज़मीन होती है। सारणी 1 में हमारे सैंपल में मराठा लोगों और अन्य जातियों के बीच अन्तर को दर्शाया गया है।

सारणी 1 : सैंपल में मराठा और अन्य जातियाँ

चर	मराठा	अन्य पिछड़े वर्ग	अनुसूचित जातियाँ
किसान (प्रतिशत)	0.83	0.65	0.33
मज़दूर (प्रतिशत)	0.10	0.19	0.53
भूमिहीन (प्रतिशत)	0.13	0.31	0.62
औसत भूमि स्वामित्व (एकड़)	6.74	6.00	3.67
परिवारों की संख्या	3,259	2,659	2,019

मराठा आर्थिक और राजनीतिक शक्ति

सुहास पल्शिकर के काम को आधार बनाते हुए मेनन (2012) ने महाराष्ट्र में मराठा जाति के एक पिछड़े समुदाय से एक प्रभुत्वशाली जाति में परिवर्तन का वर्णन प्रस्तुत किया है। उनके अनुसार–

1663 से 2004 तक कुल 2,430 विधायक चुने गये। इनमें से 1,336 या 55 प्रतिशत मराठा थे। राज्य के तक़रीबन 54 प्रतिशत शैक्षणिक संस्थानों पर उनका नियन्त्रण है। 105 चीनी कारख़ानों में से 86 के मालिक मराठा लोग हैं। इसी तरह, 23 ज़िला सहकारी बैंकों के अध्यक्ष मराठा हैं। राज्य के विश्वविद्यालयों में मराठाओं का वर्चस्व है। इनके प्रबन्धन में 60 से लेकर 75 प्रतिशत तक इनकी उपस्थिति है। तक़रीबन 71 प्रतिशत सहकारी संस्थान इस समुदाय के नियन्त्रण में हैं। महाराष्ट्र में 75 प्रतिशत से 90 प्रतिशत भूमि पर इनका स्वामित्व है। इसके अलावा, सभी दुग्ध सहकारी संगठन और कपास के मिलों पर इनका मालिकाना है या वे इसे नियन्त्रित करते हैं। राज्य के 288 विधानसभा क्षेत्रों में से 54 ऐसे हैं, जिन पर आरक्षण के बिना हमेशा ही मराठा जाति का उम्मीदवार ही विजयी हुआ है।

मराठा महाराष्ट्र का सबसे बड़ा समुदाय है। यह अचरज की बात नहीं है कि किसी अन्य जाति के सदस्यों की तुलना में इसके सदस्य ज़्यादा राजनीतिक पदों पर हैं। मराठा शक्ति भूमि पर स्वामित्व से भी उत्पन्न होती है। हमारे सैंपल गाँवों में मराठा जनसंख्या की संख्या को नियन्त्रित करने के बाद, जहाँ मराठा जाति प्रभुत्वशाली है, की तुलना ऐसे गाँव से की जहाँ वे प्रभुत्वशाली नहीं हैं, तो उनके ग्राम प्रधान बनने की सम्भावना 22 प्रतिशत बढ़ गयी। लेकिन यह प्रभाव को कम करके दिखाता है, क्योंकि बहुत से ऐसे गाँव हैं जो रैण्डम तरीक़े से लागू किये गये आरक्षण के अन्तर्गत आते हैं, और वहाँ मराठा जाति के उम्मीदवार को (उच्च जाति के रूप में) चुनाव लड़ने की अनुमति नहीं है। जब सिर्फ़ अनारक्षित गाँवों तक इस तरह की तुलना सीमित रखी जाती है, तो यह बात सामने आती है कि जिन गाँवों की ज़मीन पर मराठा लोगों का प्रभुत्व है, वहाँ एक मराठा प्रधान चुने जाने की सम्भावना 40 प्रतिशत तक बढ़ जाती है।

बहरहाल, हम प्रधान की जाति को सिर्फ़ सत्ता के स्रोत के अधूरे संकेतक के रूप में देख रहे हैं। इस बात के ठोस प्रमाण हैं कि आरक्षित सीटों पर शक्तिशाली समूहों ने आरक्षित जातियों से अपना 'छद्म उम्मीदवार' खड़ा करके आरक्षण व्यवस्था के प्रभावों को ख़त्म करने का प्रयास किया है। ये छद्म उम्मीदवार शक्तिशाली लोगों की जाति से न होने के बावजूद उनके हितों को पूरा कर सकते हैं। ये चीज़ें दूसरे तरीक़े से भी काम कर

सकती हैं। ग़ैर–मराठा बहुमत अपने हितों को बढ़ावा देने के लिए मराठा उम्मीदवार को चुन सकता है क्योंकि मराठा उम्मीदवारों का राजनीतिक जुड़ाव और अनुभव ज़्यादा है।

सरकार के सभी स्तरों पर, ऋण देने वाले सहकारी संगठनों और व्यापार नेटवर्कों में मराठा लोगों का प्रतिनिधित्व उनकी जनसंख्या से काफ़ी ज़्यादा है। निश्चित रूप से, सरकारी मशीनरी तक उनकी ज़्यादा पहुँच है। भारत की अनौपचारिक अर्थव्यवस्था में इसका काफ़ी महत्त्व माना जाता है। इससे राशन कार्ड, नौकरी कार्ड, पानी का कनेक्शन और बिजली का कनेक्शन हासिल करने, ऋण ख़त्म करवाने तथा सहकारी समितियों और अन्य बैंकों से ऋण पाने में सहायता मिलती है। इन्दिरा आवास योजना और विकलांगता पेंशन जैसी बहुत–सी सरकारी योजनाओं के लिए स्थानीय नौकरशाहों और राजनीतिज्ञों से अर्हता या योग्यता के प्रमाण–पत्र की आवश्यकता होती है। इसी तरह, सरकारी स्वास्थ्य सेवाओं और इसी तरह की अन्य सुविधाओं की काफ़ी माँग है, लेकिन इनकी आपूर्ति तुलनात्मक रूप से कम है। ग्रामीण क्षेत्रों में इन सेवाओं का आवंटन करने या करवाने वाले व्यक्ति के पास काफ़ी शक्ति आ जाती है। जब स्थानीय अभिजन अपने ग्राहक या असामियों को इन सेवाओं की सुविधा दिलाते हैं, तो वे उनके प्रति अहसानमन्द हो जाते हैं। यह समझना काफ़ी आसान है। मसलन, यदि एक भूमिहीन मज़दूर के पास अपने बेटे या बेटी के विवाह के लिए पैसा नहीं है और उसका मराठा भू–स्वामी उसे ऋण दिला देता है, तो निश्चित रूप से वह इस भू–स्वामी का कृतज्ञ होगा। इसी तरह, अत्यधिक बीमार होने की स्थिति में जब किसी को सरकारी अस्पताल की सुविधाएँ मिल जाती हैं, तो वह व्यक्ति भी सहायता करने वाले व्यक्ति के प्रति कृतज्ञ रहता है। मराठा भू–स्वामियों की अच्छी पहुँच से उन्हें अपने प्रति कृतज्ञता भाव रखने वाले लोगों को तैयार करने में सहायता मिलती है।

सूचना तक पहुँच होना, संसाधनों तक पहुँच होने से अभिन्न रूप से जुड़ा हुआ है। जिनका स्थानीय सरकारों पर नियन्त्रण होता है, वे सूचना को भी नियन्त्रित करते हैं। इसका अर्थ यह है कि अमूमन स्थानीय निवासियों को अपने पंचायत के नेताओं के माध्यम से सरकारी योजनाओं के अस्तित्व और उनसे होने वाले लाभ की जानकारी मिलती है। यहाँ यह ग़ौरतलब है कि हमने जिन क्षेत्रों में सर्वेक्षण किया, वहाँ मनरेगा के बारे में काफ़ी अज्ञानता थी।

भूमि पर मराठा प्रभुत्व वाले गाँवों के भिन्न नतीजे

मनरेगा क्रियान्वयन की निम्न दर : यदि हम ऐसे गाँवों के उप–सैंपल (कुल 59 प्रतिशत) पर ध्यान देते हैं, जहाँ प्रभुत्वशाली भू–स्वामी जाति (ऐसी जाति जिसके पास गाँव में किसी भी अन्य जाति की तुलना में ज़्यादा ज़मीन हो) मराठा है, तो आँकड़ों से यह पता चलता है कि इन गाँवों में मनरेगा के क्रियान्वयन की दर काफ़ी कम रही है (सिर्फ़ 8 प्रतिशत)। इस सन्दर्भ में एक यह प्रमुख विशेषता सामने आती है कि इस उप–सैंपल का नतीजा उन गाँवों से अलग है, जो भौगोलिक, जलवायु और मिट्टी की गुणवत्ता आदि के आधार पर इस उप–सैंपल में सम्मिलित गाँवों की तरह ही हैं। मराठा भू–स्वामित्व के बारे में एंडरसन और अन्य (2015) द्वारा की गयी जाँच–पड़ताल से यह बात सामने आती है कि ऐसे गाँवों में एक अलग तरह की कहानी है। इसमें मनरेगा के निम्न स्तर के क्रियान्वयन के साथ–साथ अन्य उल्लेखनीय विशेषताओं का भी उल्लेख किया गया है।

निम्नतर वेतन, उच्चतर उत्पादकता और उच्चतर मुनाफ़ा : जिन गाँवों में ज़मीन का बड़ा हिस्सा मराठा लोगों के हाथ में है, वहाँ मज़दूरों की मज़दूरी कम है किन्तु उत्पादकता ज़्यादा है। मराठा भूमि प्रभुत्व वाले गाँवों में औसतन 8–10 प्रतिशत तक मज़दूरी कम होती है (यह स्थिति उन गाँवों की तुलना में है जहाँ ओबीसी जाति का अधिकांश ज़मीन पर नियन्त्रण होता है)। किन्तु मज़दूरों द्वारा काम करने के दिनों में कोई ख़ास अन्तर नहीं है। एक मराठा भूमि प्रभुत्व वाले गाँव खरीफ़ की फ़सल ग़ैर–मराठा भूमि प्रभुत्व वाले गाँव की तुलना में 7,000 रुपये प्रति एकड़ ज़्यादा होती है। खेती से होने वाला फ़ायदा भी काफ़ी ज़्यादा है।

सामाजिक पूँजी का उच्चतर स्तर : पारम्परिक रूप से 'विश्वास' से जुड़े प्रश्नों के आधार पर सामाजिक पूँजी को मापा जाता रहा है। जिन गाँवों में भूमि पर मराठा लोगों का प्रभुत्व है, वहाँ सामाजिक पूँजी काफ़ी ज़्यादा है। ऐसे गाँवों में मज़दूरों और उनके रोज़गारदाताओं के बीच ज़्यादा समरसता सामने आती है। ऐसे गाँवों में यह मानने वाले लोगों की संख्या ज़्यादा है कि उनके गाँव के लोगों पर विश्वास किया जा सकता है। सामाजिक पूँजी को मापने का एक अन्य तरीक़ा यह है कि लोग किस सीमा तक स्वेच्छा से अपना समय और पैसा देने के लिए तैयार हैं। अन्य गाँवों

की तुलना में मराठा लोगों की भूमि पर प्रभुत्व वाले गाँवों में 18 प्रतिशत ज़्यादा लोग गाँव स्तर के विकास हेतु अपना समय और पैसा देने के लिए तैयार थे। दरअसल, यह काफ़ी बड़ा अन्तर है। जहाँ औसतन 20 प्रतिशत और 30 प्रतिशत लोगों ने नगद और श्रम दान दिया, वहीं मराठा लोगों के भूमि पर प्रभुत्व वाले गाँवों में यह अनुपात बढ़कर क्रमशः 36 प्रतिशत और 62 प्रतिशत हो गया। मराठा लोगों के प्रभुत्व वाले गाँवों में ज़्यादा लोगों ने यह कहा कि यदि उनके खेत में कोई ख़राबी होगी, तो उनके गाँव के लोग उस कमी को दूर कर देंगे। कुल मिलाकर, आँकड़ों से यह पता चलता है कि सामाजिक पूँजी के पारम्परिक अर्थ का अनुसरण करते हुए यह कहा जा सकता है कि मराठा भू–स्वामियों के प्रभुत्व वाले गाँवों में सामाजिक पूँजी की स्थिति ज़्यादा अच्छी है।

ग्राहकवाद की प्रकल्पना

निश्चित रूप से, मराठा जाति के लोगों के भूमि पर प्रभुत्व से उन्हें राजनीतिक स्तर पर मज़बूती मिलती है। इसकी एक व्याख्या यह हो सकती है कि मराठा भू–स्वामियों की प्रमुख निजी और सरकारी सेवाओं तक पहुँच होने के कारण उन्हें सामाजिक समरसता निर्मित करने में मदद मिलती है। इनके प्रभाव के कारण ग़रीबों द्वारा प्रत्यक्ष कार्यक्रमों की माँग हल्की होती है, और बड़े भू–स्वामियों के लिए राजनीतिक समर्थन बना रहता है। लेकिन इसके लिए हमें यह समझने की आवश्यकता है कि आख़िर भू–स्वामी ऐसे राजनीतिक समर्थन को बनाये रखने हेतु आवश्यक संसाधन ख़र्च करने के लिए तैयार क्यों होंगे।

इसका एक कारण यह हो सकता है कि ग़रीब–समर्थक नीतियों के क्रियान्वयन से उन्हें नुक़सान होगा। मसलन, मनरेगा लागू होने से श्रम की माँग और उसकी लागत दोनों में वृद्धि होगी। इससे भू–स्वामी के मज़दूर तुलनात्मक रूप से कम मेहनत करेंगे और वे अपने रोज़गारदाता की बात भी पूरी तरह नहीं मानेंगे, क्योंकि उनके पास मनरेगा के रूप में काम का दूसरा विकल्प मौजूद रहेगा। इससे ऐसी स्थिति आ सकती है कि भू–स्वामियों को मज़दूरी दर बढ़ाना पड़े, लेकिन उनकी पैदावार में कमी हो। लोगों से अनौपचारिक बातचीत के दौरान भी इस कारण को रेखांकित किया गया। मसलन–

समय–सीमा पैदावार पर काफ़ी अन्तर डालती है। इसलिए किसान सरकार की ऐसी योजनाओं को पसन्द नहीं करते हैं जो मज़दूरों के लिए रोज़गार का कोई अन्य अवसर पैदा करती हैं। मैं गोदावरी नदी के तट पर बसे ऐसे बहुत से गाँवों के बारे में बता सकता हूँ जहाँ मराठा किसानों ने सरकार को सड़क बनाने से रोक दिया। अन्त में, बाहर से मज़दूरों को बुलाकर सड़क का निर्माण करवाया गया (कालीदास आप्टे, मराठवाडा के किसान और शेतकारी संगठन के कार्यकर्त्ता)।

एक अनौपचारिक स्तर पर यह मराठा प्रभुत्व वाले गाँवों में कार्यकर्त्ताओं के बारे में समाज वैज्ञानिकों के विवरण के अनुरूप है। कार्टर (1974) ने महाराष्ट्र में मराठा जाति की सत्ता के बारे में सामाजिक निर्धारकों का अध्ययन किया है। इनके अनुसार, सफल राजनेता अन्य मराठा नेताओं के साथ कई क्षैतिज (हॉरिजॉन्टल) राजनीतिक गठजोड़ बनाकर अपने लोकप्रिय आधार का निर्माण करते हैं। ये मराठा नेता अपने बस्ती या गाँव से सफल राजनेता को वोट दिलवाने का काम करते हैं। लेकिन स्थानीय नेता अपने गाँवों से वोट कैसे हासिल करते हैं? कार्टर के अनुसार, यहाँ ऊर्ध्व (वर्टिकल) गठजोड़ की संरचना काम करती है। इसमें भूमि पर स्वामित्व, तथा ग्राम पंचायत और ऋण संस्थाओं पर नियन्त्रण रखने वाले अभिजन नेता का आम जनता के साथ संरक्षक और लेन–देन का सम्बन्ध होता है। नीचे ऐसे ही एक गाँव के किसान के विचारों को उद्धृत किया गया है, जिससे यह पता चलता है कि इस प्रकार का लेन–देन स्पष्ट रूप से हितों के टकराने का मसला है अर्थात् नेताओं द्वारा आम लोगों को कुछ लाभ देकर उनसे वोट या समर्थन की उम्मीद की जाती है। 'मराठा हमेशा से ही शासक रहे हैं, इसलिए लोगों के लिए उनका नेतृत्व स्वीकार करना स्वाभाविक ही है। यह उनका दायित्व है कि वे दूसरे की सहायता करें या उन्हें लाभ पहुँचाएँ। जब मज़दूर उनके पास सहायता के लिए जाते हैं (ख़ास तौर पर, परिवार में विवाह होने या किसी के बीमार होने पर) तो वह सहायता करते हैं (कालीदास आप्टे, मराठवाडा के किसान और शेतकारी संगठन के कार्यकर्त्ता)।

यह स्कॉट द्वारा दक्षिण–पूर्व एशिया के किसान वर्ग में प्रचलित संरक्षण प्रणाली (पैट्रोनेज सिस्टम) के वर्णन के अनुरूप है। पारम्परिक गाँवों में अधीनस्थ लोग उपभोग की गारण्टी या सुनिश्चितता के लिए अधीनस्थ स्थिति को स्वीकार कर लेते हैं।

> *गाँव के सन्दर्भ में, इसके निवासियों की न्यूनतम आय को सुनिश्चित करने के लिए कई प्रकार की सामाजिक व्यवस्थाएँ सक्रिय रहती हैं...ये रैडिकल तरीक़े से समतावादी नहीं होती हैं। इसके बजाय, इनका मुख्य लक्ष्य यह सुनिश्चित करना होता है कि हर किसी के पास गाँव के संसाधनों से जीविका हासिल करने का हक़ हो; और अमूमन हैसियत और स्वायत्तता की क़ीमत पर इस तरह की जीविका हासिल की जाती है (1977 : 5)।*

यहाँ हम इस बात पर ज़ोर देना चाहते हैं कि यह एक राजनीतिक लेन–देन होता है। हमारे सन्दर्भ में इसका नतीजा ग्राहकवादी वोट व्यापार के रूप में सामने आता है। गाँवों में इस तरह के राजनीतिक लेन–देन का ख़र्च वहन करना बहुत मुश्किल नहीं है। गोपनीय मतदान होने पर भी नेता ऐसा करने का जोख़िम ले सकते हैं। इसका कारण यह है कि ये गाँव छोटे हैं (तक़रीबन 400 परिवार) तथा पंचायत चुनावों में गाँव को पाँच या छह वार्डों में बाँटा जाता है।

एंडरसन और अन्य (2015) कई प्रकल्पनाओं को नकारते हैं–ऐसा होने का कारण यह नहीं है कि अमीर, भू–स्वामी मराठा ज़्यादा समर्थ प्रतिनिधि होते हैं। ऐसे गाँवों में बहुत ज़्यादा सार्वजनिक वस्तुएँ उपलब्ध नहीं होती हैं, और न ही इन्हें राज्य से ज़्यादा संसाधन मिलते हैं। तथ्य यह है कि मराठा जाति के लोगों का भूमि स्वामित्व उपब्लध ग़रीबी–विरोधी कार्यक्रमों और केन्द्र द्वारा उपलब्ध कराये गये संसाधनों के कम उपयोग से जुड़ा हुआ है। इसका कारण यह नहीं है कि अमीर भू–स्वामी विभाजित करके जीत हासिल करते हैं क्योंकि इन गाँवों की सामाजिक पूँजी काफ़ी ज़्यादा है।

एंडरसन और अन्य (2015) राजनीतिक ग्राहकवाद (पॉलिटिकल क्लाइटेलिज़्म) की प्रकल्पना पर बल देते हैं। यह स्कॉट (1977) द्वारा वर्णित संरक्षक–असामी (या ग्राहक) (पैट्रन–क्लाइंट) सम्बन्धों की तरह ही है। इसमें ज़मींदार या भू–स्वामी (संरक्षक) अपने निजी संसाधनों की पहुँच का उपयोग करके मज़दूरों (असामियों या ग्राहकों) को उनके उपभोग और

उत्पादन सम्बन्धी आकस्मिक संकट से मुक्ति दिलाता है, और उन्हें सुरक्षा या गारण्टी प्रदान करता है। इस तरह का ग्राहकवाद पारम्परिक समाजों में मौजूद एक गहरे स्तर के व्यक्तिगत सम्बन्धों के आधार पर काम करता है। मराठा भू–स्वामी (प्रभुत्वशाली किसान) ग़रीब मज़दूरों को निजी स्तर पर लाभ और सुरक्षा उपलब्ध कराते हैं। ये इन मज़दूरों को मराठा व्यापारियों के नेटवर्क और अपने राजनीतिक जुड़ावों के कारण सरकारी सेवाओं तक अपनों के माध्यम से निजी सेवाएँ उपलब्ध कराते हैं। इसके बदले में ग़रीब लोग भू–स्वामियों को अपना वोट देते हैं। भू–स्वामी ग्राम पंचायत पर अपने नियन्त्रण के माध्यम से ग़रीब–विरोधी सरकारी कार्यक्रमों को गाँव से दूर रखते हैं। इस कार्यक्रमों से ग़रीबों की निर्धारित मज़दूरी बढ़ सकती है। इस तरह, भू–स्वामी ग़रीबों के लाभ को सीधे तौर पर प्रभावित करते हैं।

हमारा अध्ययन यह दिखाता है कि भारत जैसे विकासशील समाज में पारम्परिक पदसोपान (मसलन जाति) औपचारिक आधुनिक लोकतान्त्रिक संस्थाओं के माध्यम से अपने प्रभाव को अभिव्यक्त करता है। यद्यपि जाति भारत की एक अनूठी परिघटना है, किन्तु पारम्परिक पदसोपानों द्वारा आधुनिक राजनीतिक संस्थाओं को चोट पहुँचाने की परिघटना सिर्फ़ भारत तक सीमित नहीं है। रोचक बात यह है कि हमारा अध्ययन सदानन्दन (2012) की इस थीसिस से मेल खाता है कि विकेन्द्रीकरण ग्राहकवाद के लिए ज़्यादा बड़ा दायरा तैयार करता है क्योंकि विकेन्द्रीकृत व्यवस्था में सम्बन्ध ज़्यादा व्यक्तिगत होते हैं, मतदान व्यवहार गुप्त होता है, तथा परोक्ष समझौतों को लागू करना ज़्यादा आसान होता है।

एक जीविका अर्थव्यवस्था (सबसिस्टेंस इकोनॉमी) में ग़रीब आपात स्थिति में सहायता को काफ़ी महत्त्व देते हैं। इसके लिए वे महत्त्वपूर्ण दीर्घकालिक फ़ायदों को छोड़ने के लिए भी तैयार रहते हैं। हमारा यह मानना है कि ग्रामीण अभिजन इसका लाभ उठाते हैं, और वे आधुनिक संस्थाओं का अपने फ़ायदे के लिए उपयोग करते हैं। एक व्यापक अर्थ में यह अध्ययन यह प्रमाण प्रस्तुत करता है कि पिछले सौ वर्षों से उभरकर आये प्रभुत्वशाली जाति के अभिजनों के निहित स्वार्थ ने आधुनिक संस्थाओं पर अपनी पकड़ क़ायम रखी है, और ये नीतियों के नतीजों को भी प्रभावित करते हैं। इस अर्थ में यह एकेमोगलु और रॉबिनसन (2008) के सैद्धान्तिक काम से जुड़ा हुआ है, जो नाममात्र के (डी ज्योर) और वास्तविक (डी फेक्टो) राजनीतिक सत्ता के बीच अन्तर करते हुए इस बात का विश्लेषण

करता है कि कैसे राजनीतिक संस्थाएँ आर्थिक नतीजों को प्रभावित कर सकती हैं। विकास प्रक्रियाओं की क़ीमत पर इस सत्ता को क़ायम रखा जा सकता है, और इसे मज़बूती दी जा सकती है। एकेमोगलु और रॉबिनसन (वही) मॉडल कैप्चर्ड डेमोक्रेसी (कब्ज़ा किये गये लोकतन्त्र) का स्वरूप प्रस्तुत करता है, जहाँ लोकतान्त्रिक व्यवस्था ऐतिहासिक अभिजनों का पक्ष लेने वाली आर्थिक संस्थाओं का चुनाव करके अपना अस्तित्व क़ायम रख सकती है।

एक ऐसे गाँव में जहाँ ऐतिहासिक अभिजनों का प्रभुत्व होता है, वहाँ ग्राहक (क्लाइंट या आसामी) अपने संरक्षक के साथ सम्बन्धों को बहुत ही सकारात्मक नजरिए से देखते हैं। इसलिए यह आश्चर्य की बात नहीं है कि सर्वेक्षणों में एक सकारात्मक सामाजिक सम्बन्धों की तस्वीर सामने आती है। एकेमोगलु और अन्य (2014) द्वारा सीयरा लियोन में सरदारों के शासन के बारे में लिखे गये शोध–आलेख में यही आयाम सामने आता है। यहाँ नकारात्मक विकास करने वाले और शक्तिशाली सरदारों के अधीन रहने वाले गाँवों में सामाजिक पूँजी काफ़ी ज़्यादा थी। इन्होंने यह रेखांकित किया कि असल में यह शक्तिशाली सरदारों के अन्तर्गत बने और संरक्षण के माध्यम से क़ायम रखे गये सम्बन्धों के कारण यह स्थिति है।

ऐसे बहुत से अध्ययन हुए हैं जिन्होंने इस बात का परीक्षण किया है कि विकास की वर्तमान दशा के लिए इतिहास को कैसे ज़िम्मेदार माना जा सकता है। ऐसे अध्ययनों में संस्थाओं की रूपरेखा तथा विश्वास के स्तर (या सामाजिक मानकों) में अन्तर पर बल दिया गया है, जो सामूहिक कार्रवाई और सही तरीक़े से प्रशासन के संचालन में बाधा उत्पन्न करते हैं। हाल ही के कुछ अध्ययनों में ज़्यादा गहराई से इस बात का विश्लेषण किया गया है कि विकासशील समाजों के अभिनज अपने लाभ के लिए राजनीतिक व्यवस्था का किस प्रकार दोहन करते हैं। इस तरह के अध्ययन से इस बात की ज़्यादा गहरी समझ बनती है कि किस तरह पारम्परिक पदसोपान परोक्ष तरीक़े से विकासशील समाजों में लोकतन्त्रों के वास्तविक कार्यों को प्रभावित करते हैं। हमें यह उम्मीद है कि यह अध्याय भी इसी दिशा में योगदान करता है।

निष्कर्ष

उपरोक्त विश्लेषण से एक स्पष्ट नीतिगत निष्कर्ष यह निकाला जा सकता है कि ग़रीबी उन्मूलन कार्यक्रम का लक्षित समूह पर सकारात्मक प्रभाव डालने और वांछित नतीजे हासिल करने के लिए यह आवश्यक है कि इसे इस तरह तैयार किया जायें ताकि स्थानीय अभिजन इसका दुरुपयोग न कर पायें।

मनरेगा को लागू करने के सन्दर्भ में विभिन्न राज्यों के अलग–अलग प्रदर्शन से कुछ सबक सीखे जा सकते हैं। मसलन, कुलकर्णी (2013) का यह मानना है कि आन्ध्र प्रदेश मनरेगा के क्रियान्वयन के सन्दर्भ में बेहतर प्रदर्शन किया है। इसने उपलब्ध आर्थिक संसाधन का अच्छी तरह से उपयोग किया है। यहाँ लोगों को उनके काम के बदले पैसा देने में देरी नहीं हुई है, और यहाँ महाराष्ट्र की तुलना में कम भ्रष्टचार हुआ है। आन्ध्र प्रदेश के बेहतर प्रदर्शन का कारण यह है कि इसने सूचना तकनीक का बेहतर तरीक़े से उपयोग किया है, और मनरेगा को लागू करने की प्रक्रिया से स्थानीय अभिजनों को दूर रखा है। यह कहा जा सकता है कि आन्ध्र प्रदेश ने ज़्यादा पारदर्शी तरीक़े से काम किया है, तथा राज्य के कार्यक्रमों से सम्बन्धित सूचना पर स्थानीय अभिजनों के एकाधिकार को कमज़ोर किया है।

इसने ऐसे उपाय किये जिससे स्थानीय अभिजन भी इस योजना के सही तरीक़े से क्रियान्वयन में रुचि दिखाने लगें। शायद इसी कारण मनरेगा के दिशा–निर्देशों में निजी कुओं की खुदाई को एक वैध कार्य का दर्जा दिया गया।

इस अध्ययन से मिलने वाले सबक मनरेगा के साथ ही साथ ग़रीबी उन्मूलन की अन्य योजनाओं के क्रियान्वयन के लिए काफ़ी महत्त्वपूर्ण हैं। यदि स्थानीय अभिजन स्थानीय स्तर पर ग़रीबों को ग्राहक (क्लाइंट) जैसा मानते हुए उन्हें कुछ वस्तुएँ देकर उन पर अपनी सत्ता का प्रयोग करना चाहते हैं तो हर किसी तरह बुनियादी सेवाएँ पहुँचाकर अभिजनों की सत्ता को कमज़ोर किया जा सकता है। मसलन, यह अर्थव्यवस्था को संचालित करने का गलत तरीक़ा हो सकता है कि खाद्यान्नों पर सब्सिडी देने के लिए ग़रीबी रेखा के नीचे रहने वाली जनसंख्या की पहचान की जाये। असल में, यह पूरी व्यवस्था स्थानीय अभिजनों को संरक्षण या पैट्रोनेज का एक साधन प्रदान करती है।

इस बात को व्यापक रूप से स्वीकार किया जाता है कि जिन समुदायों में बेहतर सामाजिक पूँजी होती है, वहाँ ज़्यादा प्रभावाकरी तरीक़े से सामूहिक कार्रवाई की जा सकती है। सामाजिक पूँजी को मापने के लिए अमूमन प्रश्नावलियों में विश्वास सम्बन्धी प्रश्न सम्मिलित किये जाते हैं। हमारा अध्ययन यह दिखाता है कि संरक्षक–असामी (ग्राहक) सम्बन्धों के अन्तर्गत रहने वाला समुदाय विश्वास से जुड़े प्रश्नों पर बहुत ही सकारात्मक जवाब दे सकता है, लेकिन यह अपने–आप में एक खुला सवाल है कि क्या इसे उच्च सामाजिक पूँजी का दर्जा दिया जा सकता है। यदि सामाजिक पूँजी एक ऐसी वस्तु है जो सामूहिक कार्रवाई में मददगार होती है, और यदि स्थानीय अभिजन इसका इस्तेमाल मनरेगा जैसे ग़रीबी उन्मूलन के कार्यक्रमों को रोकने के लिए करते हैं, तो यह एक गम्भीर प्रश्न है कि क्या ऐसे समुदाय का वर्णन उच्च सामाजिक पूँजी वाले समुदाय के रूप में किया जा सकता है।

सन्दर्भ

अकाउंटेबिलिटी इनिसिएटिव, 2011, 'बजट ब्रीफ्स–मनरेगा', 3(6), नयी दिल्ली : सेंटर फ़ॉर पॉलिसी रिसर्च।

एकेमोगलु, डेरॉन, ट्रीस्टक रीड और जेम्स ए. रॉबिनसन, 2014, 'चीफ्स : इकोनॉमिक डेवलपमेंट ऐंड इलीट कंट्रोल ऑफ़ सिविल सोसायटी इन सियरा लियाने', *जर्नल ऑफ़ पॉलिटिकल इकोनॉमी* 122 (2) : 319–68।

एकेमोगलु, डेरॉन और जेम्स ए. रॉबिनसन, 2008, 'परसिस्टेंस ऑफ़ पॉवर, इलीट्स ऐंड इंस्टीट्यूशन्स', *अमेरिकन इकोनॉमिक रिव्यू* 98 (1) : 267–93।

एंडरसन, सीवन, पैट्रिक फ्रैंकोइस और अशोक कोतवाल, 2015, 'क्लाइंटेलिज़्म इन इंडियन विलेज्स', *अमेरिकन इकोनॉमिक रिव्यू* 98(1) : 267–93।

कार्टर, एन्थनी टी. 1974, *इलीट पॉलिटिक्स इन रूरल इंडिया : पॉलिटिकल स्ट्रैटिफिकेशन ऐंड पॉलिटिकल अलायन्सेज इन वेस्टर्न महाराष्ट्र, कैम्ब्रिज* : कैम्ब्रिज यूनिवर्सिटी प्रेस।

चोपड़ा, दीप्ता, 2014,' ''दे डॉन्ट वॉन्ट टू वर्क'' वर्सेज ''दे डॉन्ट वॉन्ट टू प्रोवाइड वर्क'' : सीकिंग एक्सप्लेनेशन्स फ़ॉर द डिक्लाइन ऑफ़ मनरेगा इन राजस्थान', वर्किंग पेपर नम्बर 31, इफेक्टिव स्टेट्स फ़ॉर इनक्लूसिव डेवलपमेंट रिसर्च सेंटर (ईएसआईडी)।

इम्बर्ट, क्लीमेंट और जॉन पैप, 2014, 'शॉर्ट–टर्म माइग्रेशन ऐंड रूरल वर्कफेयर प्रोग्राम्स ऐंड अरबन लेबर मार्केट्स : इविडेन्स फ्रॉम इंडिया', वर्किंग पेपर, (Lttp://www.) isid.ac.in-epu/acegd2014/papers/ClementImert.pdf.

कुलकर्णी, अश्विनी, 2013, 'एनआरईजीएस इम्पलिमेंटेशन : आन्ध्रा ऐंड महाराष्ट्रा कम्पेरीजन', एमसीआरआई प्रेजेनटेशन।

मायोरानो, डिएगो, 2014, '*द पॉलिटिक्स ऑफ़ द महात्मा गाँधी नैशनल रूरल इम्पलॉयमेंट* गारण्टी ऐक्ट इन आन्ध्र प्रदेश', वर्ल्ड डेवलपमेंट 58 : 95–105।

मेनन, मीरा, 2012, 'द मराठा डिमांड, वन्स अगेन', *द हिन्दू*, 12 जून।

मुखोपाध्याय, अभिरूप, 2012, 'द पॉलिटिकल इकोनॉमी ऑफ़ इम्पलीमेंटिंग द नैशनल रूरल इम्प्लॉयमेंट गारण्टी स्कीम इन इंडिया', वर्किंग पेपर नम्बर 15, *इफेक्टिव स्टेट्स ऐंड इनक्लूजिव डेवलपमेंट रिसर्च सेंटर* (ईएसआईडी)।

मुरगयी, रिंकू, मार्टिन रावालियॉन, वैन डी वाले और पी. डॉमिनिक, 2013, 'इज वर्कफेयर कॉस्ट–इफेक्टिव अगेन्स्ट पॉवर्टी इन अ पुअर लेबर–सरप्लस इकोनॉमी?' वर्ल्ड बैंक पॉलिसी रिसर्च वर्किंग पेपर, नम्बर 6673।

रैंसम, रॉजर एल. और रिचर्ड सुट्च, 1977, *वन काइंड ऑफ़ फ्रीडम : द इकोनॉमिक कॉन्सीक्वेंसेज ऑफ़ इमैनसिपेशन, न्यूयॉर्क* : कैम्ब्रिज यूनिवर्सिटी प्रेस।

रावालियॉन, मार्टिन, गौरव दत्त और शुभम चौधरी, 1991, 'हाइ यर वेजेज़ फ़ॉर रिलीफ़ वर्क कैन मेक मेनी ऑफ़ द पुअर वर्स ऑफ़ : रिसेंट इविडेन्स फ्रॉम महाराष्ट्राज इम्पलॉयमेंट गारण्टी स्कीम', पॉलिसी रिसर्च ऐंड एक्सटर्नल अफेयर्स वर्किंग पेपर्स : डब्ल्यूपीएस 568, एग्रीकल्चरल पॉलिसीज, वाशिंगटन डीसी : वर्ल्ड बैंक।

सदानन्दन, अनूप, 2012, 'पैट्रोनेज ऐंड डिसेंट्रलाइजेशन : द पॉलिटिक्स ऑफ़ पॉवर्टी इन इंडिया', *कॉम्पेरेटिव पॉलिटिक्स* 44 (82) : 211–28।

स्कॉट, जेम्स सी. 1977, *द मॉरल इकोनॉमी ऑफ़ द पीजेंट : रिबेलियन ऐंड सब्सटेंटिव इन साउथ एशिया*, न्यू हैवेन : येल यूनिवर्सिटी प्रेस।

आन्ध्र प्रदेश के गाँवों में ग़रीबी में वृद्धि

*ग़रीबी से बचाव करने वाली नीतियों की आवश्यकता क्यों है**

अनिरुद्ध कृष्णा, महेश कपिला, शरद पटनायक, महेन्द्र पोरवाल, कृष्णपाल सिंह और वीरपाल सिंह

ग़रीबी से सम्बन्धित नीतियाँ सिर्फ़ उन्हीं लोगों पर केन्द्रित नहीं हो सकती हैं, जो पहले से ही ग़रीबी का सामना कर रहे हैं। कई ऐसे परिवार होते हैं जो आज ग़रीब नहीं हैं, किन्तु वे ग़रीब हो सकते हैं, उन पर ध्यान देने और उनकी सहायता करने की भी आवश्यकता होती है। हम इस बात का इन्तजार नहीं कर सकते हैं कि पहले वे ग़रीब हो जायें, उसके बाद हम उनकी कुछ सहायता करेंगे। जिस ग़रीबी से पहले ही बचाव किया जा सकता है, उससे पहले स्तर पर ही प्रभावकारी तरीक़े से निबटना चाहिए। इसलिए ग़रीबी में कमी लाने वाली नीतियों के अतिरिक्त ऐसी सार्वजनिक नीतियों की भी आवश्यकता है जो ग़रीबी से बचाव में सहायता करें।

इस सन्दर्भ में पूरी तरह से सिर्फ़ संवृद्धि पर निर्भर रहने से कुछ नहीं होगा। अपने–आप में संवृद्धि ग़रीबी को बढ़ावा देने वाले कारकों पर प्रभावकारी नियन्त्रण स्थापित करने का कोई तरीक़ा प्रस्तुत नहीं करती है। जैसे कि नीचे विवेचना की गयी है, इस उद्देश्य को पूरा करने के लिए विशिष्ट सार्वजनिक नीतियों और सार्वजनिक कार्रवाइयों की आवश्यकता होती है।

किसी भी क्षेत्र में लागू होने वाली सबसे प्रभावकारी नीतियों को पहचानने का तरीक़ा यह है कि उस क्षेत्र में ग़रीबी के पैदा होने या उससे बचने के कारणों का सावधानीपूर्वक सूक्ष्म स्तर का विश्लेषण किया जाये। सबसे पहले दक्षिणी राजस्थान में इस प्रकार की जाँच–पड़ताल में

* *इकोनॉमिक ऐंड पॉलिटिकल वीकली* 39 (29) : 3249–56 (17–23 जुलाई, 2004)।

सहायता करने वाली अध्ययन–पद्धति का विकास किया गया। बाद में, उत्तरी गुजरात के गाँवों में जाँच–पड़ताल के दौरान इसमें संशोधन और सुधार किया गया। इस अध्ययन–पद्धति में और ज़्यादा सुधार करने के बाद हमने दिसम्बर 2003 और जनवरी तथा फ़रवरी 2004 के बीच आन्ध्र प्रदेश के तीन ज़िलों के 36 गाँवों का अध्ययन करने के लिए इस पद्धति का प्रयोग किया। इस अध्याय में इस जाँच–पड़ताल का निष्कर्ष प्रस्तुत किया गया है।

ग़रीबी से बचाव का अध्ययन

हमने प्रत्येक ज़िले में से 12 गाँवों का चयन किया, जो जनसंख्या की श्रेणियों और आय स्रोत के विविध मिश्रणों का प्रतिनिधित्व करते थे। हमारा लक्ष्य ग़रीबी तथा ग़रीब की श्रेणी में आने और उससे बाहर जाने की गतिशीलता से सम्बन्धित था। इसलिए हमने ऐसे गाँवों का चयन किया, जहाँ बड़ी संख्या में परिवारों के ग़रीब होने की सम्भावना हो सकती थी। जिन 36 गाँवों को चुना गया था, उनमें से 25 गाँवों में अनुसूचित जाति, अनुसूचित जनजाति और अन्य पिछड़े वर्ग समूह के परिवारों का बहुमत था (सारणी 1); और हमने ऐसे गाँवों का भी चयन किया, जहाँ महत्त्वपूर्ण औद्योगिक या खेतिहर गतिविधियों के कारण लोगों के ग़रीबी से बाहर निकलने की गतिशीलता आमतौर पर सामने आ सकती थी। नालगोंडा ज़िले में जिन गाँवों का चयन किया गया, वे छोटे स्तर के सीमेंट बनाने के कारख़ानों के आसपास बसे हुए थे। ये सारे कारख़ाने इस उप–क्षेत्र में पिछले 25 वर्षों में स्थापित हुए थे। इसके अलावा, चुने गये सभी न सही, पर अधिकांश गाँवों को पिछले दो दशकों में सामने आये बड़ी और छोटी सिंचाई योजनाओं से लाभ हुआ था।[1] इसलिए, निश्चित रूप से ये गाँव पूरे राज्य या फिर इन तीन ज़िलों का भी प्रतिनिधित्व नहीं करते हैं। इसके बजाय, ये लोगों के ग़रीबी की श्रेणी में आने या इससे बाहर जाने की गतिशीलता का अध्ययन करने के लिए महत्त्वपूर्ण केन्द्र उपलब्ध कराते हैं।

बहरहाल, जब हमने सभी 36 गाँवों के औसत आँकड़ों पर विचार किया, तो यह बात सामने आयी कि कुछ मिलाकर गतिशीलता का स्तर काफ़ी छोटा है। इन गाँवों के लोगों के अपने अनुमान के अनुसार 25 वर्ष पहले यहाँ के 65.5 प्रतिशत परिवार ग़रीब थे, और आज ऐसे परिवारों की संख्या 63.5 है। भोजन का अभाव, कपड़े का अभाव, अत्यधिक छोटा और

टूटा–फूटा निवास स्थान, तथा परिवार पर चढ़े क़र्ज़ को उतार पाने की असमर्थता के आधार पर लोग इस क्षेत्र में सामान्य रूप से किसी परिवार को ग़रीब मानते हैं। जिन परिवारों में इनमें से एक या एक से ज़्यादा बुनियादी आवश्यकताओं को पूरा करने की सामर्थ्य नहीं है, उन्हें ग़रीब माना जाता है। जैसे कि नीचे विवेचना की गयी है, ऐसे परिवारों द्वारा ख़ुद को ग़रीब मानते हैं, और उनके गाँव के लोग भी उन्हें ग़रीब मानते हैं।

सभी गाँवों में होने वाला कुल परिवर्तन तुलनात्मक रूप से छोटा है। पिछले 25 वर्षों में सिर्फ़ 1.9 प्रतिशत परिवार ही ग़रीबी से बाहर निकल पाये। ग़रीबी में कमी होने की इस निम्न औसत दर के कारण ग़रीबी को सहन करने लायक स्तर तक लाने में कई दशक लग जायेंगे। एक ज़्यादा स्वीकार्य समयावधि के भीतर ग़रीबी में कमी लाने के लिए कुछ और, या बहुत कुछ करने की आवश्यकता है। आन्ध्र प्रदेश की सरकार ने वर्ष 2020 के लिए एक परिकल्पना पत्र जारी किया है, जिसमें कई कार्यक्रमों और नीतियों का वर्णन किया गया है, जो ग़रीबी को कम करने के प्रयास में मददगार साबित होंगे (गवर्नमेंट ऑफ़ आन्ध्र प्रदेश 2004)। इसके अतिरिक्त, कुछ अन्य नीतियों और कार्यक्रमों की भी आवश्यकता होगी। विशेष रूप से, ऐसी नीतियों की आवश्यकता होगी जो परिवारों को ग़रीब की श्रेणी में जाने से रोकें। इस अध्याय के आख़िरी भाग में हम इस बात की विवेचना करेंगे कि इस प्रकार की नीतियों का स्वरूप क्या हो सकता है।

प्रगति–के–चरण दृष्टिकोण को अपनाना

बहरहाल, सभी कार्यक्रम और नीतियाँ ऐसी नहीं होती हैं, जिनके कारण ग़रीबी में कटौती होती है। परिवारों पर ध्यान देने की रणनीति से तय करने में भी मदद मिलती है कि कौन ग़रीबी से बाहर निकल रहा है और कौन नहीं। ग़रीबी को मापने हेतु पेशेवर विश्लेषकों द्वारा तैयार किये गये मापकों (वैश्विक सन्दर्भ में 1 डॉलर प्रतिदिन या 2,400 कैलोरी प्रतिदिन) को ध्यान में रखते हुए परिवार अपनी रणनीतियाँ तैयार नहीं करते हैं। इसके बजाय, परिवार अपनी रणनीतियों में उस ग़रीबी पर ध्यान देते हैं जिसे वे अपने सन्दर्भ में समझते और परिभाषित करते हैं (चैम्बर्स 1995; डगलस 2004)। प्रगति–के–चरण दृष्टिकोण ग़रीबी के स्थानीय स्तर पर सम्मान प्राप्त या स्वीकृत समझदारी के साथ आरम्भ होता है। 10 लोगों की एक टीम ने आन्ध्र प्रदेश के गाँवों में इस दृष्टिकोण को लागू किया।[2]

प्रशिक्षण के बाद टीम ने चुने गये प्रत्येक गाँव में निम्नलिखित चरणों का अनुसरण किया।[3]

पहला चरण : प्रतिनिधि सामुदायिक समूह को एकत्रित करना। प्रत्येक गाँव में एक पुरुष और एक महिला सामुदायिक समूह को एकत्रित किया गया। हमारी टीम के पुरुष सदस्यों ने प्रत्येक गाँव में पुरुषों से बात की। वहीं, हमारी टीम की महिला सदस्यों ने गाँव में महिलाओं के समूह को एकत्रित किया। हम ख़ासतौर पर गाँव के बुजुर्ग लोगों से बातचीत करना चाहते थे। हम उनसे बातचीत करके यह जानना चाहते थे कि आज से 25 साल पहले और उसके बाद के दौर में परिवारों की स्थिति कैसी थी। पहले के दौर को अच्छी तरह स्पष्ट करने के लिए हमने 1975–77 के राष्ट्रीय आपात्काल का उल्लेख एक सन्दर्भ वर्ष के रूप में किया। गाँव के बुजुर्ग लोगों को वह समय अच्छी तरह से याद था।[4]

दूसरा चरण : हमारे उद्देश्यों की जानकारी देना। हमने ख़ुद को अनुसन्धानकर्त्ता के रूप में प्रस्तुत किया। हमने यह साफ़ कर दिया कि हम सरकार या किसी एन.जी.ओ. का प्रतिनिधित्व नहीं करते हैं। यानी हमनें उन्हें बताया कि हमसे खुलकर बात करने में उन्हें कोई लाभ या नुक़सान नहीं होने वाला है। हमने इन तथ्यों का उल्लेख इसलिए किया ताकि लोगों को यह अहसास हो जाये कि अपने गाँव के किसी परिवार के बारे में गलत सूचना देने से कोई फ़ायदा नहीं होने वाला है।

तीसरा चरण : 'ग़रीबी' को सामूहिक रूप से परिभाषित करना। प्रगति के चरणों के सन्दर्भ में ग़रीबी की स्थानीय समझ के बारे में जानने के बाद हमने यह पूछा कि ग़रीब परिवार ग़रीबी से बाहर निकलने के लिए क्या करते हैं। हमने गाँव के जमा हुए लोगों से यह पूछा कि जब एक परिवार अत्यन्त ग़रीबी की स्थिति से धीरे–धीरे बाहर निकल जाता है तो वह क्या करता है? ऐसे परिवार के पास थोड़ा–बहुत पैसा जमा हो जाने पर वह इसे किस तरह ख़र्च करता है? इसके तुरन्त बाद जब अगली बार पैसा आता है तो उसे किस प्रकार ख़र्च किया जाता है? यदि धीरे–धीरे परिवार के पास ज़्यादा पैसा आता जाता है तो वह तीसरे चरण, चौथे चरण आदि में क्या करता है? गाँव के लोगों ने इन चरणों के बारे में आपस में बातचीत की, और विशेष रूप से उच्चतर स्तर के चरणों के बारे में उनमें आम सहमति नहीं थी कि इन चरणों में पैसे को कैसे ख़र्च किया जाता है। बहरहाल, प्रगति के पहले कुछ चरणों के बारे में प्रत्येक गाँव के दोनों

समूहों के बारे में काफ़ी हद तक सहमति थी। इसके अलावा, सभी 36 गाँवों में ये चार चरण एक जैसे थे। प्रगति के पहले चार चरण इस प्रकार हैं : (1) भोजन; (2) छोटे स्तर पर घर की मरम्मत, ख़ासतौर पर चूने वाले छतों को ठीक करना; (3) नियमित किस्तों के माध्यम से संचित कर्ज़ को जमा करना; (4) घर से बाहर पहनने के लिए कुछ कपड़ों की ख़रीददारी।

ग़रीबी की स्थानीय परिभाषा में भी ये चार चरण सम्मिलित हैं। आमतौर पर, प्रत्येक गाँव में यह बताया गया कि जिन परिवारों ने इन पहले चार चरणों को पार कर लिया है, उन्हें अब ग़रीब नहीं माना जाता है। इस तरह, इन गाँवों में सामान्य तौर पर प्रचलित समझ के अनुसार, यह माना जाता है कि यदि किसी परिवार ने चौथे चरण को पार कर लिया, तो उसने इन समाजों में निर्मित ग़रीबी की रेखा को पार कर लिया।[5]

जिन परिवारों ने इस ग़रीबी रेखा को पार नहीं किया है, वे ख़ुद को ग़रीब मानते हैं। साथ ही, अमूमन गाँव के अन्य लोग भी उन्हें ग़रीब ही मानते हैं। इन श्रेणियों के सन्दर्भ में पूछने पर हर गाँव में लोगों ने यह बताया कि कौन से परिवार ग़रीब हैं, और कौन से ग़रीब नहीं हैं।[6]

चौथा चरण : आज के परिवार को विश्लेषण की इकाई मानना, वर्तमान में और 25 वर्ष पहले परिवारों की ग़रीबी की जाँच पड़ताल। इस चरण में प्रत्येक गाँव के हर परिवार की सूची तैयार की गयी। जैसा कि बताया गया है कि पिछले चरण में ग़रीबी के बारे में एक साझा समझ बनायी गयी। इसके आधार पर एक स्थान पर एकत्रित सामुदायिक समूहों से यह पूछा गया कि 25 वर्ष पहले, और इसके बाद के समय की तुलना में प्रत्येक परिवार की स्थिति क्या है। इस प्रयोग के लिए वर्तमान परिवारों को विश्लेषण की इकाई माना गया।[7]

पाँचवाँ चरण : घरों को विशिष्ट श्रेणियों में डालना। वर्तमान समय और 25 वर्ष पूर्व प्रत्येक परिवार की ग़रीबी की स्थिति को तय करने के बाद प्रत्येक परिवार को निम्नलिखित 4 में से किसी एक श्रेणी में डाला गया :

श्रेणी क : पहले ग़रीब और अभी ग़रीब (जो ग़रीब ही रहें);

श्रेणी ख : पहले ग़रीब, और अब ग़रीब नहीं (जो ग़रीबी से बाहर निकल गये);

श्रेणी ग : पहले ग़रीब नहीं, लेकिन अब ग़रीब (जो ग़रीब बन गये); और

श्रेणी घ : पहले भी ग़रीब नहीं और अभी भी ग़रीब नहीं (जो कभी ग़रीब नहीं रहे)।

छठा चरण : परिवारों के रैण्डम सैंपल के सन्दर्भ में उनके ग़रीबी से बचने या ग़रीब होने के कारणों की जाँच–पड़ताल। प्रत्येक श्रेणी के भीतर तक़रीबन 40 प्रतिशत परिवारों के रैण्डम सैंपल के सभी परिवारों के बारे में हमने यह जाँच–पड़ताल की कि पिछले 25 वर्षों में उनका इतिहास क्या रहा है, और किन कारकों ने उनकी स्थिति को वर्तमान स्वरूप देने में महत्त्वपूर्ण भूमिका अदा की है। प्रत्येक गाँव में पुरुषों और महिलाओं के समूहों के साथ प्रत्येक चुने गये परिवार के इतिहास के बारे में चर्चा की गयी। इस प्रकार की चर्चा में यदि कोई भिन्नता सामने आयी तो उसे सुलझाने के लिए दोनों समूहों के विवरणों की फिर से जाँच की गयी।

सातवाँ चरण : परिवार के सदस्यों का साक्षात्कार। सामुदायिक समूहों द्वारा बताये गये कारणों की जाँच–पड़ताल करने के लिए सम्बन्धित परिवार के व्यक्तिगत सदस्यों से अलग से बातचीत की गयी। ऐसे प्रत्येक परिवार के कम–से–कम दो सदस्यों का अलग से साक्षात्कार लिया गया।

सारणी 1 में सभी 36 गाँवों की संख्याओं को दर्शाया गया है। 25 वर्ष पहले इन सभी 36 गाँवों में 65.5 प्रतिशत परिवार ग़रीब थे, तथा वर्तमान समय में 63.5 प्रतिशत परिवार ग़रीब हैं। इन गाँवों के सभी परिवारों में पिछले 25 वर्षों में 14.1 प्रतिशत परिवार ग़रीबी से बाहर निकले हैं। लेकिन इसके साथ ही 12.2 प्रतिशत परिवार ग़रीबी का शिकार हो गये हैं।

यहाँ प्रस्तुत आँकड़े सम्पूर्ण आन्ध्र प्रदेश राज्य के बारे में ग़रीबी के आधिकारिक आँकड़ों से काफ़ी अलग हैं। आधिकारिक रूप से, यह अनुमान लगाया गया है कि वर्ष 2000 में आन्ध्र प्रदेश की जनसंख्या में 15.8 प्रतिशत लोगों को ग़रीबी प्रभावित करती है (गवर्नमेंट ऑफ़ आन्ध्र प्रदेश 2003 : 49)। अन्य विश्लेषकों का यह मानना है कि यह आँकड़ा और ज़्यादा ऊँचा होना चाहिए। कुछ वैकल्पिक अनुमानों के मुताबिक़ यह आँकड़ा क्रमशः 26.2 प्रतिशत तथा 23.8 प्रतिशत है (रेड्डी और अन्य 2003 : 331)। राज्य के विशिष्ट भागों के लिए और ज़्यादा उच्चतर प्रतिशत सामने आया है। मसलन, अनन्तापुर और श्रीकाकुलम ज़िलों में क्रमशः 48 प्रतिशत और 40 प्रतिशत का आँकड़ा सामने आया है (सी.ई.एस.एस. 2002 : 114)। वहीं, राज्य के कुछ क्षेत्रों और उप–क्षेत्रों के लिए बन्द्योपाध्याय ने यह आँकड़ा

77 प्रतिशत तक बताया है। इसलिए ऐसा लगता है कि यहाँ बताये गये आँकड़े पूरी तरह से अनुमानों से परे नहीं हैं। यह मुमकिन है कि हमारे द्वारा चुने गये गाँवों के कारण ये आँकड़े तुलनात्मक रूप से ज़्यादा हों, क्योंकि हमने जिन गाँवों को चुना वहाँ अनुसूचित जाति, अनुसूचित जनजाति और अन्य पिछड़े वर्गों की जनसंख्या तुलनात्मक रूप से ज़्यादा थी। इसके अलावा, पिछले तीन–चार वर्षों में कई गाँवों को सूखे का सामना करना पड़ा। यह मुमकिन है कि इसने भी ग़रीबी के स्तर की वृद्धि में महत्त्वपूर्ण भूमिका निभाई हो।

यहाँ यह भी ग़ौरतलब है कि यहाँ ग़रीबी की जिस स्थानीय परिभाषा पर विचार किया गया है, उसमें कुछ का ही बुनियादी आवश्यकताओं का सन्दर्भ दिया गया है। इसमें भोजन, आवश्यक कपड़े, बुनियादी स्तर का निवास स्थान, और क़र्ज़ की किस्त में अदायगी को सम्मिलित किया गया है। इन समुदायों द्वारा जिन लोगों को ग़रीब के रूप में चिन्हित किया गया है, वे बहुत ही ख़राब स्थिति में रह रहे हैं और उनके पास बुनियादी आवश्यकता को पूरा करने वाली वस्तुओं का अभाव है और यह बात पूरी तरह से नामुमकिन लगती है कि किसी अन्य कसौटी के आधार पर इन्हें ग़रीब नहीं माना जायेगा।

दरअसल, प्रगति–के–चरण प्रयोग में जिन परिवारों को ग़रीब परिवारों के रूप में चिन्हित किया गया, वे तुलनात्मक सम्पत्ति के कुछ अन्य संकेतकों के सन्दर्भ में भी इसी तरह ग़रीब हैं। 'श्रेणी क' (जो ग़रीब ही रहें) से सम्बन्धित अधिकांश परिवार पूरी तरह से भूमिहीन है। इस श्रेणी में आने वाले परिवारों के पास औसतन 0.45 एकड़ ज़मीन हैं। इसके विपरीत, 'श्रेणी घ' (जो कभी ग़रीब नहीं रहे) के परिवारों के पास औसतन 2.0 एकड़ ज़मीन है, वहीं 'श्रेणी ग' (जो ग़रीब बन गये) और 'श्रेणी ख' (जो ग़रीबी से बाहर निकल गये) के परिवारों के पास क्रमशः औसतन 1.67 एकड़ और 1.18 एकड़ ज़मीन है।[8] 'श्रेणी क' के परिवारों के पास औसतन सिर्फ़ 0.64 पशु हैं, वहीं 'श्रेणी घ' के परिवारों के पास पशुओं की संख्या दोगुनी है (1.28 पशु)। इसके अलावा, 'श्रेणी ख' और 'श्रेणी ग' के पास क्रमशः औसतन 1.1 और 0.84 पशु हैं।

जैसा कि सारणी 1 में दर्शाया गया है कि अलग–अलग गाँवों में ग़रीबी का स्तर भिन्न–भिन्न होता है। पिछले 25 वर्षों में इन गाँवों की प्रवृत्ति में काफ़ी अन्तर आया है। 36 में से 22 गाँवों में ग़रीब परिवारों के प्रतिशत में

कमी आयी है। लेकिन इसके साथ ही, शेष 14 गाँवों में ग़रीबी के प्रतिशत में कमी भी आयी है। कुछ गाँवों में काफ़ी नकारात्मक परिवर्तन हुए हैं, वहीं अन्य गाँवों में अत्यधिक सकारात्मक परिवर्तन भी सामने आये हैं।

यदि ग़रीबी में कमी लाने के लिए राष्ट्रीय या राज्य अर्थव्यवस्था में संवृद्धि ही महत्त्वपूर्ण है या सिर्फ़ संवृद्धि को एकमात्र सबसे महत्त्वपूर्ण कारक माना जाता है, तो इस बात की व्याख्या करना काफ़ी मुश्किल है कि एक ही क्षेत्र के विविध गाँवों में इतनी ज़्यादा विविधता क्यों है। ग़रीब की श्रेणी में शामिल होने या इससे बाहर निकलने के कारणों पर विचार करके इन विविध प्रवृत्तियों की ज़्यादा बेहतर तरीक़े से व्याख्या की जा सकती है।

सारणी 1 : आन्ध्र प्रदेश के 36 गाँवों में ग़रीबी की प्रवृत्तियाँ

गाँव	कुल परिवार	जातियाँ	उन परिवारों का प्रतिशत जो पिछले 25 वर्षों				पच्चीस वर्ष पहले ग़रीब (प्रतिशत)	वर्तमान में ग़रीब (प्रतिशत)	ग़रीबी में परिवर्तन (प्रतिशत)
			गरीब बने रहे	गरीबी से बाहर निकले	गरीब हो गये	गरीब नहीं बने			
ईस्ट गोदावरी ज़िला									
1. चिनाभीमापल्ले	159	अनुसूचित जनजाति	67.3	17.6	5.0	10.1	84.9	72.3	12.6
2. चिनारामानायापेटा	100	मिश्रित	63.0	8.0	3.0	26.0	71.0	66.0	5.0
3. गोलालगुंटा	119	मिश्रित	24.4	29.4	4.2	42.0	53.8	28.6	25.2
4. गोपालापुरम	160	मिश्रित	40.6	10.6	12.5	36.3	51.3	53.1	−1.9
5. जगमपलेम	122	अनुसूचित जनजाति, अन्य पिछड़ा वर्ग	79.5	10.7	2.5	7.4	90.2	82.0	8.2
6. कोमारवम	101	अनुसूचित जनजाति	42.5	40.6	4.0	9.9	86.1	49.5	36.6
7. लाकोन्डा	152	अनुसूचित जनजाति	28.9	15.1	15.8	40.1	44.1	44.7	−0.7
8. पेड्डाभीमपाले	170	मिश्रित	68.8	15.3	4.7	11.2	84.1	73.5	10.6

9. सीथानगरम्	164	मिश्रित	25.0	1.8	18.3	54.9	26.8	43.3	−16.5
10. सुद्धीकोंडा	86	अन्य पिछड़ा वर्ग, अनुसूचित जनजाति	46.5	30.2	12.8	10.5	76.7	59.3	17.4
11. वीललंकापल्ले	183	मिश्रित	41.5	10.9	2.2	45.4	52.5	43.7	8.7
12. वेमुलोवा	156	अनुसूचित जनजाति	41.7	49.4	3.8	5.1	91.0	45.5	45.5
खम्माम ज़िला									
13. चोवडावरम	133	अनुसूचित जाति, अन्य पिछड़ा वर्ग	66.2	3.0	6.0	24.8	69.2	72.2	−3.0
14. लक्ष्मीपुरम	166	अनुसूचित जाति	62.1	7.8	12.9	17.2	69.8	75.0	−5.2
15. मोथेपट्टीनगर	191	अनुसूचित जाति, अनुसूचित जनजाति, अन्य पिछड़ा वर्ग	81.2	5.8	4.7	8.4	86.9	85.9	1.0
16. मुरुमुर	174	अनुसूचित जाति, अनुसूचित जनजाति, अन्य पिछड़ा वर्ग	44.8	18.4	1.1	35.6	63.2	46.0	17.2
17. पोचावरमकोलोनी	158	अनुसूचित जाति, अनुसूचित जनजाति, अन्य पिछड़ा वर्ग	85.4	10.1	1.3	3.2	95.6	86.7	8.9
18. रामाकृष्णापुरम्	114	मिश्रित	50.9	7.9	3.5	37.7	58.8	54.4	4.4
19. रायानपेटा	190	मिश्रित	67.9	10.5	13.7	7.9	78.4	81.6	−3.2

20. रापालेवाडा	121	अन्य पिछड़ा वर्ग, अनुसूचित जाति	77.7	10.7	5.0	6.6	88.4	82.6	5.8
21. समपाले	180	अन्य पिछड़ा वर्ग, अनुसूचित जाति	35.6	35.6	12.8	16.1	71.1	48.3	22.8
22. सीथारामपुरम	168	मिश्रित	47.6	13.1	4.2	35.2	60.7	51.8	8.9
23. श्रीधारा	134	एम, अन्य पिछड़ा वर्ग, अनुसूचित जाति	56.7	17.2	3.0	23.1	73.9	59.7	14.2
24. थुरुबाका	198	अनुसूचित जाति	61.1	18.2	7.6	13.1	79.3	68.7	10.6
नालगोंडा ज़िला									
25. आरलागुदेम	243	अन्य पिछड़ा वर्ग	30.9	5.8	13.6	49.8	36.6	44.4	−7.8
26. अवेरानीकुंटाथंडा	91	अनुसूचित जनजाति	31.9	3.3	37.4	27.5	35.2	69.2	−34.1
27. भीमालाथंडा	108	अनुसूचित जनजाति	64.8	22.2	7.4	5.6	87.0	72.2	14.8
28. भोजाथंडा	99	अनुसूचित जनजाति	55.6	1.0	40.4	3.0	56.6	96.0	−39.4
29. गुंडलापाले	225	मिश्रित	59.6	13.3	8.0	19.1	72.9	67.6	5.3
30. गुरोअम्बुबोथंडा	114	अनुसूचित जनजाति	32.5	4.4	51.8	11.4	36.8	84.2	−47.4
31. कृष्णाथंडा	200	अनुसूचित जनजाति	55.0	0.5	29.5	15.0	55.5	84.5	−29.0
32. मकदूमनगर	118	मिश्रित	33.9	11.9	24.6	29.7	45.8	58.5	−12.7
33. पोलेनीगुदेम	292	अनुसूचित जाति, अन्य पिछड़ा वर्ग	38.0	14.4	23.3	24.3	52.4	61.3	−8.9

34. सीथारामपुरम्	232	अन्य पिछड़ा वर्ग, अनुसूचित जाति	45.3	2.6	25.0	27.2	47.8	70.3	−22.4
35. सुल्तानपुरथंडा	89	अनुसूचित जनजाति	23.6	49.4	3.4	23.6	73.0	29.4	46.1
36. तुमालाथंडा	176	अनुसूचित जनजाति	67.0	13.1	9.7	10.2	80.1	76.7	3.4
कुल	5,536		51.4	14.1	12.2	22.3	65.5	63.5	2.0

स्रोत : लेखक।

ग़रीबी में वृद्धि

इस क्षेत्र में गाँव के लोगों की ग़रीबी की साझा समझ के सन्दर्भ में यह कहा जा सकता है कि पिछले 25 वर्षों में इस क्षेत्र के कुल 5,536 परिवारों में से 675 परिवार (12.2 प्रतिशत) ग़रीबी का शिकार हुए। ये परिवार 25 वर्ष पहले ग़रीब नहीं थे, लेकिन इसके बाद के दौर में वे विभिन्न कारणों से ग़रीबी का शिकार हो गये। आगे इन कारणों का विवरण दिया गया है। यदि विभिन्न परिवारों को ग़रीबी में धकेलने वाले इन कारणों को प्रभावकारी तरीक़े से नियन्त्रित किया जाता, तो कुल मिलाकर ग़रीबी नियन्त्रण में ज़्यादा सफलता मिलती।

हमने 'श्रेणी ग' (ऐसे परिवार जो ग़रीब बन गये) के कुल 675 परिवारों में से 335 परिवारों के रैण्डम सैंपल का साक्षात्कार लिया। इसके बाद, हमने इन परिवारों द्वारा दिये गये विवरणों की तुलना तीन अन्य श्रेणियों से सम्बन्धित परिवारों द्वारा दिये गये विवरणों से की। ऐसे सभी परिवारों द्वारा दी गयी सूचनाओं को आपस में मिलाया गया, और बहुत से स्वतन्त्र स्रोतों से उनकी जाँच की गयी। इन स्वतन्त्र स्रोतों में प्रत्येक गाँव के पुरुषों और महिलाओं के सामुदायिक समूह सम्मिलित थे। इसके अलावा, सम्बन्धित परिवार के कम–से–कम दो सदस्यों से भी इस बारे में बात की गयी। हमारे द्वारा संचालित साक्षात्कार में तथा इन आँकड़ों के विश्लेषण के दौरान एक तुलनात्मक दृष्टिकोण अपनाया गया।

सारणी 2 से उन चरणों की संख्या के बारे में संकेत मिलता है जिनसे पिछले 25 वर्षों में विभिन्न परिवार 'श्रेणी ग' में आ गये हैं। यह बात

स्पष्ट है कि सभी परिवार समान गहनता से ग़रीबी का शिकार नहीं हुए। 'श्रेणी ग' के तक़रीबन 35 प्रतिशत परिवार सिर्फ़ एक या दो चरणों के कारण ग़रीब बन गये। इस बात की पूरी सम्भावना है कि ये परिवार तुलनात्मक रूप से आसानी से अपनी पुरानी स्थिति हासिल कर लेंगे। इसके अलावा, 65 प्रतिशत अन्य गाँव तीन चरण या उससे ज़्यादा के कारण ग़रीबी के शिकार हुए हैं। इन परिवारों के लिए अपनी पुरानी स्थिति हासिल करना ज़्यादा कठिन होगा।

अमूमन किसी परिवार के ग़रीब बन जाने के लिए किसी एक कारण को ज़िम्मेदार नहीं ठहराया जा सकता है। इसके बजाय, इस क्षेत्र में पहले ग़रीब न रहने वाले परिवार के ग़रीब बनने के पीछे बहुत से कारकों की संयुक्त भूमिका होती है। अमूमन परिवारों के ग़रीब बन जाने के पीछे चार प्रमुख कारणों को उद्धृत किया गया : ख़राब स्वास्थ्य और स्वास्थ्य सम्बन्धी ख़र्च, सामाजिक और प्रथागत ख़र्च–विशेष रूप से मृत्यु और विवाह के समय भोजों का आयोजन, निजी स्तर पर लिए जाने वाले क़र्ज़ की उच्च ब्याज दर और क़र्ज़।

हमने 'श्रेणी ग' के जिन परिवारों का साक्षात्कार किया, उसमें से 74 प्रतिशत परिवारों ने स्वास्थ्य और स्वास्थ्य सेवा को अपने ग़रीब होने के पीछे मुख्य कारण माना। 68.7 प्रतिशत परिवारों ने विवाह सम्बन्धी ख़र्च को अपने ग़रीब होने के लिए ज़िम्मेदार माना, वहीं 28 प्रतिशत ने मृत्यु भोज को अपने ग़रीब होने के प्रमुख कारण के रूप में रेखांकित किया।

इस क्षेत्र के सभी जाति समूहों के परिवार शादी–ब्याह के भोज में काफ़ी ज़्यादा ख़र्च करते हैं। अब इसमें ऐसे जाति समूह भी सम्मिलित हैं जो पहले शादी में बहुत ज़्यादा ख़र्च नहीं करते थे। अमूमन मृत्यु भोज में ज़्यादा ख़र्च उन जाति समूहों के परिवारों द्वारा किया जाता था, जिनकी संख्या तुलनात्मक रूप से छोटी थी। मसलन, यादव (अन्य पिछड़ा वर्ग), कम्मा (सामान्य), लम्बाडा (अनुसूचित जनजाति), और विशेष रूप से कोंडा रेड्डी और कोया (अनुसूचित जनजाति)। ख़ास बात यह है कि इन जाति श्रेणियों के परिवारों के बड़े अनुपात ग़रीब हो गये हैं। अन्य जाति समूहों से जुड़े परिवारों में बहुत ख़र्चीला मृत्यु भोज देने का प्रचलन नहीं रहा है।

परिवारों के ग़रीब बनने में सूखा ने भी एक महत्त्वपूर्ण कारक की भूमिका अदा की है। कई बार सिंचाई सुविधा के असफल होने या अन्य मौक़ों पर बारिश न होने के कारण सूखा की स्थिति पैदा हो जाती है। नालगोंडा

ज़िले के तीन गाँवों को सिंचाई की विफलता की सबसे गम्भीर स्थिति का अनुभव करना पड़ा। भोजाथांडा गाँव के 99 परिवारों में से 40 परिवार, गुरमबोडुथांडा गाँव के 114 परिवारों में से 59 परिवार, अवेरनीकुंटाथांडा गाँव के 91 परिवारों में से 34 परिवार ग़रीब बन गये। दरअसल, ये सभी 36 गाँवों में तीन सबसे नकारात्मक परिवर्तन वाले गाँव थे (देखें सारणी 1)। इन गाँवों में अनुसूचित जनजातियों की जनसंख्या सबसे ज़्यादा है। इसके अलावा, सूखा से प्रभावित अन्य गाँवों में भी अनुसूचित जनजातियाँ तुलनात्मक रूप से ज़्यादा संख्या में ग़रीब हो गयीं।

ग़रीब बने परिवारों द्वारा दिये गये विवरण में ग़रीबी के प्रमुख आख़िरी कारक के रूप में परिवार के बड़े आकार का भी उल्लेख किया गया। 'श्रेणी ग' के सभी परिवारों में से 34 प्रतिशत परिवारों ने इस कारक का उल्लेख किया। सम्बन्धित परिवारों से साक्षात्कार के दौरान यह बात सामने आयी कि उन सभी को बड़े परिवार के नकारात्मक प्रभावों की जानकारी है। इसलिए, यह उम्मीद की जानी चाहिए कि भविष्य में इस क्षेत्र के लोग परिवार का आकार छोटा रखने से सम्बन्धित कार्यक्रमों को स्वीकार करेंगे।

परिवारों के ग़रीब होने में शराब पीने और आलस की ज़्यादा बड़ी भूमिका नहीं है। ग़रीब हुए परिवारों में से सिर्फ़ 3.2 प्रतिशत परिवारों ने आलस को अपनी ग़रीबी का कारण बताया, वहीं सिर्फ़ 3.6 प्रतिशत परिवारों ने शराब पीने की आदत को अपने ग़रीब बनने का कारण माना। ऐसा नहीं है कि इस क्षेत्र में लोगों के बीच आलस या शराब की समस्या नहीं है; दरअसल, यह समस्या बड़े पैमाने पर मौजूद है। लेकिन सच्चाई यह है कि इन कारकों ने विभिन्न परिवारों के ग़रीब बनने या पहले की तरह ही ग़रीब बने रहने में बहुत महत्त्वपूर्ण कारक की भूमिका अदा नहीं की है।

ग़रीबी से बाहर निकलना

उम्मीद के विपरीत, औद्योगिक विकास और नौकरियाँ पैदा होने के बावजूद इन गाँवों में ग़रीबी से निकलने का मुख्य रास्ता नहीं मिला है। हमने 'श्रेणी ख' के जिन 348 परिवारों का साक्षात्कार किया उनमें से सिर्फ़ 24 परिवारों के लोगों के पास निजी क्षेत्र की नौकरियाँ हैं। इसका

अर्थ यह है कि ग़रीबी से बाहर निकलने वाले सिर्फ़ 7 प्रतिशत परिवारों को निजी क्षेत्र की नौकरी मिलने के कारण ग़रीबी से बाहर निकलने में सहायता मिली।

सारणी : 2 ग़रीबी का शिकार होने वाले परिवारों के बीच चरणों के गिरावट की संख्या

चरणों की संख्या में गिरावट	'श्रेणी ग' के परिवारों का प्रतिशत
1	13.2
2	21.7
3	38.7
4	16.0
5	5.7
6	3.8
7	0.9
कुल	100

नोट : इन परिवारों में से 60.4 प्रतिशत ने उच्च ब्याज वाले निज़ी क़र्ज़ का उल्लेख किया।

नालगोंडा ज़िले में भी इसी तरह की प्रवृत्ति दिखी। यहाँ जिन 12 गाँवों का अध्ययन किया गया, वे सभी निज स्वामित्व वाले सीमेंट कारख़ानों के आसपास बसे हुए थे। इस क्षेत्र में सबसे पहले 1981 में सीमेंट के कारख़ाने का काम आरम्भ हुआ था। उसके बाद 24 और कारख़ानों में उत्पादन शुरू हुआ। वर्तमान में ये सभी कारख़ाने अपनी पूरी या तक़रीबन पूरी क्षमता के साथ उत्पादन कर रहे हैं। बहरहाल, इस क्षेत्र में ग़रीबी से बाहर निकलने वाले सिर्फ़ 30 प्रतिशत परिवार ही निजी क्षेत्र में नौकरी पाने के कारण ऐसा करने में सफल हो पायें।

हमारा यह मानना है कि भविष्य में ग़रीबी में कमी लाने वाली योजनाओं के सन्दर्भ में इन निष्कर्षों से महत्त्वपूर्ण सबक मिलता है। राज्य में होने वाली संवृद्धि निजी क्षेत्र की नौकरियों में बढ़ोतरी के माध्यम से इन गाँवों के ग़रीब लोगों तक नहीं पहुँची है। इन गाँवों के बड़ी संख्या में शिक्षित और बेरोज़गार लोग नियमित नौकरियों की तलाश कर रहे हैं। अभी तक

सिर्फ़ एक छोटे हिस्से को ही नौकरी हासिल करने में कामयाबी मिली है और जिन लोगों को निजी क्षेत्र में नौकरी मिली है, उनमें से सभी लोगों को अपने परिवारों को ग़रीबी से बाहर निकालने में सफलता नहीं मिली है।

ऐसा नहीं है कि इस क्षेत्र के निजी उद्योग अपने कर्मचारियों के साथ बुरा बर्ताव करते हैं। सीमेंट कारख़ानों की चारदीवारी के भीतर आलीशान अवासीय सुविधाएँ इसका प्रमाण हैं। इसके अलावा, कर्मचारियों के लिए अस्पताल, स्कूल, ख़रीददारी केन्द्र, और खेल के मैदान की सुविधा उपलब्ध कराई गयी है। इन कारख़ानों में काम करने वाले कर्मचारी अपने परिवारों के साथ इनका उपयोग करते हैं। किन्तु बहुत कम स्थानीय निवासी इन संरक्षित या उच्च पदों तक आ पाते हैं। अधिकांश लोग सीमेंट के कारख़ाने में अनौपचारिक या अस्थायी मज़दूर के रूप में काम करते हैं। इन्हें संरक्षित आवासीय क्षेत्र में प्रवेश करने या इसकी सुविधाओं का उपयोग करने का बहुत कम मौक़ा मिलता है। इन्हें सीधे सीमेंट के कारख़ाने के अधिकारी भर्ती नहीं करते हैं, बल्कि इन्हें मध्यस्थों या ठेकेदारों द्वारा किराये पर लाया जाता है। अमूमन इन्हें कई वर्ष तक हर दिन के इनके काम के आधार पर मज़दूरी दी जाती है। कई ऐसे दिन होते हैं जब कोई काम नहीं होता है, और इस दिन उन्हें कोई वेतन नहीं मिलता है। इस क्षेत्र में अपनी जीविका के लिए निजी उद्योग पर निर्भर अधिकांश ग्रामीण अनौपचारिक, दिहाड़ी मज़दूरों के रूप में काम करते हैं, जिनकी नौकरी की कोई गारण्टी नहीं होती है।[9]

रोज़गारी की स्थिति ऐसी है कि इस इलाके में अधिकांश मामलों में निजी क्षेत्र की नौकरियाँ लोगों को ग़रीबी से बाहर निकलने में मदद नहीं करती हैं। 'श्रेणी ख' के सिर्फ़ 7 प्रतिशत परिवार ही निजी क्षेत्र की नौकरियों के रास्ते से ग़रीबी से बाहर निकल पायें। वहीं, सरकारी नौकरियों की मदद से ग़रीबी से बाहर निकलने वालों का प्रतिशत थोड़ा उच्च अर्थात् 10.9 प्रतिशत रहा। लेकिन सरकारी नौकरियों का विस्तार करने का विकल्प उपलब्ध नहीं है, विशेष रूप से वर्तमान दौर में ऐसा बिल्कुल नहीं है क्योंकि अभी अमूमन इस बात पर ज़ोर दिया जाता है कि सरकार के आकार को छोटा किया जाये अर्थात् नौकरियों में कटौती की जाये।

इस क्षेत्र में ग़रीबी से बाहर निकलने के लिए निजी या सरकारी क्षेत्रों में नौकरी से ज़्यादा महत्त्वपूर्ण यह है कि लोगों की आय के स्रोतों में विविधता लायी जाये। हमने जिन मामलों का अध्ययन किया, उनमें से

51.1 प्रतिशत आय स्रोतों की विविधता से जुड़े हुए थे, जो सरकारी और निजी क्षेत्र की नौकरियों के संयुक्त प्रतिशत से चार गुना ज़्यादा थी। कुछ परिवारों ने अपना ही छोटा–मोटा व्यापार शुरू कर दिया है। अपने आय स्रोत में विविधता लाने वाले परिवारों के एक या एक से ज़्यादा सदस्यों ने अमूमन शहर के अनौपचारिक क्षेत्र में काम करना आरम्भ कर दिया है। इसी तरह, कुछ परिवारों की आय अभी भी पूरी तरह खेती से आती है, किन्तु इन्होंने खेती में नये प्रयोग करते हुए ग़ैर–पारम्परिक फ़सलों को उपजाना आरम्भ कर दिया है। विशेष रूप से, ईस्ट गोदावरी ज़िले के गाँवों में सरकारी एजेंसी ने सक्रिय रूप से नयी फ़सलों और नयी खेतिहर तकनीकों को बढ़ावा दिया है, और इसे अपने काम में सफलता भी मिली है। ग़रीबी से बाहर निकलने वाले परिवारों में से 35 प्रतिशत परिवारों ने अपने खेतिहर आय स्रोतों में विविधता लाकर ख़ुद को ग़रीबी से मुक्त किया है।

कुछ परिवारों को सिंचाई के कारण भी ग़रीबी से बाहर निकलने में मदद मिली। नहरों के नेटवर्क का विस्तार करके, उठान सिंचाई परियोजनाओं की शुरुआत करके, और नये बोरवेल की खुदाई करके सिंचाई की सुविधाओं का विस्तार किया गया। इससे बहुत से परिवारों की खेती सम्बन्धी आय में काफ़ी वृद्धि हुई। कुल मिलाकर इन 36 गाँवों में 25 प्रतिशत लोगों को ग़रीबी से बाहर निकालने में खेती ने एक महत्त्वपूर्ण कारक की भूमिका अदा की। नालगोंडा ज़िले के गाँवों में इसकी भूमिका विशेष रूप से उल्लेखनीय रही। यहाँ ग़रीबी से बाहर निकलने वाले 54 प्रतिशत परिवारों ने यह कहा कि उन्हें ग़रीबी से बाहर निकालने में अन्य कारकों के साथ सिंचाई ने भी महत्त्वपूर्ण भूमिका अदा की। सुल्तानपुरथंडा गाँव (नालगोंडा ज़िला) और वेमुलोवा गाँव (ईस्ट गोदावरी ज़िला)– ऐसे दो गाँव थे जहाँ सबसे ज़्यादा संख्या में लोग ग़रीबी के दायरे से बाहर निकलें। यहाँ के परिवारों की ग़रीबी दूर करने में उठान सिंचाई परियोजनाओं ने सबसे महत्त्वपूर्ण प्रेरक कारक की भूमिका अदा की।

परिवारों को ग़रीबी से बाहर निकालने में सरकारी सहायता भी एक महत्त्वपूर्ण कारक रहा है। ग़रीबी से बाहर निकलने वाले सभी परिवारों में से तक़रीबन 15 प्रतिशत ने सरकारी सहायता को चार प्रमुख कारकों में से एक माना। दो अन्य ज़िलों की तुलना में ईस्ट गोदावरी ज़िले में यह प्रतिशत और भी ज़्यादा था (21 प्रतिशत)। हालाँकि इस निष्कर्ष की थोड़ी

सावधानी से व्याख्या करने की आवश्यकता है। आमतौर पर, खेतिहर भूमि को बेहतर बनाने और नयी खेतिहर तकनीकों को लाने तथा लघु सिंचाई कार्यों में मदद करने वाली योजनाएँ विशेष रूप से मददगार रही हैं। जिन परिवारों ने ग़रीबी से बाहर निकलने में सरकारी सहायता को महत्त्वपूर्ण माना, उन्होंने सरकारी सहायता के इन तीन विशिष्ट रूपों में से किसी एक का उल्लेख किया। इन परिवारों में से किसी ने भी सरकारी सहायता के किसी अन्य रूप, मसलन आईआरडीपी और अन्य योजनाओं का उल्लेख नहीं किया। 15 वर्ष पहले हरगोपाल और बालारामुलु (1989) ने यह पाया था कि इस क्षेत्र में लोगों के ग़रीबी से बाहर निकलने में आईआरडीपी जैसी योजनाओं का कोई ख़ास योगदान नहीं है। वर्तमान अध्ययन भी इसी ओर इशारा करता है। इस पर भी ग़ौर करने की आवश्यकता है कि इन तीन ज़िलों में अलग–अलग प्रकार की सरकारी सहायता सबसे ज़्यादा मददगार साबित हुई है। जहाँ नालगोंडा और खम्माम ज़िलों में लघु सिंचाई परियोजनाओं से सबसे ज़्यादा मदद मिली; वहीं, ईस्ट गोदावरी ज़िले में 'श्रेणी ख' के परिवारों ने यह बताया कि उन्हें भूमि के स्तर में सुधार करने और नयी खेतिहर तकनीकों को लाने वाली योजनाओं से सबसे ज़्यादा लाभ हुआ।

इस नतीजे से यह संकेत मिलता है कि सरकारी सहायता योजनाओं को ज़्यादा गहनता से विचार करने के साथ अपने लक्ष्य तय करने की आवश्यकता है। सम्पूर्ण राज्य को सम्मिलित करने वाले व्यापक दृष्टिकोण के माध्यम से कम संसाधनों का सबसे बेहतर उपयोग सुनिश्चित नहीं किया जा सकता है। एक राज्य या एक क्षेत्र के भीतर ही लोगों को ग़रीबी से बाहर निकालने के लिए अलग–अलग तरीक़ों के उपयोग की आवश्यकता पड़ सकती है। इसलिए, स्थानीय स्तर पर समस्याओं को पहचानने और उनके हल को खोजने के लिए छोटे स्तर की योजनाएँ तैयार करने की आवश्यकता है।

यह बात आश्चर्यजनक लग सकती है, किन्तु इस क्षेत्र में परिवारों को ग़रीबी से बाहर निकालने वाले अधिकांश मामलों में शिक्षा एक महत्त्वपूर्ण कारक के रूप में सामने नहीं आयी। गाँव के लोगों ने बड़ी संख्या में शिक्षा हासिल की है, लेकिन सिर्फ़ एक छोटे तबके को ही अपनी शिक्षा के बदौलत नौकरी पाने में मदद मिली है। इसमें कोई सन्देह नहीं है कि आर्थिक कामयाबी के अतिरिक्त कई अन्य कारणों से भी शिक्षा महत्त्वपूर्ण

है, तथा शिक्षा नौकरी दिलाने में भी अहम भूमिका निभाती है। चूँकि इस क्षेत्र में नौकरियों की काफ़ी कमी है, इसलिए केवल कुछ परिवारों को शिक्षा के इनाम के रूप में नौकरियाँ मिल पायी हैं।

विभिन्न जाति समूहों में ग़रीबी से बचाव और ग़रीबी में कटौती

सारणी 3 में इस क्षेत्र में विभिन्न जाति समूहों के ग़रीबी से बाहर निकलने या ग़रीबी का शिकार होने का विवरण दिया गया है। शंकरन (2000) द्वारा प्रस्तुत विश्लेषण के अनुरूप ही इस अध्ययन से भी यह बात सामने आती है कि आज सामान्य जाति श्रेणी के परिवारों की तुलना में अनुसूचित जातियाँ, अनुसूचित जनजातियाँ और अन्य पिछड़े वर्ग ज़्यादा ग़रीब हैं। लेकिन यह भी ग़ौरतलब है कि जिन समूहों के भीतर सबसे ज़्यादा ग़रीबी है, उनके भीतर ही ग़रीबों की संख्या में सबसे ज़्यादा कटौती भी हुई है।

सभी तीनों ज़िलों में औसतन सामान्य श्रेणी से जुड़े परिवारों की कुल ग़रीबी प्रतिशत में थोड़ी वृद्धि हुई है (–0.4 प्रतिशत); वहीं अनुसूचित जाति और अनुसूचित जनजाति की कुल ग़रीबी में औसतन क्रमशः 4.9 प्रतिशत और 2.2 प्रतिशत कटौती हुई है। लेकिन इसके बावजूद इन 36 ज़िलों में अनुसूचित जातियाँ और अनुसूचित जनजातियाँ सबसे ग़रीब समूह हैं। ग़रीबी के बारे में स्थानीय साझा समझ के सन्दर्भ में यहाँ अनुसूचित जनजातियों के 80 प्रतिशत से ज़्यादा परिवार तथा अनुसूचित जनजातियों के 66 प्रतिशत से ज़्यादा परिवार ग़रीबी का शिकार हैं।

इस क्षेत्र में ग़रीबी से बाहर निकलने और ग़रीब बनने के सबसे बड़े आँकड़े अनुसूचित जनजातियों से सम्बन्धित हैं। इन गाँवों में अनुसूचित जनजातियों के परिवारों में से कुल 15.3 प्रतिशत ग़रीबी का शिकार हुए हैं। यह आँकड़ा अन्य सभी जाति समूहों के ऐसे ही आँकड़े से ज़्यादा उच्चतर है। लेकिन इसके साथ ही, सभी अनुसूचित जनजाति परिवारों के 17.5 प्रतिशत लोग ग़रीबी से बाहर निकले हैं, जो अन्य जाति समूहों के ऐसे ही आँकड़े से ज़्यादा है।

विभिन्न ज़िलों के अनुसूचित जनजाति के परिवारों में भी काफ़ी अन्तर है। ईस्ट गोदावरी ज़िले की अनुसूचित जनजाति के सभी परिवारों में से 28.7 प्रतिशत परिवार ग़रीबी से बाहर निकलें।

लेकिन इसी समय नालगोंडा ज़िले के गाँवों में अनुसूचित जनजातियों के 24.6 प्रतिशत परिवार ग़रीबी का शिकार हुए। इन 36 गाँवों में किसी भी अन्य जाति समूह में इस प्रकार भिन्न प्रवृत्तियाँ सामने नहीं आयीं।

इन भिन्नताओं के पीछे के कारणों का विश्लेषण करने से कुछ व्यापक तथ्यों को सामने लाया जा सकता है। मसलन, इससे यह दिखाया जा सकता है कि मौसम पर आधारित विविधता और संसाधनों पर प्रतिबन्धों के कारण ज़्यादा दुर्बल समूहों में उनके अनुपात से ज़्यादा गिरावट आयी है। विशेष रूप से, नालगोंडा ज़िले में सूखा पड़ने अर्थात् सिंचाई के नाकाम होने के कारण बड़ी संख्या में लोग ग़रीबी का शिकार हुए हैं। लेकिन ऐसे सूखे से अनुसूचित जनजातियों के परिवार सबसे ज़्यादा प्रभावित हुए हैं। नालगोंडा के गाँवों के जो परिवार सूखे के कारण ग़रीब बन गये, उनमें से कुल 76 प्रतिशत अनुसूचित जनजाति समूह के थे।

सारणी 3 : तीन ज़िलों के 36 गाँवों में जाति समूहों के बीच ग़रीबी की प्रवृत्तियाँ

ज़िला और जाति समूह	कुल परिवार	ऐसे परिवारों का प्रतिशत जो पिछले 25 वर्ष में				25 वर्ष पहले ग़रीब (प्रतिशत)	आज ग़रीब (प्रतिशत)	ग़रीबी में परिवर्तन (प्रतिशत)
		ग़रीब बने रहे	ग़रीबी से बाहर निकले	ग़रीब बन गये	कभी ग़रीब नहीं बने			
ईस्ट गोदावरी (12 गाँव)	1,672	47.2	19.0	7.5	26.3	66.2	54.8	11.4
अनुसूचित जाति	222	69.4	20.7	2.3	7.7	90.1	71.6	18.5
अनुसूचित जनजाति	621	48.8	28.7	5.6	16.9	77.5	54.4	23.0
अन्य पिछड़ा वर्ग	383	50.7	16.4	10.4	22.5	67.1	61.1	6.0
सामान्य	438	30.0	6.8	10.0	52.7	37.2	40.0	−3.2
खम्माम (12 गाँव)	1,877	61.3	13.8	6.4	18.5	75.1	67.7	7.4

अनुसूचित जाति	735	76.9	12.8	3.8	6.5	89.7	80.7	9.0
अनुसूचित जनजाति	210	57.6	9.0	5.2	28.1	66.7	62.9	3.8
अन्य पिछड़ा वर्ग	546	59.5	16.5	7.9	16.1	76.0	67.4	8.6
सामान्य	304	26.6	16.4	12.5	44.4	43.1	39.1	3.9
नालगोंडा	1,987	45.5	10.4	21.4	22.6	56.0	67.0	−11.0
अनुसूचित जाति	329	67.5	6.1	19.5	7.0	73.6	86.9	−13.4
अनुसूचित जनजाति	878	50.6	11.6	24.6	13.2	62.2	75.2	−13.0
अन्य पिछड़ा वर्ग	633	32.4	11.2	18.2	38.2	43.6	50.6	−7.0
सामान्य	104	9.6	13.5	14.4	62.5	23.1	24.0	−1.0
औसत (36 गाँव)	5,536	51.4	14.1	12.2	22.3	65.5	63.5	2.0
अनुसूचित जाति	1,286	73.2	12.4	7.5	6.8	85.6	80.7	4.9
अनुसूचित जनजाति	1,709	50.8	17.5	15.3	16.4	68.3	66.1	2.2
अन्य पिछड़ा वर्ग	1,582	46.4	14.3	12.7	26.6	60.7	59.0	1.7
सामान्य	846	26.5	11.1	11.5	50.9	37.6	37.9	− 0.4
मुस्लिम	133	66.2	4.5	14.3	15.0	70.7	80.5	− 9.8

स्रोत : लेखक।

दूसरी ओर, अनुसूचित जाति और अनुसूचित जनजाति की 'श्रेणी ख' के परिवारों के लिए सरकारी सहायता ज़्यादा निरन्तर रूप से सामने आती है। मसलन, खम्माम ज़िले में सभी जाति समूहों के जिन परिवारों का साक्षात्कार लिया गया, उनमें से 25 परिवारों ने यह कहा कि उन्हें ग़रीबी से बाहर निकालने में सरकारी सहायता ने महत्त्वपूर्ण भूमिका निभाई है।

इन 25 परिवारों में से 17 परिवार (68 प्रतिशत) अनुसूचित जातियों से सम्बन्धित थे। इसी तरह, ईस्ट गोदावरी ज़िले के गाँवों में 'श्रेणी ख' के 28 परिवारों ने यह कहा कि उनके ग़रीबी से बाहर निकलने में सरकारी सहायता की अहम भूमिका रही है। ऐसा कहने वाले परिवारों में से 90 प्रतिशत अनुसूचित जाति, अनुसूचित जनजाति और अन्य पिछड़े वर्ग के समूहों के थे (10 परिवार अनुसूचित जनजातियों, 7 परिवार अनुसूचित जातियों तथा 8 अन्य पिछड़े वर्गों से सम्बन्धित थे)।

अनुसूचित जातियों और अनुसूचित जनजातियों के परिवारों के एक बड़े प्रतिशत को सरकारी नौकरी मिली। ईस्ट गोदावरी ज़िले में 'श्रेणी ख' के जिन परिवारों का साक्षात्कार किया गया, उनमें से 17 परिवारों को सरकारी नौकरी के कारण ग़रीबी से बाहर निकलने में मदद मिली। इन 17 परिवारों में से 13 अनुसूचित जाति और अनुसूचित जनजाति समूह से सम्बन्धित थे (सात अनुसूचित जाति और छह अनुसूचित जनजाति परिवारों से थे)। इसी तरह, खम्माम ज़िले में 'श्रेणी ख' के जिन परिवारों को सरकारी नौकरी के कारण ग़रीबी से बाहर निकलने में मदद मिली, उनमें से 78 प्रतिशत अनुसूचित जाति, अनुसूचित जनजाति और अन्य पिछड़े वर्गों के परिवारों से सम्बन्धित थे। ऐसा लगता है कि आन्ध्र प्रदेश के इस क्षेत्र में, ऐतिहासिक रूप से समाज के कमज़ोर तबकों, विशेष रूप से अनुसूचित जातियों और अनुसूचित जनजातियों के लिए सरकारी सहायता कार्यक्रमों ने अच्छा काम किया है। निश्चित रूप से, यहाँ राजस्थान और गुजरात के कुछ भागों के हमारे पहले के अध्ययन की तुलना में सरकारी सहायता की ज़्यादा सकारात्मक भूमिका सामने आयी है। बहरहाल, इस सन्दर्भ में दो अन्य तथ्यों पर भी ध्यान देने की आवश्यकता है, जो यह रेखांकित करते हैं कि इन नतीजों पर ख़ुश होने के बजाय सावधानी बरतने की आवश्यकता है। पहला, सभी प्रकार की सरकारी सहायता से ग़रीबी में कमी लाने में मदद नहीं मिली है। यहाँ तक कि इस उप–क्षेत्र की अनुसूचित जातियों और अनुसूचित जनजातियों के बीच भी सबसे उपयोगी सरकारी सहायता भूमि की गुणवत्ता सुधारने की योजनाओं, सिंचाई योजनाओं तथा नयी खेतिहर तकनीक, विशेष रूप से नयी फ़सलों के रूप में सामने आयी है। मसलन, ईस्ट गोदावरी ज़िले के 'श्रेणी ख' के जिन 28 परिवारों ने यह कहा कि उन्हें सरकारी सहायता के कारण ग़रीबी से बाहर निकलने में मदद मिली है, उनमें से 22 परिवारों ने इन्हीं कारकों का उल्लेख किया।

नालगोंडा और खम्माम में कई परिवारों को आईआरडीपी जैसे अन्य साधनों के माध्यम से सरकारी सहायता प्राप्त हुई। लेकिन ऐसे परिवार ग़रीबी का सामना करने में कामयाब नहीं हुए। इस तरह, यह कहा जा सकता है कि अनुसूचित जातियों और अनुसूचित जनजातियों को दी जाने वाली कई अन्य प्रकार की सरकारी मदद अपना लक्ष्य हासिल करने में सफल नहीं हुई।

इस सन्दर्भ में इस तथ्य पर भी ध्यान देने की आवश्यकता है कि अनुसूचित जातियों और अनुसूचित जनजातियों के भीतर कुछ विशिष्ट उप–समूहों को ही लाभ का बड़ा हिस्सा मिला है। मसलन, खम्माम ज़िले में सरकारी सहायता प्राप्त करने वाले और ग़रीबी से बाहर निकलने वाले जिन 17 अनुसूचित जाति के परिवारों से साक्षात्कार किया गया, उनमें से 12 माला जाति से सम्बन्धित थे और शेष 5 मधिगा जाति के थे। इसी प्रकार, ईस्ट गोदावरी ज़िले में जिन लोगों का साक्षात्कार किया गया, उनमें से अनुसूचित जाति के 7 लोगों को सरकारी नौकरी मिली, उनमें से 6 लोग माला जाति के थे। इसके अलावा, अनुसूचित जाति के जिन परिवारों ने नयी खेतिहर तकनीक को अपनाकर ख़ुद को ग़रीब से बाहर निकाला, वे सभी भी इसी जाति के थे। सरकारी सहायता प्राप्त करने या इसकी मदद से ग़रीबी से बाहर निकलने में अनुसूचित जनजाति के अन्य समूहों ने इतना अच्छा प्रदर्शन नहीं किया। इसी तरह, ईस्ट गोदावरी ज़िले में नयी खेतिहर तकनीकों के रूप में सरकारी सहायता प्राप्त करने वाले अनुसूचित जनजाति के 15 परिवारों में से 11 परिवार कोयाडोरा जाति के थे। अनुसूचित जनजाति के जिन लोगों से साक्षात्कार लिया गया, उनमें नौकरी पाने वाले 6 लोगों में से तीन लोग इसी जाति के थे। साथ ही, अनुसूचित जनजाति के दो लोगों को निजी क्षेत्र में नौकरी मिली थी, वे दो लोग भी इसी जाति से थे। अनुसूचित जनजातियों में से कोया और कोंडारेड्डी जातियों को भी इस सूची में प्रतिनिधित्व मिला। बहरहाल, अनुसूचित जाति और अनुसूचित जनजाति के भीतर अन्य ऐसे जाति समूह हैं, जिन्हें अमूमन सरकारी सहायता प्राप्त करने का मौक़ा नहीं मिला है या जिन्हें ग़रीबी से बाहर निकलने में कोई सफलता नहीं मिली है।

निष्कर्ष

सभी 36 गाँवों में ख़राब स्वास्थ्य, निजी उधार पर उच्च ब्याज दर, विवाह और मृत्यु भोज में होने वाले अत्यधिक ख़र्च जैसे कारकों ने परिवारों

को ग़रीब बनाने में महत्त्वपूर्ण भूमिका अदा की है। सिंचाई सुविधाओं के नाकाम होने के कारण सूखा पड़ने के कारण भी बहुत से परिवार ग़रीब बन गये। दूसरी ओर, इस क्षेत्र में तीन प्रमुख कारकों ने अमूमन लोगों को ग़रीबी से बाहर निकालने में उल्लेखनीय भूमिका अदा की है : आय स्रोतों में विविधता आना; नये फ़सलों और नयी तकनीकों के रूप में खेतिहर सुधार; तथा विशेष रूप से नये जल संसाधनों के रूप में नवीन संसाधनों की उपलब्धता। इसलिए, ग़रीबी से बाहर निकलने या ग़रीब बनने से भिन्न–भिन्न कारक जुड़े रहे हैं। इन दो भिन्न प्रवृत्तियों का सामना करने के लिए अलग–अलग नीतियों को अपनाने की आवश्यकता है।

राजस्थान और गुजरात के हमारे पहले के अध्ययनों से भी यह बात सामने आयी है कि ग़रीबी से बाहर निकलने और ग़रीब बनने के सन्दर्भ में अलग–अलग कारण ज़िम्मेदार हैं। इसलिए यह आवश्यक है कि ग़रीबी सम्बन्धी नीति में दो अलग–अलग घटक होने चाहिए : एक घटक ग़रीब परिवारों को ग़रीबी से निकलने में मददगार होना चाहिए, और दूसरे घटक के माध्यम से यह सुनिश्चित किया जाना चाहिए कि कमज़ोर ग़ैर–ग़रीब परिवार ग़रीबी से बचे रहें।

ग़रीबी से बचाने वाली ऐसी नीतियों को और ज़्यादा बढ़ावा देने की आवश्यकता होगी जो हर क्षेत्र में लोगों को ग़रीब बनाने वाले कारणों को दूर करें। भारत के विभिन्न भागों के तीन अध्ययनों में लोगों के ग़रीब बनने के कुछ साझा कारणों की शिनाख्त की गयी है। आन्ध्र प्रदेश, गुजरात और राजस्थान के गाँवों में ख़राब स्वास्थ्य और स्वास्थ्य सेवा के ज़्यादा ख़र्च के साथ–साथ निजी क़र्ज़ का उच्च ब्याज दर लोगों के ग़रीब बनने के सर्वप्रमुख कारण हैं। इन तीनों ही राज्यों में सम्बन्धित राज्य की आर्थिक संवृद्धि की दर का इन तीनों कारणों की गहनता पर कोई फ़र्क़ नहीं पड़ता है।[10]

यह नहीं कहा जा सकता है कि सिर्फ़ संवृद्धि होने से अच्छी और वहन करने लायक स्वास्थ्य सेवा, तथा सस्ती दर वाला उधार आसानी से उपलब्ध हो सकता है। ग्रामीण ग़रीबों को आसानी से इन सेवाओं को उपलब्ध कराने के लिए विशिष्ट नीतियों, कार्यक्रमों और संस्थाओं की आवश्यकता होती है। भविष्य में ग़रीबी से बचने के प्रयासों में ऐसी नीतियों, कार्यक्रमों और संस्थाओं की महत्त्वपूर्ण भूमिका होगी।

टिप्पणियाँ

1. नालगोंडा ज़िले के गाँव मट्टापल्ले, हूज़ुरनगर और चिल्कूर मण्डलों में स्थित हैं; खम्माम ज़िले के गाँव भ्रदाचलम, बुर्गुमपाडू, कुनावरम, दुमुगुदेम और पालवोन्चा मण्डलों में स्थित हैं; और ईस्ट गोदावरी ज़िले के गाँवों देवीपट्टनम, जग्गमपेटा, गोकावरम और गंगावरणम मण्डलों में स्थित हैं।
2. प्रत्येक टीम में दो सहायक और आठ जाँचकर्त्ता थे। इन आठ जाँचकर्त्ताओं में से चार पुरुष और चार महिलाएँ थीं। ये सभी जाँचकर्त्ता और सहायक इसी क्षेत्र के गाँवों के निवासी थे। सहायकों ने कॉलेज तक की शिक्षा हासिल की थी तथा जाँचकर्त्ताओं ने 8–10 वर्ष की स्कूली शिक्षा प्राप्त की थी। हमारे स्थानीय सहयोगी डी.आई.एस.एच.ए. ने इनकी भर्ती की थी तथा हमने 12 दिनों तक सामूहिक रूप से इन टीमों को प्रशिक्षण दिया था। सबसे पहले हमने कक्षा में पद्धति के बारे में चर्चा की, इसके बाद प्रत्येक टीम को दो गाँव में व्यावहारिक रूप से अध्ययन करने का प्रशिक्षण दिया।
3. प्रगति की चरण पद्धति के इन क़दमों का यहाँ बहुत संक्षेप में वर्णन किया गया है। इस बारे में ज़्यादा रुचि रखने वाले पाठक हमारे पहले के दो आलेखों को देख सकते हैं, जिनका उद्धरण पहले दिया गया है।
4. हमने 1975–77 के राष्ट्रीय आपात्काल के बारे में बात करने के अलावा एक अन्य ऐतिहासिक सन्दर्भ का उपयोग किया, जिसके बारे में लोग आमतौर पर जानते थे। इसने 25 वर्ष पूर्व की अवधि तय करने में हमारी सहायता की। इस क्षेत्र के ग्रामीणों को 1977 का वर्ष अच्छी तरह याद है जब पृथ्वी का चक्कर लगाने वाला भारत का सेटेलाइट एस.के.वाई.एल.ए.बी. के बारे में यह उम्मीद की जा रही थी कि वह खेतों में गिरेगा, जिससे इस क्षेत्र के आसपास के गाँवों में काफ़ी तबाही होगी। "'एस.के.वाई.एल.ए.बी.' के गिराने" की घटना और राष्ट्रीय आपात्काल ने इस पूरे अनुसन्धान में 25 वर्ष की अवधि तय करने में सहायता की। हमने वॉकर और रेयान (1990) द्वारा दिये गये सुझावों के कारण तुलनात्मक रूप से एक लम्बी अवधि अर्थात् 25 वर्ष पर विचार किया।
5. आन्ध्र प्रदेश और राजस्थान के गाँवों में चार चरणों में से पहले तीन चरण एक जैसे थे, जिसमें भोजन, क़र्ज़ अदायगी तथा बुनियादी वस्त्र सम्बन्धित थे। चौथे गाँव के सन्दर्भ में एक महत्त्वपूर्ण अन्तर था। राजस्थान के गाँवों में बच्चों को प्राथमिक स्कूल में भेजना, भोजन के बाद दूसरे चरण में आता था, और हमने गुजरात के जिन गाँवों का अध्ययन किया, वहाँ भी इसे तीसरे चरण में रखा गया है (भोजन और बुनियादी कपड़ों के बाद)। किन्तु आन्ध्र प्रदेश में वर्णित चरणों में कहीं भी प्राथमिक शिक्षा सामने नहीं आयी, तथा शिक्षा में रुचि के अभाव का इस तथ्य से कोई लेना–देना नहीं है और ज़्यादा गहराई से जाँच करने पर हमने यह पाया कि आन्ध्र प्रदेश के इन गाँवों में भौतिक प्रगति के लिए एक महत्त्वपूर्ण आवश्यकता या संकेत नहीं थी। इसका कारण यह नहीं था कि

माता–पिता बच्चों की शिक्षा पर कम ध्यान देते हैं। असल में, आन्ध्र प्रदेश के इन गाँवों में सभी के लिए प्राथमिक शिक्षा की व्यवस्था है, तथा यह एक ऐसी वस्तु नहीं है जो अत्यन्त ग़रीब परिवारों की पहुँच से भी बाहर है। हमनें जिन 36 गाँवों का अध्ययन किया, उसमें कुछ बच्चों को छोड़कर अन्य सभी बच्चे प्राथमिक शिक्षा हासिल करते हैं। स्कूलों का वार्षिक शुल्क भी अत्यन्त कम है–30 रुपये नामांकन के लिए तथा 50 रुपये स्लेट और किताबों के लिए देना पड़ता है। अन्य भारतीय राज्यों के प्राथमिक स्कूलों के विपरीत यहाँ स्कूल के लिए एक निश्चित पोशाक पहनना आवश्यक नहीं है। आन्ध्र प्रदेश में अन्य स्थानों पर किये गये मूल्यांकन से भी ये बातें साबित होती हैं (मसलन देखें सी.ई.एस.एस 2002)। बहरहाल, प्राथमिक स्कूल की शिक्षा से आगे बच्चों का नामांकन, और उससे भी ज़्यादा उनकी उपस्थिति एक समस्या बनी हुई है।

6. तक़रीबन सभी 36 गाँवों में पाँचवाँ, छठा और सातवाँ चरण एक जैसा है, जिसमें क्रमशः बोरवेल, पक्का मकान तथा एक या दो दूध देने वाले पशु का होने की कसौटी रखी गयी है। बहुत से गाँवों में सातवें चरण की समाप्ति के बाद बहुत से सामुदायिक समूहों ने ग़रीबी की दूसरी कसौटी या रेखा तय की। उन्होंने एक ऐसा स्तर तय किया, जिसके ऊपर के परिवारों को सम्पन्न माना जाता है। नीचे के विश्लेषण में हमने पहली ग़रीबी रेखा पर ध्यान दिया है, अर्थात् ऐसी रेखा या कसौटी जिसे समुदायों ने चौथे चरण के बाद निर्मित किया, जो इन गाँवों में अत्यधिक ग़रीबी का प्रतिनिधित्व करता है।

7. इस दौर में घरों का संघटन तुलनात्मक रूप से स्थिर रहा। पिछले पच्चीस वर्षों में सिर्फ़ 97 परिवार अर्थात् 2 प्रतिशत से भी कम स्थायी रूप से बाहर से इन गाँवों में आये या इन गाँवों से बाहर गये।

8. तुलनात्मक रूप से अमीर और तुलनात्मक रूप से ग़रीब परिवारों में भूमि वितरण का जो स्वरूप सामने आया, वह पूरे आन्ध्र प्रदेश के स्वरूप की तरह ही है। इस सन्दर्भ में परीक्षण के लिए देखें पार्थसारथी (1995 : 2573)।

9. नालगोंडा ज़िले के मज़दूर ठेकेदारों और सीमेंट के कारख़ाने के दो मैनेजरों से लिए गये साक्षात्कार पर आधारित (इनकी अज्ञातता क़ायम रखने के लिए नाम का उल्लेख नहीं किया गया है।

10. हमने गुजरात के जिन 20 गाँवों का अध्ययन किया, उनमें से 7.3 प्रतिशत परिवार ग़रीब बन गये तथा ऐसे 85 प्रतिशत मामलों में स्वास्थ्य एक महत्त्वपूर्ण कारक था। हमने राजस्थान के जिन 12 गाँवों का अध्ययन किया, उसमें 6.2 प्रतिशत परिवार ग़रीब बन गये, और इनमें से 55 प्रतिशत मामलों में स्वास्थ्य एक प्रमुख कारक था। आन्ध्र प्रदेश के 36 गाँवों में 12.2 प्रतिशत परिवार ग़रीब बने, तथा इनमें से 74 प्रतिशत परिवारों में स्वास्थ्य एक प्रमुख कारक था। अहलूवालिया (2000) के अनुसार, पिछले दो दशकों में प्रति व्यक्ति आय में वृद्धि की तुलनात्मक दर गुजरात में तक़रीबन 7 प्रतिशत, राजस्थान में 4 प्रतिशत और आन्ध्र प्रदेश में 3.5

प्रतिशत रही है। स्वास्थ्य सम्बन्धी कारकों के आधार पर संवृद्धि दर के आँकड़ों और लोगों के ग़रीब बनने के बीच कोई स्पष्ट सम्बन्ध सामने नहीं आता है।

सन्दर्भ

अहलूवालिया, एम. एस. 2000, 'इकोनॉमिक परफॉर्मेंस ऑफ़ स्टेट्स इन पोस्ट–रिफॉर्म पीरियड', *इकोनॉमिक ऐंड पॉलिटिकल वीकली,* 6 मई।

बन्द्योपाध्याय, डीत्र 2001, 'आन्ध्र प्रदेश : लुकिंग बियोंड विजन 2020', *इकोनॉमिक ऐंड पॉलिटिकल वीकली,* 17 मार्च।

सी.ई.एस.एस. 2002, *आन्ध्र प्रदेश डिस्ट्रिक्ट पॉवर्टी इनिसिएटिव्स प्रोजेक्ट : बेसलाइन सर्वे रिपोर्ट इन सस्टेनेबल लाइवलीहुड फ्रेमवर्क,* हैदराबाद : सेंटर फ़ॉर इकोनॉमिक ऐंड सोशल स्टडीज़।

चैम्बर्स, आर 1995, 'पॉवर्टी ऐंड लाइवलीहुड्स : व्हूज रियलिटी काउंट्स', डिस्कशन पेपर 347, ब्रिगटन : इंस्टीट्यूट ऑफ़ डेवलपमेंट स्टडीज़।

डगलस, मेरी, 2004 'ट्रेडिशनल कल्चर : लेट्स हियर नो मोर अबाउट इन', संकलित, *कल्चर ऐंड पब्लिक एक्शन : अ क्रॉस–डिसिप्लनरी डायलॉग ऑन डेवलपमेंट पॉलिसी,* सम्पादन वी. राव और एम. वॉल्टन, पलो अल्टो, सी.ए.: स्टैनफोर्ड यूनिवर्सिटी प्रेस।

गवर्नमेंट ऑफ़ आन्ध्र प्रदेश (जी.ओ.ए.पी). 2003, *कॉनसोलिडेटिंग आन्ध्र प्रदेशेज पॉवर्टी इरैडिकेशन एक्शन प्लान्स,* हैदराबाद : गवर्नमेंट ऑफ़ आन्ध्र प्रदेश।

हरगोपाल, जी. और सी. एच. बलरामुलु, 1989, 'पॉवर्टी एलिविएशन प्रोग्राम्स : आईआरडीपी इन ऐन आन्ध्र प्रदेश डिस्ट्रिक्ट', *इकोनॉमिक ऐंड पॉलिटिकल वीकली,* 2 सितम्बर।

कृष्णा, ए., एम. कपिला, एम. पोरवल और वी. सिंह. 2003, 'फालिंग इनटू पॉवर्टी इन अ हाई–ग्रोथ स्टेट : इसकेपिंग पॉवर्टी ऐंड बिकमिंग पुअर इन गुजरात विलेजेज़', *इकोनॉमिक ऐंड पॉलिटिकल वीकली,* 6 दिसम्बर।

पार्थसारथी, जी. 1995, 'पब्लिक इंटरवेंशन ऐंड रैडिकल पॉवर्टी : केस ऑफ़ नॉन–सस्टेनेबल रिडक्शन इन आन्ध्र प्रदेश', *इकोनॉमिक ऐंड पॉलिटिकल वीकली,* 14 अक्टूबर।

रेड्डी, एस. सुधाकर, एस. गलब और पी. पद्मनाभ राव, 2003, 'ट्रेंड्स ऐंड डिटरमिनेंट्स ऑफ़ पॉवर्टी', संकलित, *आन्ध्र प्रदेश डेवलपमेंट : इकोनॉमिक रिफॉर्म्स ऐंड चैलेंज अहेड,* सम्पादन, सी. एच. हनुमंथा राव और एस. महेन्द्र देव, हैदराबाद : सेंटर फ़ॉर इकोनॉमिक ऐंड सोशल स्टडीज़, 430–61।

शंकरन, एस. आर 2000, 'वेलफेयर ऑफ़ शेड्यूल्ड कॉस्ट्स ऐंड शेड्यूल्ड ट्राइब्स इन इंडिपेनडेंट इंडिया : ऐन ओवरव्यू ऑफ़ स्टेट पॉलिसीज ऐंड प्रोग्राम्स', *जर्नल ऑफ़ रूरल डेवलपमेंट* 19(4): 507–33।

वाकर, टी. और जे. रेयान, 1990, *विलेज ऐंड हाउसहोल्ड इकोनॉमीज इन इंडियाज़ सेमी–एरिड ट्रॉपिक्स,* बाल्टीमोर : जॉन्स हॉपकिन्स यूनिवर्सिटी प्रेस।

भारत में ग्रामीण ग़ैर–खेतिहर रोज़गार

*उपलब्धता, आय और ग़रीबी पर प्रभाव**

पीटर लैनजोवुव और अबूसलेह शरीफ़

प्रस्तावना

अब ग्रामीण विकास से सम्बन्धित वाद–विवाद में ग्रामीण ग़ैर–खेतिहर क्षेत्र को ज़्यादा महत्त्व दिया जाने लगा है। पारम्परिक रूप से, विकासशील देशों में ग्रामीण परिवारों को ऐसे देखा जाता रहा है, मानो वे विशिष्ट रूप से खेती के काम में ही लगी हों। बहरहाल, अब इस बात के काफ़ी ज़्यादा प्रमाण मौजूद हैं कि ग्रामीण परिवारों के पास आय के विविध (और अमूमन बहुल) स्रोत हो सकते हैं। ग्रामीण परिवार विविध प्रकार के ग़ैर–खेतिहर गतिविधियों में भागीदारी कर सकते हैं, और वे ऐसा करते भी हैं। मसलन, वे व्यापार में वेतन के आधार पर काम करते या स्व–रोज़गार करते हैं। इसी तरह, वे निर्माण और सेवा क्षेत्र के साथ–साथ खेती और खेतिहर मज़दूर जैसी पारम्परिक ग्रामीण गतिविधियों में भाग ले सकते हैं, और वे ऐसा करते भी हैं। विकासशील देशों में इस प्रकार की ग़ैर–खेतिहर आय ग्रामीण परिवारों की कुल आय में अच्छा–ख़ासा योगदान दे सकती है।

नीति–निर्माता यह समझना चाहते हैं कि ग़ैर–खेतिहर क्षेत्र आर्थिक संवृद्धि में किस प्रकार योगदान दे सकता है तथा क्या ग्रामीण ग़रीबी के उन्मूलन में इसकी कोई विशिष्ट भूमिका है, यदि हाँ, तो वह भूमिका क्या है। दुनिया के बहुत से भागों में यह डर है कि अगले कुछ दशकों में खेती के उत्पादन में बहुत तेज़ी से वृद्धि नहीं होने वाली है। ऐसे में, ग्रामीण विकास के अन्य स्रोतों के अभाव में ग्रामीण प्रति व्यक्ति जीवन स्तर को ऊपर उठाना तो दूर की बात है, उसे क़ायम रखना भी कठित होगा।

* *इकोनॉमिक ऐंड पॉलिटिकल वीकली* 39 (40) : 4429–46 (2–8 अक्टूबर, 2004)।

ऐसी स्थिति में ग्रामीण ग़रीबी में वृद्धि हो सकती है और ग्रामीण क्षेत्रों से अप्रवासन में भी बढ़ोतरी हो सकती है। इसलिए अब इस विषय में बहुत ज़्यादा रुचि दिखायी जाने लगी है कि ग्रामीण ग़ैर–खेतिहर क्षेत्र को किस तरह बढ़ावा दिया जाये जिससे खेतिहर क्षेत्र में आने वाले धीमेपन को अप्रभावी बनाया जा सके।

इस अध्याय में ग्रामीण भारत के परिवारों के बारे में किये गये हाल ही के सर्वेक्षण के आधार पर भारत और यहाँ की ग़ैर–खेतिहर अर्थव्यवस्था के विशिष्ट मामले पर विचार किया गया है। इस अध्याय में विशेष रूप से ग्रामीण ग़रीबी के उन्मूलन में ग़ैर–खेतिहर क्षेत्र के योगदान पर ध्यान दिया गया है। इस अध्याय की पूरी रूपरेखा इस प्रकार है : दूसरे भाग में हमने इस विषय पर पहले के लेखन पर विचार किया है। हमने आगे के अनुभवसिद्ध विश्लेषण का आधार तैयार करने के लिए भारत में ग़ैर–खेतिहर क्षेत्र का अवलोकन प्रस्तुत किया है। हमने उन आँकड़ों का भी वर्णन किया है जिस पर यह विश्लेषण आधारित है। इसके बाद, तीसरे भाग में हमने कुल आय में ग़ैर–खेतिहर आय का मूल्यांकन करके ग़ैर–खेतिहर आय के अनुपात का परीक्षण किया है। इसमें सम्पूर्ण जनसंख्या पर औसत प्रति व्यक्ति आय के आधार पर विभिन्न भागों में बाँटकर विचार किया गया है। हमने यह पाया कि राष्ट्रीय स्तर पर ग्रामीण क्षेत्रों में परिवार की कुल आय का एक महत्त्वपूर्ण अनुपात ग़ैर–खेतिहर आय से सम्बन्धित होता है। लेकिन यह विभिन्न आय समूहों और भारत के महत्त्वपूर्ण राज्यों के बीच की भिन्नता को सामने नहीं लाता है। हमने यह संकेत किया है कि ग़ैर–खेतिहर आय वेतन वाले रोज़गार के साथ ही साथ स्व–रोज़गार और अपना उद्यम चलाने वाली गतिविधियों से भी सामने आता है। यह भी उल्लेखनीय है कि वेतन वाले रोज़गार में दिहाड़ी वेतन मज़दूर और नियमित मासिक वेतन पाने वाले लोगों के बीच में महत्त्वपूर्ण अन्तर है।

चौथे भाग में बहुपक्षीय लॉग (मल्टीनॉमियल लॉगिट) मॉडल में हम यह परीक्षण करेंगे कि ग़ैर–खेतिहर क्षेत्र के रोज़गार किस प्रकार जुड़े हुए हैं। यह मॉडल बहुत–सी ग़ैर–खेतिहर गतिविधियों, खेतिहर वेतन रोज़गार और खेती के बीच अन्तर करता है। हमें इस बारे में बहुत ही मज़बूत प्रमाण मिले हैं कि शिक्षा और सम्पत्ति ज़्यादा लाभदायक ग़ैर–खेतिहर गतिविधियों से जुड़े हुए हैं; लोग अपनी (निम्न) जाति के कारण इनसे वंचित हो सकते हैं; इसके अलावा, इस सन्दर्भ में ग्रामीण स्तर पर खेती

की स्थिति, जनसंख्या की सघनता और अन्य क्षेत्रीय प्रभावों का भी स्वतन्त्र महत्त्व होता है। इनमें से कई कारक ग़ैर–खेतिहर आय के स्तरों पर एक जैसा प्रभाव डालते हैं। इस बिन्दु तक यह विश्लेषण बताता है कि भले ही ग्रामीण भारत में ग़ैर–खेतिहर क्षेत्र का आकार अत्यन्त छोटा हो, लेकिन ग़रीबी में कमी लाने में यह काफ़ी योगदान दे सकता है। इसका योगदान इसलिए सीमित होता है क्योंकि ग़रीबों के पास उन सम्पदाओं का अभाव होता है, जो ग़ैर–खेतिहर आय में महत्त्वपूर्ण भूमिका निभाते हैं। बहरहाल, इसके बाद पाँचवें भाग में हमने ग्रामीण भारत की खेतिहर वेतन दरों पर ग़ैर–खेतिहर क्षेत्र के बढ़ते अप्रत्यक्ष प्रभाव पर विचार किया है। हमने यह पाया कि कुछ निश्चित ग़ैर–खेतिहर उप–क्षेत्रों का विकास उच्चतर खेतिहर वेतन दर से मज़बूती से जुड़ा हुआ है। दरअसल, यह अवलोकन इस नतीजे से सुसंगत है कि ग़रीबी में कटौती हुई है और ग्रामीण श्रम बाज़ार में मज़बूती आयी है अर्थात् श्रमिकों की माँग बढ़ी है। आख़िरी भाग में हमने निष्कर्ष के रूप में कुछ टिप्पणियाँ प्रस्तुत की हैं।

ग्रामीण भारत में आय के स्रोत

नैशनल कौंसिल ऑफ़ अप्लाइड इकोनॉमिक रिसर्च (एन.सी.ए.ई.आर) के आँकड़ों के अनुसार, 1993–94 में ग्रामीण भारत में ग़ैर–खेतिहर आय औसतन परिवार की कुल आय का एक–तिहाई (34 प्रतिशत) योगदान देता था (सारणी 1)। वहीं, खेती से 55 प्रतिशत और खेतिहर मज़दूरी से 8 प्रतिशत आय होती थी। यह स्पष्ट है कि कुल राष्ट्रीय स्तर पर भी यह क्षेत्र आय का एक महत्त्वपूर्ण स्रोत है। विभिन्न प्रति व्यक्ति आय वाले परिवारों की कुल आय क्विंटाइल (पंचमक या पाँच भाग) समूहों में ग़ैर–खेतिहर स्रोतों के योगदान का परीक्षण करने से यह संकेत मिलता है कि तीन मध्यवर्ती क्विंटाइल (पंचमक) में ग़ैर–खेतिहर स्रोतों से होने वाली आय एक–तिहाई के बजाय दो बटा पाँच (टू फिफ्थ) है। वहीं निम्नतम और उच्चतम क्विंटाइल में ग़ैर–खेतिहर स्रोतों का योगदान 31 प्रतिशत है। इसलिए सभी ग़ैर–खेतिहर आय स्रोतों को एक साथ लेने के बाद सारणी 1 के प्रमाण यह बताते हैं कि विभिन्न क्विंटाइलों में काफ़ी हद तक समान रूप से ग़ैर–खेतिहर आय का महत्त्व सामने आता है। यह खेतिहर वेतन श्रम आय से काफ़ी अलग है, जो उच्च क्विंटाइल की कुल आय में बहुत

कम, लेकिन निम्न क्विंटाइल में काफ़ी ज़्यादा योगदान देता है। ग्रामीण भारत के सबसे ग़रीब क्विंटाइल में खेतिहर वेतन मज़दूरी कुल आय में 28 प्रतिशत तक का योगदान देता है। दूसरी ओर, खेतिहर आय में प्रति व्यक्ति कुल आय क्विंटाइल के साथ वृद्धि हुई है।

सारणी 1 : ग्रामीण भारत में ग़ैर–खेतिहर आय की हिस्सेदारी (वास्तविक) प्रति व्यक्ति आय क्विंटाइल के आधार पर आय की हिस्सेदारी

क्विंटाइल	खेती	खेतिहर वेतन मजदूर	ग़ैर–खेतिहर मज़दूर	ग़ैर–खेतिहर स्व–रोज़गार	ग़ैर–खेतिहर नियमित रोज़गार	कुल ग़ैर–खेतिहर स्रोत	अन्य स्रोत	वास्तविक प्रति व्यक्ति आय
निम्नतम	38.2	28.2	15.8	11.4	4.4	31.6	2	1146
क्विंटाइल 2	38	21.3	14.7	16.8	7	38.5	2.3	2113
क्विंटाइल 3	45.2	13.4	10.1	16.3	11.7	38.1	3.2	3141
क्विंटाइल 4	50.1	7.5	6.1	14.6	18.6	39.3	3.2	4712
उच्चतम	64.5	2.1	2	7.9	21.1	30.9	2.5	11226
कुल	54.9	8	5.9	11.5	17.1	34.4	2.7	4468

नोट : अखिल भारतीय क्विंटाइल को राष्ट्रीय स्तर पर परिभाषित किया गया है।

जब हम ग़ैर–खेतिहर आय को तीन वैकल्पिक स्रोतों में विभाजित करते हैं तो तस्वीर में काफ़ी बदलाव सामने आता है : पहला, अनौपचारिक ग़ैर–खेतिहर वेतन आय; दूसरा, नियमित ग़ैर–खेतिहर वेतन आय; और तीसरा, स्व–रोज़गार/स्व–उद्यम आय। सबसे ग़रीब क्विंटाइल के लिए अनौपचारिक ग़ैर–खेतिहर वेतन आय, कुल आय का 16 प्रतिशत है। दूसरे क्विंटाइल के लिए यह घटकर 15 प्रतिशत रह जाता है, और आगे क्विंटाइल में इसकी लगातार गिरावट होती है और सर्वोच्च क्विंटाइल में यह मात्र 2 प्रतिशत रह जाता है। इसे विपरीत आय क्विंटाइल के साथ ग़ैर–खेतिहर वेतन आय के हिस्से में लगातार वृद्धि होती है–सबसे ग़रीब क्विंटाइल में यह सिर्फ़ 4 प्रतिशत होता है तथा सबसे अमीर में यह 21 प्रतिशत तक होता है। अखिल भारतीय स्तर पर अनौपचारिक वेतन आय कुल आय का तक़रीबन 6 प्रतिशत होती है, तथा कुल आय में नियमित वेतन आय का योगदान 17 प्रतिशत होता है। दूसरे और तीसरे क्विंटाइल

में स्व–उद्यम आय का हिस्सा सबसे ज़्यादा (तक़रीबन 16 प्रतिशत) होता है तथा सर्वोच्च क्विंटाइल में यह सबसे कम होता है। कुल–मिलाकर, स्व–उद्यम आय कुल आय में तक़रीबन 11 प्रतिशत योगदान देती है।

ये प्रतिमान इस दृष्टिकोण से सुसंगत हैं कि ग़ैर–खेतिहर क्षेत्र विविध गतिविधियों का एक समूह हैं, जिनमें उत्पादक और ग़ैर–उत्पादक–दोनों ही तरह के काम सम्मिलित हैं। उत्पादक काम संवृद्धि में योगदान देते हैं तथा जीवनस्तर में सुधार करते हैं। आमतौर पर, ये खेती से निर्माण और सेवा के क्षेत्र में गत्यात्मक हस्तान्तरण की प्रक्रिया को बढ़ावा देते हैं, जिसमें विशेषज्ञता और तकनीकी बदलाव का महत्त्वपूर्ण स्थान होता है। अनुत्पादक कार्य आमतौर पर अवशिष्ट प्रकृति की गतिविधियों के रूप में होते हैं। लोग उस समय इस तरह के काम से जुड़ते हैं जब उनके पास अपनी आवश्यकताओं को पूरा करने के लिए आय का कोई अन्य स्रोत (खेती आय, लगान, हस्तांतरण आदि) नहीं बचता है। ग़रीब लोगों की कुल आय की बढ़ोतरी में ये गतिविधियाँ महत्त्वपूर्ण योगदान देती हैं, लेकिन असल में इनसे कोई महत्त्वपूर्ण लाभ नहीं होता है। ऐसा लगता है कि श्रम बाज़ार में निम्न उत्पादकता और उच्च उत्पादकता वाली गतिविधियों को मोटे तौर पर औपचारिक और नियमित रोज़गार के रूप में अलग–अलग किया जा सकता है। स्व–उद्यम गतिविधियों में विस्तृत उप–क्षेत्रीय सूचना के अभाव में उच्च और निम्न उत्पादकता की गतिविधियों के बीच आसानी से अन्तर स्पष्ट नहीं किया जा सकता है। इन पर्यवेक्षणों का एक महत्त्वपूर्ण निहितार्थ यह है कि यह स्पष्ट नहीं है कि किस तरह से ग़ैर–खेतिहर आय का हिस्सा व्यापक आर्थिक विकास के सन्दर्भ में विकसित हो सकता है। यह अपेक्षा की जा सकती है कि उत्पादक ग़ैर–खेतिहर गतिविधियाँ आर्थिक प्रगति के सन्दर्भ में तुलनात्मक रूप से ज़्यादा महत्त्वपूर्ण होती हैं। साथ ही, यह उम्मीद की जा सकती है कि कम उत्पादक गतिविधियाँ धीरे–धीरे ख़त्म हो जायेंगी। इसके परिणामस्वरूप, यह मुमकिन है कि कुल ग़ैर–खेतिहर आय के भाग ज़्यादा नहीं बढ़े (यद्यपि निश्चित रूप से, कुल आय और ग़ैर–खेतिहर आय के स्तरों में बढ़ोतरी होने की उम्मीद की जा सकती है)।

हिमाचल प्रदेश, उत्तर–पूर्व, पश्चिम बंगाल और तमिलनाडु जैसे राज्यों में ग़ैर–खेतिहर आय का हिस्सा सबसे ज़्यादा है। इन राज्यों की कुल आय में ग़ैर–खेतिहर आय स्रोत का हिस्सा 45 प्रतिशत से ज़्यादा है (हिमाचल

प्रदेश और उत्तर–पूर्व में 50 प्रतिशत से ज़्यादा)। वहीं, गुजरात, मध्य प्रदेश, आन्ध्र प्रदेश, महाराष्ट्र और कर्नाटक में ग़ैर–खेतिहर स्रोतों से उत्पन्न होने वाली कुल आय में 25 प्रतिशत से कम है (महाराष्ट्र में यह 20 प्रतिशत से नीचे है)। शेष राज्यों का औसत हिस्सा तक़रीबन एक–तिहाई है।

जब हम विभिन्न राज्यों के स्तर पर ग़ैर–खेतिहर आय के विवरण पर ध्यान देते हैं, तो हम यह पाते हैं कि जिन राज्यों में उच्च ग़ैर–खेतिहर आय का हिस्सा है (हिमाचल प्रदेश, पश्चिम बंगाल, उत्तर–पूर्व और तमिलनाडु), वहाँ आमतौर पर आय के क्विंटाइल के साथ इसके हिस्से में बढ़ोतरी होती है। मसलन, तमिलनाडु में कुल आय में ग़ैर–खेतिहर स्रोतों से आय का हिस्सा 46 प्रतिशत है, वहीं सबसे निम्नतम क्विंटाइल के लिए यह 20 प्रतिशत और सबसे सम्पन्न क्विंटाइल के बीच 50 प्रतिशत तक है। इसलिए, ऐसा लगता है कि जिन राज्यों में ग़ैर–खेतिहर आय विशेष रूप से महत्त्वपूर्ण हैं, वहाँ सबसे सम्पन्न क्विंटाइल के बीच हिस्सा सबसे ज़्यादा है। यह स्थिति उन राज्यों के विपरीत है जहाँ ग़ैर–खेतिहर क्षेत्र तुलनात्मक रूप से कम महत्त्वपूर्ण है। मसलन, आन्ध्र प्रदेश में ग़ैर–खेतिहर स्रोतों से उत्पन्न होने वाली आय का हिस्सा सिर्फ़ 23 प्रतिशत है, यहाँ सबसे ग़रीब क्विंटाइल का हिस्सा 38 प्रतिशत और सबसे उच्चतम क्विंटाइल का हिस्सा 18 प्रतिशत है।

इन स्वरूपों के बारे में अन्य परिप्रेक्ष्य उस समय सामने आता है जब हम ग़ैर–खेतिहर आय स्रोतों को वैकल्पिक श्रेणियों में विभाजित करते हैं। हमने ऊपर यह देखा है कि ग़ैर–खेतिहर आय का हिस्सा अनौपचारिक बनाम नियमित वेतन रोज़गार के बीच के अन्तर को छिपा सकता है। आमतौर पर, पूरे भारत के स्तर पर जो स्वरूप सामने आया है, वह प्रत्येक राज्य के स्तर पर फिर से सामने आता है : सबसे ग़रीब क्विंटाइल में अनौपचारिक वेतन रोज़गार का हिस्सा सबसे उच्च होता है, वहीं धनवान क्विंटाइल के लिए नियमित वेतन रोज़गार का हिस्सा सबसे ज़्यादा होता है। मसलन, मध्य प्रदेश में ग़ैर–खेतिहर आय कुल आय का 21 प्रतिशत है। सबसे निचले क्विंटाइल में ग़ैर–खेतिहर स्रोतों से होने वाली आय का हिस्सा 27 प्रतिशत है, जिसमें से सिर्फ़ 1.4 प्रतिशत नियमित ग़ैर–खेतिहर वेतन आय से आता है तथा 15 प्रतिशत अनौपचारिक वेतन आय से आता है। सबसे धनवान क्विंटाइल में कुल ग़ैर–खेतिहर आय का हिस्सा 16 प्रतिशत है, जिसमें से 11 प्रतिशत नियमित वेतन रोजगाार तथा 1 प्रतिशत अनौपचारिक वेतन रोज़गार से आता है। पश्चिम बंगाल में सबसे सम्पन्न

क्विंटाइल के कुल आय का 58 प्रतिशत ग़ैर–खेतिहर आय से आता है, जिसमें से 29 प्रतिशत नियमित वेतन रोज़गार से आता है और केवल 1.2 प्रतिशत अनौपचारिक वेतन रोज़गार से प्राप्त होता है। ऊपर के इन सभी उदाहरणों में स्व–उद्यम गतिविधियों से होने वाली आय सन्तुलन क़ायम करने का काम करती है।

अखिल भारतीय स्तर पर हम यह पाते हैं कि स्व–रोज़गार आय मुख्य रूप से तीन मध्यवर्ती क्विंटाइल में उत्पन्न होते हैं। मौटे तौर पर, विभिन्न राज्यों में इस पैटर्न को दोहराव होता है। हालाँकि आन्ध्र प्रदेश, केरल और मध्य प्रदेश जैसे कुछ राज्यों में स्व–उद्यम गतिविधियों से होने वाली आय के हिस्से में सभी क्विंटाइल के भीतर गिरावट होती है। मसलन, आन्ध्र प्रदेश में स्व–उद्यम आय का हिस्सा सबसे उच्च क्विंटाइल में 24 प्रतिशत है, वहीं यह सबसे निचले क्विंटाइल में 4 प्रतिशत है। ऐसा प्रतीत होता है कि इन राज्यों में ग़ैर–खेतिहर स्व–उद्यम गतिविधियाँ कुल मिलाकर अवशिष्ट प्रकार की ही हैं : स्व–रोज़गार की गतिविधियाँ, जिसे विभिन्न परिवार अन्य स्रोतों से अपनी थोड़ी–बहुत आय बढ़ाने के लिए अपनाते हैं। लेकिन इससे इतनी आय नहीं होती है कि ये परिवार ग़रीबी से बाहर निकल पायें। ऐसा प्रतीत होता है कि अन्य भारतीय राज्यों के लिए ग़ैर–खेतिहर स्व–उद्यम गतिविधियों में कम–लाभ और उच्च–लाभ देने वाली– दोनों ही तरह की गतिविधियाँ सम्मिलित हैं। ऐसी गतिविधियों में तुलनात्मक रूप से बेहतर स्थिति वाले लोग भी सम्मिलित होते हैं।

ग़ैर–खेतिहर रोज़गार की सम्भावनाएँ और आय

हम ग्रामीण भारत में ग़ैर–खेतिहर रोज़गार से सम्बन्धित व्यक्तिगत, पारिवारिक और सामुदायिक विशेषताओं की जाँच करने के लिए मल्टीनॉमिनल लॉगिट मॉडल का प्रयोग करेंगे (इस मॉडल के एक उपयोगी वर्णन के लिए देखें ग्रीने 1993) हम ग्रामीण भारत के पाँच प्रमुख पेशों पर विचार करेंगे, जो इस प्रकार हैं : खेतिहर मज़दूरी; ग़ैर–खेतिहर अनौपचारिक वेतन (दिहाड़ी वेतन) श्रम; ग़ैर–खेतिहर स्व–उद्यम गतिविधियाँ; ग़ैर–खेतिहर नियमित वेतन–प्राप्त रोज़गार; और खेती के साथ–साथ आय देने वाली अन्य गतिविधियाँ।[1] हमारे 'व्याख्यात्मक' चरों में व्यक्तिगत, पारिवारिक और सामुदायिक विशेषताओं का चयन शामिल है। व्यक्तिगत स्तर पर हमने प्रत्येक व्यक्ति के जेंडर, उम्र, शैक्षणिक स्थिति और जातिगत स्थिति पर विचार किया है।

परिवार के स्तर पर हमारे पास ऐसे परिवारों के आकार के बारे में जानकारी है, जिससे प्रत्येक व्यक्ति जुड़ा हुआ है। साथ ही, हमारे पास परिवार के प्रति व्यक्ति भू–स्वामित्व तथा खेती के काम में लगे परिवार के सदस्यों के प्रतिशत के बारे में भी सूचना है। असल में, इन चरों को एकत्रित करने के बारे में मुख्य उद्देश्य है कि इनसे परिवार के स्तर पर खेती और ग़ैर–खेतिहर क्षेत्र के बारे में जानकारी एकत्रित की जा सके। मसलन, भू–स्वामित्व से सम्पत्ति और सम्पर्कों का अन्दाजा लगाया जा सकता है, और इससे यह संकेत मिल सकता है कि कोई व्यक्ति किस सीमा तक ग़ैर–खेतिहर क्षेत्र के अवसरों का लाभ उठाने की स्थिति में है।[2] इसके साथ ही, यदि बाकी कारकों के साथ ही साथ किसी परिवार के पास प्रति व्यक्ति भू–स्वामित्व है, तो यह परिवार ज़्यादा बेहतर तरीक़े से खेती कर सकता है। इसी तरह, खेती के काम से जुड़े परिवार के सदस्यों का प्रतिशत एक ओर, खेती में विविधता लाने की छिपी हुई माँग अभिव्यक्त कर सकता है (और इस तरह यह खेती से जुड़े जोखिमों के डर में कमी लाता है); लेकिन इसके साथ ही, यह खेती में विशेषज्ञता लाने के बारे में परिवार की वचनबद्धता को भी सामने ला सकता है।

सामुदायिक स्तर पर, हमने ऐसे तीन चरों (वेरियबल्स) की गणना की है जो व्यक्ति की ग़ैर–खेतिहर गतिविधियों में सम्मिलित होने की सम्भावना को प्रभावित कर सकते हैं। पहला, गाँव के कुल भू–स्वामित्व को गाँव की जनसंख्या से भाग देने पर गाँव में जनसंख्या की विविधता का संकेत सामने आता है।[3] अन्य सभी बातों के बराबर होने पर, यह अपेक्षा की जाती है कि एक उच्च सघनता वाली जनसंख्या लोगों को खेती से बाहर जाने के लिए प्रेरित करेगी (क्योंकि सिर्फ़ खेती से सभी लोगों की जीविका नहीं चल सकती है); और यह ग़ैर–खेतिहर गतिविधियों को भी बढ़ावा दे सकती है (लेन–देन की लागत में कमी लाकर, और सामूहिक अर्थव्यवस्थाओं आदि द्वारा)। दूसरा चर भी इसी तरह तैयार किया गया है और यह समुदाय की खेतिहर सम्भावना का प्रतिनिधित्व करता है। हमने गाँव के कुल खेतिहर निर्गत के मूल्य को खेती की जाने वाली ज़मीन की कुल मात्रा से भाग दिया है, और इसके माध्यम से हमने समुदाय में खेतिहर पैदावार की एक 'माप' तैयार की है। इस चर का उपयोग इस अवधारणा की जाँच करने के लिए किया जा सकता है कि ग़ैर–खेतिहर अर्थव्यवस्था खेतिहर उत्पादकता से उत्पन्न होती है, और इसी के माध्यम

से क़ायम रहती है। यह मुमकिन है कि यह चर गाँव के स्तर पर पैदावार के 'चर' से समरेखीय हो। इसका उद्देश्य यह भी है कि इससे ग़ैर–खेतिहर गतिविधियों के समूहों की ताक़त सामने आये; और यह समझ भी बने की ग़ैर–खेतिहर गतिविधियों को बढ़ावा देने के लिए आवश्यक विशिष्ट बुनियादी संरचना तक किसकी पहुँच है।[4]

भारत जैसे आकार वाले देश में यह बात पूरी तरह से सम्भव है कि भौगोलिक भिन्नता ग़ैर–खेतिहर रोज़गार की व्याख्या के लिए एक अतिरिक्त महत्त्वपूर्ण आयाम उपलब्ध कराती है। हम भौगोलिक कारकों को दो तरीक़े से नतीजों को प्रभावित करने की अनुमति देते हैं : पहला, हमने देश को चार बड़े भौगोलिक क्षेत्रों में विभाजित किया है (उत्तर–मध्य, पूर्व, पश्चिम और दक्षिण), तथा हमने प्रत्येक क्षेत्र में अलग तरीक़े से मॉडल का अनुमान लगाया है।[5] दूसरा, हमने प्रत्येक मॉडल के भीतर सम्बन्धित राज्य के प्रतिरूपों (डमी) को सम्मिलित किया है।

बहुपक्षीय (या मल्टीनॉमिनल) मॉडल के लिए यह आवश्यक होता है कि प्रत्येक पेशागत श्रेणी को एक निर्देशांक का रूप दिया जाये, जिसके आधार पर सभी नतीजों की तुलना की जा सकती है। हमने खेतिहर वेतन श्रम को तुलना के समूह रूप में चुना है। भारत के ग्रामीण क्षेत्रों में खेतिहर वेतन श्रम ग़रीबों का एक प्रमुख पेशा है। इसलिए इस श्रेणी को तुलना के उद्देश्य से चुनने से हमें यह पूछने का मौक़ा मिलता है कि क्या अन्य पेशागत श्रेणियों को किसी तरीक़े से व्यवस्थित रूप से भिन्न (और इसलिए निम्नतर ग़रीबी से जुड़ा हुआ) माना जा सकता है। इसका अर्थ यह है कि सम्मिलित की गयी श्रेणियों के मानदण्ड अनुमानों (पैरामीटर इस्टीमेट्स) की कसौटी को दी गयी पेशागत श्रेणी में रोज़गार से सह–सम्बन्धित नहीं मानना चाहिए; इसके बजाय, यह सम्बन्धित पेशागत श्रेणी के साथ एक विशिष्ट व्याख्यात्मक चर के जुड़ाव की ताकत का संकेतक होता है, जो खेतिहर श्रम के साथ इसी व्याख्यात्मक चर का सापेक्षिक होता है। व्याख्या की सरलता के लिए हमने प्रत्यक्ष मानदण्ड (पैरामीटर) अनुमानों पर विचार किया है, तथा कुछ सारणियाँ बनायी हैं, जो विशिष्ट व्याख्यात्मक चरों के प्रभावों का सार–संक्षेप प्रस्तुत करती हैं।

सारणी 2 से 5 क्रमशः पाँच क्षेत्रों के मल्टीनॉमिनल लॉगिट्स में मानदण्ड अनुमान प्रस्तुत किया गया है। इस बात की पूरी सम्भावना है कि उत्तर–मध्य क्षेत्र में (सारणी 2) महिलाओं की जिन पेशागत श्रेणियों पर

विचार किया गया है, उनमें से अधिकतर किसी भी अन्य पेशे की तुलना में खेतिहर श्रम से मज़बूती और महत्त्वपूर्ण रूप से जुड़ी हुई हैं। सभी चार श्रेणियों में इस चर के लिए मानदण्ड अनुमान लगातार नकारात्मक है, जिसमें सम्भावना मूल्य (प्रॉबेबिलिटी वैल्यू) शून्य है (यह इस बात को पूरी तरह नकारता है कि मानदण्ड अनुमान शून्य है)। उम्र के बारे में मानदण्ड अनुमान से यह संकेत मिलता है कि इस बात की ज़्यादा सम्भावना है कि तुलनात्मक रूप से युवा लोग खेतिहर वेतन श्रमिक के रूप में काम करेंगे। 50 वर्ष की उम्र तक खेतिहर वेतन श्रमिक की तुलना में अन्य पेशे में काम मिलने की सम्भावना में वृद्धि होती है (खेती के मामले में यह 75 वर्ष है) और उसके बाद इसमें गिरावट आती है।

खेतिहर वेतन श्रम से बाहर रोज़गार पाने में शिक्षा की महत्त्वपूर्ण भूमिका है। जिन लोगों ने कोई शिक्षा हासिल नहीं की है (अर्थात् जिन्हें प्राथमिक शिक्षा भी नहीं मिली है) उनके खेती करने या नियमित वेतन वाला रोज़गार करने की तुलना में खेतिहर वेतन मज़दूर के रूप में काम करने की सम्भावना ज़्यादा है। बहरहाल, इस बात की बहुत ज़्यादा सम्भावना नहीं है कि अशिक्षित लोग खेतिहर वेतन श्रमिक की तुलना में ग़ैर–खेतिहर वेतन श्रमिक या ग़ैर–खेतिहर स्व–उद्यम गतिविधियों में रोज़गार प्राप्त करेंगे। यह इस दृष्टिकोण से सुसंगत है कि इन गतिविधियों में कुछ ऐसी अवशिष्ट गतिविधियाँ सम्मिलित हैं, जिन तक ग़रीब लोगों की पहुँच होती है। बिन्दुवार विश्लेषण के आधार पर यह कहा जा सकता है कि इस बात की सम्भावना कम है कि प्राथमिक शिक्षा प्राप्त करने वाला व्यक्ति खेतिहर वेतन श्रमिक के रूप में काम करेगा। असल में, इसकी सम्भावना ज़्यादा है कि जिन अन्य पेशागत श्रेणियों पर विचार किया गया है, उनमें से किसी एक में रोज़गार मिल जायेगा। बहरहाल, ये बिन्दुवार अनुमान कहीं भी सांख्यिक रूप से महत्त्वपूर्ण नहीं है, इसलिए हम पूरे भरोसे के साथ यह नहीं कह सकते हैं कि प्राथमिक स्कूल पूरा करने से पहले पढ़ाई छोड़ देने वालों की तुलना में प्राथमिक शिक्षा पूरी करने वालों को इस सन्दर्भ में लाभ मिलता है। किन्तु यह निष्कर्ष उस समय बदल जाता है जब किसी व्यक्ति को कुछ माध्यमिक शिक्षा भी मिली होती है। साथ ही, व्यक्ति द्वारा माध्यमिक शिक्षा से ज़्यादा शिक्षा प्राप्त करने की स्थिति में उसके खेतिहर वेतन श्रमिक से अलग रोज़गार पाने की सम्भावना और ज़्यादा बढ़ जाती है। अब यह स्पष्ट है कि (सिर्फ़ प्राथमिक शिक्षा हासिल

करने वाले किसी व्यक्ति की तुलना में) शिक्षा स्पष्ट रूप से (और महत्त्वपूर्ण रूप से) यह संकेत करती है कि ज़्यादा शिक्षा प्राप्त करने वाले व्यक्ति के खेतिहर श्रमिक होने की तुलना में खेती करने या ग़ैर–खेतिहर गतिविधि में सम्मिलित होने की सम्भावना ज़्यादा होती है।

सारणी 2 : बहुपक्षीय (मल्टीनॉमिनल) लॉगिट : रोज़गार का क्षेत्र, उत्तर–मध्य क्षेत्र (तुलना समूह के रूप में खेतिहर वेतन श्रमिक)

	खेती और अन्य पेशे		ग़ैर–खेतिहर अनौपचारिक वेतन रोज़गार		ग़ैर–खेतिहर स्व–उद्यम		ग़ैर–खेतिहर नियमित रोज़गार	
	गुणक	सम्भावना मूल्य	गुणक	सम्भावना मूल्य	गुणक	सम्भावना मूल्य	गुणक	सम्भावना मूल्य
महिला	–2.229	0	–1.947	0	–2.735	0	–2.492	0
उम्र	0.120	0	–0.217	0	0.200	0	0.341	0
उम्र स्क्वायर्ड I	–0.0008	0	–0.002	0	–0.002	0.006	–0.003	0
ग़ैर–शिक्षित	–0.301	0.021	–0.217	0.714	–0.766	0.197	–1.093	0.067
प्राथमिक शिक्षा	0.0495	0.755	0.220	0.751	0.478	0.492	0.710	0.309
माध्यमिक शिक्षा	0.619	0	2.470	0.001	3.305	0	4.355	0
उच्च शिक्षा	1.668	0.001	2.742	0.031	4.270	0.001	6.420	0
अनुसूचित जाति / अनुसूचित जनजाति	–0.484	0	0.009	0.979	–0.894	0.001	–0.696	0.048
मुस्लिम	0.166	0.218	0.725	0.206	1.088	0.057	0.604	0.294
परिवार का आकार	0.221	0	0.027	0.378	0.092	0.003	0.079	0.010
प्रति व्यक्ति भू–स्वामित्व	0.097	0	0.050	0.013	0.074	0.001	0.111	0
प्रति व्यक्ति भूमि स्क्वायर्ड	–0.0001	0	–0. 00006	0.078	–0. 00015	0.046	–0. 00026	0
खेती करने वाले परिवार	20.645	0	15.772	0	14.307	0	16.809	0

जनसंख्या की गहनता (प्रति व्यक्ति गाँव की भूमि)	−0.0076	0.394	−0.018	0.613	−0.027	0.456	−0.025	0.495
गाँव की औसत पैदावार	0.0001	0.421	0.0002	0.727	0.00014	0.812	0.00012	0.832
ग्रामीण श्रम शक्ति में ग़ैर–खेतिहर श्रमिकों का प्रतिशत	8.859	0	21.765	0	23.805	0	24.325	0
राजस्थान	0.670	0	1.429	0.028	0.319	0.624	0.157	0.810
हरियाणा	−0.098	0.485	−0.671	0.267	−1.240	0.041	−0.718	0.236
पंजाब	−0.383	0.022	−2.707	0	−3.083	0	−2.701	0
बिहार	−0.571	0	−1.889	0.001	−1.618	0.004	−2.439	0
मध्य प्रदेश	−1.696	0	−1.873	0.001	−2.347	0	−3.035	0
स्थिर (कॉन्सटेंट)	−6.044	0	−13.790	0	−15. 526	0	−19. 458	0
छद्म आर स्क्वायर				0.7054				
लॉग सम्भावना				−12058				
पर्यवेक्षणों की संख्या				29513				

नोट : 1. उत्तर–मध्य क्षेत्र में राजस्थान, हरियाणा, पंजाब, उत्तर प्रदेश, बिहार और मध्य प्रदेश सम्मिलित हैं।

2. हिमाचल प्रदेश को अनुमानों में सम्मिलित नहीं किया जा सका क्योंकि इसके कारण अभिसरण (कन्वर्जेंस) में समस्याएँ आतीं।

क्षेत्रीय/सामाजिक श्रेणियों के सन्दर्भ में हम सारणी 2 में यह देख सकते हैं कि अनुसूचित जातियों या अनुसूचित जनजातियों से सम्बन्धित व्यक्तियों की खेती से ज़्यादा खेतिहर मज़दूर के रूप में काम करने की सम्भावना है। इसी तरह, इसकी सम्भावना काफ़ी कम है कि ग़ैर–खेतिहर स्व–उद्यम चलाने या काम करेंगे या ग़ैर–खेतिहर वेतन रोज़गार से जुड़े होंगे। खेतिहर वेतन श्रमिक की तुलना में ग़ैर–खेतिहर वेतन श्रमिक के रोज़गार का एक–दूसरे पर सांख्यिक रूप से कोई महत्त्वपूर्ण प्रभाव नहीं

पड़ता है। इसके साथ ही, ऐसा लगता है कि जनसंख्या के वंचित समूह को रोज़गार उपलब्ध कराने के सन्दर्भ में ग़ैर–खेतिहर वेतन श्रमिक और खेतिहर वेतन श्रमिक के बीच कोई बड़ा अन्तर नहीं है। इस बात की पूरी सम्भावना है कि जो व्यक्ति मुस्लिम हैं, वे खेतिहर वेतन मज़दूर के बजाय ग़ैर–खेतिहर स्व–उद्यम की गतिविधियों से जुड़े होंगे। बहरहाल, ऐसा प्रतीत होता है कि ये खेतिहर श्रमिक की तुलना में ग़ैर–आनुपातिक रूप से ग़ैर–खेतिहर रोज़गार या खेती के काम से नहीं जुड़े हुए हैं।

परिवार का आकार सकारात्मक और महत्त्वपूर्ण रूप से अपना उद्यम होने और नियमित ग़ैर–खेतिहर रोज़गार से जुड़ा हुआ है। किन्तु यह अनौपचारिक ग़ैर–खेतिहर रोज़गार से सम्बन्धित नहीं है। इससे यह संकेत मिलता है कि इस बात की विशेष सम्भावना है कि बड़े परिवार के व्यक्ति खेतिहर श्रम की तुलना में अपना उद्यम स्थापित करेंगे या नियमित ग़ैर–खेतिहर रोज़गार करेंगे। लेकिन इस बात की सम्भावना थोड़ी कम है कि वे ग़ैर–खेतिहर वेतन रोज़गार करेंगे। जिस सीमा तक स्व–उद्यम, और ख़ास तौर पर नियमित ग़ैर–खेतिहर रोज़गार उच्च उत्पादकता वाली गतिविधियाँ होती हैं, उस सीमा तक यह निष्कर्ष इस अवधारणा के पक्ष में कमज़ोर समर्थन उपलब्ध कराता है कि उत्तर भारत के बड़े परिवार विशेष रूप से ग़रीब नहीं हैं।[6] बड़े परिवारों से आने वाले व्यक्तियों के खेतिहर वेतन श्रम में शामिल होने की तुलना में खेती या अन्य ग़ैर–खेतिहर काम में सम्मिलित होने की सम्भावना ज़्यादा है। यह निष्कर्ष इस अवधारणा से सुसंगत है कि बड़ा भू–स्वामित्व खेती और ग़ैर–खेतिहर गतिविधियों (सम्पत्ति के कारण)– दोनों के लिए ही अवसर उपलब्ध कराता है; और ऐसे परिवारों के लिए अनौपचारिक ग़ैर–खेतिहर वेतन रोज़गार की तुलना में खेतिहर वेतन मज़दूर के रूप में काम करना कम आकर्षक विकल्प होता है।

जब हम खेती में सम्मिलित परिवार के सदस्यों के प्रतिशत का संकेत करने वाले चर के आधार पर मानदण्ड अनुमानों (पैरामीटर इस्टीमेट्स) पर विचार करते हैं, तो हम यह देख सकते हैं कि यह प्रतिशत जितना उच्च होता है, उस बात की सम्भावना उतनी ही ज़्यादा होती है कि एक व्यक्ति खेतिहर वेतन मज़दूर के अतिरिक्त कोई भी काम कर लेगा। यदि एक परिवार में बहुत सारे सदस्य अपनी ज़मीन पर खेती के काम में लगे हुए हैं तो इस बात की सम्भावना काफ़ी कम है कि इस परिवार का व्यक्ति किसी अन्य की ज़मीन पर खेतिहर मज़दूर के रूप में काम करेगा। इसके

बजाय, इस बात की सम्भावना ज़्यादा है कि वह अपने परिवार के सदस्यों के साथ खेती करेगा। जहाँ तक ग़ैर–खेतिहर पेशे का सम्बन्ध है, इस बात की ज़्यादा सम्भावना है कि वह व्यक्ति ग़ैर–खेतिहर गतिविधियों में सम्मिलित होगा, जिससे वह अपने लिए और अपने परिवार के लिए खेती के अतिरिक्त आय का अन्य साधन भी सामने ला पाये। किसी भी स्थिति में उसके लिए खेतिहर मज़दूर के रूप में काम करना एक आकर्षक विकल्प नहीं होगा।

यदि हम समुदाय स्तर के चर पर विचार करें, तो हम यह पाते हैं कि पेशागत श्रेणियों पर जनसंख्या की सघनता एक स्वतन्त्र सांख्यिक प्रभाव के रूप में काम नहीं करती है। यह पहलू इस तथ्य से स्पष्ट हो सकता है कि ज़्यादा सघन जनसंख्या वाले क्षेत्रों में ग़ैर–खेतिहर नौकरियों की ज़्यादा माँग है, और शायद यहाँ ग़ैर–खेतिहर काम के लिए लोगों की ज़्यादा उपलब्धता भी है; लेकिन इसके साथ यह भी सच है कि जनसंख्या की सघनता ज़्यादा होने पर लोग ज़्यादा गहन खेती करते हैं (बशर्ते उनके पास खेती के लिए ज़मीन हो) या जहाँ कोई विकल्प नहीं होता है, वहाँ वे खेतिहर मज़दूर के रूप में काम करते हैं। सांख्यिक सम्बन्धों का अभाव यह बताता है कि एक प्रभाव दूसरे को पूरी तरह अप्रासंगिक नहीं बनाता है। गाँव की पैदावार भी पेशागत श्रेणियों में विविधता के बारे में कोई ख़ास 'व्याख्या' प्रस्तुत नहीं करती है। किन्तु बिन्दुवार अनुमान (जो कि महत्त्वपूर्ण नहीं हैं) यह बताते हैं कि खेती की ज़्यादा गहनता खेतिहर मज़दूरी से ज़्यादा तुलनात्मक रूप से ज़्यादा खेती और ग़ैर–खेतिहर रोज़गार से जुड़ी हुई है।

सारणी 3 : बहुपक्षीय (मल्टीनॉमिनल) लॉगिट : रोज़गार का क्षेत्र, पश्चिमी क्षेत्र (तुलना समूह के रूप में खेतिहर वेतन श्रमिक)

	खेती और अन्य पेशे		ग़ैर–खेतिहर अनौपचारिक वेतन रोज़गार		ग़ैर–खेतिहर स्व–उद्यम		ग़ैर–खेतिहर नियमित रोज़गार	
	गुणक	सम्भावना मूल्य	गुणक	सम्भावना मूल्य	गुणक	सम्भावना मूल्य	गुणक	सम्भावना मूल्य
महिला	–2.044	0	–2.597	0.003	–3.520	0	–3.220	0
उम्र	0.130	0	–0.134	0.170	0.163	0.099	0.335	0.001
उम्र स्क्वायर्ड I	–0.001	0	–0. 00052	0.676	–0.0003	0.751	–0.002	0.059
ग़ैर–शिक्षित	0.024	0.869	1.293	0.163	0.177	0.850	–0.190	0.839

प्राथमिक शिक्षा	0.429	0.016	0.601	0.545	1.243	0.212	1.290	0.196
माध्यमिक शिक्षा	0.659	0	2.218	0.052	3.393	0.004	4.269	0
उच्च शिक्षा	2.219	0.003	4.701	0.014	6.762	0	8.562	0
अनुसूचित जाति/ अनुसूचित जनजाति	–0.724	0	–1.618	0.031	–2.433	0.001	–1.820	0.016
मुस्लिम	–0.484	0.060	–0.0723	0.969	0.041	0.982	–0.467	0.803
परिवार का आकार	0.221	0	0.127	0.170	0.204	0.027	0.169	0.066
प्रति व्यक्ति भू–स्वामित्व	0.065	0	0.039	0.449	0.007	0.878	0.037	0.445
प्रति व्यकित भूमि स्क्वायर्ड	–0. 0002	0	–0. 00008	0.341	–0. 00001	0.955	–0. 0007	0.244
खेती करने वाले परिवार	17.54	0	13.721	0	14.623	0	16.160	0
जनसंख्या की गहनता (प्रति व्यक्ति गाँव की भूमि)	–0.010	0.283	–0.163	0.001	–0.102	0.038	–0.149	0.003
गाँव की औसत पैदावार	0.0003	0.059	–0.0016	0.034	0.0015	0.043	–0. 0013	0.095
ग्रामीण श्रम शक्ति में ग़ैर–खेतिहर श्रमिकों का प्रतिशत	8.766	0	22.154	0	23.319	0	24.537	0
गुजरात	–0.135	0.220	–0.769	0.245	–1.063	0.110	–1.038	0.118
स्थिर (कॉन्सटेंट)	–7.265	0	–13.216	0	–17.085	0	–20.84	0
छद्म आर स्क्वायर				0.739				
लॉग सम्भावना				–2997. 021				
पर्यवेक्षणों की संख्या				9,172				

नोट : पश्चिमी क्षेत्र में दो राज्य गुजरात और महाराष्ट्र शामिल हैं।

ज़िला स्तर पर ग़ैर–खेतिहर रोज़गार का जितना ज़्यादा प्रतिशत होता है, इस बात की उतनी ही ज़्यादा सम्भावना होती है कि व्यक्ति

खेतिहर मज़दूर के बजाय खेती और ग़ैर–खेतिहर पेशे में भागीदारी करेगा। ग़ैर–खेतिहर गतिविधियों पर सकारात्मक और महत्त्वपूर्ण गुणक की व्याख्या काफ़ी स्पष्ट होती है। यह कुछ ग़ैर–खेतिहर गतिविधियों के जमाव को बढ़ाता है। यह बात ज़्यादा स्पष्ट नहीं है कि एक ज़्यादा बड़े ग़ैर–खेतिहर क्षेत्र वाले ज़िले में लोग खेतिहर मज़दूर की तुलना में खेती का काम करने को वरीयता देंगे। शायद विशेष रूप से अनौपचारिक ग़ैर–खेतिहर वेतन रोज़गार जैसे ग़ैर–खेतिहर रोज़गार के अवसरों में वृद्धि होने के कारण लोग खेतिहर वेतन रोज़गार के बजाय आय के अन्य स्रोतों को अपना लेते हैं। हम इस अवधारणा पर आगे विचार करेंगे।

अन्त में, हम ग्रामीण भारत के उत्तर–मध्य क्षेत्र में राज्यों पर विचार करते हैं। हम यह पाते हैं कि इस बात की सम्भावना ज़्यादा है कि उत्तर प्रदेश की तुलना में राजस्थान में एक व्यक्ति खेतिहर मज़दूरी के बजाय खेती का काम करता है। किन्तु इस बात का कोई ठोस सांख्यिक प्रमाण नहीं है जिससे यह कहा जा सके कि उत्तर प्रदेश में ग़ैर–खेतिहर पेशे में सम्मिलित होने में लोगों को महत्त्वपूर्ण बाधाओं का सामना करना पड़ता है। उत्तर प्रदेश की तुलना में पंजाब, बिहार और मध्य प्रदेश जैसे राज्यों में एक व्यक्ति को खेतिहर मज़दूर की तुलना में खेती और अन्य ग़ैर–खेतिहर गतिविधियों में शामिल होने के लिए कम बाधाओं का सामना करना पड़ता है (हरियाणा के बिन्दु अनुमान या प्वॉइंट इस्टीमेट्स भी ऐसे ही हैं, लेकिन यह सांख्यिक रूप से महत्त्वपूर्ण नहीं है–स्व–उद्यम गतिविधियाँ इसका अपवाद हैं)। इसलिए यह स्पष्ट है कि उत्तर प्रदेश के पड़ोसी राज्यों की तुलना में यहाँ ग़ैर–खेतिहर क्षेत्र का आकार विशेष रूप से बड़ा है, तथा यहाँ खेतिहर वेतन रोज़गार तुलनात्मक रूप से कम है।

सारणी 3 से 5 में देश के अन्य क्षेत्रों (क्रमशः पश्चिम, पूर्व, दक्षिण) के लिए मॉडल अनुमान प्रस्तुत किया गया है। हर अनुमान पर बारी–बारी से जाने की तुलना में हम यहाँ संक्षेप में इनके निष्कर्षों की तुलना उत्तर–मध्य क्षेत्र से करेंगे। इस सन्दर्भ में अपने उन निष्कर्षों पर ध्यान देंगे जिनमें अन्तर है। यद्यपि विभिन्न क्षेत्रों के वास्तविक मानदण्ड अनुमान सामान्य रूप से काफ़ी अलग–अलग हैं, किन्तु कुल–मिलाकर, अन्य क्षेत्रों के मॉडलों से एक जैसे निष्कर्ष सामने आते हैं।[7] सभी क्षेत्रों में महिलाएँ किसी ग़ैर–खेतिहर पेशे या खेती करने की तुलना में खेतिहर मज़दूर के

रूप में ज़्यादा काम करती हैं। इसी तरह, सभी क्षेत्रों में लोगों की उम्र बढ़ने के साथ उन्हें ग़ैर–खेतिहर क्षेत्रों में काम मिलने में दिक्कत आती है, या उन्हें खेती के काम से भी दूर कर दिया जाता है, किन्तु इसकी तुलना में उन्हें खेतिहर मज़दूरी का काम तुलनात्मक रूप से आसानी से मिल जाता है (इस सन्दर्भ में अमूमन 50 वर्ष की उम्र को एक 'टर्निंग प्वॉइंट' माना जा सकता है।

अन्य क्षेत्रों की तुलना में पश्चिम में शिक्षा के प्रभाव के सन्दर्भ में थोड़ी भिन्नता सामने आती है। पश्चिम में इस बारे में कम स्पष्ट प्रमाण है कि ग़ैर–शिक्षित लोग खेतिहर मज़दूरी के काम में लगे हुए हैं (सारणी 3)। इसके अतिरिक्त, पश्चिम में इस बात की सम्भावना ज़्यादा है कि प्राथमिक स्तर से कम शिक्षा प्राप्त करने वाले व्यक्तियों की तुलना में प्राथमिक शिक्षा हासिल करने वाले व्यक्ति खेतिहर मज़दूर के बजाय खेती का काम कर रहे हैं। पश्चिम सहित सभी क्षेत्रों में इस बात का मज़बूत सांख्यिक प्रमाण है कि ग़ैर–खेतिहर रोज़गार और माध्यमिक शिक्षा और उच्चतर शिक्षा के बीच स्पष्ट जुड़ाव है।

विभिन्न प्रकार के पेशों और सामाजिक/धार्मिक हैसियत के बीच सम्बन्ध में भौगोलिक स्तर पर अन्तर है। पश्चिम में अनुसूचित जातियों का खेती में कम प्रतिनिधित्व है। लेकिन इसके साथ ही स्व–उद्यम और वेतन वाले रोज़गार में भी इनका प्रतिनिधित्व कम है। इसके अलावा, सांख्यिक रूप से इस बात की सम्भावना भी कम है कि ये खेतिहर मज़दूर की तुलना में ग़ैर–खेतिहर अनौपचारिक रोज़गार करेंगे। उत्तर–मध्य क्षेत्रों के विपरीत, इस बात की सम्भावना नहीं है कि मुस्लिम खेतिहर मज़दूरी की तुलना में स्व–उद्यम की गतिविधियाँ करेंगे। लेकिन सांख्यिक रूप से यह सम्भावना भी कम है कि वे खेतिहर मज़दूर की तुलना में खेती का काम करेंगे। आँकड़ों से यह स्पष्ट है कि पूर्व में जाति या धर्म का कोई स्वतन्त्र सांख्यिक प्रभाव नहीं पड़ता है। दक्षिण में जाति का प्रभाव उत्तर मध्य क्षेत्र की तरह ही पड़ता है। किन्तु मुस्लिमों के सन्दर्भ में यह निष्कर्ष सामने आता है कि यह सम्भावना ज़्यादा है कि ये खेतिहर मज़दूरी करने की तुलना में खेती, स्व–उद्यम और वेतन वाले ग़ैर–खेतिहर गतिविधियों में सम्मिलित होंगे।

सारणी 4 : बहुपक्षीय (मल्टीनॉमिनल) लॉगिट : रोज़गार का क्षेत्र, पूर्वी क्षेत्र (तुलना समूह के रूप में खेतिहर वेतन श्रमिक)

	खेती और अन्य पेशे		ग़ैर–खेतिहर अनौपचारिक वेतन रोज़गार		ग़ैर–खेतिहर स्व–उद्यम		ग़ैर–खेतिहर नियमित रोज़गार	
	गुणक	सम्भावना मूल्य	गुणक	सम्भावना मूल्य	गुणक	सम्भावना मूल्य	गुणक	सम्भावना मूल्य
महिला	−1.552	0	−3.224	0	−3.430	0	−2.489	0
उम्र	0.169	0	−0.246	0	0.265	0	0.387	0
उम्र स्क्वायर्ड I	−0.001	0	−0.002	0.007	−0.002	0.009	−0.003	0
ग़ैर–शिक्षित	−0.617	0.001	−0.337	0.520	−0.878	0.093	−0.077	0.046
प्राथमिक शिक्षा	−0.153	0.534	−0.444	0.506	−0.208	0.753	−0.034	0.960
माध्यमिक शिक्षा	0.448	0.059	1.669	0.050	3.390	0	4.572	0
उच्च शिक्षा	22.594	0	21.327		24.749	0	27.437	0
अनुसूचित जाति / अनुसूचित जनजाति	−0.234	0.121	0.048	0.903	−0.586	0.135	−0.486	0.222
मुस्लिम	−0.082	0.709	0.366	0.583	0.0868	0.895	−0.141	0.83
परिवार का आकार	0.295	0	0.296	0	0.315	0	−0.336	0
प्रति व्यक्ति भू–स्वामित्व	0.223	0	0.142	0.028	0.217	0.001	0.268	0
प्रति व्यक्ति भूमि स्क्वायर्ड	−0.002	0	−0.0009	0.361	−0.002	0.113	−0.003	0.028
खेती करने वाले परिवार	23.214	0	18.329	0	16.423	0	17.618	0
जनसंख्या की गहनता (प्रति व्यक्ति गाँव की भूमि)	−0.025	0.429	−0.067	0.503	−0.146	0.143	−0.242	0.017

गाँव की औसत पैदावार (प्रति एकड़ उत्पादन की क़ीमत)	0.0003	0.274	−0.0005	0.485	0.0005	0.941	−0. 0007	0.281
ग्रामीण श्रम शक्ति में ग़ैर–खेतिहर श्रमिकों का प्रतिशत	10.410	0	22.230	0	22.629	0	23.606	0
उत्तर–पूर्व	0.350	0.106	0.535	0.341	−0.477	0.390	−0.664	0.237
उड़ीसा	−0.432	0.024	1.142	0.031	−0.316	0.544	−0.527	0.318
स्थिर (कॉन्सटेंट)	−8.374	0	−19.190	0	−18. 200	0	−22. 600	0
छद्म आर स्क्वायर				0.6948				
लॉग सम्भावना				−3480				
पर्यवेक्षणों की संख्या				7858				

नोट : पूर्वी क्षेत्र में पश्चिम बंगाल, उड़ीसा और उत्तर–पूर्व के राज्य शामिल हैं।

उत्तर–मध्य क्षेत्र में यह निष्कर्ष सामने आया था कि अमूमन परिवार का आकार साकारात्मक रूप से इस बात से जुड़ा होता है कि कोई व्यक्ति खेतिहर मज़दूरी की तुलना में ग़ैर–खेतिहर गतिविधियाँ या खेती करेगा। अन्य क्षेत्रों के सन्दर्भ में भी यही निष्कर्ष सामने आता है। हालाँकि पूर्व और पश्चिम में अनौपचारिक ग़ैर–खेतिहर वेतन रोज़गार के मामले में भी यह पहलू सांख्यिक रूप से सामने आता है। इसी तरह, सभी क्षेत्रों में यह निष्कर्ष भी सामने आता है कि किसी भी परिवार में प्रति व्यक्ति भू–स्वामित्व के उच्च होने और परिवार के अधिक प्रतिशत के खेती के काम में लगे होने की स्थिति में इस परिवार के व्यक्ति की खेतिहर मज़दूर के रूप में काम करने की सम्भावना में कमी आती है।

गाँव स्तर के संकेतकों के सन्दर्भ में विभिन्न क्षेत्रों के विभेद ज़्यादा स्पष्ट रूप से सामने आते हैं। पश्चिम में, जनसंख्या की सघनता खेतिहर

श्रम या मज़दूरी के सम्बन्ध में किसी भी ग़ैर–खेतिहर रोज़गार के रास्ते में रुकावट को कम करती है। इस क्षेत्र में ऐसा प्रतीत होता है कि जनसंख्या के उच्चतर दबाव लोगों की एक बड़ी संख्या को खेतिहर श्रम से मुक्त करते हैं, लेकिन इसके साथ ग़ैर–खेतिहर रोज़गार के अवसरों में वृद्धि नहीं होती है। पूर्व में इसी तरह की तार्किकता ग़ैर–खेतिहर वेतन वाले रोज़गार के सन्दर्भ में सामने आती है। वहीं, दक्षिण में उच्चतर जनसंख्या दबाव खेतिहर मज़दूरी के बजाय खेती से जुड़ने की गहन सम्भावना से सम्बन्धित होता है।

उत्तर–मध्य क्षेत्र में गाँव में पैदावार का प्रभाव ज़्यादा महत्त्वपूर्ण नहीं है। पूर्व और दक्षिण की भी यही स्थिति थी। बहरहाल, पश्चिम में उच्चतर पैदावार वाले गाँव में खेतिहर मज़दूरी के बजाय खेती करने में ज़्यादा बाधा सामने आती है। साथ ही, यहाँ खेतिहर मज़दूरी की तुलना में ग़ैर–खेतिहर रोज़गार करने में कम बाधा सामने आती है। इसके आधार पर यह कहा जा सकता है कि पश्चिम में जो क्षेत्र खेती के लिए उपयुक्त हैं (उच्चतर पैदावार वाले), उन्हें खेती में विशेषज्ञता प्राप्त है।

सभी क्षेत्रों में यह निष्कर्ष बार–बार सामने आया कि जिन क्षेत्रों में ग़ैर–खेतिहर गतिविधियों का उच्चतर संकेन्द्रण है, वहाँ एक पेशे के रूप में खेतिहर मज़दूरी में काफ़ी गिरावट आयी है। ग़रीबी उन्मूलन के बारे में इस निष्कर्ष के महत्त्व पर नीचे विस्तार से विवेचना की गयी है।

पश्चिम में महाराष्ट्र और गुजरात में खेतिहर मज़दूरी की तुलना में ग़ैर–खेतिहर रोज़गार और खेती के बीच औसत बाधा के बारे में कोई स्पष्ट अन्तर सामने नहीं आया है। यह बात सामने आती है कि पूर्व में खेतिहर मज़दूरों के सन्दर्भ में, पश्चिम बंगाल की तुलना में उड़ीसा में किसानों का कम संकेन्द्रण है, तथा अनौपचारिक ग़ैर–खेतिहर वेतन रोज़गार का उच्चतर संकेन्द्रण है। दक्षिण में केरल एक ऐसे राज्य के रूप में सामने आता है, जिसमें खेतिहर मज़दूरी की तुलना में ग़ैर–खेतिहर गतिविधियाँ, विशेष रूप से स्व–रोज़गार और वेतन वाले रोज़गार कम प्रचलित हैं। इसके अतिरिक्त, केरल की तुलना में आन्ध्र प्रदेश में खेती की तुलना में खेतिहर मज़दूरी के उदाहरण ज़्यादा पाये जाते हैं।

सारणी 5 : बहुपक्षीय (मल्टीनॉमिनल) लॉगिट : रोज़गार का क्षेत्र, दक्षिणी क्षेत्र (तुलना समूह के रूप में खेतिहर वेतन श्रमिक)

	खेती और अन्य पेशे		ग़ैर–खेतिहर अनौपचारिक वेतन रोज़गार		ग़ैर–खेतिहर स्व–उद्यम		ग़ैर–खेतिहर नियमित रोज़गार	
	गुणक	सम्भावना मूल्य	गुणक	सम्भावना मूल्य	गुणक	सम्भावना मूल्य	गुणक	सम्भावना मूल्य
महिला	−1.995	0	−2.70	0	−3.046	0	−2.880	0
उम्र	0.135	0	−0.309	0	0.353	0	0.460	0
उम्र स्क्वायर्ड I	−0.001	0	−0.003	0.001	−0.003	0	−0.04	0
ग़ैर–शिक्षित	−0.611	0	0.715	0.200	−0.093	0.868	−0.812	0.157
प्राथमिक शिक्षा	−0.239	0.150	0.944	0.163	0.926	0.171	0.933	0.175
माध्यमिक शिक्षा	0.503	0.002	2.023	0.001	2.639	0	3.641	0
उच्च शिक्षा	3.167	0.003	5.148	0.004	7.226	0	9.520	0
अनुसूचित जाति/ अनुसूचित जनजाति	−0.659	0	−0.620	0.173	−1.724	0	−0.957	0.038
मुस्लिम	0.371	0.014	1.200	0.104	2.023	0.006	1.617	0.029
परिवार का आकार	0.231	0	0.109	0.080	0.122	0.048	0.076	0.228
प्रति व्यक्ति भू–स्वामित्व	0.106	0	0.009	0.823	0.075	0.103	0.111	0.018
प्रति व्यक्ति भूमि स्क्वायर्ड	−0. 0003	0	0	0.629	−0.0007	0.195	−0.001	0.037
खेती करने वाले परिवार	19.682	0	16.694	0	15.927	0	17.487	0
जनसंख्या की गहनता (प्रति व्यक्ति गाँव की भूमि)	−0. 0196	0.080	−0.067	0.222	−0.005	0.932	−0.0359	0.519
गाँव की औसत पैदावार	0.00005	0.129	−0.0001	0.384	0.000009	0.440	0.000006	0.621

ग्रामीण श्रम शक्ति में ग़ैर–खेतिहर श्रमिकों का प्रतिशत	10.539	0	23.154	0	23.73	0	60.212	0
आन्ध्र प्रदेश	–0.307	0.054	–0.062	0.923	1.419	0.028	1.2119	0.062
कर्नाटक	–0.087	0.583	0.996	0.147	1.823	0.008	1.9393	0.005
तमिलनाडू	0.108	0.528	10899	0.016	2.163	0.006	2.7481	0.001
स्थिर (कॉन्सटेंट)	–7.979	0	–19.477	0	–21.868	0	–61.529	0
छद्म आर स्क्वायर				0.717				
लॉग सम्भावना				–6246. 124				
पर्यवेक्षणों की संख्या				15,486				

नोट : पश्चिमी क्षेत्र में आन्ध्र प्रदेश, कर्नाटक और केरल राज्य शामिल हैं।

इन निष्कर्षों से यह व्यापक तस्वीर सामने आती है कि ग़ैर–खेतिहर गतिविधियाँ उच्च शैक्षणिक स्तर से मज़बूती से जुड़ी हुई हैं। यह बात सामने आती है कि माध्यमिक और उच्च शिक्षा का ग़ैर–खेतिहर गतिविधियों से गहरा जुड़ाव है। विशेष रूप से, ज़्यादा उत्पादक माने जाने वाले वेतन वाले रोज़गारों से इसका ज़्यादा जुड़ाव माना जाता है। इसके अलावा, महिलाओं, अनुसूचित जातियों (और अनुसूचित जनजातियों) का खेतिहर मज़दूरी से जुड़ी गतिविधियों में विशेष रूप से ज़्यादा प्रतिनिधित्व है; इसके साथ ही, ग़ैर–खेतिहर क्षेत्र में इनका कम प्रतिनिधित्व है। उत्तर और दक्षिण में मुस्लिमों का विशेष रूप से खेतिहर स्व–उद्यम गतिविधियों में अच्छा प्रतिनिधित्व है। कहीं भी यह बात सामने नहीं आयी कि घरों का आकार खेतिहर वेतन रोजगार की सम्भावना से ज़्यादा जुड़ा हुआ है। इससे यह प्रत्यक्ष प्रमाण सामने आता है कि ऐसा आवश्यक नहीं है कि बड़े परिवार ही आवश्यक रूप से ग़रीबी के ख़तरे का सामना कर रहे हों (जो शायद उन्हें इस बात के लिए मज़बूर कर सकती है कि वे खेतिहर वेतन मज़दूरी के अनाकर्षक विकल्प को चुनें)। एक रोचक निष्कर्ष यह है कि अमूमन प्रति व्यक्ति भू–स्वामित्व (सिर्फ़ पश्चिम में इसकी स्थिति कमज़ोर है) तुलनात्मक रूप से खेती की उच्चतर सम्भावना (खेतिहर मज़दूरी की तुलना में), तथा विशेष रूप से वेतन वाले रोज़गार और स्व–उद्यम गतिविधियों के सन्दर्भ

में ग़ैर–खेतिहर रोज़गार के तुलनात्मक रूप से उच्चतर सम्भावना से जुड़ा होता है। यह कुछ हद तक इस अवधारणा का समर्थन करता है कि ज़्यादा सम्पत्ति होने से ग़ैर–खेतिहर गतिविधियों में लाभ हो सकता है। क्षेत्र अध्ययनों (फील्ड स्टडीज़) से अमूमन यह तर्क सामने आता है कि कम–से–कम आंशिक रूप से ग़ैर–खेतिहर रोज़गार घूस देने और/या सम्पर्क के नेटवर्क से प्रभावित होता है। यह पूरी तरह से मुमकिन है कि ज़्यादा भू–सम्पत्ति वाले लोग घूस देने आदि में ज़्यादा सक्षम हों।

एक अन्य सामान्य सांख्यिक जुड़ाव खेती में लगे परिवार श्रम शक्ति के प्रतिशत और खेती तथा किसी अन्य ग़ैर–खेतिहर पेशे से जुड़े होने की सम्भावना से सम्बन्धित है। किसी भी मामले में ऐसा नहीं लगता है कि जिन परिवारों में खेती करने वालों का प्रतिशत ज़्यादा है, उनका खेतिहर मज़दूरों के बीच तुलनात्मक रूप से ज़्यादा प्रतिनिधित्व है। हमारी प्राकल्पना यह है कि यदि किसी व्यक्ति को खेती करने और खेतिहर मज़दूर बनने में किसी एक को चुनना हो, तो वह खेती करने को ही चुनता है। दरअसल, ऐसा फ़ैसला करने की उस व्यक्ति की क्षमता परिवार की श्रम–शक्ति में खेती करने वाले के हिस्से से तय होती है। यदि खेतिहर मज़दूर और किसी ग़ैर–खेतिहर गतिविधि के बीच चुनाव करना हो, तो परिवार के सदस्यों का खेती में जितना ज़्यादा हिस्सा होगा, और परिवार की आय में जितना ज़्यादा उतार–चढ़ाव होगा, उतनी ही ज़्यादा यह माँग होगी कि परिवार की आय के कुछ अन्य स्रोत भी होने चाहिए।

हमारे गाँव स्तर के चरों (वेरियबल्स) का उद्देश्य ग़ैर–खेतिहर गतिविधियों और खेती के बीच के जुड़ाव को स्पष्ट करना था, किन्तु हर जगह इनसे सुनिश्चित निष्कर्ष प्राप्त नहीं हुआ। यह आश्चर्यजनक नहीं है क्योंकि अमूमन ऐसे प्रभाव सक्रिय हैं जो एक–दूसरे का विरोध करते हैं। मसलन, एक ओर, ज़्यादा गहन जनसंख्या ग़ैर–खेतिहर क्षेत्र में रोज़गार पाने के प्रयासों से जुड़ी हो सकती है, और यह मुमकिन है कि ऐसे स्थान पर ग़ैर–खेतिहर क्षेत्र में काम करने के अवसर भी उपलब्ध हों, लेकिन इससे यह नतीजा भी निकल सकता है कि खेती के काम तथा खेतिहर वेतन मज़दूर के रूप में काम करने के लिए ज़्यादा लोग उपलब्ध हैं। ऐसी स्थिति में, यह चर उत्तर–मध्य के अतिरिक्त अन्य क्षेत्रों में कुछ हद तक महत्त्वपूर्ण होता है : यह पश्चिम में किसी भी ग़ैर–खेतिहर रोज़गार की तुलनात्मक बाधा को कम करता है, पूर्व में वेतन वाले किसी भी

ग़ैर–खेतिहर रोज़गार में बाधा को कम करता है, तथा दक्षिण में खेती से सम्बन्धित बाधाओं में वृद्धि करता है।

गाँव की पैदावार से सम्बन्धित चर का उद्देश्य यह था कि खेती के लिए गाँव की भूमि की उपयुक्तता को समझा जाये। इस चर का भी उत्तर–मध्य, पूर्व और दक्षिण में कोई ख़ास महत्त्व नहीं था। फिर, एक ओर उच्च पैदावार खेती के काम में ज़्यादा ध्यान देने की प्रवृत्ति में बढ़ोतरी कर सकता है, लेकिन दूसरी ओर, इसके चलते ग़ैर–खेतिहर उत्पादों की माँग में भी वृद्धि हो सकती है, और इससे ग़ैर–खेतिहर गतिविधियों को बढ़ावा मिल सकता है (मसलन, निर्माण, सेवा इत्यादि)। पश्चिम के कुछ प्रमाणों से पता चलता है कि ग़ैर–खेतिहर कामों को बढ़ावा मिलने के बजाय खेती के काम में ज़्यादा वृद्धि होती है। इसलिए, उच्चतर पैदावार वाले गाँवों में ग़ैर–खेतिहर रोज़गार की सम्भावना कम है।[8]

ग़ैर–खेतिहर क्षेत्र के ज़िला स्तर के ग़ैर–खेतिहर क्षेत्र के आकार (जिसे ग़ैर–खेतिहर गतिविधियों में रोज़गार पाने ज़िला श्रम–शक्ति के हिस्से के आधार पर तय किया जाता है) और खेतिहर श्रम रोज़गार के तुलनात्मक अन्तर के सन्दर्भ में एक आख़िरी सामान्य नकारात्मक सांख्यिक जुड़ाव सामने आता है। यह बात सामने आती है कि ग़ैर–खेतिहर गतिविधियों में एक साथ जुड़ने की प्रवृत्ति होती है, और जिन ज़िलों में ग़ैर–खेतिहर क्षेत्र का आकार बड़ा है, वहाँ इसके प्रभाव के कारण पारम्परिक खेतिहर मज़दूर जनसंख्या का कुछ हिस्सा ग़ैर–खेतिहर क्षेत्र में मिल जाता है। अगले भाग में, हम एक महत्त्वपूर्ण प्रश्न पर विचार करेंगे : इन ज़िलों में खेतिहर वेतन दरों पर इसका क्या प्रभाव पड़ता है?

अभी तक हमने गुणांकों (कॉफिशियेंट्स) के संकेत और उनके सांख्यिक महत्त्व के सन्दर्भ में नतीजों पर ध्यान केन्द्रित किया है। हमने जिन बहुपक्षीय (मल्टीनॉमिनल) लॉगिट मॉडल के अनुमानों का परीक्षण किया है, उन्हें उनके प्रभाव के आकार के सन्दर्भ में आसानी से व्याख्यायित नहीं किया जा सकता है। इन आयामों को स्पष्ट करने के लिए हमने सारणी 6 और 7 में सामाजिक समूहों और शिक्षा के स्तरों में सदस्यता के बारे में बदलती मान्यताओं के अन्तर्गत रोज़गार की सम्भावनाओं की कुछ भविष्यवाणियों को सूचीबद्ध किया है। सारणी 6 में हमने पाँच रोज़गार श्रेणियों में रोज़गार के सम्भावनाओं की भविष्यवाणी प्रस्तुत की है। इसमें हमने यह कल्पना की है कि जनसंख्या पूरी तरह से क्रमशः अनुसूचित

जाति/अनुसूचित जनजाति परिवारों, मुस्लिम परिवारों, और अन्य परिवारों से मिलकर बनी है। बारी–बारी से सभी व्यापक क्षेत्रों में इस प्रयोग को दोहराया गया है। सारणी 6 से यह संकेत मिलता है कि यह पाया गया है कि अमूमन सामाजिक समूहों का रोज़गार की सम्भावनाओं पर गहरा प्रभाव पड़ा है, लेकिन इन विशेषताओं का कोई बड़ा संख्यात्मक प्रभाव नहीं रहा है। मसलन, उत्तर–मध्य क्षेत्र में सम्भावनाओं की भविष्यवाणी से यह संकेत मिलता है कि मुस्लिमों या उच्च जाति के हिन्दुओं की तुलना में अनुसूचित जातियों/अनुसूचित जनजातियों के लोगों के खेतिहर वेतन मज़दूर के रूप में काम करने की सम्भावना ज़्यादा है। बहरहाल, अनुसूचित जातियों/अनुसूचित जनजातियों के लिए सम्भावना की भविष्यवाणी 18.5 प्रतिशत मुस्लिमों के लिए 16.7 प्रतिशत तथा उच्च जाति के हिन्दुओं के लिए 16.5 प्रतिशत है। इसी तरह, इस क्षेत्र में अनुसूचित जातियों और अनुसूचित जनजातियों के लिए वेतन वाले ग़ैर–खेतिहर रोज़गार की सम्भावना 10.5 प्रतिशत है। अन्य हिन्दुओं के लिए यह सम्भावना इससे एक प्रतिशत ऊपर है, तथा मुस्लिमों के लिए इससे एक प्रतिशत नीचे है। अनुसूचित जातियों/अनुसूचित जनजातियों (8.8 प्रतिशत) या अन्य हिन्दुओं (12.2 प्रतिशत) की तुलना में मुस्लिमों के बीच स्व–उद्यम की गतिविधियाँ तुलनात्मक रूप से ज़्यादा हैं। दूसरी ओर, अनुसूचित जाति/अनुसूचित जनजाति के लोग आमतौर पर अनौपचारिक ग़ैर–खेतिहर वेतन रोज़गार अपनाते हैं, और उच्च जाति के हिन्दू तुलनात्मक रूप से थोड़ी ज़्यादा मात्रा में खेती का काम अपनाते हैं।

ये निष्कर्ष सम्भावनाओं की भविष्यवाणी के सरल परीक्षण पर आधारित हैं। असल में, यह मुमकिन है कि सांख्यिक भिन्नताओं का परीक्षण हमें इस प्राकल्पना को ख़ारिज करने की अनुमति नहीं दे कि जनसंख्या समूहों के बीच कोई भिन्नता नहीं है। निश्चित रूप से, यह स्वीकार करना महत्त्वपूर्ण है कि यहाँ जिन प्रति–तथ्यों (काउंटर फैक्चुअल्स) पर विचार किया गया है वे कुछ हद तक बनावटी हैं, क्योंकि ये इस मान्यता को थोपते हैं कि अन्य सभी आयामों में व्यक्ति एक जैसे होते हैं। एक बार जब हम यह तथ्य स्वीकार कर लेते हैं कि अनुसूचित जातियों/अनुसूचित जनजातियों के लोग शेष जनसंख्या से कम शिक्षित होते हैं, और अमूमन कम धनवान होते हैं, तो सभी रोज़गार श्रेणियों और जनसंख्या के उप–समूहों के बीच वास्तविक रोज़गार के ज़्यादा स्पष्ट रूप से सामने आने की सम्भावना होती

है। दूसरी ओर, यह स्पष्ट है कि इन अन्तरों की व्याख्या सिर्फ़ जाति या धर्म की भिन्नता के आधार पर नहीं की जा सकती है।

मोटे तौर पर, अन्य क्षेत्रों में भी इसी प्रकार का स्वरूप सामने आता है। अर्थात् खेतिहर श्रमिक या ग़ैर–खेतिहर वेतन श्रमिक के काम में अनुसूचित जातियों/अनुसूचित जनजातियों का ज़्यादा प्रतिनिधित्व है। साथ ही, स्व–उद्यम तथा वेतन वाले ग़ैर–खेतिहर काम में उनका प्रतिनिधित्व कम है। सामान्य तौर पर, देश के पूर्वी भाग में ग़ैर–खेतिहर रोज़गार की सम्भावनाएँ (इसमें रोज़गार की गतिविधियों के साथ स्व–रोज़गार को भी जोड़ा गया है) कुल रोज़गार का तक़रीबन 35 प्रतिशत है, वहीं उत्तर–मध्य और दक्षिण में यह तक़रीबन 30 प्रतिशत तथा पश्चिम में तक़रीबन 20 प्रतिशत है।

इसके बाद, हम रोज़गार की उत्प्रेरित सम्भावनाओं के समान समूह पर विचार करते हैं, जिसमें हम सम्पूर्ण जनसंख्या में वैकल्पिक शैक्षणिक नतीजों पर विचार करते हैं। सारणी 7 में हमने बारी–बारी से चार क्षेत्रों के बारे में रोज़गार की सम्भावनाओं की भविष्यवाणी पर विचार किया है। इसमें यह कल्पना की गयी है कि जनसंख्या निम्नलिखित भागों में बँटी हुई है : पहला, ऐसा समूह जिसमें किसी भी व्यक्ति ने शिक्षा प्राप्त नहीं की है, दूसरा, लोग कोई भी शिक्षा प्राप्त न करने या प्राथमिक शिक्षा प्राप्त करने के बीच में हैं; और तीसरा, सभी लोगों ने क्रमशः प्राथमिक स्तर, माध्यमिक स्तर और ग्रेजुएट स्तर की शिक्षा प्राप्त की है। यहाँ हम विभिन्न स्थितियों में अत्यधिक भिन्नता देखते हैं। उत्तर–मध्य क्षेत्र में यदि सभी लोगों ने ग्रेजुएट या स्नातक स्तर की शिक्षा प्राप्त की है (अन्य सभी विशेषताओं को नियन्त्रित करने पर) तो वेतन वाले ग़ैर–खेतिहर रोज़गार पाने की सम्भावना 25.7 प्रतिशत है, वहीं यदि कोई भी व्यक्ति शिक्षा प्राप्त नहीं है, तो यह सम्भावना सिर्फ़ 4.7 प्रतिशत ही है। यदि लोगों की शिक्षा सिर्फ़ प्राथमिक स्तर की है, तो भी बिल्कुल शिक्षा न होने की तुलना में उनके वेतन वाले ग़ैर–खेतिहर रोज़गार पाने की सम्भावना दोगुनी हो जाती है। रोचक बात यह है कि ग़ैर–खेतिहर रोज़गार की दो अन्य श्रेणियाँ– अर्थात् अनौपचारिक दिहाड़ी वेतन रोज़गार और स्व–उद्यम गतिविधियाँ स्वाभाविक रूप से शिक्षा से नहीं जुड़ी हुई हैं। ग़ैर–खेतिहर दिहाड़ी रोज़गार के मामले में शिक्षा के उच्चतर स्तर के साथ रोज़गार की सम्भावनाएँ कम होती जाती

सारणी 6 : जाति और विभिन्न क्षेत्रों में रोज़गार की सम्भावना की भविष्यवाणी बहुपक्षीय (मल्टीनॉमिनल) लॉगिट मॉडल, क्षेत्रवार

	उत्तर–मध्य			पश्चिम			पूर्व			दक्षिण		
	अनु. जाति / अनु. जनजाति	मुस्लिम	अन्य	अनु. जाति / अनु. जनजाति	मुस्लिम	अन्य	अनु. जाति / अनु. जनजाति	मुस्लिम	अन्य	अनु. जाति / अनु. जनजाति	मुस्लिम	अन्य
खेती	48.4	49.6	50.0	49.2	49.0	52.3	42.5	42.6	43.2	36.7	39.3	39.0
खेती और वेतन श्रम	18.0	16.7	16.5	30.1	30.2	26.8	18.9	18.7	18.3	32.8	30.0	30.0
अनौपचारिक ग़ैर खेतिहर वेतन	14.3	10.6	9.6	7.5	7.0	6.0	9.9	9.8	6.7	13.5	7.2	9.6
स्व–रोज़गार	8.8	13.6	12.2	4.1	7.1	6.6	15.7	17.4	18.5	7.3	15.5	12.5
नियमित ग़ैर–खेतिहर	10.5	9.4	11.7	9.1	6.7	8.2	12.7	11.4	13.2	9.7	8.1	8.5

नोट : क्षेत्रों का राज्यवार विभाजन इस प्रकार है :

उत्तर–मध्य : राजस्थान, पंजाब, हरियाणा, उत्तर प्रदेश, बिहार, मध्य प्रदेश

पश्चिम : गुजरात, महाराष्ट्र

पूर्व : उत्तर–पूर्व, उड़ीसा

दक्षिण : आन्ध्र प्रदेश, कर्नाटक, तमिलनाडु, केरल

हैं। स्व–रोज़गार या स्व–उद्यम गतिविधियों के मामले में कोई शिक्षा न होने की तुलना में कुछ शिक्षा होने से व्यक्ति लाभप्रद स्थिति में रहता है, लेकिन उच्च स्तर की शिक्षा होने पर रोज़गार की सम्भावनाओं में गिरावट आती है।

ग़ैर–खेतिहर रोज़गार सम्भावनाओं और शिक्षा स्तर के बीच विशिष्ट जुड़ाव इस पर निर्भर करता है कि व्यक्ति नियमित रोज़गार, स्व–उद्यम, या अनौपचारिक रोज़गार में से किसे वरीयता दे रहे हैं। चारों क्षेत्रों में इसकी जाँच की गयी। इन निष्कर्षों से यह महत्त्वपूर्ण बात सामने आती है कि ग़ैर–खेतिहर क्षेत्र विविधता से परिपूर्ण है, तथा विभिन्न प्रकार के ग़ैर–खेतिहर गतिविधियों में सावधानीपूर्वक अन्तर नहीं किया जाता है, और इसलिए शिक्षा के महत्त्व की भी आसानी से उपेक्षा की जा सकती है या इसकी गलत व्याख्या हो सकती है।

अब हम रोज़गार की सम्भावनाओं के विपरीत ग़ैर–खेतिहर आय पर विचार करेंगे। हमारे व्याख्यात्मक चर पहले की भाँति ही अपरिवर्तित हैं। यहाँ हमारे अर्थमितीय (इकोनोमेट्रिक) दृष्टिकोण से संक्षिप्त टिप्पणी करना आवश्यक है। यह सर्वज्ञात है कि सरल ओएलएस तकनीकों का उपयोग करने से व्याख्यात्मक चरों (वैरियबल्स) की एक श्रेणी से ग़ैर–खेतिहर आय में होने वाला प्रतिगमन (रिग्रेशन) व्याख्यात्मक चरों के बारे में पूर्वग्रह पर आधारित अनुमान प्रस्तुत करती है। इसका कारण यह है कि ओएलएस प्रतिगमन सही तरीक़े से शून्य पर निर्भर चरों का सेंसर करने पर ध्यान नहीं देता है (जो उन परिवारों के अनुरूप हो, जिनकी आय का कोई ग़ैर–खेतिहर स्रोत नहीं है)। इस मामले में एक मानक दृष्टिकोण यह है कि टॉबिट मॉडल के आधार पर अनुमान लगाया जाये। हाल ही में, हमारे जैसे सन्दर्भ में टॉबिट मॉडल के उपयोग के सन्दर्भ में कई प्रकार की चिन्ताओं का इजहार किया गया है, जहाँ इस बात की सम्भावना होती है कि हेटरोसकेडास्टीसिटी (अर्थात् रैण्डम चर) मौजूद रहेगी।[9] हेटरोसकेडास्टीसिटी की मौजूदगी में टॉबिट मॉडल के मानदण्ड अनुमान सुसंगत नहीं होते हैं।[10]

सारणी 7 : शिक्षा और रोज़गार के क्षेत्र की सम्भावनाओं की भविष्यवाणी, मल्टीनॉमिनल लॉगिट मॉडल

	शिक्षितों की संख्या	प्राथमिक के नीचे	पूर्ण प्राथमिक शिक्षा	माध्यमिक स्तर की शिक्षा	माध्यमिक स्तर के ऊपर की शिक्षा
उत्तर–मध्य					
खेती	48.7	49.6	49.7	51.2	54.1
खेतिहर वेतन श्रम	17.8	16.9	16.8	15.1	12.0
अनौपचारिक ग़ैर–खेतिहर वेतन	17.5	12.9	10.7	5.6	1.7
स्व–रोज़गार	11.1	13.0	13.3	11.3	6.4
नियमित ग़ैर–खेतिहर	4.1	7.5	9.5	16.9	25.7
पश्चिम					
खेती	50.3	50.3	52.1	52.8	58.9
खेतिहर वेतन श्रम	29.0	29.1	27.2	26.3	19.3
अनौपचारिक ग़ैर–खेतिहर वेतन	13.6	7.9	5.4	2.8	0.7
स्व–रोज़गार	4.3	6.6	7.8	6.0	3.7
नियमित ग़ैर–खेतिहर	2.8	6.1	7.5	12.2	17.4
पूर्व					
खेती	42.1	44.0	44.6	44.3	60.7
खेतिहर वेतन श्रम	19.8	17.9	18.3	16.6	0.0
अनौपचारिक ग़ैर–खेतिहर वेतन	16.0	11.6	9.7	2.3	0.2

स्व–रोज़गार	17.1	19.7	20.2	18.4	7.8
नियमित ग़ैर–खेतिहर	5.0	6.7	8.2	18.4	31.2
दक्षिण					
खेती	37.0	39.6	38.3	41.0	51.2
खेतिहर वेतन श्रम	32.5	30.2	31.1	28.3	17.5
अनौपचारिक ग़ैर–खेतिहर वेतन	17.7	11.4	11.6	6.1	0.9
स्व–रोज़गार	10.7	13.4	13.5	12.1	7.3
नियमित ग़ैर–खेतिहर	2.1	5.4	5.4	12.5	23.0

नोट : 1. उत्तर–मध्य राज्यों में राजस्थान, पंजाब, हरियाणा, उत्तर प्रदेश, बिहार और मध्य प्रदेश शामिल हैं।

2. पश्चिमी राज्यों में गुजरात और महाराष्ट्र शामिल हैं।

3. पूर्वी राज्यों में उत्तर–पूर्व, पश्चिम बंगाल और उड़ीसा सम्मिलित हैं।

4. दक्षिणी राज्यों में आन्ध्र प्रदेश, कर्नाटक, तमिलनाडु और केरल सम्मिलित हैं।

इन कमियों से उबरने के लिए हम व्याख्यात्मक चरों के एक समूह पर सेंसर्ड लिस्ट एबसोल्यूट डेविएशन मॉडल (सीएलएडी) का प्रयोग करेंगे (डेटॉन 1997; जॉलीफे 1998)। इस दृष्टिकोण में यहाँ परिवारों के पूर्ण सैंपल में क्विंटाइल रिग्रेशन का अनुमान सम्मिलित है (शून्य और ग़ैर–शून्य–दोनों ही प्रकार के ग़ैर–खेतिहर आय के साथ), यह मानदण्ड (पैरामीटर) अनुमानों के आधार पर ग़ैर–खेतिहर आय की भविष्यवाणी करता है, उन परिवारों को छोड़ देता है जिनकी ग़ैर–खेतिहर आय नकारात्मक है, क्विंटाइल रिग्रेशन का फिर से अनुमान लगाता है, और फिर बहुल पुनरावृत्तियों के साथ इस प्रयोग को तब तक दोहराता है, जब तक किसी नकारात्मक मूल्य की भविष्यवाणी मिलनी बन्द नहीं होती है। इसके बाद, हमने मानदण्ड अनुमानों की गणना में गलतियों को सावधानी से दूर करने का प्रयास किया है।

सारणी 8 भारत के चार व्यापक क्षेत्रों में से प्रत्येक में सीएलएडी मॉडल पर आधारित अनुमानों का निष्कर्ष प्रस्तुत करता है। सबसे पहले उत्तर–मध्य क्षेत्र पर विचार करते हुए हम देख सकते हैं कि जेंडर

ग़ैर–खेतिहर आय से मज़बूती से और महत्त्वपूर्ण रूप से जुड़ा हुआ है। अन्य सभी विशेषताओं के नियन्त्रित होने पर, यह अपेक्षा की जा सकती है कि ग़ैर–खेतिहर गतिविधियों में एक महिला एक पुरुष की तुलना में 64 प्रतिशत कम कमाती है।[11] इस बात की पूरी सम्भावना है कि आय में अन्तर बहुत से कारकों के साझा प्रभाव के कारण उत्पन्न होता है। पहला, एक वर्ष में महिलाएँ कम दिन ग़ैर–खेतिहर रोज़गार करती हैं। दूसरा, इस बात की ज़्यादा सम्भावना है कि कम वेतन वाले रोज़गार में महिलाओं का ज़्यादा प्रतिनिधित्व हो (साथ ही देखें पिछला भाग)। तीसरा, उन्हें एक ही काम के लिए पुरुषों की तुलना में कम वेतन मिल सकता है। यह एक आम धारणा है कि देश के पूर्वी और उत्तरी भागों में महिलाएँ आर्थिक रूप से ज़्यादा सक्रिय हैं और उन पर कम प्रतिबन्ध हैं। यद्यपि इन क्षेत्रों में भी महिलाओं और पुरुषों की आय के बीच काफ़ी अन्तर है किन्तु यह असीम मूल्य (एबसोल्यूट वैल्यू) की तुलना में कम है (पूर्व में 35 प्रतिशत और दक्षिण में 54 प्रतिशत)।

उम्र के साथ ग़ैर–खेतिहर आय में वृद्धि होती है। सभी क्षेत्रों में 35 से 40 वर्ष के बीच यह वृद्धि जारी रहती है। इसके बाद, उम्र के साथ आय में गिरावट आने लगती है। ग़ैर–खेतिहर आय और शिक्षा के बीच का जुड़ाव ग़ैर–खेतिहर रोज़गार की सम्भावनाओं और शिक्षा के बीच जुड़ाव जितना ही मज़बूत है। अन्य सभी विशेषताओं को नियन्त्रित करने पर, उत्तर–मध्य क्षेत्र में बिना शिक्षा वाला एक व्यक्ति कुछ शिक्षा ग्रहण करने वाले व्यक्ति से 35 प्रतिशत कम कमाता है। लेकिन निश्चित रूप से, ऐसे व्यक्ति की आय प्राथमिक शिक्षा पूरी करने वाले व्यक्ति से कम होती है। पश्चिम और दक्षिण में आय का यह अन्तर और भी ज़्यादा होगा (क्रमशः 70 प्रतिशत और 67 प्रतिशत)। पूर्व में यह अन्तर सबसे छोटा है (24 प्रतिशत)। कुल–मिलाकर, ये अन्तर काफ़ी महत्त्वपूर्ण हैं और इनसे यह पता चलता है कि बहुत कम शिक्षा देने से भी ग्रामीण लोगों की आय में सुधार किया जा सकता है। पश्चिम के अलावा, अन्य किसी भी क्षेत्र में लोगों के शिक्षा के स्तर को प्राथमिक शिक्षा से कम से बढ़ाकर प्राथमिक शिक्षा के पूर्ण होने के स्तर तक लाने से पश्चिम के अलावा किसी भी अन्य क्षेत्र में लोगों की आय में और ज़्यादा वृद्धि नहीं होती है। पश्चिम में ऐसा होने पर ग़ैर–खेतिहर आय में 76 प्रतिशत तक वृद्धि होती है।

माध्यमिक और उच्च शिक्षा के स्तर में वृद्धि करने का प्रभाव ज़्यादा मज़बूती से सामने आता है। अन्य विशेषताओं को नियन्त्रित करने पर,

उत्तर–मध्य क्षेत्र में माध्यमिक शिक्षा पाने वाला एक व्यक्ति प्राथमिक स्तर से कम शिक्षा पाने वाले एक व्यक्ति की तुलना में 168 प्रतिशत ज़्यादा कमाता है। वहीं, यदि वह माध्यमिक स्तर से ज़्यादा शिक्षा हासिल करता है, तो आय में अन्तर तक़रीबन 9 गुणा बढ़ जाता है। अन्य क्षेत्रों में भी इसी प्रकार का अन्तर सामने आता है, और सामान्य रूप से इस अन्तर का आकार ज़्यादा बड़ा होता है।

इसलिए यह आश्चर्य की बात नहीं है कि अच्छे वेतन वाले ग़ैर–खेतिहर पेशे में अनुसूचित जातियों और अनुसूचित जनजातियों के लोगों को रोज़गार मिलने की सम्भावना कम है, इसलिए हमें यह प्रमाण मिलता है कि अन्य विशेषताओं को नियन्त्रित करने पर ऐसे व्यक्तियों की ग़ैर–खेतिहर आय कम होगी। उत्तर–मध्य और पूर्वी क्षेत्रों में आय का अन्तर 11–12 प्रतिशत के क़रीब है, वहीं दक्षिण में यह 52 प्रतिशत के आसपास है। पश्चिम में यह अन्तर सांख्यिक रूप से महत्त्वपूर्ण नहीं है। पूर्व के अलावा अन्य सभी क्षेत्रों में उच्च जाति के हिन्दुओं की तुलना में मुस्लिमों की ग़ैर–खेतिहर आय ज़्यादा है। उत्तर–मध्य और दक्षिणी क्षेत्रों में यह अन्तर 50 प्रतिशत के आसपास है, वहीं पश्चिम में यह तक़रीबन 168 प्रतिशत है। हमने पिछले भाग में यह देखा है कि अमूमन मुस्लिमों को ग़ैर–खेतिहर वेतन रोज़गार में अच्छा प्रतिनिधित्व है। किन्तु तुलनात्मक रूप से इस बात की सम्भावना ज़्यादा है कि वे अपनी दुकान चलाने आदि जैसे स्व–उद्यम के कार्य करते हैं। ऐसा लगता है कि इस तरह के काम आर्थिक रूप से काफ़ी फ़ायदेमन्द होते हैं। सिर्फ़ देश के पश्चिमी और दक्षिणी भागों में ही परिवार का आकार ग़ैर–खेतिहर आय से जुड़ा हुआ है। यह बात सामने आती है कि इन दो क्षेत्रों में बड़े परिवारों से आने वाले व्यक्ति कम ग़ैर–खेतिहर आय अर्जित करते हैं।

सारणी 8 : प्रति व्यक्ति लॉग ग़ैर–खेतिहर आय के बारे में सीएलएडी अनुमान

	उत्तर–मध्य पश्चिम		पश्चिम		पूर्व		दक्षिण	
	गुणक	सम्भावना मूल्य	गुणक	सम्भावना मूल्य	गुणक	सम्भावना मूल्य	गुणक	सम्भावना मूल्य
महिला	−1.03143	0	−1.105163	0	−0.435568	0	−0.7818998	0
उम्र	0.1300223	0	0.1455695	0	0.1289844	0	0.1541419	0

उम्र स्क्वायर्ड	–0.001878	0	–0.0018428	0	–0.001718	0	–0.0021387	0
ग़ैर–शिक्षित	–0.418358	0	–1.198231	0	–0.273212	0	–1.099429	0
प्राथमिक शिक्षा	0.1412545	0.096	0.5625102	0.001	0.1388868	0.193	0.0775989	0.451
माध्यमिक शिक्षा	0.987368	0	1.773302	0	1.161127	0	0.6865052	0
उच्चतर शिक्षा	2.274153	0	4.123645	0	1.6164	0	2.738416	0
अनुसूचित जाति/ अनुसूचित जनजाति	–0.11695	0.01	–0.2302661	0.136	–0.152467	0.012	–0.7280089	0
मुस्लिम	0.4280701	0	0.9837774	0	0.0109775	0.403	–0.0563809	0
प्रति व्यक्ति भू–स्वामित्व	–12.07731	0	–9.750092	0	–16.95775	0	–10.86366	0
प्रति व्यक्ति भूमि स्क्वायर्ड	–0.040348	0	–0.0532174	0	–0.000645	0.959	–0.0941615	0
खेती करने वाले परिवार	0.000669	0.315	0.0002986	0	0.0001833	0.596	0.0010137	0
जनसंख्या की गहनता (गाँव में प्रति व्यक्ति भूमि)	–0.009611	0.066	–0.0821932	0	–0.084351	0	–0.064575	0
गाँव की औसत पैदावार (प्रति एकड़ उत्पादन का मूल्य)	0.0001143	0.093	–0.000344	0.023	0.000046	0.647	3.08इ–06	0.132
राजस्थान	0.318354	0						
हरियाणा	0.130664	0.029						
पंजाब	0.0071726	0.922						
बिहार	–0.319625	0						
मध्य प्रदेश	–0.552186	0						
गुजरात			–0.1120325	0.266				

उत्तर–पूर्व					0.2860519	0		
उड़ीसा					−0.020889	0.834		
आन्ध्र प्रदेश							−0.0728254	0.38
कर्नाटक							0.2409561	0.006
तमिलनाडु							0.3769547	0
स्थिर (कॉन्सटेंट)	7.603238	0	7.367737	0			7.229913	0
छद्म आर स्क्वायर	0.2235	0.3046	0.2335	0.2239				
अवलोकनों की संख्या	32341	9909	8875	17863				

नोट : क्षेत्रों की परिभाषा के लिए देखें सारणी 2 से 41।

पिछले भाग में हमने यह देखा है कि प्रति व्यक्ति भू–स्वामित्व सकारात्मक रूप से वेतन वाले तथा स्व–उद्यम ग़ैर–खेतिहर रोज़गार से जुड़ा हुआ है। यहाँ ग़ैर–खेतिहर आय प्रतिगमन (रिग्रेशन) में हम यह देखते हैं कि यह सम्बन्ध नकारात्मक है। जितना ज़्यादा प्रति व्यक्ति भू–स्वामित्व है, उतना ही ज़्यादा नकारात्मक सम्बन्ध है। इस बात की पूरी सम्भावना है कि भू–स्वामित्व ग़ैर–खेतिहर रोज़गार अवसरों तक पहुँच के लिए एक छद्म आधार का काम करता है। यह सम्पत्ति और आय के अन्य स्रोतों को भी प्रदर्शित करता है जिससे ज़्यादा भू–स्वामित्व वाले व्यक्ति अन्य स्थितियों की तुलना में आय के इन स्रोतों के होने की स्थिति में ग़ैर–खेतिहर काम में कम समय लगाने का फ़ैसला कर सकते हैं। परिवार के सदस्यों का जितना ज़्यादा प्रतिशत खेती के काम में लगा होता है, पश्चिम और दक्षिण में उतना ही ज़्यादा ग़ैर–खेतिहर आय होती है। शायद, तरीक़ा यह है कि इस बात की ज़्यादा सम्भावना है कि एक ऐसे परिवार का व्यक्ति जिसमें बहुत से अन्य लोग खेती करते हैं, वह ग़ैर–खेतिहर काम और खेती को संयुक्त रूप से करने के बजाय ग़ैर–खेतिहर पेशे पर ज़्यादा ध्यान देगा। इससे वह ग़ैर–खेतिहर क्षेत्र में ज़्यादा दिनों तक काम करता है, और उसे ज़्यादा आय होती है।

यदि हम ग्रामीण स्तर की विशेषताओं पर विचार करें, तो यह पाते हैं कि जनसंख्या की निम्न सघनता (गाँव के स्तर पर ज़्यादा प्रति व्यक्ति भूमि) निम्न ग़ैर–खेतिहर आय से जुड़ी हुई है। इससे यह पता चलता है

कि जनसंख्या का दबाव ज़्यादा होने पर ग़ैर–खेतिहर गतिविधियों में वृद्धि होती है। साथ ही, जहाँ ग़ैर–खेतिहर आय के ज़्यादा अवसर होते हैं, वहाँ जनसंख्या का दबाव ज़्यादा होता है। उस समय यह अपेक्षा की जा सकती है जब ग़ैर–खेतिहर गतिविधियाँ खेतिहर उत्पादकता से जुड़ी हुई हैं, और यह उत्पादकता उस समय ज़्यादा होती है जब प्रति एकड़ श्रम निवेश ज़्यादा होता है। जिस सीमा तक जनसंख्या का दबाव खेतिहर उत्पादकता को प्रभावित करता है, उस सीमा तक इस चर का महत्त्व इस मॉडल में सम्मिलित गाँव स्तर के अन्य चर अर्थात् गाँव स्तर के पैदावार (कुल खेतिहर उत्पादन को गाँव में खेती की गयी कुल भूमि से भाग देने पर प्राप्त होने वाला मूल्य) के महत्त्वपूर्ण न होने की व्याख्या करता है। सिर्फ़ पश्चिमी क्षेत्र में ही गाँव स्तर की पैदावार का चर काफ़ी महत्त्वपूर्ण है, और इस मामले में इसका संकेत नकारात्मक है। यह बताता है कि गाँव की पैदावार में 1,000 रुपये की वृद्धि 0.3 प्रतिशत निम्नतर ग़ैर–खेतिहर आय से जुड़ी हुई है। यह बात सामने आती है कि पश्चिम में ग़ैर–खेतिहर गतिविधियाँ अनुपूरक होने के बजाय वैकल्पिक हैं। रोज़गार सम्भावनाओं के मामले में भी यही स्थिति थी।

राज्य स्तर के प्रभावों का परीक्षण करने पर यह बात सामने आती है कि उत्तर–मध्य क्षेत्र में आमतौर पर, उत्तर प्रदेश की तुलना में राजस्थान (37 प्रतिशत तक) और हरियाणा (13 प्रतिशत तक) की ग़ैर–खेतिहर आय ज़्यादा है, वहीं बिहार और मध्य प्रदेश की आय काफ़ी कम है (क्रमशः 27 प्रतिशत और 42 प्रतिशत तक)। पंजाब में ग़ैर–खेतिहर आय उत्तर प्रदेश की तुलना में ज़्यादा भिन्न नहीं है। पश्चिम के सन्दर्भ में यह बात सामने आती है कि अन्य सभी विशेषताओं को नियन्त्रित करने पर, गुजरात में एक ग़ैर–खेतिहर आय स्रोत वाला व्यक्ति महाराष्ट्र के व्यक्ति जितना ही कमाने की उम्मीद कर सकता है। पूर्वी क्षेत्र के पश्चिम बंगाल की तुलना में उत्तर–पूर्व में ग़ैर–खेतिहर आय औसतन 33 प्रतिशत ज़्यादा है। मोटे तौर पर, उड़ीसा में औसत ग़ैर–खेतिहर आय पश्चिम बंगाल जितना ही है। दक्षिण में केरल की तुलना में आन्ध्र प्रदेश में ग़ैर–खेतिहर आय औसतन 7 प्रतिशत कम है। केरल की तुलना में, कर्नाटक और तमिलनाडु में यह क्रमशः 27 प्रतिशत और 46 प्रतिशत ज़्यादा है।

ग़ैर–खेतिहर रोज़गार और खेतिहर वेतन

जैसा कि इस अध्याय में पहले वर्णित किया गया है, गाँव अध्ययन के प्रमाण यह बताते हैं कि एक विशेष तरीक़े से ग़ैर–खेतिहर क्षेत्र का विस्तार,

खेतिहर वेतन के माध्यम से ग्रामीण ग़रीबी को प्रभावित कर सकता है। भारत की ग्रामीण ग़रीबी से जुड़े विविध तथ्यों में एक ठोस तथ्य यह भी है कि खेतिहर मज़दूरों की श्रेणी में ग़रीबों का प्रतिनिधित्व ज़्यादा है। हमने पिछले भागों में यह बताया है कि विशेष रूप से अच्छे वेतन वाले ग़ैर–खेतिहर नौकरियों तथा स्व–उद्यम रोज़गार के लिए बहुत से गुणों और विशेषताओं की आवश्यकता होती है (मसलन, शिक्षा, सम्पत्ति और सामाजिक हैसियत)। लेकिन ग्रामीण ग़रीबों के पास इन गुणों और विशेषताओं का अभाव होता है। इसलिए, पहली नज़र में ऐसा लगता है कि ग़ैर–खेतिहर क्षेत्र से ग्रामीण ग़रीबी में कमी लाने की उम्मीद नहीं की जा सकती है। लेकिन यदि ग़ैर–खेतिहर क्षेत्र के विस्तार से ग्रामीण श्रम बाज़ार में मज़दूरों की कमी होती है, तो इससे खेतिहर वेतन में वृद्धि हो सकती है। ऐसे में, भले ही ग़रीबों को ग़ैर–खेतिहर क्षेत्र में सीधे रोज़गार के रूप में लाभ न हो, लेकिन इसके बावजूद उनके जीवनस्तर में काफ़ी वृद्धि हो सकती है।

सारणी 9 इस सन्दर्भ में कुछ प्रमाण प्रस्तुत करता है। इस सारणी में हमने गाँव स्तर के प्रतिगमन (रिग्रेशन) का नतीजा प्रस्तुत किया है, जिसमें गाँव का औसत वेतन दर (अर्थात् बोआई और कटाई की औसत वेतन दर) में ग़ैर–खेतिहर क्षेत्र के रोज़गार के स्तर तथा गाँव की पैदावार और जनसंख्या की सघनता से सम्बन्धित नियन्त्रित चरों के संयुक्त प्रभाव से प्रतिगमन (रिग्रेशन) होता है। हमने हर राज्य के लिए डमी को भी जोड़ा है (जिसमें हमने उत्तर प्रदेश की डमी को छोड़ दिया है)। ग़ौर करने की आवश्यकता है कि एक गाँव का औसत वेतन दर इस बात का सार्थक संकेतक है कि उस गाँव का एक व्यक्ति खेतिहर मज़दूर के रूप में क्या अर्जित करने की अपेक्षा कर सकता है। असल में, व्यापक स्तर पर मौजूद प्रमाणों से यह बात सामने आती है कि गाँव के स्तर पर वेतन दर एक जैसा होता है।[14]

इस अध्याय के महत्त्वपूर्ण तर्कों में से एक तर्क यह स्वीकार करने से सम्बन्धित है कि ग़ैर–खेतिहर क्षेत्र विविधतापूर्ण है। विशेष रूप से, हमने इस पर बल दिया है कि शिक्षा स्तर और अन्य सम्पदाओं के आधार पर विभिन्न प्रकार के ग़ैर–खेतिहर पेशे तक पहुँच प्रभावित होती है। हमने यह रेखांकित करने का प्रयास किया है कि ग़रीब लोग आसानी से कम आय वाले, अदक्षतापूर्ण ग़ैर खेतिहर पेशे तक अपनी पहुँच बना लेते हैं, इसलिए यह आश्चर्य की बात नहीं है कि हम सारणी 9 में यह पाते हैं कि खेतिहर वेतन दर बहुत मज़बूती से और सकारात्मक तरीक़े से निर्माण गतिविधियों

में ग्रामीण रोज़गार के हिस्से से जुड़े हुए हैं, और यह खेतिहर उत्पादकता और जनसंख्या की सघनता या घनत्व से नियन्त्रित होता है।[15] यह निर्माण रोज़गार दर में 1 प्रतिशत की वृद्धि बोआई की औसत मज़दूरी में 3 रुपये तथा कटाई की मज़दूरी दर में 5 रुपये की वृद्धि करती है। खेतिहर वेतन और कुशल ग़ैर–खेतिहर या सेवा गतिविधियों में रोज़गार दर के बीच इस तरह का कोई महत्त्वपूर्ण तुलना करने लायक सम्बन्ध नहीं है।

'अन्य' (ग़ैर–घरेलू सेवा) सेवा गतिविधियों में रोज़गार का विस्तार कटाई में निम्न वेतन या मज़दूरी की दर से जुड़ा हुआ है। बोआई के मामले में गाँव के औसत वेतन दर तथा अन्य ग़ैर–खेतिहर अकुशल श्रम में रोज़गार दर के बीच एक नकारात्मक जुड़ाव सामने आया। ग़ैर–खेतिहर रोज़गार की ये श्रेणियाँ इस अर्थ में गाँव में ग़रीबी से जुड़ी हो सकती हैं कि ये अवशिष्ट गतिविधियों में काम करने वाली गाँव की श्रम शक्ति का प्रतिनिधित्व करती हैं। इन गतिविधियों का विस्तार होने पर खेतिहर मज़दूर की वेतन में भी गिरावट आती है, और इससे कोई यह उम्मीद कर सकता है कि गाँव के औसत खेतिहर वेतन में गिरावट आयेगी।

यह बात सामने आती है कि उत्तर प्रदेश की तुलना में कर्नाटक, मध्य प्रदेश, महाराष्ट्र और उड़ीसा में औसतन (महत्त्वपूर्ण रूप से) खेतिहर वेतन की दर कम है। आन्ध्र प्रदेश, हरियाणा, हिमाचल प्रदेश, केरल, उत्तर–पूर्व, पंजाब और तमिलनाडु में ये औसतन उच्च हैं। हरियाणा केरल और पंजाब के मामले में खेतिहर वेतन दर उत्तर प्रदेश की तुलना में काफ़ी ज़्यादा हैं।

सारणी 9 : गाँव स्तर की औसत वेतन दरों के निर्धारित, ओएलएस मॉडल

	बोआई के लिए गाँव की औसत वेतन दर (पुरुष)		कटाई के लिए गाँव में औसत वेतन दर (पुरुष)	
	गुणक	सम्भावना मूल्य	गुणक	सम्भावना मूल्य
स्थिर (कॉन्सटेंट)	21.746529	0.0001	24.566128	0.0001
घरेलू सेवा में प्राथमिक रूप से काम करने वाले ग्रामीणों की श्रम शक्ति का प्रतिशत	0.432686	0.8296	−0.115276	0.9572

अन्य सेवाओं में प्राथमिक रूप से काम करने वाले ग्रामीणों की श्रम शक्ति का प्रतिशत	−1.045891	0.4066	−2.876245	0.0416
कुशल श्रम में प्राथमिक रूप से काम करने वाले ग्रामीणों की श्रम शक्ति का प्रतिशत	1.213982	0.4025	0.0552	0.9722
निर्माण में प्राथमिक रूप से काम करने वाले ग्रामीणो की श्रम शक्ति का प्रतिशत	3.072909	0.0251	4.961683	0.008
अन्य अकुशल श्रम में प्राथमिक रूप से काम करने वाले ग्रामीणों की श्रम शक्ति का प्रतिशत	−1.53274	0.0408	−1.94669	0.1161
ग्रामीण पैदावार	0.000167	0.0039	9.7803इ−05	0.0551
ग्रामीण जनसंख्या गहनता	0.169533	0.0687	0.217714	0.0365
आन्ध्र प्रदेश	5.553194	0.0001	3.170341	0.0001
बिहार	1.125815	0.1134	−1.594117	0.0469
गुजरात	−0.826472	0.2959	−3.564703	0.0001
हरियाणा	21.798196	0.0001	22.021861	0.0001
हिमाचल प्रदेश	9.620984	0.0001	5.892293	0.0012
कर्नाटक	−2.038842	0.0038	−4.640865	0.0001
केरल	19.176737	0.0001	15.190447	0.0001
मध्य प्रदेश	−1.682735	0.0001	−4.39736	0.0001
महाराष्ट्र	−1.682735	0.0103	−4.939335	0.0001
उड़ीसा	−3.541855	0.0001	2.920817	0.0067
पंजाब	14.359729	0.0001	12.67435	0.0001
राजस्थान	1.871775	0.0744	0.174812	0.8624
तमिलनाडु	4.025685	0.0001	1.567717	0.097
पश्चिम बंगाल	0.876529	0.2904	−1.524302	0.1008
एड्ज आर स्क्वायर	0.5756	0.5625		
अवलोकनों की संख्या	1,328	1,387		

अन्त में, हमारा यह मानना है कि जहाँ निर्माण में ग़ैर–खेतिहर रोज़गार की दर सकारात्मक रूप से खेतिहर वेतन (या मज़दूरी) दर से जुड़ी हुई है, वहीं खेतिहर उत्पादकता और जनसंख्या की सघनता भी सकारात्मक रूप से वेतन या मज़दूरी से जुड़ी हुई है। खेतिहर उत्पादकता का प्रभाव यह बताता है कि कुल–मिलाकर खेतिहर गहनता (बहुल फ़सल, नयी तकनीकों का समावेशन, नगदी फ़सलों की ओर बदलाव आदि) गहन श्रम उपयोग से जुड़ा हुआ है। जनसंख्या की सघनता का सकारात्मक चिह्न यह बताता है कि यह चर शहरी क्षेत्रों से निकटता, आधारभूत संरचना तक पहुँच और अन्य सुविधाओं से भी नज़दीकी रूप से जुड़ा हो सकता है। इस प्रकार की व्याख्या एक ऐसे सन्दर्भ में सही प्रतीत हो सकती है जहाँ गतिशीलता पर तुलनात्मक रूप से कम प्रतिबन्ध हों।

निष्कर्ष के रूप में टिप्पणियाँ

भारत की ग्रामीण अर्थव्यवस्था में ग़ैर–खेतिहर क्षेत्र के स्थान के बारे में तुलनात्मक रूप से कम अनुसन्धान हुआ है। हमने 1994 में ग्रामीण भारत में राष्ट्रीय स्तर के प्रतिनिधिमूलक परिवार सर्वेक्षण के आधार पर यह संकेत दिया है कि ग्रामीण भारत में औसतन परिवार की कुल आय का एक–तिहाई हिस्सा ग़ैर–खेतिहर आय से जुड़ा होता है। ग्रामीण क्षेत्रों में ग़ैर–खेतिहर आय के महत्त्व को देखते हुए यह अनुमान थोड़ा कम लग सकता है। लेकिन यह भी सच है कि हमारी गणना प्राथमिक पेशों के आय से सम्बन्धित है। इसलिए हम द्वितीयक, और शायद मौसमी पेशों से होने वाली ग़ैर–खेतिहर आय की गणना करने में असमर्थ रहे हैं।

भारत के विभिन्न राज्यों में ग़ैर–खेतिहर आय के हिस्से में अन्तर है। इसी तरह, जनसंख्या के क्विंटाइल (पाँचवें भागों) में से प्रत्येक की ग़ैर–खेतिहर आय में स्पष्ट अन्तर है। हमने यह संकेत किया है कि ग़ैर–खेतिहर गतिविधियों का एक तीन स्तरीय वर्गीकरण अनौपचारिक ग़ैर–खेतिहर वेतन श्रम, स्व–उद्यम गतिविधियों और नियमित, वेतन वाले ग़ैर–खेतिहर रोज़गार के बीच अन्तर स्पष्ट करता है। इन तीन श्रेणियों की क्रमबद्धता ग़रीबों की आय के स्रोत के रूप में उनके क्रमिक महत्त्व को दर्शाता है। यदि कुल योग के सन्दर्भ में विचार करें, तो कुल ग़ैर–खेतिहर आय ग़रीब क्विंटाइल से जुड़े लोगों की तुलना में अमीर क्विंटाइल के लोगों के लिए विशेष रूप से ज़्यादा महत्त्वपूर्ण नहीं होती है। ऐसा प्रतीत

होता है कि ग़रीब लोग अनौपचारिक ग़ैर–खेतिहर वेतन रोज़गार से अपनी कुल आय का महत्त्वपूर्ण हिस्सा अर्जित करते हैं। अमीर लोग मुख्य रूप से वेतन पाने वाले रोज़गार के माध्यम से अपनी ग़ैर–खेतिहर आय अर्जित करते हैं। यह बात सामने आती है कि स्व–उद्यम की गतिविधियों में निम्न उत्पादकता वाली गतिविधियाँ और अच्छा लाभ देने वाली गतिविधियाँ– दोनों ही शामिल हैं। असल में, मध्यम क्विंटाइल में इस श्रेणी की गतिविधियों से अर्जित होने वाली आय का हिस्सा कुल आय में सबसे ज़्यादा है।

हिमाचल प्रदेश, तमिलनाडु, पश्चिम बंगाल और उत्तर–पूर्व में औसत ग़ैर–खेतिहर आय का हिस्सा विशेष रूप से उच्च है। इन राज्यों में ग़ैर–खेतिहर आय का हिस्सा आय क्विंटाइल के साथ बढ़ता जाता है। यह स्थिति उन राज्यों से भिन्न है जहाँ औसत ग़ैर–खेतिहर हिस्सा विशेष रूप से कम है : गुजरात, मध्य प्रदेश, आन्ध्र प्रदेश, महाराष्ट्र और कर्नाटक। इन राज्यों में प्रति व्यक्ति क्विंटाइल के साथ ग़ैर–खेतिहर आय में गिरावट होती है।

ग़ैर–खेतिहर रोज़गार की सम्भावनाओं और आय के विश्लेषण से यह बात मज़बूती से सामने आती है कि ग़ैर–खेतिहर पेशे तक पहुँच को सुनिश्चित करने में शिक्षा की महत्त्वपूर्ण भूमिका होती है। इस बात का स्पष्ट प्रमाण है कि शिक्षा रोज़गार की सम्भावनाओं को बढ़ाती है, और उच्च स्तर की शिक्षा के साथ अच्छे वेतन वाले नियमित ग़ैर–खेतिहर रोज़गार की सम्भावना बढ़ती है। इस सामान्य निष्कर्ष का एक महत्त्वपूर्ण आयाम यह है कि कोई भी शिक्षा न होने की तुलना में छोटे स्तर की शिक्षा भी लोगों की सम्भावनाओं में अच्छा–ख़ासा सुधार कर सकती है। नीतिगत स्तर पर इसका महत्त्वपूर्ण प्रभाव पड़ता है, क्योंकि यह बताता है कि हम सामान्य शिक्षा में धीरे–धीरे होने वाले साधुओं के साथ भी ग़ैर–खेतिहर रोज़गार के स्वरूप और स्तर पर अनुकूल परिवर्तन की उम्मीद कर सकते हैं।

ग़ैर–खेतिहर क्षेत्र ग्रामीण भारत में महिलाओं को तुलनात्मक रूप से काफ़ी कम वास्तविक अवसर उपलब्ध कराता है। सभी क्षेत्रों में इस बात की सम्भावना ज़्यादा है कि महिलाओं को ग़ैर–खेतिहर गतिविधियों के बजाय खेतिहर मज़दूर के रूप में रोज़गार मिलता है और महिलायें कम ग़ैर–खेतिहर आय कमाती हैं। अनुसूचित जातियों और अनुसूचित जनजातियों की पृष्ठभूमि से आने वाले व्यक्तियों के सन्दर्भ में भी ऐसी ही प्रवृत्ति सामने आती हैं, किन्तु इनकी स्थिति महिलाओं से बेहतर है। इन

समूहों की मानव पूँजी का स्तर काफ़ी कम होता है। लेकिन इन बाधाओं के साथ ही वे रोज़गार और ग़ैर–खेतिहर आय के क्षेत्र में अन्य बाधाओं का भी सामना करते हैं।

ऐसा प्रतीत होता है कि सम्पत्ति ग़ैर–खेतिहर पेशें तक पहुँच को प्रभावित करती है। यह प्रमाण मज़बूती से यह बताता है कि प्रति व्यक्ति कम भू–स्वामित्व रखने वाले व्यक्तियों के लिए खेतिहर वेतन मज़दूरी की तुलना में ग़ैर–खेतिहर रोज़गार हासिल करने में ज़्यादा बाधाएँ हैं। हमने यह सुझाव दिया है कि इस निष्कर्ष तक पहुँचने का एक सम्भावित तरीक़ा यह भी हो सकता है कि प्रति व्यक्ति भू–स्वामित्व ज़्यादा होने पर व्यक्ति घूस देने या सम्पर्क बनाने में समर्थ हो जाते हैं। यद्यपि प्रति व्यक्ति भू–स्वामित्व ग़ैर–खेतिहर रोज़गार को सकारात्मक दिशा में प्रभावित करता है, लेकिन प्रमाणों से यह पता चलता है कि अमूमन इस चर का ग़ैर–खेतिहर आय से नकारात्मक जुड़ाव रहता है। हमने यह बताया है कि ग़ैर–खेतिहर आय वेतन दर और रोज़गार की अवधि के संयुक्त प्रभाव के कारण सामने आता है। इसलिए आय और भू–स्वामित्व के बीच नकारात्मक जुड़ाव का कारण यह माना जा सकता है कि तुलनात्मक रूप से बड़े भू–स्वामी की अच्छे वेतन वाले पेशे तक पहुँच होने के बाजवूद वह छोटी अवधि के लिए काम करता है।

ग़ैर–खेतिहर रोज़गार की सम्भावनाएँ पूरे देश में समान रूप से सामुदायिक और ज़िला स्तरीय विशेषताओं से नहीं जुड़ी हुई हैं। यह आश्चर्यजनक नहीं है क्योंकि ग़ैर–खेतिहर गतिविधियाँ विविधतापूर्ण हैं और इनमें आय के अवशिष्ट (रेजिड्युअल) स्रोत और ऊपर की ओर बढ़ने के प्रामाणिक स्रोत–दोनों ही मौजूद हैं। मसलन, भारत के पश्चिमी क्षेत्र में (जिसमें गुजरात और महाराष्ट्र सम्मिलित हैं) औसत ग़ैर–खेतिहर आय का हिस्सा काफ़ी कम है, और ग़ैर–ग़रीबों (नॉन–पुअर) की तुलना में ग़रीबों की आय में ग़ैर–खेतिहर आय का हिस्सा ज़्यादा है। इस क्षेत्र में उच्चतर खेतिहर उत्पादकता की तुलना में ग़ैर–खेतिहर रोज़गार की निम्न सम्भावना से जुड़ी हुई है। इसलिए, ऐसा प्रतीत होता है कि जब खेती से इतना उत्पादन नहीं होता है कि लोगों का गुजर–बसर हो सके, तो ग़ैर–खेतिहर क्षेत्र खेती के विकल्प के रूप में काम करता है। अन्य क्षेत्रों में जहाँ ग़ैर–खेतिहर क्षेत्र स्पष्ट रूप से उत्पादक है, वहाँ खेतिहर उत्पादकता की संवृद्धि सकारात्मक रूप से (हालाँकि कहीं भी

महत्त्वपूर्ण रूप से नहीं) ग़ैर–खेतिहर रोज़गार की सम्भावनाओं से जुड़ी हुई है। ग़ैर–खेतिहर आय के सन्दर्भ में भी इसी प्रकार का स्वरूप सामने आता है (हालाँकि, यहाँ भी उत्तर–मध्य क्षेत्र में ग़ैर–खेतिहर आय कमज़ोर और सकारात्मक रूप से खेतिहर उत्पादकता से जुड़ी हुई है)।

विभिन्न क्षेत्रों में ग़ैर–खेतिहर रोज़गार की सम्भावनाओं और आय तथा गाँव की जनसंख्या की सघनता के बीच अन्तर है। पश्चिम में जनसंख्या का उच्चतर घनत्व या सघनता (खेतिहर मज़दूरी की तुलना में) गैर–खेतिहर रोज़गार तथा ग़ैर–खेतिहर आय की सम्भावना बढ़ाती है। अन्य क्षेत्रों में रोज़गार की सम्भावनाएँ जनसंख्या के घनत्व से नहीं जुड़ी हुई हैं। लेकिन सभी क्षेत्रों में जिन गाँवों में जनसंख्या की सघनता ज़्यादा है, वहाँ ग़ैर–खेतिहर आय के ज़्यादा होने की प्रवृत्ति समाने आती है। भले ही जनसंख्या की सघनता ज़्यादा होने से ग़ैर–खेतिहर रोज़गार के अवसर उत्पन्न न हों, किन्तु ऐसा प्रतीत होता है कि ग़ैर–खेतिहर रोज़गार (और इसलिए आय) उन स्थानों पर ज़्यादा है, जहाँ व्यक्तियों को अपने परिवार की खेती में ज़्यादा योगदान देने की आवश्यकता नहीं है।

ग़ैर–खेतिहर रोज़गार की सम्भावनाओं और आय के विश्लेषण से यह बात सामने आती है कि ग़रीबों को इस क्षेत्र के विस्तार से कोई ख़ास फ़ायदा नहीं होता है। शिक्षा के निम्न स्तर, कम सम्पत्ति और निम्न सामाजिक हैसियत के कारण ग़रीब लोग तुलनात्मक रूप से ज़्यादा आकर्षक ग़ैर–खेतिहर पेशे तक अपनी पहुँच बनाने में नाकाम रहते हैं। ये वह पेशा होते हैं जिनसे ग़रीब अपनी निर्धनता से बाहर निकल सकते हैं। स्पष्ट रूप से, यह अपेक्षा की जा सकती है कि ग़ैर–खेतिहर क्षेत्र का विस्तार ग़रीबों पर थोपी गयी बाधाओं की प्रकृति में बदलाव कर सकता है। यदि धीरे–धीरे ग़ैर–खेतिहर रोज़गार का वितरण बढ़ता है तो इससे घूस देने की क्षमता या अच्छा सम्पर्क होने जैसे कारकों का महत्त्व घट सकता है। लेकिन यदि ग़ैर–खेतिहर क्षेत्र का इस तरह विस्तार नहीं होता है, तो यहाँ उपलब्ध प्रमाणों के आधार पर यह कहा जा सकता है कि इससे एक बड़े ग़ैर–खेतिहर क्षेत्र में भी ग़रीबों को प्रत्यक्ष लाभ मिलना मुश्किल होगा।

बहरहाल, हमने यह संकेत दिया है कि खेतिहर वेतन या मज़दूरी दरों (वह क्षेत्र जिसमें ग़रीबों का सबसे ज़्यादा प्रतिनिधित्व है–और यह सम्भावना है कि अल्पकालिक समय में उनका इसमें प्रतिनिधित्व रहेगा) पर ग़ैर–खेतिहर वेतन दरों के विस्तार का महत्त्वपूर्ण अप्रत्यक्ष प्रभाव हो

सकता है। निर्माण क्षेत्र में रोज़गार के विस्तार के सम्बन्ध में इसे विशेष रूप से देखा जा सकता है। इस क्षेत्र में विशेष रूप से उच्च दक्षता की आवश्यकता नहीं होती है, लेकिन फिर भी खेतिहर वेतन रोज़गार की तुलना में इन्हें वरीयता दी जाती है। इस तरह, निर्माण के क्षेत्र में अवसरों का विस्तार मज़दूरों को खेतिहर श्रम बाज़ार से बाहर निकालता है, और इससे खेतिहर मज़दूरी की दरें बढ़ जाती हैं। खेतिहर मज़दूरी या वेतन में महत्त्वपूर्ण वृद्धि का ग्रामीण ग़रीबी पर गहन प्रभाव पड़ सकता है। इसलिए यहाँ प्रस्तुत वर्णन यह बताता है कि ग्रामीण क्षेत्र पर ग़ैर–खेतिहर क्षेत्र के विस्तार के प्रभाव को बढ़ावा देने की चाह रखने वाले नीति–निर्माताआों को दो मोर्चों पर ध्यान केन्द्रित करना चाहिए। पहला, ग़ैर–खेतिहर क्षेत्र में ग़रीबों के प्रवेश पर सामने आने वाली बाधाओं को दूर किया जाये। इसके लिए ग्रामीण क्षेत्रों में शिक्षा का स्तर सुधारना सबसे महत्त्वपूर्ण कदम है। यहाँ प्रस्तुत प्रमाण यह बताते हैं कि शिक्षा के स्तर पर होने वाला छोटा लाभ भी ग़ैर–खेतिहर क्षेत्र में रोज़गार की सम्भावना बढ़ा सकता है। निम्न सामाजिक हैसियत वाले समूहों (जिसमें अधिकांश लोग ग़रीब हैं) के ख़िलाफ़ होने वाले भेदभाव पर भी ध्यान देने की आवश्यकता है। साथ ही, इस सन्दर्भ में इस प्रमाण पर भी ग़ौर किया जाना चाहिए कि नौकरी की तलाश करने में ग़ैर–ग़रीबों को तुलनात्मक रूप से कम बाधाओं का सामना करना पड़ता है (क्योंकि उनका सम्पर्क अच्छा होता है और वे घूस देने की ज़्यादा बेहतर स्थिति में होते हैं)।

दूसरा, नीति–निर्माताओं को उस मज़बूत प्रमाण पर भी ध्यान देना चाहिए, जो यह दिखाता है कि ग्रामीण निर्माण क्षेत्र में रोज़गार के विस्तार का खेतिहर वेतन या मज़दूरी पर प्रभाव पड़ता है। भारत सरकार ने लम्बे समय से सूखा और अन्य प्राकृतिक आपदाओं से निपटने के साधन के रूप में सार्वजनिक काम के कार्यक्रमों को अपनाया है। यहाँ उपलब्ध प्रमाण यह दिखाते हैं कि इन कार्यक्रमों का एक महत्त्वपूर्ण वितरणात्मक पहलू यह हो सकता है कि वे खेतिहर वेतन पर क्या प्रभाव डालते हैं। इसका अर्थ यह है कि रोज़गार कार्यक्रमों (मसलन, महाराष्ट्र में ईजीएस कार्यक्रम और सामान्य तौर पर पूरे भारत में जे.आरवाई. कार्यक्रम) के मूल्यांकन के लिए यह आवश्यक है कि खेतिहर वेतन प्रवृत्तियों को ध्यान में रखकर रोज़गार सृजन करने की प्रवृत्ति से आगे बढ़ा जाये।

टिप्पणियाँ

1. इस विश्लेषण में हमने बताये गये मुख्य पेशों पर ध्यान केन्द्रित किया है। इस कारण, हम उन मुद्दों पर विचार करने में असमर्थ रहे हैं जो खेतिहर वर्ष के दौरान खेतिहर और ग़ैर–खेतिहर गतिविधियों से संयुक्त रूप से जुड़ी हुई हैं (इसमें खेती का चरम और कम सक्रिय दौर सम्मिलित है)।
2. अमूमन यह उल्लेख किया जाता है कि ग्रामीण भारत में भूमि की ख़रीद बिक्री का बाज़ार तुलनात्मक रूप से काफ़ी संकुचित है। इसके विपरीत, भूमि–उपयोग बँटाईदारी का बाज़ार ज़्यादा बड़ा है (जयारमन और लानजोवुव 1999)। इसलिए यहाँ जिस प्रकार के मॉडलों का अनुमान लगाया गया है, उसमें भू–स्वामित्व काफ़ी हद तक बाहरी हो सकता है।
3. अन्य सामुदायिक चरों की तरह ही यह चर भी सैंपल परिवारों पर 'छोड़े गये' कुल परिवारों की गणना के आधार पर प्राप्त किया जाता है। इसमें जब किसी व्यक्ति को कुल–योग में सम्मिलित किया जता है तो उसके परिवार को गणना से बाहर रखा जाता है।
4. आमतौर पर, यह माना जाता है कि ग्रामीण क्षेत्रों में ग़ैर–खेतिहर गतिविधियाँ एक साथ जुड़ी होती हैं (लानजोवुव और लानजोवुव सद्यप्रकाशित; साथ ही देखें आचार्य और मित्रा 2000)।
5. अभिसरण (कन्वर्जेंस) की समस्या के कारण हम उत्तर–मध्य क्षेत्र के अपने प्रतिगमन (रिग्रेशन) मॉडल में हिमाचल प्रदेश राज्य को सम्मिलित नहीं कर पाये हैं। इस राज्य के लिए अलग से मॉडल को संचालित करने पर भी अभिसरण की समस्याएँ सामने आती हैं।
6. इस बिन्दु की आगे विवेचना के लिए देखें द्रेज और श्रीनिवास (1997)।
7. इस बात का औपचारिक परीक्षण अभी भी जारी है कि ये सभी मॉडल भिन्न हैं।
8. इप्सटीन (1973) ने दक्षिण भारत के दो गाँवों में ग़ैर–खेतिहर विविधता पर खेतिहर विविधता के प्रभावों का विस्तृत अध्ययन उपलब्ध कराया है।
9. डेटॉन (1997) ने हाल ही में यहाँ अपनाये गये दृष्टिकोण की उपयोगी समीक्षा प्रस्तुत की है।
10. यह उल्लेखनीय है कि इन मॉडलों में हेटरोस्केडास्टिसिटी पूरी तरह स्पष्ट नहीं है। परीक्षणों के लिए एक सामान्यता की ज़रूरत है, और अनुभवसिद्ध रूप से इसे लगातार ख़ारिज किया गया है (डेटॉन 1997)।
11. एक गुणक 'सी' को एक डमी से गुणा करने की व्याख्या केवल उस समय तक अन्तर्जात (एंडोजेनस) ख में एक प्रतिशत की व्याख्या के रूप में की जा सकती है, जब तक 'सी' शून्य के क़रीब होता है। असीम सन्दर्भ में, व्यापक मूल्य के लिए अन्तर्जात चर में परिवर्तन को 100 [exp(c)-1] से दर्शाया गया है।

12. हम ज़िला स्तर पर ग़ैर–खेतिहर रोज़गार दरों को दर्शाने वाले चरों को स्पष्ट करने में असमर्थ हैं, क्योंकि इससे हमारे सीएलएडी मॉडल में अभिसरण (कन्वर्जेंस) समस्याएँ उत्पन्न हो सकती हैं।

13. इस मॉडल में जनसंख्या घनत्व या सघनता चर को गाँव में प्रति एकड़ व्यक्तियों के सन्दर्भ में परिभाषित किया गया है। यह संख्या जितनी ज़्यादा होती है, जनसंख्या की सघनता भी उतनी ही ज़्यादा होती है।

14. मसलन, देखें दत्त (1996) तथा द्रेज और मुखर्जी (1989)। हमारे आँकड़ों में गाँव के भीतर खेतिहर वेतन की विविधता का स्तर काफ़ी निम्न है।

15. यहाँ रोज़गार दर के जिन आँकड़ों का उल्लेख किया गया है वे सम्बन्धित गाँव के विशिष्ट क्षेत्र में रोज़गार के दिनों की संख्या का प्रतिनिधित्व करते हैं। यह परिभाषा पहले के भागों में प्रयुक्त परिभाषाओं से कुछ हद तक अलग है, जहाँ प्राथमिक पेशे पर ध्यान केन्द्रित किया गया है।

सन्दर्भ

आचार्य, एस. और ए. मित्रा, 2000, 'द पोटेंशियल ऑफ़ रूरल इंडस्ट्रीज ऐंड ट्रेड टू प्रोवाइड डिसेंट वर्क कंडीशन्स : अ डेटा रिकॉनीसेंस इन इंडिया', एसएएटी वर्किंग पेपर, साउथ एशिया मल्टीडिसिप्लीनरी एडवायजरी टीम, नयी दिल्ली : इंटरनैशनल लेबर ऑर्गनाइजेशन।

दत्त जी, 1996, *बार्गेनिंग पॉवर, वेजेज ऐंड इम्पलॉयमेंट : ऐन एनालिसिस ऑफ़ एग्रीकल्चरल लेबर मार्केट्स इन इंडिया*, नयी दिल्ली : सेज पब्लिकेशन्स।

डेटॉन, ए. 1997, द *ऐनालिसिस ऑफ़ हाउसहोल्ड सर्वे*, वाशिंगटन डी.सी. : वर्ल्ड बैंक, ऐंड जॉन्स हॉपकींस प्रेस।

द्रेज, जे. पी. और ए. मुखर्जी, 1989, 'लेबर कॉन्ट्रैक्ट्स इन रूरल इंडिया', संकलित, *द बैलेंस बिटवीन इंडस्ट्री ऐंड एग्रीकल्चर इन इकोनॉमिक डेवलपमेंट*, वोल्यूम 3, सम्पादक एस. चक्रवर्ती, लंदन : मैकमिलन।

द्रेज, जे. पी. और पी. वी. श्रीनिवासन, 1997, 'विडोहुड ऐंड पॉवर्टी इन रूरल इंडिया : सम इनफ्रेंसेज फ्रॉम हाउसहोल्ड सर्वे डेटा', *जर्नल ऑफ़ डेवलपमेंट इकोनॉमिक्स* 54(दिसम्बर) : 217–34।

एपस्टीन, एस. 1973, *साउथ इंडिया : यसटरडे, टुडे ऐंड टुमॉरो : मैसोर विलेजेज़ रिविजिटेड*, लंदन : मैकमिलन।

गवर्नमेंट ऑफ़ इंडिया, 1993, *रिपोर्ट ऑफ़ द एक्सपर्ट ग्रुप ऑन इस्टीमेशन ऑफ़ प्रॉपोर्शन ऐंड नम्बर ऑफर पुअर*, नयी दिल्ली : प्लानिंग कमीशन, गवर्नमेंट ऑफ़ इंडिया.

ग्रीने, डब्ल्यू. 1993, *इकोनॉमेट्रिक एनालिसिस*, न्यूयॉर्क : मैममिलन, 2सी।

जयारमन, आर और पी. लानजोवुव, 1999. 'द इवोल्यूशन ऑफ़ पॉवर्टी ऐंड इन इक्वालिटी इन इंडियन विलेजेज', वर्ल्ड बैंक रिसर्च ऑब्जर्वर 14(1) : 1–30।

जयारमन, आर और पी. लानजोवुव, 1999, 'द इवोल्यूशन ऑफ़ पॉवर्टी ऐंड इन इक्वालिटी इन इंडियन विलेजेज़', *वर्ल्ड बैंक रिसर्च ऑब्जर्वर* 14(1) : 1–30।

जॉलीफी, डी. 1998, 'स्किल्स, स्कूलिंग ऐंड हाउसहोल्ड इनकम इन घाना', *वर्ल्ड बैंक इकोनॉमिक रिव्यू* 12 (1) : 81–104।

लानजोवुव, जे. और पी. लानजोवुव, सद्यः प्रकाशित, 'रूरल नॉन इम्पलॉयमेंट : *अ सर्वे*', *एग्रीकल्चरल इकोनॉमिस्ट*।

लेखक परिचय

सुरिन्दर एस. जोधका

जवाहरलाल नेहरू विश्वविद्यालय, नयी दिल्ली के 'स्कूल ऑफ़ सोशल साइंसेज़' में 'सेंटर फ़ॉर द स्टडी ऑफ़ सोशल सिस्टम्स' में समाजशास्त्र के प्रोफ़ेसर हैं।

राल्फ़ एच. रिट्ज़लेफ़

एक समाजशास्त्री हैं जिन्होंने यूनिवर्सिटी ऑफ़ कैलीफ़ोर्निया, बर्कले में शिक्षण कार्य किया।

बलदेव राज नायर

कनाडा की मैक्गिल यूनिवर्सिटी में 1994 में राजनीति विज्ञान के प्रोफ़ेसर एमेरिटस रहे हैं।

टी. एन. वलूनजकर

पूना यूनिवर्सिटी के पूर्व प्रोफ़ेसर हैं।

डी. एन. धनाग्रे (1936–2017)

शिवाजी विश्वविद्यालय कोल्हापुर के उप–कुलपति और इंडियन सोशियोलॉजिकल सोसायटी के अध्यक्ष थे।

नीलकण्ठ रथ

इंडिया स्कूल ऑफ़ पॉलिटिकल इकोनॉमी, पुणे के ऑनररी फ़ेलो रहे हैं।

कुलदीप माथुर

जवाहरलाल नेहरू विश्वविद्यालय, नयी दिल्ली के सेंटर फ़ॉर पॉलिटिकल स्टडीज़ में प्रोफ़ेसर तथा सेंटर फ़ॉर द स्टडी ऑफ़ लॉ ऐंड गवर्नेंस के अकादमिक निदेशक हैं।

शान्ति जॉर्ज

नीदरलैंड में स्थित स्वतन्त्र अनुसन्धानकर्त्ता हैं, ये दिल्ली विश्वविद्यालय, यूनिवर्सिटी ऑफ़ जिम्बॉब्वे और हेग के इंस्टीट्यूट ऑफ़ सोशल साइंस में काम कर चुकी हैं।

शंकर दत्ता

एक अकादमिक और प्रोफ़ेशनल विकास कार्यकर्त्ता हैं। ये 1980 के दशक के आरम्भ से ग्रामीण जीविका को बढ़ावा देने/सहायता देने से सम्बन्धित गतिविधियों से जुड़े हुए हैं।

सीवन एंडरसन

यूनिवर्सिटी ऑफ़ ब्रिटिश कोलम्बिया, वैंकुवर में अर्थशास्त्र के एसोसिएट प्रोफ़ेसर हैं।

पैट्रिक फ्रैंकोइस

यूनिवर्सिटी ऑफ़ ब्रिटिश कोलम्बिया वैंकुवर में अर्थशास्त्र के प्रोफ़ेसर हैं।

अशोक कोतवाल

यूनिवर्सिटी ऑफ़ ब्रिटिश कोलम्बिया वैंकुवर में अर्थशास्त्र के प्रोफ़ेसर हैं।

अश्विनी कुलकर्णी

नासिक में स्थित नागरिक समाज संगठन प्रगति अभियान से जुड़े हुए हैं।

अनिरुद्ध कृष्णा

ड्युक यूनिवर्सिटी में लोक नीति और राजनीति विज्ञान के प्रोफ़ेसर हैं।

महेश कपिला

इकोनॉमिक ऐंड पॉलिटिकल वीकली में लेखक के रूप जुड़े रहे हैं।

शरद पटनायक

इकोनॉमिक ऐंड पॉलिटिकल वीकली में लेखन करते रहे हैं।

महेन्द्र पोरवाल

इकोनॉमिक ऐंड पॉलिटिकल वीकली में लेखन करते रहे हैं।

कृष्णपाल सिंह

इकोनॉमिक ऐंड पॉलिटिकल वीकली में लेखन करते रहे हैं।

वीरपाल सिंह

इकोनॉमिक ऐंड पॉलिटिकल वीकली में लेखन करते रहे हैं।

पीटर लैनजोवुव

वी. यू. एमस्टर्डम में डेवलपमेंट इकोनॉमिक्स के प्रोफ़ेसर हैं।

अबूसलेह शरीफ़

यू.एस. इंडिया पॉलिसी इंस्टीट्यूट के चीफ़ स्कॉलर हैं।

अनुवादक परिचय

विवेक रत्न

ये दिल्ली विश्वविद्यालय के किरोड़ीमल कॉलेज में पढ़ाते हैं।

इन्द्रजीत कुमार झा

ये दिल्ली विश्वविद्यालय के आत्माराम सनातन धर्म कॉलेज में राजनीति विज्ञान पढ़ाते हैं।

अशोक कुमार

ये राजनीति विज्ञान और समाजशास्त्र के गहन अध्येता एवं स्वतन्त्र पत्रकार हैं।

नोट : जिन अध्यायों में अनुवादक का नाम नहीं दिया गया है, उनका अनुवाद **कमल नयन चौबे** ने किया है।

भूमिका और आभार

आधुनिक और समकालीन दुनिया में हर जगह सामाजिक जीवन की गत्यात्मकता को समझने और उससे संवाद करने के लिए 'ग्रामीण' और 'शहरी' को दो सबसे प्रमुख श्रेणियों के रूप में इस्तेमाल किया जाता रहा है। तक़रीबन सभी राष्ट्र–राज्य अपनी जनसंख्या का वर्गीकरण करने के लिए इनका सार्वभौमिक रूप से उपयोग करते हैं। समाज विज्ञान की 'मुख्यधारा' विद्वता द्वारा इन्हें अलग–अलग प्रकार के सामाजिक संघटनों (सोशल फॉर्मेशन्स) के रूप में देखा जाता है, जो जीवन के विभिन्न तरीक़ों, सामाजिक संगठनों और आर्थिक व्यवस्थाओं के विभिन्न रूपों का प्रतिनिधित्व करते हैं। 'ग्रामीण' और 'शहरी' को मानव विकास और प्रगति की प्रक्रिया के दो 'चरणों' के रूप में देखा जाता है। सामाजिक सिद्धान्त में इन दो श्रेणियों के केन्द्रीय स्थान के कारण इन्हें 'विकास' के समाजशास्त्रीय और आर्थिक सैद्धान्तीकरण में सामाजिक और आर्थिक प्रगति के मुख्य संकेतक माना जाने लगा है।

'ग्रामीण' या 'गाँव' की अवधारणा का भारत में विशेष महत्त्व है। भारत में शहरों का एक लम्बा और विविधतापूर्ण इतिहास रहा है, इसके बावजूद अंग्रेज़ उपनिवेशकों ने दुनिया के सामने भारत को 'गाँव गणराज्यों' की भूमि के रूप में प्रस्तुत किया। भारत का यह प्रस्तुतीकरण इतना प्रभावशाली था कि राष्ट्रवादी नेताओं ने भी इसे काफ़ी हद तक बिना किसी आलोचना के ही स्वीकार कर लिया। गाँधी जी ने 'गाँव की ओर वापसी' को स्वराज हासिल करने का एकमात्र प्रामाणिक कारण माना। नेहरू और अम्बेडकर ने भी गाँव को भारत के पारम्परिक जीवन का स्थान माना। लेकिन गाँधी जी के विपरीत वे यह भी मानते थे कि यह भारत के आर्थिक पिछड़ेपन और सामाजिक बुराइयों को भी दर्शाता था। इन अवधारणाओं का दूरगामी प्रभाव पड़ा। इन्होंने समाज विज्ञान की विद्वत्ता, पॉप्यूलर राजनीति और सार्वजनिक

नीति को एक आकार प्रदान किया। मसलन, स्वतन्त्रता प्राप्ति के बाद के दौर में आरम्भ किये गये विकास नियोजन को ग्रामीण जीवन के 'बुनियादी तर्कशास्त्र' को बदलने के लिए तैयार किया गया था। यह ग्रामीण जीवन को आधुनिकता के साथ सुसंगत बनाना चाहता था तथा यह गाँवों की जनसंख्या को शहरीकरण की लगातार चलने वाली प्रक्रिया के माध्यम से 'शहरों' की ओर भेजना चाहता था।

अभी भी राज्य की नीतियों और आम जनों की कल्पना में जनसांख्यिक परिवर्तन और शहरीकरण की अवधारणा का मुख्य स्थान है। इसे सकारात्मक सामाजिक परिवर्तन के साथ–ही–साथ आर्थिक संवृद्धि और आधुनिकीकरण के संकेतक के रूप में देखा जाता है। बहरहाल, भारत में अभी भी 'ग्रामीण' का अस्तित्व है, लेकिन यह भी सच है कि इसमें कई तरह के बदलाव हुए हैं, और कुछ बदलावों को तो आमूलचूल (रैडिकल) बदलाव की संज्ञा दी जा सकती है। भारत की जनसंख्यात्मक परिवर्तन से सम्बन्धित उपलब्ध सरकारी आँकड़ों से यह बात काफ़ी हद तक स्पष्ट है। पिछले दशकों में शहरी जनसंख्या के आनुपातिक आकार में वृद्धि हुई है। जहाँ 1951 में भारत की 17 प्रतिशत जनसंख्या शहरी थी, वहीं 2011 में यह बढ़कर 31 प्रतिशत हो गयी। यदि हम शहरी जनसंख्या के सम्पूर्ण आकार को देखें तो यह वृद्धि और ज़्यादा प्रभावशाली लगती है। 1951 में भारत की कुल 62 मिलियन जनसंख्या शहरी थी, और 2011 में यह जनसंख्या बढ़कर 377 मिलियन हो गयी। आज भारत की शहरी जनसंख्या का आकार पश्चिमी यूरोप और उत्तरी अमेरिका के प्रत्येक देश की जनसंख्या के आकार से बड़ा है। बहरहाल, ज़्यादा महत्त्वपूर्ण बात यह है कि पिछले दशकों में ग्रामीण जनसंख्या के सापेक्षित वज़न में गिरावट आयी है, लेकिन ग्रामीण जनसंख्या के कुल आकार में तीन गुणा वृद्धि हुई है। 1951 में इस ग्रामीण जनसंख्या का आकार 298.6 मिलियन था, वहीं 2011 में यह बढ़कर 833 मिलियन हो गया। यह जनसंख्या तक़रीबन 6 लाख गाँवों में निवास करती है, जिनमें काफ़ी विविधता है।

यद्यपि अभी भी भारत में 'ग्रामीण' का अस्तित्व है, किन्तु यह कोई समरूपी या जड़ श्रेणी नहीं है; यह कभी भी समरूपी या जड़ श्रेणी नहीं रही है। इसमें अत्यधिक परिवर्तन हुए हैं। विभिन्न क्षेत्रों में इसके बदलाव की गत्यात्मकता अलग–अलग रही है। यह पुस्तक भारत में ग्रामीण सामाजिक जीवन से सम्बन्धित विभिन्न विषयों की एक विस्तृत प्रस्तावना प्रस्तुत

करती है। ये अध्याय भारत के कुछ सबसे प्रसिद्ध सामाजिक वैज्ञानिकों द्वारा लिखे गये हैं। इन अध्यायों का चयन इस प्रकार किया गया है, ताकि समकालीन अवधि में एक दृष्टिकोण का विकास करने में सहायता मिले; लेकिन इन अध्यायों को पढ़ते समय इनके अवधारणात्मक और अनुभवसिद्ध सन्दर्भ को ध्यान में रखना आवश्यक है। 1950 के दशक से ही बदलते समय, क्षेत्र और अध्ययन की प्रवृत्तियों तथा भारत में ग्रामीण क्षेत्र के महत्त्व का प्रतिनिधित्व करते हैं।

पुस्तक के पहले भाग में नौ अध्याय हैं। इन्हें औपनिवेशिक शासन से स्वतन्त्रता प्राप्ति के बाद के आरम्भिक वर्षों में सामाजिक मानवशास्त्रियों द्वारा किये गये गाँवों के अध्ययनों से लिया गया है। यद्यपि उस समय मानवशास्त्री गाँव में 'पारम्परिक' संस्कृतियों को समझने जाते थे, किन्तु उनके गाँवों के विवरण से उपमहाद्वीप के क्षेत्रों की महत्त्वपूर्ण विविधताएँ सामने आती थीं। इनमें से बहुत से विद्वानों ने जाति और सांस्कृतिक विश्वासों की सामाजिक व्यवस्था के बारे में होने वाले परिवर्तनों के बारे में बताया।

पुस्तक के दूसरे भाग में 11 अध्याय हैं। इन अध्यायों में भारतीय राज्यों द्वारा विभिन्न नीतियों और कार्यक्रमों अपनायी गयी विविध प्रकार की विकासात्मक पहलों के बारे में विवेचना की गयी है। इनमें मुख्य रूप से संवृद्धि और ग़रीबी के प्रश्नों पर ध्यान केन्द्रित किया गया है, तथा विभिन्न कार्यक्रमों के ज़मीनी स्तर पर काम का आलोचनात्मक मूल्यांकन किया गया है। इस पुस्तक के तीसरे भाग में कुल 15 अध्याय हैं, जो आधिकारिक रूप से तैयार किये गये विकास और परिवर्तन के प्रश्नों से आगे जाते हैं। ये विविध प्रकार के विषयों पर ध्यान केन्द्रित करते हैं तथा इनमें ग्रामीण जीवन की बदलती गत्यात्मकता का गहन विवरण प्रस्तुत किया गया है।

इस पुस्तक को तैयार करने में मुझे बहुत से लोगों से सहायता मिली है। मैं *इकोनॉमिक ऐंड पॉलिटिकल वीकली* के पूर्व सम्पादकों सी. राममनोहर रेड्डी और परंजोय गुहा ठाकुर का आभारी हूँ, जिन्होंने इस पुस्तक को तैयार करने की मेरी क्षमता पर भरोसा जताया। *ईपीडब्ल्यू* के कर्मचारियों ने हर स्तर पर मेरा सहयोग किया। मैं विभिन्न अध्यायों के लेखकों का भी आभारी हूँ जिन्होंने सहर्ष अपने शोध–आलेखों को इस पुस्तक में शामिल करने की अनुमति दी। मेरे कुछ विद्यार्थियों ने मेरे साथ *ईपीडब्ल्यू* के पुराने अंकों की गहनता से छानबीन की, और उसी के आधार पर हमने इस पुस्तक के लिए विभिन्न अध्यायों का चुनाव किया।

मेरे इन विद्यार्थियों में श्रेया सेन, तन्वी सिरारी, अनसूया चटर्जी, ईश्वरी भट्टाराई, सूरज बेरी, मल्लिका चौधुरी और तनिया चक्रवर्ती सम्मिलित हैं। इस काम में रुचि दिखाने के लिए मैं इन सबका आभारी हूँ। मैं पुस्तक की प्रस्तावना को पढ़ने और इस पर अपनी टिप्पणी देने के लिए स्नेहा सुधा कोमथ का आभारी हूँ। ऑरियन्ट ब्लैकस्वॉन के प्रोतेती बनर्जी और निलांजना मजमूदार का भी आभारी हूँ, जिनके कठिन परिश्रम के कारण यह पुस्तक प्रकाशित हो सकी।

—सुरिन्दर एस. जोधका

□□